Sandra Fleischer | Daniel Hajok

Einführung in die medienpädagogische Praxis und Forschung

Studienmodule Kindheitspädagogik

Herausgegeben von
Michael Brodowski | Sylvia Kägi | Raingard Knauer |
Ronald Lutz | Heike Schulze

Sandra Fleischer | Daniel Hajok

Einführung in die medienpädagogische Praxis und Forschung

Kinder und Jugendliche im Spannungsfeld der Medien

Die Autorin/der Autor

Sandra Fleischer, Jg. 1975, Dr. phil., ist Professorin für Kindheitspädagogik und Kinderkultur an der DPFA Hochschule Sachsen – University of Applied Sciences. Ihre Arbeitsschwerpunkte sind die Sozialisationsforschung mit Schwerpunkt Medien und die Theorie und Praxis der Medienpädagogik.

Daniel Hajok, Jg. 1970, Dr. phil., ist Kommunikations- und Medienwissenschaftler und in der Arbeitsgemeinschaft Kindheit, Jugend und neue Medien (AKJM) engagiert. Seine Arbeitsschwerpunkte sind die Kinder- und Jugendmedienforschung sowie der Kinder- und Jugendmedienschutz.

Bibliografische Information der Deutschen Nationalbibliothek

Die Deutsche Nationalbibliothek verzeichnet diese Publikation in der Deutschen Nationalbibliografie; detaillierte bibliografische Daten sind im Internet über http://dnb.d-nb.de abrufbar.

Werderstr. 10, 69469 Weinheim
www.beltz.de · www.juventa.de
Satz: Helmut Rohde, Euskirchen
Druck und Bindung: Beltz Bad Langensalza GmbH, Bad Langensalza
Printed in Germany

ISBN 978-3-7799-3297-0

Inhalt

Einleitung

Diese Einführung, erschienen in der Reihe „Studienmodule Kindheitspädagogik“ bei BELTZ Juventa, richtet sich in erster Linie an Studienanfänger in Bachelorstudiengängen zur Pädagogik der Kindheit, Erziehungswissenschaft und Medienpädagogik. Wir haben eine klare, auf wesentliche Aspekte beschränkte Struktur gewählt und die Inhalte in einer nicht allzu verakademisierten Sprache verfasst, um Studierende und Interessierte in das Feld der Medienpädagogik einzuführen und Einblick in die zunehmend mediatisierte Lebenswelten von Kindern und Jugendlichen als Kernzielgruppe des pädagogischen Handelns zu geben. Eingeführt wird in die theoretischen Grundlagen, zentralen Begriffe, medienpädagogische Forschung und Praxis sowie auch kurz in die internationale Verortung des Forschungs- und Arbeitsfeldes. Zudem konturieren wir mögliche zukünftige Arbeitsfelder und Arbeitsbedingungen im weiten und heterogenen Berufsfeld (angehender) MedienpädagogInnen und verweisen auf die erforderlichen Kompetenzen. Auch Masterstudierende können die Inhalte des Buches gern unterstützend zur Wiederholung, zur Systematisierung, in dem einen oder anderen Punkt auch zur fundierten Einarbeitung nutzen. Mit unserer anwendungsbezogenen Perspektive auch bei der Thematisierung theoretischer Konzepte und Forschungsmethoden sprechen wir nicht zuletzt PraktikerInnen an.

Das Buch ist auf Grundlage unserer jahrelangen Erfahrungen in Wissenschaft, anwendungsbezogener Forschung und pädagogischer Praxis entstanden. Es bündelt unser Wissen und unsere persönlichen Zugänge zum Feld der Medienpädagogik, das sich von jeher innerhalb zweier Pole bewegt, die unterschiedlicher kaum sein könnte: hier das Befähigen, dort das Bewahren. Das sind auch die pädagogischen Konzepte, die unser Handeln in der Vergangenheit geprägt haben und die in diesem Buch zur Medienpädagogik einen besonderen Stellenwert haben. Dabei sehen wir Kinder und Jugendliche nicht als (hilflos) den Medien ausgelieferte Konsumenten, sondern als aktiv Handelnde, die sich die Welt der Medien zu eigen machen – Chancen und Risiken inklusive.

Trotz unserer verschiedenen beruflichen Zugänge, hier die an Kindern orientierte Medienpädagogik, dort der Jugendmedienschutz, denken wir beide die Welt von einem handelnden Subjekt aus und dies mit einer auf die

Interaktionen der Menschen fokussierten Perspektive, in der das Verhältnis von Subjekt und Gesellschaft im Zentrum des Interesses steht. Geht es in den Bereich der Pädagogik, um die Bildung und Erziehung von Kindern und Jugendlichen, dann vertreten wir lerntheoretisch eine ‚gemäßigte' konstruktivistische Position und methodisch eine handlungsorientierte (Medien-)Pädagogik. Geht es in den Bereich des Kinder- und Jugendmedienschutzes, dann sind wir mehr als nur überzeugt davon, das neben den restriktiv-bewahrenden Instrumenten immer auch präventiv-befähigende Maßnahmen erforderlich sind, um junge Menschen vor Risiken des Medienumgangs zu schützen. Als AutorInnenteam leisten wir unsere Sicht auf Kinder und Jugendliche im Spannungsfeld der Medien.

Wir erheben mit unserem Buch nicht den Anspruch, *die* Medienpädagogik für Theorie und Praxis zu entfalten. Es sind die Ansätze, Begriffe und Methoden, die wir in unserer vielfältigen und langjährigen Arbeit nützlich fanden. Unsere theoretischen Bezüge stellen wir klar heraus und verweisen schon jetzt auf Lücken und weiße Flecken, die beim näheren Hinsehen auch unsere Einführung offenbart. Wir geben hier aber Anregungen zum Weiterarbeiten, verweisen auf weiterführende Literatur und Möglichkeiten der Recherche, und formulieren am Ende der zentralen Kapitel Fragen, die zur Leser-eigenen vertiefenden Auseinandersetzung anregen sollen.

Das Buch nimmt Bezug auf die mittlerweile recht üppige medienpädagogische Fachliteratur, verweist auf Klassiker und aktuelle Texte, führt dabei bewusst die Ansätze und Blickwinkel der Erziehungswissenschaft, der pädagogischen Kindheitsforschung, der Jugendsoziologie, der Medienpädagogik, der Medien- und Kommunikationswissenschaft sowie des gesetzlich gerahmten Jugendmedienschutzes zusammen. Wir wählen einen lesbaren und verständlichen Ausdruck und wünschen uns, dass auch der zuweilen angeschlagene ‚Plauderton' Lust und Mut zur Beschäftigung mit den Inhalten macht.

Wir starten nachfolgend bei Kindern und Jugendlichen, also bei den Menschen, auf die Medienpädagogik in Forschung und Praxis in erster Linie bezogen ist. Mit theoretischen Konzepten und empirischen Fakten skizzieren wir Heranwachsende im spannungsreichen Feld der Medien und legen schon hier eine wichtige Grundlage für den pädagogischen Zugang, um den es im Folgenden geht. Dabei wird Medienpädagogik als wissenschaftliche Disziplin mit einer eigenen Geschichte, Theorie und Forschung entlang der zentralen Momente skizziert. Nachfolgend stellen wir die methodischen Ansätze medienpädagogischer Forschung in den Mittelpunkt und freuen uns, wenn sich einige der LeserInnen dadurch ermutigt sehen, sich bereits beim empirischen Zugang als Forschende auf die Perspektive der Heranwachsenden einzulassen. In groben Schritten skizzieren wir anschließend grundlegende Handlungskonzepte und zwei zentrale Methoden der medienpädagogischen Praxis, die in der Fachliteratur bereits hervorragend herausgearbeitet sind. Nachfolgend kommen wir noch auf die Handlungsfelder, Akteure und Zielgruppen der praktischen Arbeit zu sprechen, geben einen kurzen Überblick über mögliche Tätigkeitsfelder von MedienpädagogInnen und zeigen, wie vielfältig auch hier die Möglichkeiten sind. Wenn es abschließend dann noch um die Bedeutung der Medienpädagogik auf internationaler Ebene geht, dann zeigen wir damit, dass die auf den Medienumgang junger Menschen bezogenen Bemühungen kein deutscher Einzelweg sind, sondern eine sich in der zunehmend mediatisierten Welt selbstverständlich stellende Herausforderung.

Wir danken herzlich Evelyn Kramer, die uns im Rahmen ihrer Tätigkeit als wissenschaftliche Hilfskraft an der Professur für Kindermedien in Erfurt mit viel Kraft und Enthusiasmus im letzten Drittel der Erarbeitung des Buches, in der wir von Baustelle zu Baustelle hasteten, unterstützt hat. Besonders hervorzuheben ist ihr kritisches Gegenlesen aller Texte und das Bearbeiten unserer Abbildungen, mit denen wir uns auch außerhalb der strukturierenden Aufzählungen und zusammenfassenden Tabellen um eine anschauliche Komprimierung des Komplexen bemüht haben. Liebe Evelyn: Vielen Dank!

Zunächst beschreiben wir die Lebensphasen Kindheit und Jugend und zeigen Veränderungen der Perspektiven auf junge Menschen auf.

Dann richten wir den Blick auf die Persönlichkeitsentwicklung von Kindern und Jugendlichen und verorten die Medien in ihrer besonderen Bedeutung für das Heranwachsen junger Menschen.

Es folgt eine kurze Betrachtung des Wandels in unserer Gesellschaft und der Veränderungen bei den Lebensverhältnissen, Medien- und Freizeitwelten von Kindern und Jugendlichen.

Danach werden wir konkreter und schauen uns entlang fünf markanter Phasen der Entwicklung die medienbezogenen Kompetenzen und Vorlieben von Kindern und Jugendlichen an.

Dabei ist es aus pädagogischer Sicht bedeutsam, auch Empfehlungen für das medienerzieherische Handeln von Eltern und PädagogInnen zu geben.

Abschließend konkretisieren wir Veränderungen beim Medienumgang junger Menschen und schauen auf die aktuellen Chancen und Risiken digitaler Medien, auf die die medienpädagogische Praxis fokussiert.

eins

1 Kinder und Jugendliche im Spannungsfeld der Medien

Mit dem Untertitel des Buches haben wir es bereits angesprochen: Unser Zugang ist in besonderem Maße an der Perspektive von jungen Menschen orientiert – und von dieser starten wir auch. Als eine wesentliche Grundlage medienpädagogischen Handelns betrachten wir zunächst das Spannungsfeld „Kindheit – Jugend – Medien" und heben dann die veränderten Bedingungen und Formen des Heranwachsens junger Menschen in unserer Gesellschaft heraus, die sich aus den gesamtgesellschaftlichen Veränderungsprozessen und nicht zuletzt aus dem Wandel in der Welt der Medien ergeben. Die zunehmende Mediatisierung des kommunikativen Handeln ist dabei nur eine, aber aus unserer Sicht die aktuell wichtigste Entwicklung, die auch in den nachfolgenden Kapiteln immer wieder mal als ein zentraler Hintergrund benannt wird. Wenn wir dann die Bedeutung der Medien für Kinder und Jugendliche sowie die mit den veränderten Medienumgangsweisen verbundenen neuen Chancen und Risikolagen betrachten, dann haben wir es hier schon mit dem Gegenstand zu tun, auf den die medienpädagogische Forschung und Praxis bezogen ist.

1.1 Kindheit – Jugend – Medien: Sozialwissenschaftliche Grundlagen

„Kindheit" und „Jugend" sind uns im Alltag geläufige Begriffe. Wir können an unsere eigene Kindheit und Jugend denken und sie beschreiben, verbinden mit diesen Phasen unseres Lebens ganz bestimmte Erinnerungen – positive und negative. Oder wir richten den Blick heutige Kinder und Jugendliche, die uns eigentlich jeden Tag begegnen und uns zeigen, dass einiges ist, wie es bei uns schon war, und einiges ganz anders. Etwas schwieriger wird es jedoch, wenn wir Kindheit und Jugend nicht aus einem persönlichen Blickwinkel betrachten, sondern nach einer allgemeingültigen Bedeutung der Begriffe fragen: Was ist *die* Kindheit und *die* Jugend überhaupt? Und wer sind eigentlich *die* Kinder und *die* Jugendlichen? Und wenn wir dann noch den Begriff „Medien" hinzu nehmen, sehen wir schnell, dass das mit diesen Begriffen umrissene Spannungsfeld nur auf den ersten Blick klar definiert ist, im Detail die Meinungen dann doch auseinander gehen.

1.1.1 Kindheit und Jugend heute

Schauen wir uns zunächst die ersten beiden Begriffe an. Hier lässt sich zumindest ganz allgemein sagen, dass Kindheit und Jugend heute zwei spezifische Abschnitte im Leben eines Menschen sind, die sich voneinander und auch von der späteren, deutlich länger andauernden Phase des Erwachsenseins mehr oder minder klar abgrenzen lassen. Dabei werden die verschiedenen Phasen im Allgemeinen bekanntlich vor allem am Lebensalter festgemacht. Wir kennen hierfür auch eine Reihe von gesetzlichen Regelungen (z. B. des Jugendschutzgesetztes oder Kinder- und Jugendhilfegesetzes), von denen auch wir in unserer Kindheit und Jugend tangiert waren. Demnach gelten hierzulande alle Menschen unter einem Alter von 14 Jahren als Kinder und die 14- bis 17-Jährigen als Jugendliche. Mit dem vollendeten 18. Lebensjahr gelten alle Menschen in Deutschland als volljährig bzw. erwachsen. Es findet sich in den gesetzlichen Regelungen (z. B. in denen des Jugendgerichtsgesetzes) dann zwar noch der Terminus der Heranwachsenden für die Gruppe der 18- bis 20-Jährigen. Im alltäglichen wie wissenschaftlichen Sprachgebrauch werden sie allerdings meist synonym für Jugendliche oder junge Menschen verwendet – und so wollen auch wir es halten.

In der Pädagogik, in der es im weitesten Sinne um Erziehung und Bildung vor allem junger Menschen geht, ist der Blick auf Kindheit und Jugend stark den spezifischen Sichtweisen von Entwicklungspsychologie und Sozialisationstheorie verhaftet. Diese Disziplinen gehören auch zu den wichtigsten Bezugswissenschaften der Medienpädagogik (Kap. 2.2.1). Sie machen Kindheit und Jugend weniger am Alter, sondern vielmehr an bestimmten Reifungsstadien der körperlichen und psychischen Entwicklung bzw. an den markanten ‚Ereignissen' der Persönlichkeitsentwicklung fest und verweisen darauf, dass die Lebensphasen in besonderem Maße auch sozial und kulturell ‚geformt' werden. Wir denken hier an die sich wandelnden Vorstellungen und Erwartungen, die Erwachsene an die Heranwachsenden herantragen, an die schillernden Formen von Vergemeinschafungen junger Menschen und die zunehmend mediatisierten Lebenswelten von Kindern und Jugendlichen, die das Heranwachsen junger Menschen immer mehr prägen. In diesem ‚modernen' Verständnis von Kindheit und Jugend, das auch für dieses Buch grundlegend ist, sind folgende vier Punkte als besonders wichtig herauszustellen.

a) Verschiedenartigkeit persönlicher Entwicklung

Im Standardwerk der Entwicklungspsychologie gaben Oerter & Dreher (1995) vor nunmehr bereits 20 Jahren zum Besten: „Nirgendwo sonst im Leben unterscheiden sich Gleichaltrige so deutlich voneinander wie im Jugendalter" (S. 335). In gewisser Weise lässt sich dies heute für Heranwachsende generell zu sagen. Man denke hier nur an die eigene Zeit in der Grundschule zurück, als sich die Klasse im Sportunterricht der Größe nach aufreihte und man im Laufe der Jahre von vorn nach hinten wanderte – oder von hinten nach vorn. Gut in Erinnerung geblieben ist uns sicherlich auch noch die Zeit, als sich in den höheren Klassen plötzlich die ersten jugendkulturell verorteten Grüppchen auf dem Schulhof bildeten und Mädchen wie Jungen begannen, sich mit schrillen Outfits schon äußerlich von anderen abzuheben.

Die interindividuellen Unterschiede von Kindheit und Jugend reichen aber noch sehr viel weiter. Denn die Prozesse der persönlichen Entwicklung differieren nicht nur in ihrer Gestalt, Intensität und Zeitlichkeit von Mensch zu Mensch und zwischen den Geschlechtern, sie werden auch individuell verschieden erlebt und empfunden, auf unterschiedliche Weise vom Einzelnen verarbeitet und bewältigt (ebd.). Auf der Grundlage dieser Verschiedenartigkeit differiert auch die Aneignung der medialen und nichtmedialen Umwelt von Kind zu Kind und von Jugendlichen zu Jugendlichen. Wesentlich sind hier neben den individuellen Dispositionen und persönlichen Erfahrungen, Interessen und Vorlieben auch die Einflüsse des sozialen Umfelds in Schule, Familie und Freundeskreis, auf den wegen seiner herausragenden Bedeutung später noch ausführlich einzugehen ist.

b) Verkürzte Kindheit – verlängerte Jugend

Entwicklungspsychologie und Sozialisationstheorie sehen die in den letzten Jahrzehnten verkürzte Kindheit und verlängerte Jugend als besonders markante Entwicklungen im Leben junger Menschen an. Hintergrund ist zum einen die für die letzten 100 Jahre nachgewiesene beschleunigte körperliche Entwicklung Heranwachsender (Akzeleration). Diese Perspektive zeigt uns nicht nur, dass mit dem verfrühten Einsetzen der Geschlechtsreifung (drei bis vier Monate pro Jahrzehnt) die Prozesse der Pubertät früher einsetzen, sondern auch, dass Mädchen hier ein bis zwei Jahre eher dran sind als Jungen (vgl. Mietzel 2002). Nicht zu übersehen ist zum anderen die Ausweitung der Jugend durch verlängerte Bildungs- und Ausbildungswege mit späterer wirtschaftlicher Selbständigkeit und dem Festhalten an den ‚schönen Seiten' von Jugend. Die bekannte, seit 2003 erscheinende Monatszeitschrift *Neon*, die sich an die Zielgruppe der 20- bis 35-Jährigen richtet, hat dies mit dem Motto „Eigentlich sollten wir erwachsen werden“ eindrucksvoll auf den Punkt gebracht.

Will man Kindheit und Jugend trotz aller interindividuellen Unterschiede an einem fixen Datum festmachen, dann endet die Kindheit heute für die meisten Menschen im Alter zwischen 11 und 12 Jahren. Die sich daran anschließende Jugend des Menschen reicht bis in die 20er Lebensjahre hinein. Eltern sollten sich also ranhalten, ein gutes Verhältnis zu ihren Kindern aufzubauen. Denn wenn diese – die Grundschule gerade erst hinter sich – beginnen, sich vom Elternhaus abzulösen, ist die Beziehung zu den dann ‚frühreifen‘ Jugendlichen von (teils sehr belastenden) Irritationen und Verständigungsproblemen gekennzeichnet (vgl. Hurrelmann 2003). Und da die Abhängigkeitsverhältnisse heute bis weit in das Erwachsenenalter hineinreichen, sind sie mit der Volljährigkeit keineswegs mit einem Schlag ausgeräumt. Man denke hier nur an die elterliche finanzielle Unterstützung von Ausbildung und Studium oder vergegenwärtige sich, dass hierzulande die meisten Menschen erst als Mittzwanziger das elterliche Zuhause verlassen.

c) Ausweitung von Kinder- und Jugendkultur

Ein weiterer Punkt prägt die Kindheit und Jugend der Menschen heute besonders stark: das Heranwachsen in ‚eigenen‘ Kinder- und Jugendkulturen, die sich in zentralen Punkten voneinander und von den immer vielfältigeren Erwachsenenkulturen unterscheiden. Für unser Verständnis von Kindheit und Jugend zentral ist, dass sich die Kinder- und Jugendkulturen in den letzten Jahren stark ausgeweitet haben. Und hieran haben die erweiterten Medienwelten, mit denen sich Kinder und Jugendliche auch neue eigene Handlungsräume erschlossen haben, einen nicht unerheblichen Anteil.

Bereits die Kindheit ist heute eine vielfach mediatisierte Kindheit. Das heißt Medien durchdringen alle Bereiche des kindlichen Lebens. Die Prozesse von Bildung, Erziehung und Sozialisation sind mitsamt ihren informellen Lernprozessen immer mehr von der erweiterten Kultur der Kindermedien mitgestaltet: Bilder von Tieren, die Kinder aus Bilderbüchern, Fernsehen und Internet kennen, verbinden sich etwa mit den realen Erfahrungen im Zoo, auf der Straße oder anderswo und beeinflussen so das gesamte Weltbild von Kindern (vgl. Fuhs 2014). Die Kinder übernehmen dabei einen immer aktiveren Part, weil sie ihre Medienzeit zunehmend selbst ausgestalten und mit anderen Aktivitäten verbinden.

Mit ihrer ganz ‚eigenen' Kultur grenzen sich Jugendliche bereits seit einigen Jahrzehnten von der ‚angepassten' Erwachsenenwelt und der Kinderkultur ab. Waren bislang vor allem bestimmte Musikformen das zentrale Bestimmungsmoment, sind Jugendkulturen heute mehr denn je von ihren Erweiterungen im Internet – allen voran im Social Web – gekennzeichnet (vgl. Hugger 2013a). Für unser Bild von Jugend noch zentraler ist, dass mit den Erweiterungen medialer Experimentierfelder die Phase des Übergangs vom Kind zum Erwachsenen immer weniger greifbar wird. Damit scheint auch eine lange Zeit prägende Perspektive der Pädagogik auf *Jugend als Moratorium* überholt zu sein.

> „Im bisherigen Moratoriumsgedanken des 20. Jahrhunderts wurde davon ausgegangen, dass Jugendliche geschützt werden müssen, damit sie risikolos experimentieren können. Nun experimentieren sie in den ungeschützten medialen Räumen. Mit der Gefahr, dass das, was sie dort heute tun, morgen immer wieder neu hervorgeholt werden kann." (Böhnisch 2009, S. 31)

Im Gegensatz zu den bisherigen Experimentierräumen, die die Jugendkultur entscheidend prägten und sozial, kulturell, rechtlich geschützt waren, sind die neuen medialen Experimentierräume für Heranwachsende nicht schützbar. In der Konsequenz muss es beim pädagogischen Umgang mit jungen Menschen immer mehr darum gehen, sie beim Erwerb der Fähigkeit zu unterstützen, sich die Grenzen im Medienumgang selbst setzen zu können. Dass Grenzen auch in der Grenzenlosigkeit des Internets bedeutsam sind, erklärt Böhnisch (2009) vor allem damit, dass der Mensch anthropologisch begrenzt ist und sich über das Experimentieren mit Grenzen entwickeln können muss.

d) Kindheit und Jugend als Zeit aktiver Weltaneignung

Die bislang meiste Zeit wurden Kindheit und Jugend als Lebensphasen aufgefasst, in der junge Menschen ihrer Umwelt zwar nicht bedingungslos ausgeliefert sind, aber entscheidend von äußeren Einflüssen ‚geprägt' werden. Heute sieht man Jugendliche und bereits Kinder als zunehmend mündige und selbstbestimmt handelnde Subjekte, die sich die Welt aktiv aneignen, sie sich auf je spezifische Weise ‚zu eigen machen'. Und hier kommen die Medien ins Spiel. Denn Kindheit und Jugend sind heute mehr als je zuvor davon bestimmt, sich die Welt mittels Medien anzueignen. Wir denken hier nicht nur daran, dass wir all das, was wir über unsere Gesellschaft und die Welt in der wir leben, durch die Massenmedien wissen, wie es der große Gesellschaftstheoretiker Luhmann (1996) vor fast 20 treffend auf den

Punkt gebracht hat. Mit Blick auf heutige Heranwachsende denken wir auch an die mediatisierte (Individual-)Kommunikation, bei der persönliche Perspektiven und Vorstellungen von der Welt, vom eigenen Leben, von sich und vom anderen ausgetauscht und verhandelt, be- und verarbeitet werden.

Wesentlich für den medienpädagogischen Zugang zu Kindheit und Jugend ist nun die Vorstellung, dass Heranwachsende in Abhängigkeit vom jeweiligen Entwicklungs- und Erfahrungsstand noch Unterstützung bei ihren Erkundungen in der Welt der Medien benötigen – ebenso bei der damit verbundenen Aneignung einer zunehmend mediatisierten Welt, in der sie leben. Wenn Kindheit dabei auch als eine Zeit mit einem besonderen Schutzbedarf aufgefasst wird, dann ist dies nicht gleich die Forderung nach einer Ghettoisierung von Kindern in ‚Kindermedien-Zonen'. Mit starren, unübertretbaren Grenzen würde sie eine sukzessiv-selbstbestimmte Welt- und Medienaneignung in der Kindheit eher behindern als fördern (vgl. Hajok & Lauber 2013a). Vielmehr ist es die Gewissheit, dass Kinder in einer Zeit, in der (fast) alles frei zugänglich ist, altersgerechte, sichere, an ihren Interessen und Fähigkeiten ausgerichtete Angebote und Räume benötigen, in denen sie ihr Medienhandeln und ihre medienbezogenen Fähigkeiten erproben, anwenden und weiterentwickeln können.

Mit zunehmendem Alter benötigen Heranwachsende dann Zugang zu und Einblicke in die Welt der Medien insgesamt. Sie realisieren das heute vor allem mit ihren Onlinezugängen, die ihnen deutlich mehr Autonomie, Selbstbestimmung und Vielfalt bieten als Radio, Fernsehen und Zeitschriften, bei denen es an interaktiven Handlungsoptionen mangelt. Jugend gestaltet sich dann zu einer überaus produktiven Zeit, in der die Medien und medialen Kommunikationsstrukturen nicht nur ein großes Experimentierfeld sind, sondern sich hier die ‚neuen Räume' für eine zunehmend autonome und von eigenen Interessen geleitete Aneignung von Welt auftun. Im sozialen, auf Medien bezogenen Austausch mit anderen entfaltet sich dann die besondere Bedeutung von Medien beim Heranwachsen junger Menschen vollends.

1.1.2 Sozialisation: Die zentrale Perspektive auf das Heranwachsen

Schauen wir uns die Prozesse des Heranwachsens in Kindheit und Jugend etwas genauer an und entfalten so eine weitere Grundlage für den (medien-)pädagogischen Zugang zu Kindern und Jugendlichen. Wesentlicher Ankerpunkt ist hier nicht die körperliche Entwicklung junger Menschen, auch nicht deren Einbindung in eine bestimmte (Sub-)Kultur, sondern das Heranwachsen zu einem sozialen Wesen. Der Blick richtet sich dabei weniger auf den Menschen als Individuum, sondern vielmehr auf seinen besonderen Status, Teil einer großen Gemeinschaft zu sein, die trotz der spezifischen Bedürfnisse und Erwartungen des Einzelnen ‚an einem Strang zieht'. Es geht um nicht weniger, als Gesellschaft gemeinsam hervorzubringen und auszugestalten.

In dieser, der Soziologie verhafteten Sicht gibt es eine zentrale Anforderung an das Heranwachsen, die für den Zusammenhalt und das Funktionieren moderner Gesellschaften unabdingbar ist: Der Mensch muss sich zu einer sozialen und gesellschaftlich handlungsfähigen Persönlichkeit entwickeln. Im neueren sozialwissenschaftlichen Diskurs hat sich hierfür der Begriff „Sozialisation" etabliert, der uns aus gutem Grund in jedem sozialwissenschaftlichen Studium begegnet. Er geht im Kern auf die Arbeiten des französischen Soziologen und Ethnologen Émile Durkheim Ende des 19., Beginn des 20. Jahrhunderts zurück, der Sozialisation als Vergesellschaftung der menschlichen Natur in den Blick nahm. Ging es zunächst also um die (einseitige) Prägung des Menschen im Sinne gesellschaftlicher Anforderungen, wurde später die Wechselwirkung von Individuum und Gesellschaft hervorgehoben. Zu verweisen ist hier insbesondere auf die Überlegungen von Georg H. Mead, die uns an anderer Stelle unserer Einführung noch einmal begegnen werden (siehe Kap. 2.3.2).

Auf den folgenden Seiten beschränken wir uns auf die Grundannahmen der neueren Sozialisationstheorie und verorten hier die Medien als einen wichtigen Einfluss des Heranwachsens von Kindern und Jugendlichen. Von herausragender Bedeutung ist hier die von Geulen & Hurrelmann (1980) ausdifferenzierte Vorstellung von Sozialisation als Prozess, in dem sich der Mensch in wechselseitiger Abhängigkeit von gesellschaftlich vermittelter sozialer und materieller Umwelt zu einem gesellschaftlich handlungsfähigen Subjekt entwickelt. Diese Grundlegung der neueren Sozialisationstheorie hat nach nunmehr über 30 Jahren nichts von ihrem großen Einfluss für Sozialwissenschaften und Pädagogik eingebüßt und wird von Klaus Hurrelmann in seinem viel zitierten Standardwerk so präzisiert:

> „Sozialisation bezeichnet den Prozess der Entwicklung der Persönlichkeit in produktiver Auseinandersetzung mit den natürlichen Anlagen, insbesondere den körperlichen und psychischen Grundmerkmalen (der ‚inneren Realität') und der sozialen und physikalischen Umwelt (der ‚äußeren Realität'). Die Definition geht von der Grundannahme aus, dass der Mensch durch seine Umwelt stark beeinflusst wird, sie aber zugleich durch seine eigenen Aktivitäten auch mit gestaltet." (Hurrelmann 2002, S. 7)

In dieser Definition, die mit dem systematischen Einbezug von innerer und äußerer Realität die psychologische und soziologische Perspektive zueinander bringt, werden gleich mehrere Dinge angesprochen, die auch für unseren Zugang zu Kindern und Jugendlichen im Spannungsfeld der Medien wichtig sind. Denn zum einen sind Medien heute ein selbstverständlicher Teil der äußeren Realität, mit denen sich die jungen Menschen aktiv auseinandersetzen. Fernsehen, Radio, Zeitschriften, Smartphones etc. sind dabei nicht nur als Gegenstände in der dinglich-materiellen Umwelt existent, die genutzten und untereinander ausgetauschten Inhalte sind auch unverzichtbarer Bestandteil der sozialen Umwelt. Zum anderen übernehmen die Medien wichtige Funktionen bei der Bewältigung von Entwicklungsaufgaben, in dem sie bspw. gesellschaftliche Erwartungen, Normen und Werte an den Einzelnen herantragen. Heranwachsenden nehmen diese nicht etwa passiv hin, sie verarbeiten sie in je spezifischer Art und Weise, verinnerlichen sie oder grenzen sich bewusst von ihnen ab.

Nicht zu übersehen ist letztlich auch, dass Sozialisation ein *lebenslanger Prozess* ist. Kindheit und Jugend sind zwar zwei markante Lebensphasen, in denen wesentliche Prozesse auf dem Weg zu einem gesellschaftlich handlungsfähigen Subjekt initiiert und bewältigt werden. Es werden hier aber nur wichtige Etappen der Persönlichkeitsentwicklung abgeschlossen. Für die Pädagogik allgemein und die Medienpädagogik speziell, die das Heranwachsen und Zusammenleben in der Gesellschaft bzw. in der Welt der Medien positiv beeinflussen wollen, bedeutet dies, dass Kinder und Jugendliche zwar die Kernzielgruppe, nicht aber die einzigen Adressaten sind. Darauf kommen wir in Kap. 3.1.2 noch genauer zu sprechen. Jetzt befassen wir uns erst einmal mit den wesentlichen Prozesse der Sozialisation, die Berger & Luckmann (1980) unter dem Label *primäre und sekundäre Sozialisation* differenziert herausgearbeitet haben und die auch in der Sozialisationstheorie von Hurrelmann (2002) eine wichtige Rolle spielen.

a) Primäre Sozialisation

Die primäre Sozialisation findet in der frühen Kindheit statt. Sie ist grundlegend und schwer revidierbar. Es werden elementare soziale Regeln und Umgangsformen erlernt, die Grundstrukturen der Persönlichkeit in den Bereichen Sprache, Denken und Empfinden herausgebildet und die fundamentalen Muster für soziales Verhalten entwickelt. Hierbei haben die direkten Bezugspersonen mit ihrem Handeln und ihren Zuschreibungen eine besondere Bedeutung. Das Kind nimmt dies aufmerksam wahr und erfährt sich als das, was die Menschen in seinem Umfeld in ihm sehen. Es nimmt die ihm zugedachte Rolle im sozialen Umfeld ein und beginnt, sich von hier aus die Welt zu erschließen.

Die primäre Sozialisation ist überwiegend in den familiären Rahmen eingebettet und von den Beziehungen der Kinder zu den Erziehenden, insbesondere zu den Eltern, aber auch älteren Geschwistern, Großeltern und anderen engen Bezugspersonen des nahen sozialen Umfeldes gekennzeichnet. Störungen und Beeinträchtigungen der Persönlichkeitsentwicklung junger Kinder liegen dementsprechend häufig im Spannungsfeld problematischer Familienverhältnisse (z. B. Alkoholismus, Arbeitslosigkeit, Trennung der Eltern) begründet, die mit ihren möglichen negativen Implikationen (z. B. Flucht- und Vermeidungsverhalten, Aggressionen, Orientierungslosigkeit, Resignation) die primäre Sozialisation der Kinder beeinträchtigen können.

b) Sekundäre Sozialisation

Die sekundäre Sozialisation beginnt etwa nach Vollendung des dritten Lebensjahres. Hier werden die Verhaltensmuster, die sich bei der primären Sozialisation herausgebildet haben, weiterentwickelt und variiert. Dabei erlernt das Individuum, welche Verhaltensweisen in einer bestimmten Situation erwartet werden, tolerierbar sind oder Tabus verletzen. Der Einzelne wird mit gesellschaftlichen Konventionen, Normen und Werten konfrontiert. Und er muss sich mit einer Vielzahl an ihn herangetragenen sozialen Umgangsformen, Regeln, Denkweisen und Einstellungen auseinandersetzen. Die sekundäre Sozialisation erfolgt weniger im familiären Bereich, sondern im Spannungsfeld der Instanzen außerhalb von Familie, unter dem Eindruck institutionalisierter Erziehung, Bildung und Ausbildung. Von zunehmender Bedeutung sind im Altersverlauf junger Menschen auch die Freundeskreise und Gleichaltrigengruppen (Peergroups) der Heranwachsenden und nicht zuletzt die Medien.

Diese vielfältigen Einflüsse des sozialen Umfelds entfalten ihre sozialisatorische Bedeutung weniger für sich, sondern in einem Gesamtzusammenhang, bei dem sie sich gegenseitig bedingen und ergänzen. Störungen und Beeinträchtigungen der sekundären Sozialisation, etwa durch bestimmte Medieninhalte, sind dementsprechend in komplexe Bedingungszusammenhänge eingebunden und lassen sich allenfalls auf wesentliche Momente reduziert erklären. So sind Entwicklungsbeeinträchtigungen vor allem dann zu erwarten, wenn die genutzten Medien den Heranwachsenden problematische Werte und Einstellungen vermitteln, die in den Erziehungs- und Bildungsinstanzen nicht adäquat hinterfragt und anderen gegenübergestellt werden und im direkten sozialen Umfeld der Heranwachsenden dann aufgegriffen, be- und verarbeitet und im Abgleich mit individuellen Dispositionen und persönlichen Vorstellungen vom Einzelnen schließlich internalisiert werden.

c) Tertiäre Sozialisation

Im Anschluss an die Systematisierung von Luckmann & Berger (1980) wurde noch eine dritte Phase, die tertiäre Sozialisation, herausgearbeitet. Diese Phase zeigt uns in besonderem Maße, dass die Persönlichkeitsentwicklung ein lebenslanger Prozess ist, bei dem sich der Mensch auch nach seiner Jugend mit seiner sozialen Umwelt und der sich wandelnden Gesellschaft auseinandersetzt. Die tertiäre Sozialisation schließt sich an die sekundäre Sozialisation an und lässt sich vereinfacht als *Erwachsenensozialisation* bezeichnen. Dabei nimmt das Individuum in der Interaktion mit seiner sozialen Umwelt permanent Anpassungen vor, entwickelt seine Wertorientierungen, Einstellungen und Verhaltensweisen weiter, wobei die bisher angeeigneten grundsätzlichen Orientierungen und Umgangsweisen (auch mit den Medien) in aller Regel nicht komplett verworfen, sondern variiert und erweitert werden. Von besonderer Bedeutung für die tertiäre Sozialisation sind das berufliche Umfeld, Partnerschaften und Freundschaften, also all die Bereiche im Leben des Erwachsenen, die nicht selten Veränderungen unterliegen.

In Abb. 1 haben wir die drei grundlegenden Phasen der Persönlichkeitsentwicklung des Menschen noch einmal hinsichtlich der jeweils wichtigsten Einflüsse und Handlungsräume sowie der prägenden Aufgaben visualisiert. Die Betrachtung der Sozialisationsphasen, von denen uns mit Blick auf das Heranwachsen von Kindern und Jugendlichen vor allem die primäre und sekundäre Sozialisation interessieren, ist nur ein erster, stark vereinfachter Zugang zu den komplexen Sozialisationsprozessen. So stellt auch Klaus-Jürgen Tillmann (2010) in der mittlerweile 16. Auflage seines sehr erfolgreichen Grundlagenwerkes völlig zu Recht fest, dass eine Unterscheidung in primäre, sekundäre und tertiäre Sozialisation viel zu grob gefasst sei. In der Kindheit etwa gibt es mehrere voneinander abgrenzbare Etappen (Säuglingsalter, Krabbelalter etc.), die stark durch die biologische Reifung bedingt sind. Die Jugend wiederum ist durchsetzt von spezifischen Phasen und typischen biografischen Brüchen, mit denen sich das Leben der Heranwachsenden quasi von heute auf morgen wandelt. Wir denken hier an prägende Lebensereignisse wie die erste feste Beziehung oder den Übergang von Schule zu Ausbildung oder Studium.

Abb. 1: Phasen der Persönlichkeitsentwicklung im Überblick

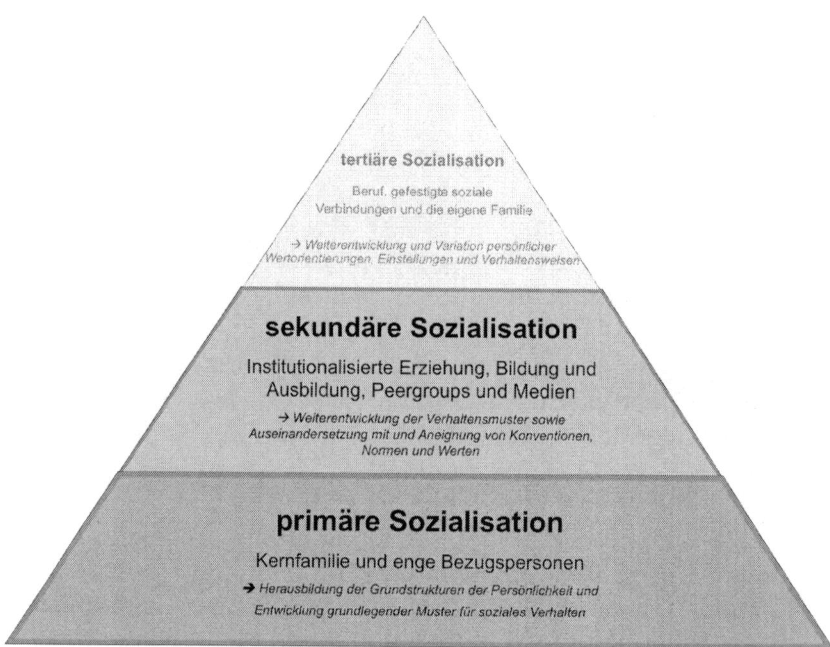

Wenn wir uns später weiter zum Kernthema des Buches vortasten und hier die Entwicklung medienbezogener Fähigkeiten junger Menschen näher betrachten, kommen wir also nicht umhin, einen differenzierten Blick auf die unterschiedlichen Phasen des Heranwachsens in Kindheit und Jugend zu richten (siehe Kap. 1.3.2). Mindestens ebenso wichtig ist es, sich etwas genauer anzusehen, von wem oder durch was die Sozialisationsprozesse konkret ausgestaltet werden. Und das ist Thema des Folgenden. Auf diese Weise erhalten wir auch einen ersten Zugang zur Bedeutung der Medien als einen Teil der äußeren Umwelt junger Menschen und den medialen Einflüssen auf die Sozialisation in Kindheit und Jugend.

1.1.3 Akteure in Sozialisationsprozessen: Zur Verortung der Medien

An einigen Stellen ist bereits deutlich geworden, dass die komplexen Sozialisationsprozesse nicht nur vom Individuum selbst, sondern auch von anderen Akteuren ausgestaltet werden. Eine besondere Bedeutung in Kindheit und Jugend haben hier die Eltern, ErzieherInnen, LehrerInnen, Freunde und nicht zuletzt die Medien. Sie entfalten ihren ‚Einfluss' in ganz unterschiedlichen Lebensbereichen bzw. ‚ökologischen Zonen' der Lebenswelt junger Menschen – sei es zu Hause in der Familie, im institutionalisierten Kontext von Kita, Schule und Ausbildung oder in der Freizeit, in der Kinder und Jugendliche alleine oder gemeinsam mit anderen, meist Gleichaltrigen, ihren speziellen Interessen nachgehen.

Auf der Ebene des Einzelnen ergeben die verschiedenen lebensweltlichen Kontexte, die maßgeblich durch die beteiligten Akteure und ihr Handeln in einem gesellschaftlich, sozial oder kulturell gesetzten Rahmen gestaltet werden, eine je spezifische Lebenswelt. Es lassen sich aber auch ‚typische' Lebenskontexte von Menschen eines Alters, eines bestimmten Milieus, einer Gesellschaft etc. erkennen, auf die in einer Gesamtbetrachtung abzustellen ist. Will man nun die komplexen Sozialisationsprozesse im Gesamtzusammenhang verstehen, ist es zunächst einmal wichtig, die beteiligten Akteure und deren Intentionen etwas näher zu betrachten und so das Feld nach den wesentlichen Einflussgrößen zu strukturieren. Wir greifen nachfolgend vor allem auf die Arbeit von Daniel Süss (2004) zurück, da hier differenziert nach Sozialisanden und Sozialisatoren zunächst die zentralen Perspektiven auf die Akteure von Sozialisationsprozessen zusammengetragen und die Medien als ein Vertreter von zunehmender Relevanz hervorgehoben werden.

a) Kinder und Jugendliche als Sozialisanden

Grundsätzlich lassen sich die an den Sozialisationsprozessen beteiligten Akteure in *Sozialisatoren* und *Sozialisanden* unterscheiden. In dieser Perspektive sind Kinder und Jugendliche, auf die unser Blick fokussiert, Sozialisanden. Wie andere Menschen (z. B. Einwanderer, Rekruten oder neue Gefängnisinsassen) haben sie sich gewissermaßen auf den Weg begeben, ein neues Mitglied einer Gemeinschaft zu werden. In ihren konkreten sozialen Zusammenhängen sind letztlich alle Menschen, also nicht nur Kinder und Jugendliche, in ihren diversen Rollen Sozialisanden – als Familienmitglieder, Schüler, Auszubildende, Studenten, Arbeitnehmer und Vereinssportler, aber auch als Mitglied eines Sozialen Netzwerkes oder Computerspielclans.

Sozialisatoren sind nun demgegenüber die Akteure, die Normen, Werte, gesellschaftliche Erwartungen und Ansprüche an den Einzelnen herantragen und ihn mit seiner Rolle in der Gemeinschaft vertraut machen. Dies geschieht zum einen intendiert durch sog. Sozialisationsinstanzen, zum anderen auch ‚ungewollt' oder nebenbei durch sog. Sozialisationsagenten.

b) Im Einflussbereich von Sozialisatoren

In der weiteren Differenzierung von Sozialisatoren gelten alle Personen und Institutionen, deren explizites Ziel es ist, Sozialisationsprozesse zu gestalten, als Sozialisationsinstanzen. Personell sind hier neben den Eltern auch andere Erziehende (Großeltern, ältere Geschwister, Kita-ErzieherInnen etc.) und PädagogInnen (LehrerInnen, AusbilderInnen, DozentInnen etc.) von besonderer Wichtigkeit. Institutionell sind neben der Familie vor allem Kitas, Schulen, Ausbildungsstätten, Hochschulen und – mit abnehmender Bedeutung – auch die Kirche wichtige Instanzen, die Erziehungsprozesse initiieren und die Sozialisation ihrer Mitglieder bzw. Angehörigen gezielt beeinflussen (wollen).

Kennzeichnend für alle Sozialisationsinstanzen ist, dass sie mit vielfältigen Belohnungs- und Sanktionsmöglichkeiten ausgestattet sind und sich die Sozialisanden mit ihnen in einer ‚Zwangsgemeinschaft' befinden. Wir kennen den Spruch „Seine Eltern kann man sich nicht aussuchen". Auch die Kindergruppe in der Kita, die Klasse in der Schule oder das Auszubildenenteam setzen sich zusammen aus Menschen, die ‚ihre' Gruppe in der konkreten Zusammensetzung in aller Regel nicht selbst gewählt haben, hier aber den spezifischen Ansprüchen und Regeln unterworfen sind und sich in einem sozialen Zusammenhang behaupten müssen, den sie vielleicht mögen, vielleicht aber auch nur akzeptieren, nicht selten sogar ablehnen.

Im Gegensatz zu den Sozialisationsinstanzen sind die Sozialisationsagenten (bzw. Sozialisationsagenturen) nun solche Personen und Institutionen, die zwar ebenfalls Sozialisationsprozesse mitgestalten, aber eben ohne expliziten Erziehungsauftrag. Sie vermitteln Werthaltungen und Verhaltensmodelle, gesellschaftliche Erwartungen und Ansprüche gewissermaßen nebenbei. Auch befinden sich die Sozialisanden mit ihnen in einer Wahlgemeinschaft. Als wichtige Sozialisationsagenten für Kinder und Jugendliche gelten neben Fanclubs, Sportvereinen, Schüler- und Jugendclubs vor allem die Peergroups. In einem verengten Verständnis sind damit die Gleichaltrigengruppen gemeint. Besser ist es in einem weiteren Verständnis von Cliquen bzw. den wichtigen sozialen Zusammenhängen in Kindheit und Jugend zu sprechen, in denen sich Heranwachsende mit ähnlichen Einstellungen, Interessen und Vorlieben zusammenfinden und gemeinsam Lebenszeit aktiv ausgestalten.

Als wichtige Sozialisaionsagenten gelten nicht zuletzt die Medien. Auch sie verfolgen in der Regel andere Ziele, als die Menschen im Sinne eines konkreten Erziehungszieles zu beeinflussen. Trotzdem tragen sie permanent Normen, Werte, gesellschaftliche Erwartungen und Ansprüche an den Einzelnen heran. Zudem verfügen Medien nicht über Sanktionsmöglichkeiten wie Eltern und LehrerInnen. Die jungen Nutzer wählen in aller Regel selbst aus, was sie nutzen wollen. Hier zeigt sich auch, dass sich Kinder und Jugendliche nicht in einer ‚Zwangsgemeinschaft' mit den Medien befinden, auch wenn die starke Bindung junger Menschen an Computerspiele und Soziale Netzwerke manchmal einen solchen Eindruck erweckt.

Als Sozialisationsagenten gestalten Medien die Persönlichkeitsentwicklung von Kindern und Jugendlichen nicht nur direkt mit, sondern auch indirekt und vermittelt, in dem sie zugleich das Denken, Fühlen und Handeln der anderen Sozialisatoren beeinflussen. Denn einerseits sind Medien auch für die Gleichaltrigen und Mitglieder einer Clique, für die Eltern und andere Erziehende, für PädagogInnen und Lehrende, nicht zuletzt für die Anbieter von Medien selbst wichtige Sozialisationsagenten. Andererseits benutzen diese Akteure die Medien auch dafür, um die eigene Beziehung zu Kindern und Jugendlichen auszugestalten bzw. die eigenen Ziele bei ihrer ‚Zielgruppe' zu erreichen. Dabei ist das Handeln der Sozialisatoren zumindest punktuell auch auf das Medienhandeln der Sozialisanden bezogen.

c) Akteure der Mediensozialisation von Kindern und Jugendlichen

Was dies im Einzelnen alles beinhalten kann, hat Süss (2004) exemplarisch in einer tabellarischen Übersicht zu den Akteuren der Mediensozialisation Heranwachsender zusammengetragen. Wir haben im nachfolgenden Schaubild Kinder und Jugendliche mit zentralen Aspekten ihres Medienhandelns ins Zentrum gestellt und die wichtigen Sozialisatoren mit ihrem darauf bezogenen Handeln drumherum gruppiert (siehe Abb. 2).

Welche Bedeutung die verschiedenen Instanzen und Agenturen für die Sozialisation von Kindern und Jugendlichen im Einzelnen haben, ist individuell verschieden. Sie ist nicht nur – wie bereits festgestellt – von den gesamtgesellschaftlichen Rahmenbedingungen und konkreten Lebensverhältnissen der jungen Menschen bedingt, sie verändert sich auch im Verlauf des Heranwachsens mit den zunehmenden persönlichen Erfahrungen und Kompetenzen. Insbesondere bei der Entwicklung vom Kind zum Jugendlichen lassen sich markante Bedeutungsverschiebungen beobachten. Sie sind im Kern davon gekennzeichnet, dass die Eltern bereits in der Kindheit spürbar an Bedeutung verlieren, während die Peergroups und nicht zuletzt die Medien hinzugewinnen und in der Jugend bereits einen größeren Stellenwert für die Sozialisation junger Menschen haben als die Eltern.

Sieht man noch etwas genauer hin, dann zeigt sich, dass die Medien nicht nur im Verlauf von Kindheit und Jugend an Bedeutung gewinnen. Mit den rasanten technischen Entwicklungen und vielfältigen Interaktions- und Kommunikationsmöglichkeiten sind sie in den letzten Jahren insgesamt wichtiger geworden und entfalten in unserer Gesellschaft einen immer größeren Einfluss als Sozialisationsagent der Menschen, mit zunehmender Wichtigkeit nicht nur für Kinder und Jugendliche, sondern auch für Erwachsene. Und hierauf richten wir unseren Blick im Folgenden.

Abb. 2: Akteure der Mediensozialisation Heranwachsender (modifiziert nach Süss 2004, S. 288)

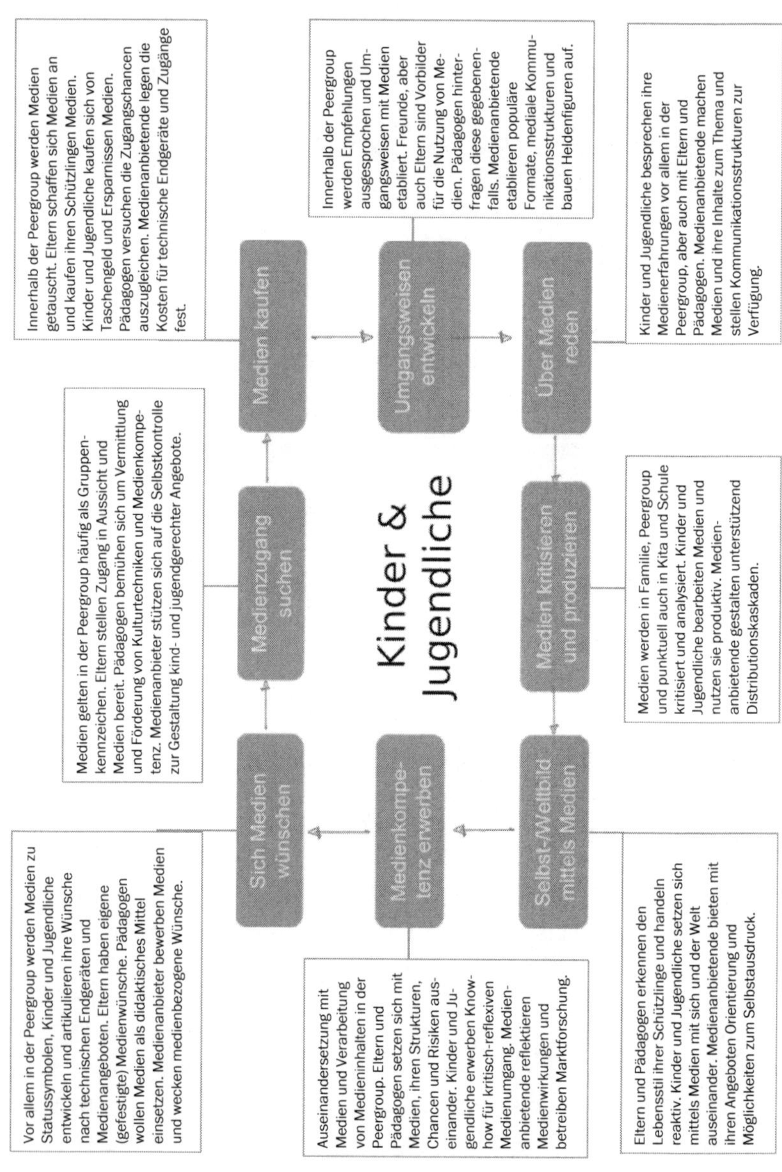

1.1.4 Bedeutung der Medien bei Sozialisationsprozessen

Wir haben die Medien bereits als eine relevante Größe bei der Persönlichkeitsentwicklung junger Menschen verortet. Zur Vertiefung schauen wir uns jetzt ihre sozialisatorische Bedeutung etwas genauer an. Ausgehend von einigen grundlegenden Vorstellungen medialer Einflüsse skizzieren wir die Perspektive von Mediensozialisation, deren Blick in besonderem Maße auf die Bedeutung der Medien beim Heranwachsen junger Menschen fokussiert. Doch was sind Medien überhaupt? Wie lassen sie sich als Gegenstand wissenschaftlicher Reflexion und Forschung, auch der Praxis verlässlich eingrenzen? Lange Zeit war die Beantwortung dieser Frage noch recht einfach. Medien wurden als Kommunikationsmittel verstanden, mit denen bestimmte Inhalte in eine breite Öffentlichkeit gestreut wurden. Man sprach daher auch von Massenmedien und unterschied vor allem zwischen Printmedien (v.a. Bücher, Zeitungen und Zeitschriften) und elektronischen Medien (v.a. Hörfunk und Fernsehen).

Mit den digitalen Medien im Spannungsfeld von Internet und multifunktionalen Endgeräten haben sich Produktion, Distribution und Nutzung von Inhalten allerdings grundlegend gewandelt, was eine trennscharfe und klare Einordnung immer schwieriger macht. Denn hier geht es nicht mehr nur darum, dass ein Anbieter einen Inhalt an ein (möglichst) breites Publikum vermittelt. Über diese klassische Sender-Empfänger-Logik hinausgehend ermöglichen digitale Medien auch eine individualisierte Nutzung und Kommunikation mit vielfältigen Interaktionsmöglichkeiten. Dabei verschwimmen zunehmend die Grenzen zwischen Anbietern und Nutzern, werden die Empfänger zu Sendern und umgekehrt. Je nach eingenommener Perspektive kann ein Medium dann ganz Unterschiedliches sein:

> „Ein Medium ist ein besonderes Ding. Im Verhältnis zwischen den Menschen und der Welt ist der Platz der Medien nicht eindeutig zu bestimmen. Medien spiegeln die Welt in Ausschnitten wider und sind zugleich auch Teil dieser Welt. Sie kommen den Menschen als äußerliche Gegenstände in den Blick und sind zugleich von Menschen hergestellt, die in den Medien ihr Inneres nach außen bringen. Medien sind abstrakte, bedeutungstragende Zeichen und Symbole der menschlichen Kommunikation und stellen, wie im Falle der Online-Medien, manchmal auch den Raum dar, in dem die Kommunikation stattfindet. Zugleich sind Medien profane Maschinen und technische Übertragungs- und Vernetzungsstrukturen." (Hartung et al. 2013, S. 9)

Diese Definition weist nicht nur auf den herausragenden Stellenwert der Medien als Kommunikationsmittel im heutigen Zeitalter hin, sie macht auch anschaulich deutlich, dass Medien Teil der äußeren Umwelt sind und den Menschen – zumindest bruchstückhaft – die Welt nahebringen. Und hierin liegt die besondere sozialisatorische ‚Kraft', die sich in der Nutzung und der noch viel weitergehenden Aneignung von Medien eigentlich von Beginn an entfaltet hat. So hatten bereits die ersten medialen Kommunikate, Zeichnungen und Schriftzeichen, auch Höhlenmalereien, Lehrstoffe zum Inhalt. Diese waren zum Beispiel ideologischer Art, wenn Gottheiten dargestellt und religiöse Mythen aufgezeichnet wurden, oder pragmatischer Art, wenn durch Darstellungen des zu jagenden Wildes lebenspraktische Funktion erfüllten (vgl. Schorb et al. 1991).

a) Die ambivalente Sicht auf die Medien

Die Auseinandersetzung mit möglichen sozialisatorischen Funktionen setzte dann mit der massenhaften Verbreitung der Medien ein und war von Anbeginn ambivalent: Einerseits wurden und werden die Medien als Garant für Freiheit, neben Legislative, Exekutive und Judikative als ‚vierte Kraft' im Staat und neben Elternhaus, Schule, Beruf und Erwachsenenbildung als fünfter Bildungsbereich positiv betrachtet. Andererseits wurden und werden die Medien wegen ihrer Inhalte im Spannungsfeld von Gewalt, Sexualität und Werbung negativ als Verführer und eine Gefährdung vor allem von jungen Menschen gesehen (vgl. ebd.).

Diese ambivalente Sicht kennzeichnet auch die aktuellen Diskurse zur Bedeutung der Medien in unserer Gesellschaft. Als konträre Positionen haben sich der Kritische Optimismus und der Kulturpessimismus verfestigt. Sie gehen von ganz unterschiedlichen Menschenbildern, Medienbildern und Wirkungstheorien aus und begründen im Resultat grundverschiedene medienpädagogische Zugänge: In der *kritisch-optimistischen Perspektive* richtet sich der Blick vor allem auf die Potenziale, die sich insbesondere mit den jeweils neuen Medien für die Menschen auftun. Die *kulturpessimistische Perspektive* fokussiert demgegenüber auf gesellschaftliche Gefährdungen allgemein und Risiken des Medienumgangs für junge Menschen speziell (vgl. Süss et al. 2013). Öffentlichkeitswirksam kolportiert haben dies in den letzten Jahrzehnten zum Beispiel Mary Winn („Die Droge im Wohnzimmer"), Neil Postmann („Wir amüsieren und zu Tode"), Werner Glogauer („Die neuen Medien machen uns krank") oder Manfred Spitzer („Digitale Demenz").

In unterschiedlichen Kontexten werden diese konträren Positionen auf den nächsten Seiten noch einmal auftauchen. So werden wir uns noch näher mit den Chancen und Risiken des Medienumgangs von Kindern und Jugendlichen beschäftigen (siehe Kap. 1.4) und die pessimistische und optimistische Sicht auf die Dinge als wesentliche Grundpositionen der Medienpädagogik entfalten (Kap. 2.1). Jetzt tauchen wir erst einmal noch etwas tiefer ein in die wissenschaftlichen Zugänge zur Mediensozialisation ein, und hier lässt sich festhalten: Bis in die 1970er Jahre hinein erfolgte keine eigenständige wissenschaftliche Auseinandersetzung mit dem Zusammenhang von Sozialisation und Medien. Vielmehr wurde das, was wir heute unter dem Stichwort „Mediensozialisation" verhandeln, im Kontext (meist negativer) Medienwirkungen thematisiert. Im Fokus stand lange Zeit die Beantwortung der Frage *Was machen die Medien mit den Menschen?* Die Frage wurde bereits früh mit der massenhaften Verbreitung zuerst von Printmedien, dann von Film, Hörfunk und Fernsehen in den öffentlichen Diskursen gestellt und bildete mit der weiter ausdifferenzierten *Lasswell-Formel* auch einen wichtigen Ausgangspunkt der klassischen Kommunikationswissenschaft.

Mit der Formel *Who says what in which channel to whom with what effect?* systematisierte der US-amerikanische Politik- und Sozialwissenschaftler Harold D. Lasswell bereits 1948 die wichtigsten Fragen der damals noch jungen Massenkommunikationsforschung (vgl. Beck 2010). In der Folge etablierte sich die Medienwirkungsforschung neben der Kommunikator, Medien- und Publikumsforschung als eine wichtige Teildisziplin der klassischen Kommunikationswissenschaft.

Die Annahme von der Passivität der Mediennutzer ist in den letzten Jahrzehnten allerdings der Auffassung eines aktiven und zielgerichteten Umgangs der Menschen mit den Medien gewichen. Die Kernfrage wird hier genau anders herum gestellt und lautet *Was machen die Menschen mit den Medien?* Ebenso hielten Vorstellungen von multifaktoriellen Zusammenhängen und gegenseitigen Abhängigkeitsverhältnissen Einzug in die theoretischen Konzepte und Modelle. Ganz aktuell wird sogar der produktive Umgang mit digitalen Medien und neuen Kommunikationsstrukturen hervorgehoben, so dass wir uns in naher Zukunft vielleicht nicht mehr fragen, wer was mit wem macht, sondern feststellen: *Menschen machen ihre Medien!* Aber ganz so weit ist es insgesamt betrachtet noch nicht gekommen.

b) Perspektiven auf Mediensozialisation und ‚Einflüsse' der Medien

Sieht man sich die kommunikations- und medienwissenschaftliche Forschung in der zweiten Hälfte des 20. Jahrhunderts an, dann lassen sich nach Schorb et al. (1991) in den verschiedenen Theorien, Ansätzen und Konzepten zumindest implizit drei grundsätzliche Perspektiven auf Mediensozialisation extrahieren. Der Zusammenhang von Sozialisation und Medien wird dabei konzipiert als:

- *Gegenseitiger Beeinflussungs- und Wirkungsprozess:* Medien gelten hier als wichtige Faktoren, welche Einstellungen, Urteile, Wissen und – zumindest vermittelt – auch das Verhalten der Menschen beeinflussen.
- *Funktionaler Prozess zwischen Medium und Rezipient:* Medien werden hier als eines der Subsysteme der Gesellschaft verstanden, deren Funktionalität interdependent, also in Abhängigkeit voneinander, zu erklären ist.
- *Wechselseitiger Prozess zwischen Subjekt, Medium, Gesellschaft:* Hier werden die Medien mit ihren Strukturen und Inhalten sowie die Rezipienten mit ihren Erfahrungen, Nutzungs- und Verarbeitungsstrukturen in ihrer gesellschaftlichen Eingebundenheit und Einflussnahme betrachtet.

Als ein Klassiker der frühen deutschsprachigen Forschung, die der Bedeutung der Medien für Kinder und Jugendliche aus Sozialisationsperspektive nachgegangen ist, gilt die Arbeit des Kommunikationswissenschaftler und Soziologen Heinz Bonfadelli (1981). Er sah die kognitiven Prozesse der Selbst- und Weltdeutung als wichtigen Aspekt des Sozialisationsgeschehens an und die Medien als Kommunikationsmittel, die eine Fülle kognitiven Materials verbreiten und damit für die jungen Menschen eine wichtige Quelle sozialisationsrelevanten Materials sind. Das Potenzial der Medien beim Prozess des Heranwachsens macht er an drei zentralen Faktoren fest, die nachfolgend kurz skizziert und im Kontext der veränderten Medienwelten hinterfragt werden. Auf diese Weise erhalten wir einen sehr guten Überblick zum Stellenwert von Mediensozialisation im Gesamtprozess der Sozialisation und Hinweise darauf, was für bzw. gegen eine besondere ‚Wirkmacht' der Medien spricht.

- *Medien und ihre Einbettung in die Lebens- und Freizeitkontexte:* Klassische Medien wie Zeitung, Fernsehen und Radio haben bestimmte, ihnen eigene Vorteile und Einschränkungen. Sie unterscheiden sich von personalen Instanzen, gehen über soziale, geografische, zeitliche und sachliche Grenzen hinaus – haben aber eine vergleichsweise große Distanz zu ihren Nutzern und nur wenig Feedbackmöglichkeiten. Digitale Medien wie das Internet, bieten jungen Menschen zwar zunehmend Interaktionsmöglichkeiten und verringern dadurch die bislang so prägenden Distanzen, aber auch hier sind Sozialisationsleistungen vor allem dann zu erwarten, wenn die Sozialisationsinhalte der Medien von interpersonalen Sozialisationsinstanzen oder im Verbund mit anderen Medien ‚mitgetragen' werden – oder wenn die Nutzer aktive Eigenleistungen in Form von Vorwissen, Sensibilisierung, Interesse und Motivation mitbringen.

- *Medien und ihre Sozialisationsinhalte:* Im Gegensatz zu Instanzen Familie und Schule, die in zeitlicher, sozialer und sachlicher Konsistenz bestimmte Erziehungsziele verfolgen, präsentieren die Medien ein sehr breites, heterogenes und wechselndes inhaltliches Angebot. Zu einer Vielzahl inkonsistenter und einander zum Teil widersprechender Sozialisationsangebote kommen die zeitliche Diskontinuität und der rasche Wechsel der aufgegriffenen Themen, welche gezielte Sozialisationsleistungen einschränken. In der individualisierten Mediennutzung mittels digitaler Medien stellt sich die Sachlage etwas anders dar. Mit zunehmender Interaktivität und erweiterten Zugängen zu spezifischen, inhaltlich konsistenten Inhalten können sich Kinder und Jugendliche heute ihre ganz persönlichen Medienmenüs zusammenstellen und so auch gezielt Selbstlernprozesse initiieren. Die Bedeutung medialer Inhalte insbesondere für die Selbstsozialisation nimmt zu.
- *Medial vermittelte Sozialisationsprozesse:* Klassische Medien vermögen es kaum, ihre sozialisationsrelevanten Inhalte der individuellen Situation ihrer Nutzer anzupassen. Sie können auch nicht gezielt bekräftigen oder sanktionieren oder eine Überwachung und Kontrolle im Sinne eines Lernprozesses initiieren. Mit den digitalen Medien stehen den jungen Menschen heute Räume zur Verfügung, in denen Selbstlernprozesse initiiert und mit medialen Vorgaben ‚angeleitet' werden. Soziale Netzwerke ermöglichen einen offenen kommunikativen Austausch, der in besonderem Maße davon lebt, dass die ausgetauschten Inhalte der aktuellen Situation und dem Gegenüber angepasst werden – im Rahmen der vorgegebenen Strukturen. Doch auch wenn die Sozialisationsinhalte so mit mehr Konsistenz, Variationsbreite und Mächtigkeit wiederholt werden können, bleiben ihre sozialisierenden Leistungen im Gros vermittelt und werden modifiziert von Familie, Schule und – das besonders wichtig – von der (Anschluss-)Kommunikation in den Peergroups, Freundes- und Bekanntenkreisen.

In Kap. 1.3.1 werden wir die Einbettung der Medien in den Alltag junger Menschen, die verschiedenen Medienfunktionen sowie die sozialisatorische Bedeutung der Medien für die Persönlichkeitsentwicklung von Kindern und Jugendlichen konkretisieren. Die eher theoretisch-konzeptionellen Anmerkungen zur Bedeutung Medien in Sozialisationsprozessen schließen wir jetzt mit einer Differenzierung von Sozialisation ab, die sowohl für die pädagogische Perspektive auf das Heranwachsen junger Menschen als auch für den Blick auf die sozialisatorische ‚Kraft' der Medien bedeutsam ist.

c) Zwischen Fremd- und Selbstsozialisation

In der Erweiterung der frühen Perspektive auf Mediensozialisation wird bereits sehr deutlich, dass die sozialisatorische Bedeutung der Medien nicht grenzenlos ist, aber mit den digitalen Medien und neuen Kommunikationsmöglichkeiten zweifelsohne zugenommen hat. Mediensozialisation lässt sich dabei zunehmend als ein Prozess beschreiben, bei dem die Akteure, insbesondere die Peergroups, immer mehr innerhalb der Welt der Medien agieren und medial vermittelte Sozialisationsinhalte in der nachgelagerten face-to-face-Kommunikation bearbeiten. Kinder und Jugendliche stehen dabei zunehmend unter dem Eindruck von medial Vermitteltem. In der Nutzung digitaler Medien und neuer Kommunikationsstrukturen tauschen diese sich wieder untereinander aus und gestalten so die komplexen Sozialisationsprozesse zunehmend selbst. Insofern ist der Umgang junger Menschen mit den Medien immer mehr auch Ausdruck einer ‚Selbstsozialisation'.

> „Mediennutzung als Selbstsozialisation bedeutet, dass die Sozialisanden die Wahl von Medien und Medieninhalten selbst steuern, über Medienzeiten und Medienorte in relativer Autonomie entscheiden und die Bedeutung der Medieninhalte im Rezeptionsprozess eigenständig konstruieren. Fremdsozialisation bedeutet hier, dass andere Personen oder Institutionen versuchen, den Medienumgang der Heranwachsenden zu lenken im Hinblick auf fremdbestimmte Sozialisationsziele. Mediennutzung steht immer in einem Spannungsverhältnis beider Sozialisationsformen." (Süss 2004, S. 67 f.)

Unterm Strich ist Mediensozialisation kein eindimensionaler Vorgang linearer Medienwirkungen, sondern ein komplexer, in den Gesamtprozess der Sozialisation eingebetteter Vorgang. Er lässt sich zusammenfassend beschreiben als eine Interaktion von Gesellschaft, Medien und Subjekt. In diesem aufgespannten Feld sind Kinder und Jugendliche zugleich Interpretatoren und Gestalter ihrer Umwelt, die sie für sich und andere durch ihr

Handeln verändern (vgl. Theunert & Schorb 2004). Wie Erwachsene sind aber auch sie den veränderten Bedingungen einer zunehmend mediatisierten Gesellschaft unterworfen, in der sich auch die Bedingungen für das Heranwachsen entscheidend verändert haben. Und hierauf liegt der Fokus in den folgenden Abschnitten.

Fragen/Hinweise zum Weiterarbeiten

Grenzen Sie Sozialisation von Erziehung und Bildung ab. Wo liegen die zentralen Unterschiede? Konkretisieren Sie Mediensozialisation an einem konkreten Beispiel aus der Lebenswelt junger Menschen als Interaktion von Gesellschaft, Medien und Subjekt.

1.2 Heranwachsen in einer zunehmend mediatisierten Gesellschaft

Nachdem wir im vorangegangenen Kapitel den Blick auf Kinder und Jugendliche gerichtet und die Bedeutung der Medien als einen wichtigen Sozialisationsagenten entfaltet haben, werden die Heranwachsenden im Folgenden als Teil der Gesellschaft etwas näher betrachtet. Unter den Oberbegriffen „Individualisierung", „Beschleunigung" und „Mediatisierung" werden zunächst drei zentrale gesamtgesellschaftliche Prozesse skizziert, mit denen sich das Heranwachsen in Deutschland in den letzten Jahrzehnten stark verändert hat. Im Weiteren zeigen wir exemplarisch, dass sich mit prägnanten Entwicklungen in der Gesellschaft und in der Welt der Medien auch die Generationsgestalten von Kindern und Jugendlichen gewandelt haben. Im abschließenden Abschnitt zu den Freizeitwelten von Kindern und Jugendlichen werden wir dann sehen, dass der Alltag junger Menschen trotz der fortschreitenden Mediatisierung sehr vielfältig ausgestaltet und keineswegs nur medial geprägt ist, auch wenn die Lebenswelten Heranwachsender immer mehr Medienwelten sind.

1.2.1 Individualisierung – Beschleunigung – Mediatisierung

Wenn von markanten gesellschaftlichen Entwicklungen die Rede ist, dann denken wir zuerst an die ‚großen' Ereignisse, die unsere Gesellschaft in den letzten Jahrzehnten begleitet haben. Wir blicken zurück auf die Zeit nach dem Zweiten Weltkrieg, auf die Trümmerzeit und den Aufbau zerstörter Städte und Landschaften in Ost- und Westdeutschland, schauen stolz auf den darauf folgenden Aufschwung, der – in der BRD begleitet von der Jugendrevolte – zu einem immer höheren Wohlstand führte. Insbesondere die 1970er und 1980er Jahre hätten eine sehr unbeschwerte Zeit für Jung und Alt werden können, wenn die Welt nicht unter dem Eindruck von Vietnamkrieg und Wettrüsten im Kalten Krieg gestanden hätte. Eine große Belastungsprobe waren natürlichen auch der *RAF*-Terror, der die Bundesrepublik erschüttert hat, und der Super-*GAU* in Tschernobyl, der den Menschen in West und Ost auf einen Schlag die ökologischen Risiken bewusst gemacht hat – eindrücklich zurück in unser Gedächtnis gerufen durch die Katastrophe von Fukushima. Auch der Kollaps des Ostblocks und der Fall der Mauer haben den Alltag der Menschen mehr oder minder stark verändert, ebenso die beginnende Wirtschaftsflaute und – in der jüngeren Zeit – die Folgen der Globalisierung und der EU-Krise, die uns noch immer sehr gegenwärtig sind. Aktuell ergänzt nun auch noch um die steigende Terrorangst und eine hinsichtlich der Flüchtlingsfrage zunehmend gespaltene Gesellschaft.

Ohne Frage stand und steht die gesamtgesellschaftliche Entwicklung Deutschlands unter dem Eindruck solcher prägenden Ereignisse. Sie haben auch die Gestalten von Kindern und Jugendlichen zu ihrer Zeit – also das Bild, was wir von jungen Menschen haben – stark geprägt. Noch viel wichtiger für die konkreten Lebensbedingungen, unter denen Kinder und Jugendliche heranwachsen (und in die Gesellschaft hineinwachsen), sind allerdings die Entwicklungen, die unsere ‚moderne' Gesellschaft strukturell verändert haben und weiter verändern. Hervorzuheben sind hier die Prozesse, die sich stark vereinfacht mit den Begriffen „Individualisierung", „Beschleunigung" und „Mediatisierung" fassen lassen und in besonderem Maße auf die gesellschaftliche Veränderungen hinweisen, die auch zu Bedeutungsverschiebungen bei den Instanzen und Agenturen der Sozialisation junger Menschen geführt haben.

a) Individualisierung: Ohne Medien keine Orientierung mehr möglich?

Bereits vor über 30 Jahren hat ein deutscher Soziologe eine Diskussion entfacht, die weit über den soziologischen Fachdiskurs hinausreichte. Es war Ulrich Beck, der Anfang 2015 verstorben ist und zu Lebzeiten vor allem mit seiner systematischen Betrachtung der Individualisierungsprozesse in westlichen Industrie- und Dienstleistungsgesellschaften für Aufsehen sorgte. Seine Überlegungen veröffentlichte er zunächst in einem Fachaufsatz (vgl. Beck 1983) und differenzierte diese später in seiner viel beachteten Abhandlung zur *Risikogesellschaft* (vgl. Beck 1986) weiter aus. In seiner Analyse der gesamtgesellschaftlichen Entwicklung der Bundesrepublik Deutschland identifizierte er einen gewaltigen Individualisierungsschub, der im Kern folgende drei Dimensionen umfasst:

> „Herauslösung aus historisch vorgegebenen Sozialformen und -bindungen im Sinne traditionaler Herrschafts- und Versorgungszusammenhänge (‚Freisetzungsdimension'), Verlust von traditionellen Sicherheiten im Hinblick auf Handlungswissen, Glauben und leitende Normen (‚Entzauberungsdimension') und – womit die Bedeutung des Begriffes gleichsam in ihr Gegenteil verkehrt wird – eine neue Art der sozialen Einbindung (‚Kontroll- und Reintegrationsdimension')" (Beck 1986, S. 206).

Nicht ohne Grund hat das *Individualisierungstheorem* von Beck in der Folgezeit die Jugendforschung in Deutschland stark beeinflusst und bildet noch heute einen wesentlichen Hintergrund für die Erklärung von Sozialisationsprozessen. Denn für die jungen Gesellschaftsmitglieder bedeutet die beobachtete zunehmende Individualisierung von Lebensentwürfen zweierlei: Zum einen haben Jugendliche – und mit vorverlagerten Autonomiegewinnen bereits Kinder – immer mehr Wahlmöglichkeiten, wie sie ihren eigenen Lebensweg konkret gestalten. Zum anderen wird die Gestaltung immer mehr aus traditionellen, mehr oder minder ‚sicheren' Lebenswegen herausgelöst und verlangt dem Einzelnen eine zunehmend hohe Selbstverantwortung ab. Im Resultat sind die persönliche und soziale Entwicklung heranwachsender Menschen, mit einer Vielzahl von ‚neuen' Risiken, Unsicherheiten und Abhängigkeiten verbunden – aber eben auch mit neuen Freiheiten, Chancen und Möglichkeiten.

In diesem nur kurz umrissenen Gesamtzusammenhang haben die Medien seit den 1980er Jahren eine besondere Bedeutung für das Heranwachsen junger Menschen erlangt. In der zunehmend komplexen und sich weiter ausdifferenzierenden Gesellschaft, in der die Lebensführung und Lebensorientierung immer weniger von traditionellen Normen und Selbstverständlichkeiten vorgegeben ist, erscheinen klassische Sozialisationsinstanzen wie Elternhaus und Schule immer weniger in der Lage, den jungen Menschen den für sie ‚richtigen' Weg in die Erwachsenengesellschaft zu bahnen. Vielmehr müssen Heranwachsende ihr Leben immer selbstverantwortlicher planen und gestalten, ohne dass die Gesellschaft hierfür noch einen übergreifenden, ordnenden Sinnzusammenhang bereit hält (vgl. Charlton & Neumann-Braun 1992).

In dieser Perspektive fungieren die Medien mit ihrer Omnipräsenz im Alltag nicht nur junger Menschen als *zentrale Sinnagentur*, die – keineswegs immer intendiert – Orientierung gibt und Sinn stiftet. Eine besondere Bedeutung haben hier die gemeinsamen Medienerlebnisse von Kindern und

Jugendlichen. Sie bieten den Heranwachsenden nicht nur vielfältige Orientierungspunkte, über sie werden auch (neue) soziale Strukturen und Gemeinschaften hergestellt (vgl. Mikos 2006). Den gesamtgesellschaftlichen Entwicklungen entsprechend hat sich in den letzten Jahren auch die Welt der Medien weiter ausdifferenziert. Vor allem digitale Medien bieten den Jugendlichen und längst auch Kindern zunehmend individualisierte Inhalte und damit sehr spezielle, subjektiv besonders relevante Vorlagen, für das ‚ganz persönliche' Leben. Darüber hinaus geben sie ihnen umfangreiche Möglichkeiten zur Hand, Vorhandenes beliebig zu verändern, wodurch die Wirklichkeit ein weiteres Stück in kleine Partikel zerfällt, die dann wieder neu zusammengesetzt werden (vgl. Niesyto 2013).

b) Beschleunigung: Auf der Suche nach der verlorenen Zeit?

In der wissenschaftlichen Diskussion der prägnanten Veränderungen in unserer Gesellschaft ist in den letzten Jahren noch ein ganz anderer Aspekt hervorgehoben worden: die *Beschleunigung gesellschaftlicher Prozesse.* Wesentlich sind hier die technischen Entwicklungen in der Welt der Medien (v.a. durch Digitalisierung), die zu einer beschleunigten Produktion, Vermittlung und Rezeption medialer Inhalte geführt haben. Im Resultat bieten sich den Menschen einerseits vielfältige Optionen – etwa zur Teilhabe am sozialen Leben und zur Ausgestaltung des eigenen Alltags. Andererseits geraten die Menschen zunehmend unter Druck, die neuen Möglichkeiten in ihrer begrenzten Freizeit auch unter zu bekommen. Wir kennen dieses Gefühl nur zu gut, und spätestens mit dem populären Buch „SPEED – Auf der Suche nach der verlorenen Zeit" von Florian Opitz aus dem Jahr 2011 und seinem gleichnamigen Dokumentarfilm von 2012, der hierzulande auch recht erfolgreich im Kino lief, wissen wir, dass es nicht nur uns so ergeht.

Im wissenschaftlichen Diskurs hierzu stößt man vor allem auf den Namen Hartmut Rosa. In seiner vielbeachteten Habilitationsschrift, die vor knapp zehn Jahren als Taschenbuch erschien und mit einigen zentralen Aussagen längst die öffentliche Diskussion erreicht hat, identifiziert der Soziologe drei Dimensionen gesellschaftlicher Beschleunigungsprozesse, die den Alltag der Menschen stark verändert haben (vgl. Rosa 2005):

- *Technische Beschleunigung:* Sie hat in den letzten Jahren nicht nur zu einer schnelleren Produktion und Distribution von Gütern geführt, mit digitalen Technologien werden auch alle erdenklichen Informationen quasi in Echtzeit weltweit zugänglich gemacht.

- *Beschleunigung des sozialen Wandels:* Praktizierte Formen des sozialen Zusammenlebens und Beziehungsmuster verändern sich immer schneller, handlungsorientierende Erfahrungen und Erwartungen steigern in einer ‚schrumpfenden' Gegenwart ihre Verfallsraten.
- *Beschleunigung des Lebenstempos:* Handlungsepisoden im Leben des Menschen verkürzen und verdichten sich, Multitasking nimmt zu und damit auch das Empfinden von Zeitnot, Zeitdruck und stressigem Beschleunigungszwang sowie die Angst, nicht mehr mitzukommen.

Diese Entwicklungen werden auch in der medienpädagogischen Diskussion aufgegriffen. Die Ansprüche an Bildung fest im Blick, widmet sich der Erziehungswissenschaftler und Medienpädagoge Horst Niesyto zum Beispiel der Frage, wie junge Menschen unter den skizzierten Bedingungen gesellschaftlicher und medialer Beschleunigung eine notwendige Distanzierungsfähigkeit und ästhetische Reflexivität entwickeln können (vgl. Niesyto 2012 und 2013). Wenn – wie Hartmut Rosa (2005) feststellt – die Erlebnisse zunehmend episodisch bleiben und nicht mehr miteinander, mit der Geschichte und der eigenen Identität verknüpft werden, dann verschwinden nicht nur körperlich erfahrbare Zeit und raumzeitliche Bezugspunkte, die Prozesse digitaler Beschleunigung strukturieren auch die Sozialisation junger Menschen neu. Niesyto (2013) bezieht sich hier auf eine sehr prägnante Analyse von Kollegen:

> „Gelebt wird mehr und mehr von Situation zu Situation, von Punkt zu Punkt (...). So hat sich eine mediengesellschaftliche Sozialisationsweise entwickelt, die dem digitalen Prinzip gehorcht und einen entsprechenden Sozialisationstyp durchzusetzen versucht, der vor lauter Punkten das Ganze nicht mehr sieht. Die oszillierenden Bildpunkte lenken von den Machtstrukturen ab" (Böhnisch et al. 2009, S. 133).

Mit den skizzierten Entwicklungen haben sich die Ansprüche an junge Menschen verändert und sich letztlich auch weiter weg von dem entfernt, was Pädagogik allgemein und Medienpädagogik speziell anvisieren: das kritisch-reflexives Subjekt. Die gegenwärtigen Entwicklungen sind vielmehr davon gekennzeichnet, dass mediale Innovationen eng verknüpft mit den ökonomischen Prinzipien einer kapitalistischen Wirtschaftsweise vordergründig kommerziell nutzbar gemacht werden sollen. Im Kampf um Wettbewerbsvorteile wird dann eben nicht das kritisch-reflexive, sondern das situative, sich ständig anpassende Subjekt ins Visier genommen. Niesyto

(2013) verweist hier auf die Perspektive des US-amerikanischen Kultursoziologen Richard Sennet (1998). Gefragt ist demnach immer mehr der *flexible Mensch*, der sich mit dem globalisierten Netzwerkkapitalismus arrangiert und sich den neuen Marktentwicklungen permanent anpasst – ein Mensch, der sich nicht zu sehr an Zeit und Ort bindet, langfristige Bindungen meidet und Fragmentierung hinnimmt oder sie sogar als Gewinn sieht. Das sind wichtige Denkanstöße, die es lohnt auch einmal für sich selbst zu reflektieren.

c) Mediatisierung: Ohne Medien keine Kommunikation?

Die letzte wissenschaftliche Perspektive auf gesamtgesellschaftliche Veränderungsprozesse, die wir als wichtigen Hintergrund des Heranwachsens junger Menschen kurz skizzieren, legt ihr Hauptaugenmerk auf die besondere Bedeutung der Medien. Im Mittelpunkt steht – wie uns der Name des Theorieansatzes bereits verrät – die fortschreitende *Mediatisierung kommunikativen Handelns* der Menschen. Entwickelt von dem Mathematiker und Soziologen Friedrich Krotz ist der Ansatz nicht nur eine tragfähige, sondern aktuell auch die bedeutendste Rahmentheorie für das Denken und Handeln in der medienpädagogischen Forschung und Praxis. Seine handlungstheoretischen Perspektive beinhaltet zum einen den besonderen Blick der *Cultural Studies* auf die (sozial konstruierte) alltagspraktische Bedeutung von Medien als ein Teil der Kultur. Zum anderen beinhaltet sie die Sichtweise des *Symbolischen Interaktionismus*, auf die wir später noch ausführlicher eingehen (siehe Kap. 2.3.2), da sie für den medienpädagogischen Zugang von herausragendem Stellenwert ist.

In einem von uns jetzt nur sehr grob skizzierten Rahmen wird Mediatisierung als ein sozialer Veränderungsprozess verstanden, der durch die untrennbare Verbindung von Kommunikation und Medien in unserer Gesellschaft vorangetrieben wird (vgl. Krotz 2001). Da Medien immer mehr zum kommunikativen Handeln, zum symbolischen Austausch der Menschen verwendet werden, wächst nicht nur ihre Bedeutung für den Alltag und die sozialen Beziehungen der Menschen, die Medien sind letztlich auch wesentlich an der Herstellung und Weiterentwicklung von Kultur beteiligt (vgl. Krotz 2012). Unser kommunikatives Handeln, unsere soziale und kulturelle Wirklichkeit ist also ganzheitlich den sich wandelnden Kommunikationsformen und -bedingungen unterworfen. Und hier kommen die Entwicklungen seitens der Medien ins Spiel: Zentral für die Mediatisierung kommunikativen Handelns ist zum einen die Ausdifferenzierung und Integration von Medien zu kaum noch unterscheidbaren kommunikativen Mischformen. Zum anderen die Durchdringung unserer Kultur von Medienkommunikation – mit einer *medialen Entgrenzung* in mindestens drei wichtigen Dimensionen (vgl. Krotz 2001):

- *Zeitliche Dimension:* Immer mehr Medien stehen den Menschen zu allen Zeitpunkten zur Verfügung und bieten immer dauerhafter Inhalte an. Hier haben wir die unzähligen Angebote im Internet im Blick, die Blogs, Musik-, Foto- und Videoplattformen, aber auch das Fernsehen, welches längst keinen Sendeschluss mehr hat.
- *Räumliche Dimension:* Medien befinden sich nicht nur an immer mehr Orten, sie verbinden und vernetzen diese auch immer weiter. Hier denken wir an die mobilen multifunktionalen Endgeräte, die sich in den letzten Jahren in Gestalt von Smartphones und Tablets rasant verbreitet haben, auch an die unzähligen Displays und Screens in urbanen Landschaften.
- *Soziale Dimension:* Medien beziehen sich auf immer mehr Lebensbereiche der Menschen. Deren soziale Beziehungen werden immer häufiger durch Medien vermittelt und mit ihnen ausgestaltet. Hier vergegenwärtigen wir uns sofort die Bedeutung von Sozialen Netzwerken und Kommunikationsdiensten – gerade für junge Menschen.

Mittlerweile steht außer Frage, dass die Menschen noch nie so viel kommuniziert haben wie heute. Nicht nur der gesellschaftliche Stellenwert von Kommunikation ist aber rapide gestiegen, in der vernetzten Welt hat sich auch ihr Zweck verändert. Was damit gemeint ist, hat der Medien- und Kommunikationstheoretiker Norbert Bolz in einem mit „Total vernetzt" überschriebenen Artikel der Wochenzeitung DIE ZEIT (Ausgabe 36 von 2008) so auf den Punkt gebracht: „Immer häufiger kommunizieren wir, nur um zu kommunizieren – und empfinden eine unbändige Lust dabei." Für ihn geht es in der heutigen Zeit – das sicher etwas überspitzt auf den Punkt gebracht – nicht mehr darum, Informationen zu übermitteln, sondern darum, permanent Kontakt zu halten, permanent wahrgenommen zu werden: „Ich kommuniziere, also bin ich." Hier verweist Norbert Bolz darauf, dass der Trend von den Entwicklungen seitens der Medien verstärkt wurde: Kommunikation zum Flatrate-Tarif quasi.

Wie beim Blick auf die gesamtgesellschaftlichen Individualisierungs- und Beschleunigungsprozesse zeigt sich auch in der Analyse der zunehmenden Mediatisierung des kommunikativen Handelns, dass die (vor allem von wirtschaftlichen Interessen geleiteten) Medienentwicklungen eng verflochten sind mit den Veränderungen im Alltag der Menschen – sei es in Schule, Ausbildung, Beruf oder Freizeit. Um einige markante aktuellere Entwicklungen aus Perspektive des Informations- und Telekommunikationsbranche nachzuzeichnen, haben wir nachstehend einmal einige Presseinformationen vom Bundesverband Informationswirtschaft, Telekommunikation und neue Medien e.V. (BITKOM) aus dem Jahr 2014 zusammengestellt. Sie basieren auf Wirtschaftsdaten und Ergebnissen eigener Marktanalysen des Verbandes und lassen mehr als nur erahnen, wie grundlegend und umfassend die Veränderungen in der Welt der Medien auch den Alltag von Jung und Alt in unserer Gesellschaft verändert haben.

Ausgewählte BITKOM-Presseinformationen aus dem Jahr 2014:
Keine Angst vor der Informationsflut aus dem Netz (10.01) +++ E-Learning kommt auf Tablets und Smartphones (29.01.) +++ Vor zehn Jahren wurde Facebook gegründet (31.01.) +++ Smartphone-Boom setzt sich 2014 ungebrochen fort (12.02.) +++ Das mobile Internet ist der Wachstumstreiber (18.02.) +++ Jeder Vierte nutzt einen Tablet Computer (24.02.) +++ Weltweiter ITK-Markt wächst auf 3 Billionen Euro (07.03.) +++ Einsatz von Big Data vor dem Durchbruch (09.03.) +++ Fast jeder Zweite nutzt das Internet für Sportinfos (18.03.) +++ Simsen und Chatten wichtiger als Telefonieren (25.04.) +++ Smartphone und Internet gehören für Kinder zum Alltag (28.04.) +++ Datenvolumen im Mobilfunk stärker als erwartet gestiegen (13.05) +++ Gezeitenwechsel bei Kurznachrichten (30.05) +++ Jeder achte Lehrer ist mit Schülern in Sozialen Netzwerken verbunden (02.06.) +++ Internetnutzer halten ihre Daten im Web für unsicher (04.06.) +++ Smartphones stärker verbreitet als normale Handys (11.06.) +++ Nachfrage nach Tablet Computern steigt weiter (18.06.) +++ Internet vor Fernsehen und Radio als Nachrichtenquelle (26.06.) +++ 25 Millionen Deutsche machen Selfies (27.06.) +++ Im Durchschnitt 18 berufliche E-Mails pro Tag (11.07.) +++ Alle Smartphone-Nutzer machen Fotos (18.07.) +++ Spielkonsolen werden zur vernetzten Medienzentrale (04.08.) +++ Informatik-Unterricht soll Standard werden (12.08.) +++ Jeder Dritte nutzt einen Tablet Computer (24.08.) +++ 11 Millionen Fußball-Fans fiebern in Sozialen Medien mit (29.08.) +++ Die Jugend kommuniziert am liebsten mit Kurznachrichten (05.09.) +++ Cybermobbing trifft viele Jugendliche (22.09.) +++ 9 Millionen Deutsche haben Partner im Internet gesucht (15.10.) +++ E-Learning bleibt auf Wachstumskurs (04.11.) +++ Allzeithoch bei Studienanfängern in der Informatik (26.11.) +++ Smartphones und Tablets sind zu Weihnachten gefragt (28.11.) +++ 8 von 10 Schülern halten online Kontakt mit Lehrern (03.12.) +++ Für drei Viertel sind digitale Technologien unverzichtbar (04.12.) +++ Das Internet wird für viele Senioren unverzichtbar (12.12.) +++ Neujahrsgrüße werden häufiger per Smartphone-App verschickt (29.12.)

Mit den skizzierten Individualisierungs-, Beschleunigungs- und Mediatisierungsprozessen in unserer Gesellschaft ist deutlich geworden, dass die zunehmende Bedeutung von Medien in der Lebenswelt der Menschen eng mit den gesamtgesellschaftlichen Entwicklungen verflochten ist. In diesem Gesamtrahmen hat sich auch das Leben von Kindern und Jugendlichen in den letzten Jahren entscheidend gewandelt. Pädagogik allgemein und Medienpädagogik speziell sind in ihrem Handeln an den jeweils aktuellen Lebensverhältnissen junger Menschen orientiert. Die gesamtgesellschaftlichen Veränderungsprozesse sind daher in der (medien-)pädagogischen Theorie und Praxis mit zu denken. Ein weiterer wichtiger Zugang hierfür ist die Frage, wie sich in Folge der Entwicklungen in der Welt, in unserer Gesellschaft und in der Welt der Medien die Gestalten von Kindern und Jugendlichen als Teil der Bevölkerung gewandelt haben. Und hierauf richten wir den Blick im Folgenden.

1.2.2 Lebensverhältnisse und ‚Gestalten' junger Menschen

In Kap. 1.1 haben wir Kindheit und Jugend als markante Phasen im Leben des Menschen herausgestellt und hier unter anderem auf die Verschiedenartigkeit der persönlichen Entwicklung hingewiesen. Im Folgenden wenden wir uns den Subjekten, also den Kindern und Jugendlichen zu und betrachten sie als Teil unserer Gesellschaft, als soziale Gruppen, die sich idealtypisch in ihrem Denken, Fühlen und Handeln sowie mit ihren spezifischen Lebenswelten voneinander und von uns Erwachsenen abgrenzen lassen. Doch beschreiben wir die jungen Generationen in unserem Land zunächst einmal als Teil der Bevölkerung und richten den Blick dann auf die familialen Lebenslagen und Kontexte von Bildung und Erziehung, in denen sie heranwachsen.

a) Eckdaten zu den Lebensverhältnissen von Kindern und Jugendlichen

Wir haben in unterschiedlichen Zusammenhängen schon von der ‚Überalterung' unserer Gesellschaft gehört. Relational betrachtet sind hierzulande nur etwa ein Sechstel aller Menschen unter 18 Jahren. Mehr als ein Viertel unserer Bevölkerung ist demgegenüber schon über 60 Jahre alt. Und dieses ‚Missverhältnis' zwischen jüngerer und älterer Generation wird sich nach den aktuellen Prognosen aufgrund anhaltender niedriger Geburtenraten und steigender Lebenserwartung der Menschen in den nächsten Jahren noch weiter verschärfen. Genaue Zahlen lassen sich mittlerweile sehr gut über die Webseite des Statistischen Bundesamtes recherchieren (www.

destatis.de). Wir haben nachfolgend einige zusammen getragen und beantworten zuerst die Frage, wie viele Heranwachsende welchen Alters überhaupt bei uns leben und – auch das eine wichtige Rahmung für Bildung und Erziehung – wie viele von ihnen einen Migrationshintergrund haben.

Tab. 1: Kinder, Jugendliche und junge Erwachsene in Deutschland

KINDER, JUGENDLICHE UND JUNGE ERWACHSENE			
	INSGESAMT	DAVON MIT MIGRATIONS-HINTERGRUND	ANTEIL AN DER GESAMT-BEVÖLKERUNG (81,1 Mill.)
unter 3	2 Mill.	0,7 Mill.	2,5 %
3 bis 5	2,1 Mill.	0,7 Mill.	2,5 %
6 bis 9	2,8 Mill.	0,8 Mill.	3,4 %
10 bis 14	3,7 Mill.	0,9 Mill.	4,5 %
15 bis 17	2,4 Mill.	0,6 Mill.	2,9 %
18 bis 27	2 Mill.	0,9 Mill.	2,4 %

Eine zweite wichtige Frage sind die sozialen Verhältnisse, in denen Kinder und Jugendliche heranwachsen. Wie Abb. 3 zeigt, gibt es in Deutschland ca. acht Millionen Familien mit minderjährigen Kindern, wobei in den meisten Familien mittlerweile lediglich ein Kind heranwächst. In aller Regel verbleiben die Kinder noch bis ins Erwachsenenalter hinein in ihren Familien, wobei die weiblichen Heranwachsenden etwas früher aus dem Elternhaus ausziehen (im Gesamtdurchschnitt mit 23,9 Jahren) als die männlichen (im Gesamtdurchschnitt mit 25,1 Jahren).

Bemerkenswert ist der hohe Anteil an Alleinerziehenden Eltern, was häufig auch mit sozialen und ökonomischen Benachteiligungen einhergeht. Insgesamt betrachtet ist hierzulande etwa jedes sechste minderjährige Mädchen (knapp 18 %) und fast jeder fünfte minderjährige Junge (über 19 %) von Armut und/oder sozialer Ausgrenzung betroffen. In engem Zusammenhang damit sind hierzulande nicht wenige Familien auch auf Erziehungshilfen angewiesen. Wie das Statistische Bundesamt vor gar nicht so langer Zeit in einer Pressemitteilung mitteilte, hatte im Jahr 2013 hierzulande für 520.000 junge Menschen eine Hilfe begonnen. Weiterhin war hier zu lesen:

„Für mehr als 52.000 Kinder, Jugendliche und junge Erwachsene begann eine Vollzeitpflege in einer anderen Familie, eine Heimerziehung oder eine Unterbringung in einer sonstigen betreuten Wohnform. Das waren rund 600 stationäre Hilfen mehr als im Jahr 2012. Fast die Hälfte (49 %) der jungen Menschen, die in einem Heim oder einer Pflegefamilie untergebracht wurden, lebte zuvor mit einem alleinerziehenden Elternteil zusammen. Drei Viertel (74 %) dieser alleinerziehenden Elternteile lebten ganz oder teilweise von Transferleistungen. Dazu gehören finanzielle Hilfen des Staates wie zum Beispiel Arbeitslosengeld II oder Sozialgeld nach dem Zweiten Sozialgesetzbuch." (Statistisches Bundesamt 2014, S. 1)

Abb. 3: Familienkonstellationen in Deutschland

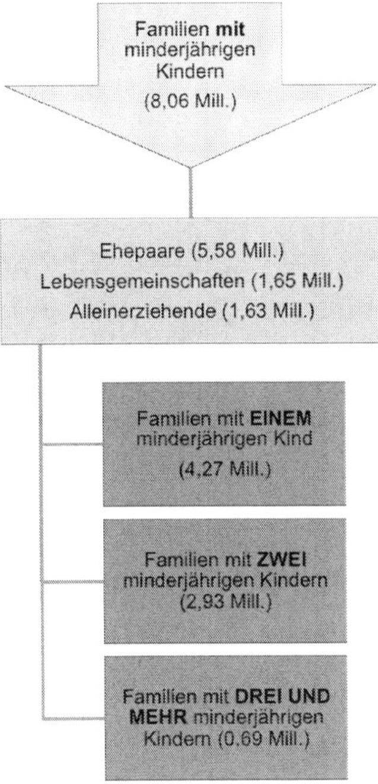

Eine dritte wichtige Frage, auf die wir hier abschließend noch einen kurzen Blick werfen, ist die nach den institutionalisierten Kontexten von Erziehung, Bildung und Ausbildung, die das Leben aller Heranwachsenden entscheidend prägend (siehe Tab. 2a–c).

Tab. 2a–c: Institutionalisierte Kontexte von Erziehung, Bildung und Ausbildung

Kinder in Kitas (2014)	
	INSGESAMT
	3,3 Mill.
0 bis 2-Jährige	0,6 Mill.
3 bis 5-Jährige	1,9 Mill.
6-Jährige und ältere Kinder	0,8 Mill.

Berufsausbildung (2014/2015)	
	INSGESAMT
Auszubildende	1,4 Mill.
Studierende	2,7 Mill

Schüler (2014/1015)	
Schüler an allgemeinbildenden Schulen	INSGESAMT
... davon sind:	**8,4 Mill.**
Grundschüler	2,7 Mill.
Gesamtschüler	0,7 Mill.
Hauptschüler	0,5 Mill.
Realschüler	1 Mill.
Gymnasiasten	2,3 Mill.
Andere (Privatschulen, Abendschulen, Vorklass-en etc.)	1,2 Mill.

b) Kinder- und Jugendgenerationen im Wandel der Zeit

Wenn in der Öffentlichkeit von *den Kindern* oder *den Jugendlichen* die Rede ist, dann richtet sich der Blick meist auf die ‚sichtbaren' Gestalten und ‚kulturellen' Praxen der jungen Generationen, die in besonderem Maße auch von den Bildern der Medien geprägt sind. Fast immer schauen wir auf Kinder und Jugendliche aus unserer spezifischen Perspektive als Erwachsene (herab), identifizieren zuvorderst Probleme, weniger die Chancen für die Zukunft unserer Gesellschaft. So ist *Unsere Jugend* zum Beispiel nicht nur ein Schlagwort in der Öffentlichkeit – es ist auch der Titel einer Fachzeitschrift für Sozialpädagogik, die hierzulande seit über 60 Jahren Auskunft zur Lage der jungen Generationen in unserem Land gibt. Neben den jeweils aktuellen Problemlagen werden in der Zeitschrift die Möglichkeiten pädagogischer Zugänge erörtert, mit denen auch außerhalb institutionalisierter Bildung und Erziehung zielgerichtet Einfluss auf die Entwicklung junger Menschen genommen werden soll – meist im Sinne von uns Erwachsenen. Denn Kinder und Jugendliche haben nicht nur das grundgesetzlich verankerte Recht auf die freie Entfaltung ihrer Persönlichkeit (Art. 2 Abs. 1 GG). Von ihnen wird auch erwartet, sich zu einer eigenverantwortlichen und gemeinschaftsfähigen Persönlichkeit zu entwickeln.

So gesehen stehen Kinder und Jugendliche immer auch unter ‚besonderer Beobachtung' der Erwachsenenwelt: Kritisch wird beäugt, was die jungen Generationen so alles treiben. Im Mittelpunkt stehen dabei kaum die konkreten Lebenswelten von Kindern und Jugendlichen, die sich unter dem Eindruck der skizzierten gesamtgesellschaftlichen Veränderungsprozesse in den letzten Jahren gewandelt haben. Auch nicht die veränderten Bedingungen für das Heranwachsen und neuen Sozialisationsweisen in der zunehmend mediatisierten Welt. Vielmehr sehen Erwachsene die jungen Generationen vor allem im Spiegel aktueller Moden und Trends, die sich dem Blick von außen nicht verschließen. Früh spielten hier bereits die Medien eine wesentliche Rolle. Zunächst waren es die Kinder-, Schüler- und Jugendzeitschriften, die seit den 1950er Jahren den Alltag junger Menschen prägten. Später kamen Radio und Fernsehen mit speziellen Sendungen für Kinder hinzu. Mit den Walkmans waren es in den 1980er Jahren dann die ersten alltagstauglichen mobilen Endgeräte, die heute in Gestalt von Handys und Smartphones untrennbar mit den Heranwachsenden verbunden scheinen.

Tab. 3: Generationsgestalten Jugendlicher modifiziert nach Zinnecker (2002) und Süss (2003).

GEBURT	JUGEND	PRÄGENDE EREIGNISSE	NEUE POPULÄRE MEDIEN	GENERATIONS-GESTALTEN
um 1925	um 1940	Zweiter Weltkrieg	Kino	suchende, fragende Generation
um 1940	um 1955	Trümmerzeit, Aufbau	Radio	unbefangene, skeptische Generation
um 1955	um 1970	Aufschwung, Jugendrevolte	Fernsehen, Dia, Super8, Single	politische, narzisstische Generation
um 1965	um 1980	Wohlstand, Wettrüsten, Vietnam	Tonband, MC, LP, Video	konsumistische, alternative Generation
um 1975	um 1990	Ökologische Risiken	Walkman, CD, Computer	dialogische, theoretisierende Generation
um 1985	um 2000	Ostblockkollaps, Wirtschaftsflaute	Handy, Laptop, Internet	pragmatische, mobile Net-Generation
um 2000	heute	Globalisierungsfolgen, EU-Krise	Soziale Netzwerke, Tablet, Smartphone	vernetzte, partizipierende Generation

Schauen wir an dieser Stelle noch einmal kurz zurück und vergegenwärtigen uns, wie sich die Gestalten der jungen Generationen im Verlauf der letzten Jahrzehnte gewandelt haben. Auch wenn in dieser stark reduzierenden Perspektive Individualität und Diversität junger Menschen vernachlässigt werden, wird eines deutlich: Das Lebensgefühl, das Kinder und Jugendliche gemeinschaftlich nach außen tragen, ist immer im Kontext der spezifischen kulturellen und gesellschaftlichen Bedingungen der jeweiligen Zeit zu sehen. Wie Tab. 3 für ausgewählte Jugendgenerationen vom Zweiten Weltkrieg bis heute zeigt, lassen sich diese idealtypisch mit dem Label einer empirisch belegbaren eigenen Generationsgestalt versehen. Nicht zu übersehen sind hier die Bezüge zu den prägenden Ereignissen der Zeit und zu den neuen Medien, die es nicht selten vor allem in der Aneignung durch die Heranwachsenden zu (schneller) Popularität bringen.

c) Mediatisierte Welten der Vergemeinschaftung

Im Resultat der fortschreitenden Mediatisierungsprozesse erscheint es heute durchaus gerechtfertigt, die Generationen junger Menschen vor allem als spezifische Mediengenerationen zu beschreiben. Wir kennen alle die einfachen Zuschreibungen à la *Generation Internet* oder *Generation Smartphone*, die überdeutlich auf die bevorzugten Medienzugänge fokussieren. Im Fachdiskurs haben sich begrifflich die *Digital Natives* durchgesetzt. Gemeint sind hier die jüngeren Menschen, die – quasi selbstverständlich – in der digitalen Welt aufgewachsen sind und ein Leben ohne Internet und digitale Endgeräte gar nicht mehr kennen gelernt haben. In Abgrenzung dazu ist von den *Digital Immigrants* die Rede, die mit analogen Medien aufgewachsen sind und sich die neuen Möglichkeiten erst später, im Erwachsenenalter zu eigen gemacht haben.

Aktuell lässt sich in der Medien- und Kommunikationswissenschaft eine differenziertere Perspektive auf Mediatisierte Welten der Vergemeinschaftung ausmachen, die auch für den medienpädagogischen Zugang zu jungen Menschen fruchtbar ist. Ausgehend von den oben skizzierten gesamtgesellschaftlichen Veränderungsprozessen der Mediatisierung kommunikativen Handelns wird hier der spannenden Frage nachgegangen, inwieweit mit den neuen Medien heute auch ein neues Gemeinschaftsleben der Menschen zu beobachten ist. Vertiefende Einblicke gibt hier eine 2014 abgeschlossene qualitative Studie, bei der 60 Jugendliche und junge Erwachsene ausführlich interviewt wurden. Zudem analysierten die Befragten ihr persönliches Kommunikationsnetzwerk selbst und hielten ihre medienvermittelte Kommunikation in einem Tagebuch fest.

Die Ergebnisse der Studie zeigen eindrucksvoll, dass Heranwachsende mit den neuen Möglichkeiten in der Welt der Medien ihr Gemeinschaftsleben neu ausgestaltet haben. In einer detaillierten Typisierung der jungen Akteure wurden folgende vier Formen mediatisierter Vergemeinschaftungen mitsamt ihren spezifischen kommunikativen Vernetzungen herausgearbeitet (vgl. Hepp et al. 2014):

- *Lokalisten:* Sie leben im Hier und Jetzt, ohne sich dabei auf bestimmte Themen zu konzentrieren. Ihre Vergemeinschaftung und Vernetzung ist stark mediatisiert und auf das direkte Lebensumfeld ausgerichtet.
- *Zentristen:* Sie befinden sich in Gemeinschaften, die sich um ein gemeinsames Thema gruppieren. Neben einer starken lokalen Vernetzung ist ihr Alltag von einer ausgeprägten thematischen Vernetzung geprägt.
- *Multilokalisten:* Sie sind in ihren Vergemeinschaftungen an definierten Orten orientiert. Ihre lokale und translokale Vernetzung erfolgt in Bezug auf bestimmte Personen und Themen.
- *Pluralisten:* Sie leben unterschiedliche, inhaltlich breit gestreut Vergemeinschaftungen aus. Ihre kommunikative Vernetzung ist vielschichtig. Die verschiedenen Gemeinschaften (be-)stehen teilweise unverbunden nebeneinander.

Was bringt uns diese Perspektive für den medienpädagogischen Zugang zu jungen Menschen? Zuerst mahnt sie uns zu einer differenzierten Betrachtung unserer Zielgruppe. Im Kontext der zunehmenden Mediatisierung des gemeinsamen Alltags junger Menschen weist sie nicht zuletzt darauf hin, dass wir in der medienpädagogischen Forschung und Praxis nicht nur spezifische Zugänge zu den verschiedenen Altersgruppen, Geschlechtern und Milieus finden müssen, sondern auch zu den verschiedenen, zunehmend mediatisierten Vergemeinschaftungsformen, die immer auch auf einen spezifischen Umgang der Menschen mit sozialer Realität verweisen.

d) Jugendszenen und ‚Kinder als Konsumenten'

Differenzierte Sichtweisen nicht nur auf die jungen Menschen selbst, sondern auch auf ihr Handeln und ihre Alltagspraxen sind sehr wichtig und in der Vergangenheit vor allem mit der Betrachtung der schillernden Jugendkulturen und Jugendszenen – im Fachdiskurs *juvenile Vergemeinschaftsformen* (vgl. Hitzler & Niederbacher 2010) – vorgenommen worden. Interessanterweise wurden auch sie in den letzten Jahren von den Veränderungen in der Welt der Medien erfasst und von der Aneignung digitaler Medien durch junge Menschen mehr als nur berührt.

Bis weit in die 1990er Jahre hinein kreisten die ‚eigenständigen' Vergemeinschaftsformen Jugendlicher vor allem um bestimmte Musikrichtungen, die gewissermaßen eine eigene Kultur um sich herum ‚versammelten'. Der aktuelle Überblick auf Jugendszenen.com zeigt, dass Musik nur noch bei den wenigsten der derzeit ausgemachten 22 Jugendszenen das zentrale Bestimmungselement ist: bei der Gothic-, Hardcore-, HipHop-, Indi-, Metal-, Punk- und Technoszene. Die Gemeinschaften tauchen zunehmend auch in die Welt kommerzialisierter Medien ein, werden von ihr entscheidend angeregt. Wir denken hier vor allem an die Warezszene mit geschätzten 300.000 Anhängern, aber auch an die Cosplay-, Demo- und LAN-Gaming-Szene.

Auch das Bild, das wir von den Jüngsten in unserem Land haben, hat sich mit der fortschreitenden Mediatisierung stark gewandelt. So können wir beobachten, wie Kinder mit ihren spezifischen Bedürfnissen und zunehmend autonomen Interessen immer früher auf den Konsum- und Medienmarkt streben – das, was die ‚Großen' hier treiben, fest im Blick. Viele Jahre von Wirtschaft und Werbung ‚nur' als *Konsumenten von morgen* gesehen – werden Kinder mit ihrer jährlich steigenden Kaufkraft, ihrem (noch) beeinflussbaren Markenbewusstsein, ausgeprägten Konsum- und Medienwünschen sowie mit ihrem Einfluss auf die Kaufentscheidungen ihrer Eltern (und anderer Erwachsener) längst als *Konsumenten von heute* ins Visier genommen (vgl. Hajok 2013). Wir werden dies punktuell in den folgenden Kapiteln an markanten Punkten noch einmal aufgreifen. Hier richten wir den Blick nun noch auf die veränderten Freizeitwelten von Kindern und Jugendlichen, weil auch dies wichtig für ein grundlegendes Verständnis junger Menschen als Hauptzielgruppe medienpädagogischer Theorie und Praxis ist.

1.2.3 Medien- und Freizeitwelten im Wandel

Was Kinder und Jugendliche in ihrer Freizeit tun, hängt natürlich von den Alternativen ab, die ihnen im Alltag zur Verfügung stehen. Und hier haben die Medien bereits früh starke Veränderungen mit sich gebracht. Zuerst waren es die verschiedenen Kinder-, Jugend- und Schülerzeitschriften, später dann die speziell an Heranwachsende adressierten Bücher, Sendungen im Radio oder Fernsehen. Heute sind es die beliebten Computerspiele und die Angebote im Internet, auf die Kinder und Jugendliche mit ihren Endgeräten immer selbstbestimmter zugreifen können.

a) Veränderte Medienwelten junger Menschen

Letztlich sind die Freizeitwelten junger Menschen immer auch den jeweils aktuellen Medienentwicklungen unterworfen. In jüngerer Vergangenheit ist hier vor allem auf die digitalen Medien und neuen Kommunikationsmöglichkeiten zu verweisen. Sie haben in einigen markanten Punkten zu einer qualitativen Veränderung bei Medienangebot und Mediennutzung insgesamt geführt. Folgende Entwicklungen lassen sich hier als besonders wichtig hervorheben (vgl. Hajok & Lauber 2013b):

- erschwingliche stationäre und mobile onlinefähige Endgeräte (Notebook, Spielkonsole, mp3-Player, Smartphone, Tablet etc.),
- populäre Angebote mit zunehmend dynamischen Inhalten und Einbindung von Feedback-Möglichkeiten und User Generated Content,
- Angebote mit Individualsierungsoptionen (Profile) und neuen Möglichkeiten der Selbstpräsentation und Herstellung/Pflege von Sozialbeziehungen,
- neue Kommunikationsmedien (Foren, Blogs etc.), die Graswurzel-Journalismus und Formen gesellschaftlicher Kooperation und Partizipation zulassen/befördern,
- Aufhebung der Grenzen von Individual-/Massenkommunikation und damit einhergehender Probleme mit Datenschutzes und Privatheit/Öffentlichkeit,
- Digitalisierung neuer/alter Inhalte und deren Verbreitung von Medium zu Medium und von Nutzenden zu Nutzenden,
- neue Formen von Wertschöpfung, Marketing, Werbung (Prosuming, virales Marketing, personalisierte Werbung) in kind-/jugendaffinen Medienumgebungen.

Als gesellschaftliche Größe realisieren sich die neuen Medientechnologien nicht aus sich selbst heraus, auch nicht in den öffentlichen Diskursen, sondern in der Akzeptanz und Aneignung seitens der Nutzer. Kinder und Jugendliche sind hier relativ unbefangen, interessiert an allem, was Abwechslung und Spaß verspricht, was den eigenen Bedürfnissen und Interessen sehr nahe kommt. In aller Regel nehmen sie die neuen Möglichkeiten, dann sehr schnell an und etablieren gemeinschaftlich spezifische Umgangsweisen. Doch hat sich damit auch die Freizeit junger Menschen maßgeblich gewandelt? Sind Kinder und Jugendliche nach der Schule nur noch online und in der Welt der Medien versunken?

b) Veränderte Freizeitwelten von Kindern und Jugendlichen

Ganz so schlimm ist es auch mit den digitalen Medien nicht gekommen. Noch immer ist die Freizeit junger Menschen eine abwechslungsreiche Zeit, in der bereits Kinder im Grundschulalter ganz unterschiedlichen Aktivitäten nachgehen. Hausaufgaben und Lernen für die Schule, Fernsehen, Freunde treffen, drinnen und draußen Spielen, Musik hören, mit der Familie und den Eltern zusammen sein, Sport treiben, sich Computer-, Konsolen oder Onlinespielen hingeben, das Handy oder Smartphone nutzen, Radio hören, Computer und Internet nutzen – all das sind Dinge, die hierzulande den Alltag der meisten Kinder zwischen 6 und 13 Jahren prägen (vgl. MPFS 2015a). Und bei den Jugendlichen ist die Liste der nicht nur gelegentlich realisierten Aktivitäten nach der Schule noch länger (vgl. MPFS 2015b).

Tab. 4: Stellenwert der Freizeitbeschäftigungen 2014 und Tendenz seit 2010

KINDER (Tendenz seit 2010)	STELLENWERT IN FREIZEIT 2014	JUGENDLICHE (Tendenz seit 2010)
Hausaufgaben/Lernen (=)	1.	Internet nutzen (++)
Fernsehen (=)	2.	Handy/Smartphone nutzen (++)
Freunde treffen (-)	3.	Freunde/Leute treffen (-)
Drinnen spielen (=)	4.	Fernsehen (-)
Draußen spielen (-)	5.	mp3 hören (-)
Musik hören (=)	6.	Radio hören (-)
Familie/Eltern (=)	7.	Sport treiben (=)
Sport treiben (-)	8.	Digitale Fotos machen (++)
PC-/Konsolen-/Onlinespiele (+)	9.	Musik-CDs/Kassetten hören (--)
Computer (offline) (=)	10.	PC-/Konsolen-/Onlinespiele (+)
Handy/Smartphone nutzen (+)	11.	Bücher lesen (=)
Radio hören (=)	12.	Tageszeitung lesen (-)
Internet nutzen (++)	13.	DVD/Video (+)
Bücher lesen (=)	14.	Familienunternehmungen (+)
Malen/Zeichnen/Basteln (=)	15.	Zeitschriften/Magazine (-)

Wie Tab. 4 auf der Grundlage der repräsentativen Daten der KIM- und JIM-Studien, von denen wir soeben die beiden aktuellsten zitiert haben, zeigt, unterscheiden sich die Freizeitwelten von Kindern und Jugendlichen in einigen markanten Punkten und ist mit den digitalen Medien allein in den letzten vier Jahren einiges in Bewegung geraten – bei Jugendlichen offenbar mehr als bei Kindern. Wir werden dies in Kap. 1.4.1 noch weiter vertiefen. Der Gesamtüberblick zu den medialen und non-medialen Freizeitbeschäftigungen zeigt uns aber bereits, dass Kinder und Jugendliche weiterhin (alters-)spezifischen Interessen nachgehen und es neben den prägnanten Veränderungen auch einige Konstanten im Alltag junger Menschen gibt.

Der Tabelle nicht zu entnehmen ist noch ein ganz anderer Aspekt, den die Daten der KIM- und JIM-Studien ganz gut widerspiegeln: Die verschiedenen Freizeitaktivitäten von Kindern und Jugendlichen sind in den verschiedenen Bildungsmilieus und bei beiden Geschlechtern weit verbreitet. Als wichtige Geschlechterdifferenz hervorzuheben ist allenfalls, dass Jungen bereits früh mehr an Sport und Computerspielen interessiert sind, Mädchen mehr an Musik und Kommunikation.

Fragen/Hinweise zum Weiterarbeiten

Setzen Sie sich mit der Perspektive des ‚flexiblen Menschen' auseinander! Erörtern Sie den Begriff ‚Beschleunigung' und überlegen Sie, warum dies auch mit der Diskussion zu ‚sozialer Erschöpfung' in Verbindung zu bringen ist.

1.3 Bedeutung der Medien für Kinder und Jugendliche

Der quantitative Stellenwert der Medien in der Lebenswelt junger Menschen ist nur *ein* wichtiger Aspekt. Der andere, für uns sehr viel spannendere ist, welche Funktion und Bedeutung die Medien im Leben von Kindern und Jugendlichen haben. Wir schauen uns dies jetzt erst ganz allgemein an und konkretisieren es abschließend für ausgewählte Bereiche der Entwicklung junger Menschen.

1.3.1 Funktion und Bedeutung des Medienumgangs

Insgesamt und für sich betrachtet erfüllen die Medien heute ganz unterschiedliche Funktionen und werden die verschiedenen technischen Möglichkeiten und medialen Inhalte *multifunktional* genutzt (vgl. Vollbrecht 2002). Sie sind dabei in ganz unterschiedlichen Bereichen alltags- und sozialisationsrelevant, haben schon für junge Menschen eine besondere Bedeutung sowohl für die Ausgestaltung des Alltags als auch für das Heranwachsen und den eigenen Weg durchs Leben. Hervorzuheben sind hier drei Aspekte (vgl. Hajok 2011): Erstens die Einbettung von Medien und medialen Kommunikationsstrukturen in den Kinder- und Jugendalltag, die auch grundsätzliche Umgangsweisen widerspiegelt, zweitens die Funktionen für die (alltägliche) Lebensbewältigung junger Menschen, die in engem Zusammenhang mit den persönlichen Interessen und immanenten, auch latenten Bedürfnissen stehen, und daraus abgeleitet drittens die Bedeutung für die Persönlichkeitsentwicklung, die sich faktisch für alle wichtigen Entwicklungs- und Sozialisationsbereiche in Kindheit und Jugend konstatieren lässt.

a) Einbettung in den Kinder- und Jugendalltag

Kinder und Jugendliche nutzen ein breites Repertoire an verfügbaren Medien – mit je spezifischer Schwerpunktsetzung, häufig parallel zu anderen Tätigkeiten und nicht selten übereinander gelagert. Vor nunmehr 20 Jahren hat Bernd Schorb drei Aspekte der Einbettung von Medien in den Alltag Jugendlicher hervorgehoben, die heute noch immer ihre Berechtigung haben und sich auch auf die zunehmende Bedeutung medialer Kommunikationsstrukturen und den in den letzten Jahren weiterhin mediatisierten Alltag von Kindern übertragen lassen. Demnach sind Medien für junge Menschen (vgl. Schorb 1995):

- *Accessoires des Alltags*: Medien werden von Kindern und Jugendlichen in ihren Alltag eingeordnet, als ständiger Begleiter, der selbstverständlich dabei ist und als ‚Begleitmedium' kaum noch wahrgenommen wird. Früher war es der Walkman, später der mp3-Player und das Handy, heute ist es das multifunktionale Smartphone für unterwegs und das Tablet für zu Hause.
- *Hintergrund des Alltags*: Medien werden von Kindern und Jugendlichen im Alltag untergeordnet. Auch wenn Kinder und Jugendlichen anderen Beschäftigungen (z. B. Treffen mit Freunden) nachgehen oder notwendige Anforderungen (z. B. Hausaufgaben) bewältigen werden Medien oft als Hintergrund genutzt. Musik oder Radio hören sind hier nur zwei Beispiele.
- *Regulatoren des Alltags*: Kinder und Jugendliche ‚unterwerfen' sich zwar selten den Medien, sie ordnen ihren Alltag aber zumindest (partiell) den beliebten medialen Angeboten unter, so dass die Mediennutzung auch zu einem tagesstrukturierenden Element wird. Das Spektrum reicht hier von festen Fernsehzeiten bis

hin zur habitualisierten Nutzung von Sozialen Netzwerken oder Computerspielen.

Ohne Frage hat die in Kap. 1.2.1 skizzierte Mediatisierung des kommunikativen Handelns der Menschen auch zu einem zunehmend mediatisierten Alltag junger Menschen beigetragen. Neben klassischen Kinder- und Jugendmedien wie Fernsehen, Radio und Büchern sind nunmehr auch digitale Medien, Internet und mobile Endgeräte, wichtige Accessoires, Hintergrund und zuweilen auch Regulatoren des Kinder- und Jugendalltags. Vor allem die Nutzung der Medien zu Kommunikation, Austausch und Vernetzung hat dabei zu einer weiteren medialen Durchdringung des Alltags geführt und mit den alltagsnahen und zunehmend individualisierten Medieninhalten auch das Funktionsspektrum der Medien erweitert und die sozialisatorische Bedeutung sicher noch weiter erhöht. Kommen wir zunächst zu den grundlegenden Funktionen, die Medien für Kinder und Jugendliche erfüllen.

b) Medienfunktionen im Überblick

Wenn Kinder und Jugendliche Medien nutzen, dann in aller Regel nicht einfach so, sondern mit bestimmten Erwartungen und Intentionen, aus persönlichen Bedürfnissen und Interessen heraus. Sie sind zum einen an den aktuellen Entwicklungsstand und individuelle Dispositionen gebunden, zum anderen von der je spezifischen Lebenssituation bedingt. Medien füllen hier nicht nur wichtige gesellschaftliche Funktionen aus, wie sie mit Information, Meinungsbildung, Kontrolle und Kritik, Bildung und Unterhaltung festgeschrieben und auch gesetzlich verankert sind (vgl. z. B. Meyn 1999). Medien übernehmen (auch) auf die konkrete Lebenswelt und den Alltag junger Menschen bezogene Aufgaben.

Einen spannenden Überblick zu den verschiedenen Funktionen der Medien bietet das Grundlagenwerk von Fred Schell zur aktiven Medienarbeit, auf das wir in Kap. 3.1.1 noch genauer eingehen werden. Er hat im Rückgriff auf eine mittlerweile schon 40 Jahre alte Konzeptionierung von Baacke (1976) folgende sieben grundlegende Funktionen der Mediennutzung unterschieden, die – leicht angepasst an die aktuellen Entwicklungen beim Medienumgang – noch immer ein hervorragender Zugang zu der Frage sind, was Kinder und Jugendliche eigentlich von der Mediennutzung haben, meist sogar explizit von ihr erwarten (vgl. Schell 1993):

- *Informationsfunktion*: Menschen haben das persönliche Bedürfnis, wissen zu wollen, was auf der Welt und in der Gesellschaft, die sie umgibt, vor sich geht. Auch Heranwachsende, die sich mit zunehmenden Alter gesellschaftlichen Themen und politischen Fragen zuwenden, sind hier immer mehr auf die Berichterstattung in den Medien angewiesen.
- *Unterhaltungs-/Entspannungsfunktion*: Menschen haben auch ein besonderes Bedürfnis nach Entspannung und Ablenkung vom oft anstrengenden Alltag. Auch Heranwachsende wollen bereits früh mit der Nutzung der Medien einfach mal nur Spaß haben, sich von der Schule erholen, entspannen und nicht permanent irgendwelche Aufgaben erledigen.
- *Integrations-/Meinungsbildungsfunktion*: Als soziale Wesen ist es den Menschen wichtig, sozial eingebunden zu sein. Medial vermittelte und kollektiv angeeignete Wertvorstellungen, Verhaltensweisen und kulturelle Orientierungen sind hier eine wichtige Basis. Von besonderer Bedeutung für Heranwachsende sind die mit anderen geteilten Medienerfahrungen und die gemeinsame Mediennutzung in Familie, Peergroup etc.
- *Zeitfüller-Funktion*: Im Alltag der Menschen gibt es immer auch Zeiten, in denen sie gerade nichts vorhaben, Zeit oder gar Langeweile überbrücken (müssen). In solchen Situationen greifen auch Heranwachsende nicht immer bewusst, sondern oft einfach aus Gewohnheit auf Medien zurück, nehmen bspw. das Tablet für ein kurzes Spiel zur Hand oder lesen die letzten *WhatsApp*-Nachrichten.
- *Qualifikationsfunktion*: Bereits früh nutzten die Menschen die verschiedenen Medien auch zum Wissenserwerb, zu Bildung und Weiterbildung. Stand zunächst die Vermittlung von Wissen mittels Bücher, Bildungsfernsehen etc. an die Heranwachsenden im Mittelpunkt, bedienen diese sich heute selbstverständlich auch der vielfältigen Möglichkeiten im Internet zum Selbstlernen.
- *Soziales Prestige herstellen/verfestigen*: Medien bieten den Menschen vielfältige Optionen für Ansehen und Anerkennung. ‚Up to date' sein, in aktuelle Medienthemen und spannende Medienentwicklungen eingeweiht zu sein, vielleicht sogar einen Kenntnisvorsprung zu haben, erleichtert Heranwachsenden, mit anderen ins Gespräch zu kommen, in der Gruppe mitreden zu können oder sich als Experte hervor zu tun.

- *Fehlende interpersonale Kommunikation ersetzen*: Bereits früh ermöglichten die Medien den Menschen, fehlende soziale Kontakte und Begegnungen zu ersetzen. Gerade die neuen medialen Kommunikationsstrukturen bieten den Heranwachsenden, auch außerhalb realer Face-to-face-Treffen an Kommunikation, Austausch und Vernetzung teilzuhaben – rezeptiv und aktiv mitgestaltend.

Wie eingangs des Kapitels bereits kurz angerissen, werden die verschiedenen Medien und Kommunikationsstrukturen multifunktional genutzt. So kann die Recherche bei *Wikipedia* nicht nur der persönlichen Information und Qualifizierung dienen, mit ihr kann zum Beispiel auch Zeit überbrückt oder Expertenwissen angeeignet werden, mit dem dann später in der Gruppe soziales Prestige hergestellt und verfestigt wird. Wir sehen schon an diesem Beispiel, welches sich noch beliebig um die anderen Funktionen erweitern ließe, dass die Mediennutzung junger Menschen sowohl eine individuelle als auch eine soziale Komponente hat. Und hierin liegt auch die besondere Bedeutung der Medien für die Persönlichkeitsentwicklung von Kindern und Jugendlichen begründet. Wir haben dies in Kap. 1.1.4 bereits angerissen und vertiefen es jetzt.

c) Bedeutung für die Persönlichkeitsentwicklung

Mittlerweile steht außer Frage: Medien und mediale Kommunikationsstrukturen sind im Alltag der Menschen bereits früh omnipräsent. Sie besitzen eine Allgegenwart, der sich der Einzelne nicht beliebig entziehen kann. Oft genießen die vermittelten und ausgetauschten Inhalte auch eine hohe Glaubwürdigkeit. Und sie regen an, worüber die Menschen nachdenken, was sie aktuell beschäftigt, setzen gewissermaßen die Themen in der Gesellschaft. Nicht zuletzt daraus speist sich die Bedeutung der Medien für die Persönlichkeitsentwicklung junger Menschen, die sich faktisch in allen wesentlichen Sozialisationsbereichen zeigt, sei es bei der Entwicklung intellektueller und sozialer Kompetenzen, der eigenen Geschlechtsrolle und des sozialen Beziehungsverhaltens oder des persönlichen Werte- und Normensystems. In der medienpädagogischen Perspektive wurde die sozialisatorische Bedeutung der Medien zunächst vor allem hinsichtlich der Persönlichkeitsentwicklung im Jugendalter betrachtet. Demnach sind Medien für Jugendliche:

> „Mittel der Kompensation ihrer Alltagserfahrungen und bieten ihnen als ‚Verallgemeinerungsinstanz' einen hohen Grad an sozialer Synthese bei ihrer Suche nach Sinn und Orientierung" (Schell 1993, S. 119).

Ein wichtiger Hintergrund der medienpädagogischen Perspektive sind die frühen, bereits Ende der 1970er Jahre systematisierten Überlegungen einer erfahrungsbezogenen Medienerziehung zur Bedeutung der Medien als Instanz der lebenspraktischen Vermittlung zwischen Individuum und Gesellschaft (vgl. Dröge et al. 1979). Ganz ähnliche Überlegungen zur Bedeutung der Medien als Orientierungshilfe der Menschen fanden sich später auch in der neueren Sozialisationstheorie. In der ersten Auflage seines Grundlagenwerkes stellte Peter Zimmermann dies sogar als einen prägnanten Aspekt der Sozialisation von Kindern und Jugendlichen im 21. Jahrhundert heraus:

> „Medien liefern den Menschen kontinuierlich Muster für die Lebensgestaltung. Sie servieren professionell vorfabrizierte und routinisierte Praktiken für die Lebensführung und transportieren nebenbei Leitlinien für das soziale Ansehen und Leitbilder des erfolgreichen Menschen. Mit anderen Worten: Medien avancieren zu Vorgaben für die Ausformung und Stilisierung der ‚persönlichen' Identität." (Zimmermann 2000, S. 196)

Neben Familie, Peergroup und Schule haben sich also auch die Medien als unverzichtbare Orientierungsquellen junger Menschen etabliert und gestalten Sozialisationsprozesse mit einer besonderen ‚Qualität' mit. Denn entgegen der Eindeutigkeit, die einstig dominierende Instanzen den früheren Generation geboten haben, fehlt es den medialen Angeboten an Klarheit und Struktur, da sie weitaus widersprüchlicher, ungeordnet und akzidentiell sind (vgl. Schorb 2009). Die Bedeutung der Medien für die Persönlichkeitsentwicklung junger Menschen ist dabei von einer sehr spannenden Entwicklung in den letzten Jahren gekennzeichnet. Denn nach den standardisierten Inhalten klassischer Massenmedien wie Büchern, Fernsehen und Radio, die schon länger den Alltag von jung und alt prägen, sind mit digitalen Medien, mit Internet und mobilen Endgeräten nun auch individualisierte Medien- und Kommunikationsinhalte im Alltag junger Menschen omnipräsent. Hervorzuheben sind die Sozialen Netzwerke wie *Facebook*, Kommunikationsdienste wie *WhatsApp*, Fotocommunities wie *Instagram* und Videoplattformen wie *YouTube*. Hier suchen und finden vor allem Jugendliche, bereits Kinder, vielfältige Orientierungen und Vorlagen für die Identitätsbildung. Sie realisieren hier Austausch und Vernetzung mit anderen – es geht um ‚sehen und gesehen werden'. Und sie nutzen die Plattformen als attraktive Experimentierfelder, wobei der Selbstdarstellung und dem Selbstausdruck im Prozess der Persönlichkeitsentwicklung eine tragende Rolle zukommt (vgl. Hajok & Zerbin 2015).

Vielfalt, Multioptionalität und Simultaneität sind die Schlagworte der Zeit (vgl. Damm et al. 2012) und prägen zunehmend die persönliche Entwicklung junger Menschen im Spannungsfeld von Medien und medialen Kommunikationsstrukturen. Unter diesen neuen Vorzeichen haben auch die Entwicklungsaufgaben, die sich mit ihrer normativen Grundanlage von je her nicht passgenau der Lebenswirklichkeit von Kindern und Jugendlichen überstülpen ließen, eine neue Ausrichtung erfahren. So wurde das grundlegende Konzept, das von Robert J. Havighurst bereits Ende der 1940er entwickelt wurde und seit den 1970er Jahren aus Pädagogik und Entwicklungspsychologie nicht mehr wegzudenken ist, an die aktuellen Gegebenheiten angepasst (vgl. Friedemann & Hoffmann 2013). Die Rede ist heute von besonderen Anforderungen im Spannungsfeld von Qualifizieren, sich Binden, Konsumieren und Partizipieren (vgl. Hurrelmann & Quenzel 2012), die gerade das Jugendalter zu einer spannungsreichen Zeit der Auseinandersetzung mit sich, den anderen und den Themen des Lebens machen. Oder anders: Es geht um Selbst-, Sozial- und Sachauseinandersetzung (vgl. Paus-Hasebrink & Trültzsch 2013).

In dieser Perspektive tangiert der Medienumgang heute faktisch alle Bereiche der Entwicklung junger Menschen. In Abgrenzung zu den oftmals unterstellten direkten Einflüssen von Medien und ihren Inhalten auf die Persönlichkeitsentwicklung von Kindern und Jugendlichen geht es hier um mögliche Implikationen des Medienumgangs für die Identitätsbildung, kognitive, soziale, sexuelle etc. Entwicklung, die von einer Reihe weiterer Faktoren tangiert und moderiert werden. Wir werden dies in Kap. 2.3.4 mit dem Konzept der Medienaneignung noch vertiefen und in Kap. 2.4.3 dann auch auf die Konsequenzen für die medienpädagogische Forschung eingehen. Jetzt halten wir erst einmal fest, dass die Nutzung bestimmter Medienangebote durch Kinder und Jugendliche nie per se positiv oder negativ ‚wirkt', sondern auf der Ebene des Einzelnen je spezifische Chancen und Risiken für die persönliche Entwicklung eröffnet. Was das im Detail heißt, ist fokussiert auf einige besonders markante Entwicklungsbereiche idealtypisch in Tab. 5 zusammen gefasst.

Tab. 5: Mögliche Implikationen des Medienumgangs Heranwachsender (Hajok 2015, S. 214).

ENTWICKLUNGSBEREICHE	MÖGLICHE IMPLIKATIONEN DES MEDIENUMGANGS
Identitätsbildung	Medial repräsentierte Stereotype, Verhaltensweisen, Rollen bieten vielfältige Anregungen zur Identitätsarbeit und Vorlagen für die Entwicklung der ‚eigenen' Persönlichkeit. Die Ausbildung einer sozialen Identität erfolgt nicht zuletzt entlang medial vermittelter gesellschaftlicher Ansprüche und Werte.
Kognitive Entwicklung	Die Aneignung und der Gebrauch von Sprache und anderen Symbolen erfolgt vielfach mit Medien als Mittler. Ebenso die Entwicklung zuerst des logischen und rationalen, dann des abstrakten und hypothetischen Denkens. Permanent werden im Medienumgang auch Informationen verarbeitet, Erkenntnisprozesse initiiert, Wissen angeeignet.
Körperlich-physiologische Entwicklung	Medien bieten vielfältige Anregungen bei der (möglichst ungestörten) Entwicklung hin zum körperlich und geistig gefestigten Erwachsenen. Informations- und Beratungsangebote (z. B. zu Ernährung und Gesundheit) können hier unterstützen, Verherrlichungen von prekären Verhaltensweisen (z. B. von Essstörungen und Selbstschädigung) beeinträchtigen.
Soziale Entwicklung	Medial vermittelte Modelle für Erziehung, Partnerschaft, Familie bieten vielfältige Möglichkeiten für soziale Vergleichsprozesse. Wichtig für die Entwicklung des Sozialverhaltens und die Ausbildung der Fähigkeit zu Empathie und Perspektivübernahme sind bereits die parasozialen Beziehungen zu den ersten Medienfiguren, später die ‚realen' Begegnungen im Netzwerk.
Sexuelle Entwicklung	Zielgruppenadäquat aufbereitete Informations- und Beratungsangebote zu Fragen der Sexualität unterstützen die Entwicklung einer selbstbestimmten und gleichberechtigten Sexualität der Geschlechter. Darstellungen von sexueller Gewalt, bizarren Sexualpraktiken, Frauen als Sexualobjekt irritieren, verunsichern, können die sexuelle Entwicklung stören.
Ethisch-moralische Entwicklung	Die Entwicklung des moralischen Urteils ist in Aneignungsprozesse eingebettet, bei denen Heranwachsende z. B. delinquentes Verhalten von Medienfiguren oder vermittelte Kriegsereignisse in ihr persönliches Welt- und Menschenbild einordnen. Medial vermittelte Werte und soziale Normen tangieren zudem die Ausbildung eines eigenen regelkonformen Handelns.

Abgesehen von diesen zentralen Entwicklungsbereichen tangiert die Mediennutzung, oder besser: die Aneignung von Medien und medialen Kommunikationsinhalten direkt oder indirekt auch die politische Sozialisation junger Menschen zu einem Mitglied der Gesellschaft, das sich auf legale Weise aktiv an der Gestaltung der politischen Umwelt beteiligt, die religiöse Entwicklung bzw. Herausbildung eines individuell-reflektierenden Glaubens im Sinne der existenziellen Sinnsuche und Sinnfindung sowie die emotionale Entwicklung, die auch unter dem Eindruck relativ neuer Ausdrucksformen (Akronyme, Emoticons etc.) und medialer Anlässe für extreme Emotionen (z. B. für Angst, Ekel, Abscheu) bei Konfrontation mit drastischen, real bisher nicht wahrgenommenen Darstellungen steht. Wir werden die Chancen und Risiken, die sich angesichts der aktuellen Medienumgangsweisen Heranwachsender stellen, in Kap. 1.4 noch weiter ausführen. Zunächst geben wird aber einen Überblick zu den medienbezogenen Kompetenzen und Vorlieben im Altersverlauf junger Menschen und entfalten damit auch eine wichtige Grundlage für die medienpädagogische Praxis und Forschung.

1.3.2 Medienbezogene Kompetenzen und Vorlieben im Altersverlauf

Was können und wollen Kinder und Jugendliche in welchem Alter mit Medien machen? In welchen Bereichen haben sie (noch) Schwierigkeiten und in welchen sind sie bereits versiert mit Medien Handelnde? Wo liegen ihre medienbezogenen Vorlieben und Interessen? Wenn wir nachfolgend diese Fragen beantworten, dann können wir dies nur auf einige wesentliche verallgemeinerbare Aspekte tun. Denn wie in Kap. 1.1 herausgearbeitet, gibt es *die* Kinder und Jugendlichen nicht, sind junge Menschen auch des gleichen Geschlechts und Alters mitunter sehr verschieden, so dass wir uns manchmal gar nicht sicher sein können, tatsächlich Jungen oder Mädchen einer Altersgruppe vor uns zu haben.

Dennoch gibt es markante Punkte im Leben (fast) aller Heranwachsender in unserem Land. Der Eintritt in die Schule, die Ausbildung oder das Studium sind hier ganz gute Beispiele. Ebenso gibt es zu einem bestimmten Alter, das idealtypisch auch für einen bestimmten Zeitpunkt in der Entwicklung der jungen Menschen steht, spezifische Fähigkeiten und Kompetenzen, Interessen und Vorlieben, die viele Mädchen und Jungen einer Altersgruppe miteinander teilen. Das lässt sich auch hinsichtlich der präferierten Medien sagen, hinsichtlich dem, was die jungen Menschen mit Medien und ihren Inhalten (gern) anfangen wollen, und dem, was sie damit anfangen können.

Nachfolgend skizzieren wir die wesentlichen Aspekte auf der Grundlage unserer Arbeit für den Thüringer Bildungsplan 0–18 Jahre (vgl. Fleischer & Hajok 2015). Der pädagogische Zugang zu jungen Menschen erfolgt hier nach fünf idealtypisch an das Alter junger Menschen gebundenen Abschnitten der Entwicklung, die zugleich wichtige Phasen von Bildungsprozessen markieren: basale (ca. 0–3 Jahre), elementare (ca. 3–6 Jahre), primare (ca. 6–10 Jahre), heteronome (ca. 10–14 Jahre) und autonome Phase (ca. 14–18 Jahre). Mit dieser Systematik wollen wir nicht etwa das Konzept einer stufenweisen Entwicklung in die medienpädagogische Perspektive transferieren, sondern vielmehr einen klar strukturierten Erstzugang zu den wesentlichen Momenten der Entwicklung medienbezogener Fähigkeiten und Vorlieben junger Menschen vornehmen (siehe Abb. 4).

Abb. 4: Phasen der Entwicklung im Kindes- und Jugendalter

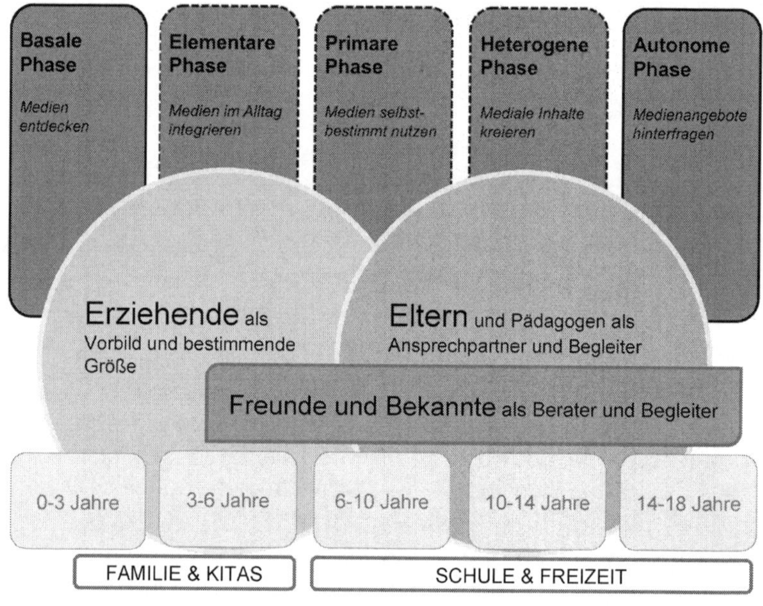

Wie die grundlegenden Fähigkeiten, kommunikativ an der Gesellschaft teilzuhaben und selbstbestimmt in ihr zu agieren, ist auch das auf Medien bezogene Handeln junger Menschen von einer Zuname der Kompetenzen im Altersverlauf gekennzeichnet, an deren Ende beim Übergang von Jugend- zum Erwachsenenalter die Fähigkeit des Individuums steht, die Potenziale des Medienumgangs selbstbestimmt wahrzunehmen und die Gefahren frühzeitig zu erkennen und ihnen im Ideal selbständig aus dem Weg zu gehen. Die hierfür erforderlichen Kompetenzen sind eng an die kognitive, soziale, ethisch-moralische etc. Entwicklung junger Menschen gebunden und Ergebnis der immer wichtigeren Selbstlernprozesse – auch von der pädagogischen Unterstützung und Begleitung beim Medienumgang bedingt. Auf der Grundlage einer aktuellen erweiterten Darstellung (vgl. Hajok 2015b) werden wir daher zu Beginn der Phasen kurz auf die allgemeinen Entwicklungsprozesse eingehen und abschließend in Form von Kästen einige Anmerkungen zum Handeln von Erziehenden und PädagogInnen bündeln und Möglichkeiten einer an den Fähigkeiten und Vorlieben von Kindern und Jugendlichen orientierten Medienerziehung aufzeigen.

Medienerziehung meint intendiertes pädagogisches Handeln mit dem Ziel, Kinder und Jugendliche zu einem positiven, an ihren Fähigkeiten, Bedürfnissen und Interessen orientierten Medienumgang zu bewegen. Medienerziehung ist damit Teil des Erziehungskonzeptes von Eltern und auch des Handelns von PädagogInnen. In der Kommunikationswissenschaft und Medienpsycholgie wird hierfür auch der Begriff der *Parental Mediation* verwendet. Es lassen sich drei Erziehungsstile (Mediationsstile) feststellen: die restriktive Strategie durch Bestimmen von Nutzungszeiten und dem Einsatz von Verboten, die aktive oder evaluative Strategie, bei der Kindern die Bedeutung von medialen Inhalten erklärt wird und die Co-Use Strategie, die auf eine gemeinsame Mediennutzung fokussiert. Diese drei Stile werden im Erziehungshandeln jedoch situationsabhängig verwendet (vgl. Jöckel & Fleischer 2012). Neben der Fokussierung auf Eltern und PädagogInnen und deren Erziehungs- und Bildungsziele, wird Medienerziehung aber auch häufig als Oberbegriff zur Medienkompetenzförderung verwendet.

a) Basale Phase: Die ersten drei Lebensjahre

In den ersten drei Lebensjahren stehen zunächst die physiologische Entwicklung und das Erlernen motorischer Fähigkeiten im Vordergrund. Wie in Kap. 1.1.2 bereits skizziert, erlernen Kinder in dieser Zeit bereits elementare soziale Regeln und Umgangsformen. Die Grundstrukturen der Persönlichkeit in den Bereichen Sprache, Denken und Empfinden werden herausgebildet und fundamentale Muster für soziales Verhalten entwickelt. Hier haben die Erziehenden als direkte Bezugspersonen eine besondere Bedeutung – mit ihrem Handeln und ihren Zuschreibungen. Die Kinder nehmen dies aufmerksam wahr und erfahren sich vor allem als das, was die Menschen in ihrem Umfeld in ihnen sehen.

Von Beginn an sind Kinder von Medien umgeben. Schon mit der ersten Kleidung, Bettwäsche, Tapete usw. werden mediale Bilder an Kinder herangetragen. Neben den Stimmen der Eltern und anderen Alltagsgeräuschen nehmen die Kleinen schon Töne, Musik und Stimmen aus dem Radio und die visuellen Reize des Fernsehens wahr. Dies ist aber zu Beginn noch ein inhaltlich unbedeutender Teppich aus auditiven und visuellen Eindrücken. Reagieren bereits Neugeborene auf diese Reize, so ist dies biologisch gesehen zunächst einmal nichts anderes als eine Orientierungsreaktion, bei der Reize empfangen und sich potentiellen Gefahrenquellen zugewandt wird. Dies ist aber nur eine Reaktion, um sich zu orientieren und somit nicht als Interesse am Inhalt und tiefer gehendes Verständnis zu deuten. Medien sind zunächst also Reizquellen, die erst später sinnverstehend angeeignet werden können (vgl. Theunert 2007, Fleischer 2014).

Die Fähigkeit, sich visuelle (Bücher, Bilder), auditive (Radio, Hörspiele, Musik) und audiovisuelle Medien (Fernsehen, Computerspiele, Internetseiten) anzueignen, basiert auf der kognitiven und der sozial-moralischen Entwicklung von Kindern (vgl. Theunert & Lenssen, Schorb 1995, Charlton 2007, Theunert & Demmler 2007). Kinder müssen dazu erst in der Lage sein, ihre Aufmerksamkeit von sich selbst und den direkten Bezugspersonen weg hin zu Medienangeboten zu richten. Die ersten Schritte in die Medienwelt sind daher die Beobachtung der Eltern beim Umgang mit Geräten, gefolgt von einem Be- und Ertasten der Geräte und der Imitation des Medienumgangs ihrer Eltern und Geschwister (vgl. Theunert & Demmler 2007).

Spätestens beim Übergang in die elementare Phase entdecken Kinder die Funktionen der Medien, beginnen sie, die Medien zu bedienen, inhaltliche Botschaften wahrzunehmen und linear aufgebaute, einfache Geschichten zu erfassen. Diese Zuwendung zu Inhalten ist meist ein Wiedererkennen von Dingen in Medien, die das Kind aus seiner unmittelbaren Erfahrung bereits kennt. Kinder zeigen bspw. in Büchern und später auf Bildschirmen ihnen bekannte Tiere und Spielzeuge. Erst wenn die Kinder geistig in der Lage sein, Ähnlichkeiten zwischen den dargestellten Abbildungen und den Objekten aus ihrer Alltagswelt festzustellen, werden Medieninhalte für sie interessant.

Ihre Aufmerksamkeit richten Kleinstkinder schon früh auf mediale Abbildungen, die ein Gesicht erkennen lassen. Die entwicklungspsychologische Forschung zeigt, dass Kinder – noch bevor sie das erste Wort sprechen können und lange bevor sie überhaupt eine Idee davon haben, was Medien sind – schematische Darstellungen eines Kopfes mit einem korrekt positionierten Augenpaar anderen schematischen Mustern vorziehen (Rauh 1998). Schon als Säugling zeigen Kinder damit ihre soziale Natur, indem sie sich anderen Menschen zuwenden. Diese Präferenz ist neben der Gefühlsübertragung bspw. eine Erklärung, weshalb Kleinkinder das lachende Babygesicht bei den *Teletubbies* mögen. Mit der sprachlichen Entwicklung und der Fähigkeit zum Perspektivwechsel werden die Medieninhalte dann von Kindern in einem kommunikativen Prozess aktiv angeeignet. Zentral ist dabei, dass Medieninhalte Kommunikate von Menschen sind, die erst durch Kommunikation erschlossen werden – im Dialog mit anderen, im Dialog mit sich selbst.

Zu Beginn der Medienbiographie von Kindern individualisieren Eltern durch ihre Nacherzählungen die medialen Angebote konkret bezogen auf die Lebens- und Erfahrungswelt des eigenen Kindes und erarbeiten so für das eigene Kind Zugänge zu dieser symbolischen Welt der Abbildungen (vgl. Fleischer 2014). Damit unterstützen Eltern bereits hier die Medienaneignung und Ausbildung von Medienkompetenz, denn das Kind ‚erlernt' begleitet einen ersten Zugang zur Welt der Medien.

Mit zunehmenden kognitiven und insbesondere sprachlichen Fähigkeiten sowie einem wachsenden Erfahrungsschatz vom Umgang mit Dingen und dem Austausch mit Menschen können dann auch Medieninhalte vom Kind selbst erschlossen werden, d. h. ohne die individualisierende Interpretation der Eltern. Mit dem Erschließen von Sprache als Symbolsystem verstehen sie auch, was die fremden und zum Teil gesichtslosen Medienstimmen ihnen sagen. Und sie sind in der Lage, die sie umgebenden Dinge in sprachlichen Kategorien (Begriffen) zu fassen und damit gedanklich umzugehen (vgl. Tomasello 2002). Kinder erkennen nun selbst in Medien Objekte und Situationen wieder und können erste einfache Informationen aus den Medien entnehmen. Auch merken sich Kinder die medialen Figuren, die sie durch eine Sendung führen und bauen parasoziale Bindungen zu ihnen auf (Jaglom & Gardner 1981, Fleischer 2007). Sie mögen bspw. den kleinen Maulwurf oder Bob den Baumeister, weil sie freundlich und lustig aussehen und so positive Gefühle bei ihnen hervorrufen.

Da Medien Kommunikate von Menschen sind und nur durch Kommunikation erschlossen werden können, ist der Spracherwerb ein bedeutsamer Prozess für die Entwicklung medienbezogener Fähigkeiten. Sprache befreit Kinder auch von der Notwendigkeit der unmittelbaren Erfahrung, weil sie sich buchstäblich mehr und mehr in andere Situationen, Gedanken, ‚Welten' hineindenken und diese mit zunehmender Entwicklung gedanklich hervorrufen können (vgl. Tomasello 2002). Wir brauchen Sprache, um andere sprachlichen Kommunikate zu verstehen, aber mehr noch, wir brauchen das Denken in Begriffen, um im Hier und Jetzt, in der Vergangenheit und Zukunft oder gar in fiktiven, alternativen, eventuell fantastischen Denkwelten agieren zu können.

Die Vorstellung einer medienfreien Kindheit ist in unserer zunehmend mediatisierten Gesellschaft letztlich unrealistisch. Medien gehören zur Umwelt und damit auch zur Welt von Kleinkindern. Sie erkennen bereits zeitig in ihnen Bezüge zu ihren realen Erfahrungen. Medieninhalte können in ihnen positive, aber auch negative Gefühle auslösen. Das gemeinsame Medienhandeln mit nahen Bezugspersonen wird genossen, denn dies ist meistens mit körperlicher Nähe und einem dialogischen Miteinander verbunden. Medien dienen in diesem Sinne zur Unterhaltung und zum Herstellen von Nähe. Medienaneignung nützt Kindern aber auch zum Lernen, bspw. zur weiteren Ausformung von begrifflichen Konzepten.

Erziehende und PädagogInnen sollten Kindern Möglichkeiten zum Medienumgang eröffnen und dabei auf solche Angebote und Inhalte zurück greifen, die den (noch) begrenzten kognitiven Fähigkeiten der Kinder entsprechen. Die Mediennutzung sollte aktiv begleitet werden. Die oben erwähnte Individualisierung des medienerzieherischen Handelns, das heißt Abstimmung auf die Lebenserfahrung des Kindes, ist bei jedem Medium empfehlenswert. In Gesprächen mit Eltern anderer Kinder und den Erziehenden in den Kitas sollte die besondere Bedeutung nicht-medienvermittelter Erfahrungen für die Entwicklung der Kinder ein wichtiges Thema sein. Basteln und Malen können dabei als sinnvolle, das aktive Tun fördernde Alternativen für einen gemeinschaftlichen Erstzugang der Kinder zur Welt der Medien gesehen werden. Neben Bilderbüchern und dem Vorlesen von Geschichten, können – der Aufmerksamkeitsspanne angemessen – Hörspiele und Musikmedien sowie erste kindgerechte Fernseh- und (Trick-)Filmformate in den Alltag der Kinder integriert werden. Im Idealfall etablieren sich hier auch Kind-Eltern-Gespräche, in den Unverstandenes erklärt und neugierige Fragen beantwortet werden. Nicht zuletzt ist das, was die Erziehenden ihren kleinen Kindern – bewusst oder unbewusst – an Mediennutzung ‚vorleben', auch das, was die Kinder schon früh als üblich und normal wahrnehmen und sich wenig später oft in eigenen Wünschen und dann im Medienumgang manifestiert.

b) Elementare Phase: Zwischen 3. und 6. Lebensjahr

Zwischen dem dritten und sechsten Lebensjahr entfalten Kinder weitere (fein-)motorische Fähigkeiten. Mit fortschreitender kognitiver Entwicklung wird das Denken anschaulicher und die Fantasie ausgeprägter. Neben dem ‚engen' Sozialraum der Kernfamilie wird das Zusammensein mit anderen Kindern (v.a. in der Kita und auf dem Spielplatz) wichtiger und konfrontiert die Kinder mit ‚neuen' Regeln und Erwartungen. Mit dem Wunsch nach (mehr) Selbständigkeit erforschen die Kinder ihre Umwelt zunehmend eigensinniger und entwickeln im Spiel und den Interaktionen mit anderen erste eigene Konzepte zur Welt, die sie umgibt.

Kinder beginnen zu verstehen, dass andere Menschen anders als sie selbst (‚ich') denken und fühlen, Dinge anders sehen. Damit sind sie auch in der Lage zu begreifen, dass es Gefühle, Motive und Handlungen gibt, die sich ihrer unmittelbaren, subjektiven Gefühlswelt und Wahrnehmung entziehen (vgl. Tomasello 2002). Dies zu begreifen ist eine wichtige Voraussetzung, Medien inhaltlich zu verstehen und als etwas Gemachtes zu begreifen. Mit diesem Grundverständnis lernen Kinder ca. im Alter von vier Jahren auch, Schein vom Sein' unterscheiden zu können (vgl. Bischof-Köhler 2000). Wenn sie sich gedanklich in eine andere Situation und auf Basis entwickelter emotionaler Kompetenz in die Gefühls- und Gedankenwelt eines bestimmten anderen hineinversetzen können, ist die Grundlage geschaffen, um Beziehungen zwischen den Figuren in Medien zu begreifen und Handlungen mit bestimmten Gründen in Verbindung zu bringen. Das umfasst die Fähigkeit der Kinder, sich den Bildschirm als ‚Grenze' zur Welt der Fiktion zu erschließen und zu erkennen, dass die medialen Figuren (in Fernsehen, Computerspielen etc.) keine Möglichkeit haben, auf sie zuzugreifen. Das ist auch eine wichtige Basis, um zu verstehen, dass Bildschirmmedien keine ‚magischen Fenster' sind, die uns immer direkt und live Figuren irgendwo auf der Welt zeigen (vgl. Jaglom & Gardner 1981, Flavell et al. 1990), sondern menschengemachte Produkte, die Realität (verzerrt) abbilden und auch Dinge zeigen, die es nicht gibt, die nicht real, sondern erfunden sind. Dieses tiefere Verständnis ist ein sehr wichtiger Schritt bei der Entwicklung medienbezogener Fähigkeiten.

Sich der eigenen Gefühle und Wünsche bewusster werdend beginnen Kinder zunehmend, medienbezogene Wünsche zu äußern. Sie verlangen im Alter von vier, fünf Jahren bereits vehement, bestimmte Sendungen im Fernsehen zu sehen oder sich den mobilen Endgeräten zuzuwenden bzw. damit spielen zu dürfen. Dabei entwickeln Kinder auch ein Bewusstsein für ästhetische Kriterien und bilden einen eigenen Geschmack hinsichtlich der dargestellten Figuren und Settings aus. Sie wissen, was für sie gut, schön und lustig ist, auch wenn sie es sprachlich noch nicht genauer ausdrücken können.

Mit zunehmender Medienerfahrung lernen Kinder erste dramaturgische Mittel zu verstehen. Sie erkennen bspw. Titelmusik als Anfang und Ende einer Sendung im Radio oder Fernsehen und bauen im Zusammenspiel mit ihren ästhetischen Kriterien ein Genrewissen auf. Mit fünf Jahren sind sich die meisten bereits den Unterschieden zwischen realen Schauspielern und Zeichentrick- und Puppendarstellungen bewusst. In aller Regel können sie dann auch Werbeclips von der eigentlichen Sendung unterscheiden, obschon ihnen das Anliegen von Werbung noch nicht klar ist. Die weitere

Ausbildung von Medienkompetenz durch die eigene Medienerfahrung befähigt Kinder dann ab ca. sechs Jahren dazu, bedrohliche oder heitere Musik sowie eine bestimmte Farbgebung (hell, dunkel) bestimmten inhaltlichen Merkmalen zuzuordnen. Sie haben so bspw. gelernt, dass die Bösen häufig mit dunklen Farben und mit bedrohlicherer Musik eingeführt werden (vgl. Jaglom & Gardner 1981, Theunert et al. 1995, Paus-Haase 1998).

Im Übergang zur primaren Phase haben sich Kinder einen nicht unbeträchtlichen Teil des Medienensembles zu Hause bereits erschlossen. Sie nutzen die vorhandenen Geräte zunehmend selbständig und können Medieninhalte mit einfachen und chronologischen Handlungsabläufen verfolgen und klare Beziehungen zwischen den Figuren nachvollziehen. Sie nehmen Medienangebote jedoch noch ausschnitthaft wahr. Die Konzentration liegt auf dem Augenblick – behalten und erinnert werden die subjektiv am stärksten einprägsamen Szenen (vgl. Theunert, Lenssen, Schorb 1995). Oft müssen die wahrgenommenen Eindrücke der Kinder durch die Eltern neu eingeordnet und bewertet werden, denn Kinder fragen nach den Gründen und brauchen ein Happy End. Fehlt das, nehmen sie die Sorge um Figuren mit in den Tag oder ins Bett (vgl. Rogge 2001). Denn Kinder setzen sich in dieser Phase gefühlsmäßig mit den gesehenen Szenen intensiv auseinander, wenn sie Bezüge zu sich selbst entdecken, bspw. zu ihrer Familie und zu eigenen Ängsten und Wünschen.

Viele Kinder haben schon Lieblingscomputerspiele (auf DVD, Konsole, teilweise auch online), die sie verstehen und erfolgreich ‚durchspielen' können. Interessant sind für Kinder vor allem die Spiele, die sie erfassen und bedienen können: ‚Das ist schön!' Denn: ‚Das kann ich!'. Neben der Unterhaltungsfunktion sind Medien damit auch für die Identitätskonstruktion bedeutsam, denn im Umgang können die Kinder sich selbst (und anderen) ihre Fähigkeiten beweisen. Und bereits im Kindergartenalter werden unter Freunden erste, vom Medienumgang angeregte Fankulturen ausgelebt. Für diese Fankulturen sind Kindern Merchandisingartikel wichtig, da mit ihnen positive Gefühle verbunden und Mediengeschichten nachgespielt werden können. Der kommerzielle Hintergrund erschließt sich Kindern noch nicht.

Kinder in der elementaren Phase eignen sich Medien also zunehmend sinnverstehend an und werden im Medienhandeln selbstständiger, selbstbewusster und versuchen ihr Medienhandeln mehr und mehr selbst zu bestimmen. Mediale Narrationen gehören selbstverständlich zum Alltag. Medien dienen zur Unterhaltung, zum Stillen von Neugier und Wissensdurst und weiterhin zur sozialen Integration. Letzteres beinhaltet die Herstellung von Nähe zu Familienmitgliedern, aber auch die Ausgestaltung von

Freundschaften. Werden Handlungsstränge dann im Übergang zur primaren Phase verarbeitet, beginnt auch die Bedeutung von Medien für die Orientierungssuche, indem ‚beobachtet' wird, wie sich andere verhalten, was anderen passiert. Kinder sind stolz auf ihre medienbezogenen Fähigkeiten, wenn sie sich auskennen und etwas bewältigen, bspw. ein Spiel gewinnen. Sie erleben sich dann stark und geschickt. Ihr Medienhandeln kann damit auch Anteil an der Konstruktion ihres Selbstbildes haben.

Eine aktive Medienerziehung ist notwendig, um Kinder im Vorschulalter angemessen zu unterstützen. Beim beliebten Fernsehen sollte der Zugang weiterhin auf kurze Zeitfenster und kindgerechte Angebote beschränkt sein. Eine aktive Begleitung der Erziehenden hilft auch hier, frühzeitig auf Verständnis- und Verarbeitungsschwierigkeiten reagieren zu können. Bei der Auswahl von Fernsehsendungen sollte darauf geachtet werden, dass die Kinder nicht mit verstörenden oder ängstigenden Inhalten in Kontakt kommen. Emotional belastende Inhalte (Bedrohungsszenarien, Gewalthandlungen, heftiger Streit, Demütigung, Verängstigung von Filmfiguren) und Gestaltungsmittel, die auf eine sensorische Erregung zielen (aggressive Musikuntermalung, visuell überreizende Actionpassagen, düstere Bildgestaltung), sind zu vermeiden (vgl. Hajok 2015). Die ‚Macht' über die Fernbedienung sollte daher in den Händen der Eltern bleiben und bei *Youtube* die automatische Abspielfunktion ausgeschaltet sein.

c) Primare Phase: Zwischen 6. und 10. Lebensjahr

Mit Eintritt in die Schule ändert sich das Leben der Kinder grundlegend. Sie werden mit neuen sozialen Umgangsformen, Regeln, Denkweisen und Einstellungen konfrontiert. Im Abgleich mit dem, was von ihnen in bestimmten Situationen toleriert und erwartet wird, entwickeln sie die zuvor angeeigneten grundlegenden Verhaltensmuster weiter und variieren sie. Wichtige Inputs hierfür erhalten sie zunehmend von den Sozialisationsagenturen ohne expliziten Erziehungsauftrag, vom Freundeskreis und den Medien (vgl. Süss 2004). In den formalen Bildungskontexten erwerben sie grundlegende Fähigkeiten (Lesen, Schreiben, Rechnen, logisches Denken) und bilden so komplexe kognitive Leistungen aus, mit denen sie sich Medien und ihre Inhalte zunehmend sinnverstehend aneignen können.

Das Medienhandeln erfolgt bereits selbstbewusst und Kinder legen Wert darauf, mit Medien umzugehen, ohne dass ihnen die Eltern dabei über die Schulter gucken. Kindern ist es wichtig, dass sie direkt als Zielgruppe in den Medienangeboten (Radio, Fernsehen, digitale Spiele, Internetseiten, Zeitschriften) angesprochen werden. Sie begreifen sich als Kind und empfinden dies als Wertschätzung. Bei der gemeinsamen Mediennutzung zu Hause wollen sie immer mehr mitbestimmen, was in der Familie gesehen, gehört und gespielt wird. Wenn sie auch eigene, von ihren Eltern abweichende Medienvorlieben haben, gibt ihnen die gemeinsame Medienaneignung in der Familie Gelegenheit, Zeit mit den Familienmitgliedern zu verbringen, Spannungen abzubauen und Nähe zu den Eltern herzustellen.

Auf der Grundlage der bereits gesammelten Medienerfahrungen und entwickelten kognitiven Fähigkeiten können Kindern in der primaren Phase bereits Realität und Fiktion von Medienangeboten unterscheiden. Schwierigkeiten haben sie jedoch weiterhin mit Angeboten, die Realität vorgaukeln, jedoch inszeniert sind (Theuernt & Schorb 1995, flimmo 2010). Ein populäres Beispiel sind die Angebote des Scripted Reality – Fernsehformate, die mit Stilmitteln von Dokus und Soaps inszeniert sind und deren ‚scheinbare' Realität bzw. Authentizität durch Laienschauspieler, verwackelte Kamera, unscharfe Einstellungen etc. unterstützt wird. Grundsätzlich sind Kinder im Grundschulalter mehr und mehr in der Lage, Fernsehsendungen in der Gänze zu begreifen und zu verarbeiten (vgl. Theunert et al. 1995; s. auch Fleischer 2007). Das Fernsehen ist weiter das Leitmedium, aber die Kinder nutzen bereits ein breites medienkonvergentes Medienangebot, das auch multimedial-interaktive Angebote beinhaltet.

Die persönlichen Präferenzen der Kinder sind nun in besonderem Maße geschlechtsspezifisch, so dass Mädchen und Jungen aus dem vielfältigen Angebot oft unterschiedliche Medienangebote für sich auswählen: Jungen suchen verstärkt nach Action, Mädchen bevorzugen Geschichten, in denen soziale Beziehungen im Zentrum stehen (vgl. Theunert & Schorb 1996; Theunert & Gebel 2000). Im Grundschulalter ist das Äußere der Figuren immer noch Grundlage der Entscheidung, ob eine Medienfigur gemocht wird oder nicht, jedoch werden die Handlungen, die Ausgestaltung der Beziehungen und die dahinterliegenden Motive immer bedeutsamer (vgl. Theunert et al. 1995).

Medienfiguren, auch fiktionale, gezeichnete oder computeranimierte Charaktere, können große Bedeutung als Identifikationsmöglichkeiten und idealisierte Traumvorbilder haben. Die Verarbeitung ist jedoch kreativ. Kinder verändern Medienfiguren und sogar den Verlauf von medialen Geschichten in ihrem individuellen Aneignungsprozess. Figuren werden geistig so bearbeitet und abgespeichert, dass sie den persönlichen Anforderungen und Vorlieben des jeweiligen Kindes entsprechen. Werden Kinder bspw. gebeten, ihre Helden zu malen oder zu basteln, zeigen sich in den Attribuierungen, in den begeisterten Narrationen der Kinder oftmals Merkmale, die mit der ursprünglichen Medienfigur nicht mehr allzu viel zu tun haben. Kinder lieben und brauchen Heldenfiguren, kreieren diese aber stets selbst mit (vgl. Theunert & Schorb 1996). Gemeinsame Medienhelden sind auch Elemente, die Gruppen mit konstituieren. Im gemeinsamen Lieben von Figuren und Nachspielen von Szenen gestalten Kinder auch ihre Freundschaftsbeziehungen aus (vgl. Jöckel & Fleischer 2013).

In der primaren Phase erweitert sich das Wissen über Genre, Dramaturgie und Absichten, die hinter Medienangeboten stehen. Kinder verstehen nun Rückblenden und Parallelmontagen oder Splittscreens im Film und Fernsehen (vgl. Theunert et al. 1995). Einfach aufgebaute Medienangebote wie der klassische Zeichentrickfilm werden ihnen zu vorhersehbar und daher unattraktiv (vgl. Fleischer 2005, Theunert & Gebel 2000). Mit neun und zehn Lebensjahren interessieren sie sich bereits für Erwachsenenangebote, zum Beispiel für die Show- und Spielfilmklassiker im Fernsehen. Die medienbezogenen Fähigkeiten sind individuell und variieren jetzt stark je nach eigener Medienerfahrungen und praktizierter Medienerziehung zu Hause. Während die einen erste Erfahrungen im Internet sammeln bewegen sich andere bereits in Sozialen Netzwerken, treffen in Chats Gleichaltrige oder führen Highscorelisten in Browsergames an. Das Internet mit seinen vielfältigen Angeboten ist für Kinder und Jugendliche attraktiv, denn es ist für sie (vgl. Fleischer & Schneider 2012):

- eine Plattform für Video on demand,
- ein Zugang zur faszinierenden Welt der Spiele,
- ein Treffpunkt zum Austausch in der Bezugsgruppe,
- eine Bühne zur Selbstpräsentation,
- ein Proberaum für die Konstruktion von Identität,
- eine Kontaktbörse zu noch Fremden,
- eine Bibliothek, eine Datensammlung über die Fakten zur Welt,
- das Schulheft eines anderen zum Abschreiben,
- ein Verein, zum Ausleben gemeinsamer Interessen und Fankulturen.

Mit je spezifischer Schwerpunktsetzung werden diese Optionen bereits für viele Kinder im Grundschulalter relevant und mit zunehmenden Alter dann punktuell vertieft weiterverfolgt. Die Vielfalt des Unterhaltungsangebotes und der Facettenreichtum an Anregungen, die zur Ausgestaltung und (Über-)Prüfung der eigenen Orientierungen (siehe Kasten) genutzt werden können, fasziniert Kinder, sorgt aber durchaus auch Eltern und PädagogInnen.

Orientierungen sind subjektive, kognitive Konstrukte. Sie leiten unser Denken, Handeln und Fühlen. Sie befähigen uns, Entscheidungen zu treffen. Orientierungen werden durch uns aufgebaut, ständig überprüft und können verändert oder gar verworfen werden. Sie sind immer individuell. Jeder Mensch beobachtet und befragt andere Menschen, um Anregungen für seine Orientierungen zu erhalten. Dies vollzieht sich auch unbewusst in zwischenmenschlicher Interaktion. ‚Befragt' und ‚beobachtet' werden auch Personen in Medien. Was sich der einzelne Mensch in einem individuellen Interpretationsprozess aus Medien herausnimmt, ist daher nicht vorhersagbar. Somit ‚wirken' Medien nicht auf uns ein und ‚orientieren' Medien uns nicht, sondern sie bieten uns lediglich Anregungen.

Die Handlungs- und Bildungsräume der Kinder haben sich in der primaren Phase erweitert. Gleichaltrige gewinnen als Bezugspersonen an Bedeutung, auch wenn die Eltern noch weiterhin die wichtigsten Bezugspersonen sind. Mit Medien umzugehen ist alltägliches Handeln. Interessen werden in Medien nachverfolgt und Medien sind selbst ein Interesse von vielen Kindern. Das zusammen Fan-Sein von etwas, ist Kindern sehr wichtig und vielfach medial geprägt – auch die Endgeräte selbst, das Smartphone, Tablet etc. werden zum Fanobjekt. Medien dienen der Unterhaltung, aber auch dazu, Antworten auf die Fragen des Lebens zu geben. Kinder suchen in Medien nach Anregungen für ihre Fragen, Interessen, Probleme. In der medienpädagogischen Forschung ist dies als Orientierungsfunktion der Medien begrifflich gefasst (vgl. Fleischer 2007).

Für Kinder in der primaren Phase erfüllen Medien die gesamte Breite der vorn aufgelisteten Funktionen. Insbesondere ist festzustellen, dass Kinder bereits im Grundschulalter sehr aktiv in den Medien auf Orientierungssuche sind. Herauszuheben ist auch das soziale Moment, denn über die Fankulturen hinaus pflegen Kinder mit Hilfe von digitalen Medien und Kommunikationsdiensten ihre lokalen Netzwerke. Das heißt, über Medien wird zu den Freunden vor Ort Kontakt gehalten, sich gegenseitig der Freundschaft versichert, werden gemeinsam Ideen entwickelt und Probleme ausgehandelt.

Generell sind Eltern weiterhin gut beraten, sich an den Altersfreigaben der FSK, FSF und den Hinweisen im FLIMMO zu orientieren. Mit der zunehmenden Bedeutung von Computerspielen und Internet tun sich für Kinder im Grundschulalter neue Gefährdungslagen auf. Technische Schutzvorkehrungen bieten hier einiges – nur eben keine 100prozentige Sicherheit (vgl. Hajok & Schwarz 2014). Eltern sollten sich auch deshalb über kindgerechte Internetangebote informieren und als Einstieg ins Netz und ebenso in die Welt der Apps spezielle Kinderportale wie von fragfinn.de und meine-startseite.de nutzen. Und sie sollten mit ihren Kindern regelmäßig über die gemachten Erfahrungen sprechen, was nur in den wenigsten Familien passiert (vgl. BITKOM 2014). Wegen ihrer besonderen Faszinationskraft sind bei digitalen Spielen zeitliche Beschränkungen wichtig. Von alleine finden die Kinder hier den Weg nur sehr schwer wieder heraus. Welche Altersfreigaben die Spiele haben, verschwimmt in der Welt der Apps und Onlinespiele zusehends. Ein gemeinsamer Einstieg ist hier empfehlenswert, genutzt werden können auch beratende und pädagogisch begleitete Angebote wie Computerspielschulen, die es in einigen Städten gibt (z. B. in Greifswald und Leipzig). Nicht zuletzt hat bei den Sechs- bis Zehnjährigen nun auch die Schule eine besondere Verantwortung. Klare Regelungen zu den hier genutzten Medien sind geboten, Unterrichtseinheiten zu den Chancen und Risiken und Informationsveranstaltungen zur Sensibilisierung der Eltern mehr als nur empfehlenswert.

d) Heteronome Phase: Zwischen 10. und 14. Lebensjahr

Im Alter zwischen 10 und 14 Jahren erweitern sich Kinder ihre Handlungsräume zunehmend selbständig und setzen sich verstärkt mit grundlegenden Fragen und komplexen Phänomenen auseinander. Ethisch-moralische Überlegungen spielen hier aber noch eine untergeordnete Rolle. Nicht nur, aber vor allem in Schule und Familie werden die Kinder zunehmend mit übergeordneten gesellschaftlichen Konventionen, Normen und Werten konfrontiert. Daneben gewinnen die Selbstsozialisationsprozesse in den Peergroups stark an Bedeutung. Analog dazu werden die Medien von älteren Kindern weiter ausgelotet und ‚in Besitz' genommen (vgl. Theunert 2015). Mit den vermittelten gesellschaftlichen Werten und Normen, Mustern der Lebensgestaltung, Leitlinien für soziales Ansehen und Leitbildern erfolgreicher Menschen werden die Medien für die Ausformung und Stilisierung einer persönlichen Identität relevanter (vgl. Zimmermann 2003).

Ältere Kinder sind heutzutage schon erstaunlich medienerfahren. Sie haben ihre eigene Medienwelt und nutzen ihre medialen Räume, um sich auszuleben. Die bevorzugte Ästhetik weicht nicht mehr nur aufgrund der spezifischen Präferenzen von der Erwachsener ab, ältere Kinder beginnen sich nun auch im Medienhandeln bewusst von ihren Eltern und anderen Erwachsenen abzugrenzen. Sie drücken damit ein beginnendes Streben nach mehr Unabhängigkeit aus, was in den Familien oft zu Konflikten führt. Dabei beginnen die Kinder auch, die (strikten) Verbote ihrer Eltern zu umgehen und Medien außerhalb des elterlichen Einflussbereiches zu nutzen (unterwegs, bei Freunden, in der Schule etc.).

Beim noch immer sehr beliebten Fernsehen bevorzugen ältere Kinder die Formate, die (auch) an ihre Altersgruppe sowie an Jugendliche adressiert sind und nehmen interessiert die anderen ‚Programmhighlights' wahr, suchen darin aber nach ihren persönlichen handlungsleitenden Entwicklungsthemen. Sie trennen bei den meisten Angeboten sicher zwischen Fiktion und Realität, jedoch nutzen auch gern Formate mit inszenierter Realität (z. B. Scripted Reality), ohne sich der Gemachtheit hinreichend bewusst zu sein. In Bezug auf digitale Medien wie Tablets, Computerspiele und Handys haben sie den Erwachsenen in den Fähigkeiten der funktionalen Bedienung häufig schon etwas voraus. Die vielfältigen Möglichkeiten im Spektrum von Onlinegames, Sozialen Netzwerken und Apps sind ihnen gut bekannt. Was Unterhaltung und Spaß verspricht, wird neugierig ausprobiert, in zunehmenden Maße auch dann, wenn es sich von den bislang so wichtigen gemeinschaftlichen Präferenzen entfernt. Anforderungen aus der Schule und persönliche Informationsbedürfnisse werden mit steigender Informations- und Recherchekompetenz gemeistert, die es ihnen mit Eintritt ins Jugendalter bereits ermöglicht, zielgerichtet Informationen zu suchen und auszuwählen, sinnvoll zu reduzieren und für sich und andere aufzubereiten.

PädagogInnen und Erziehende sollten jetzt dran bleiben und sich in der Medienerziehung auf ein ‚Verhandeln auf Augenhöhe' einlassen. Denn auch wenn ältere Kinder sich in dem für sie attraktiven Medienangebot sehr gut auskennen, wissen sie noch wenig über die Mechanismen und Interessen, die hinter den Medienangeboten stehen. Ebenso verhält es sich zu den Fragen, was heutige (Medien-)Öffentlichkeit alles beinhaltet und welchen Wert Privatsphäre hat. Auch das Mitgestalten der Gesellschaft durch die beliebte Kommunikation über Medien ist ihnen noch nicht bewusst und wichtig. Primär geht es um ihre persönliche Unterhaltung, um die Befriedigung von Neugier, um die Pflege von Freundesbeziehungen, um Orientierungssuche sowie um Wissensaneignung. Unterstützung brauchen ältere Kinder noch, um sich ihren Auswahlkriterien und ihren Nutzungsmotiven bewusst zu werden, ihre Medienerfahrungen zu bewerten und sich möglichen Einflüssen von Medien auf ihre Meinungen und Vorstellungen klarer zu werden.

Der Lebensalltag wird in der heteronomen Phase mit Medien gestaltet und mit Medien bewältigt. Im Ablöseprozess vom Elternhaus sind Gleichaltrige als Orientierungsquellen noch wichtiger geworden. Medien werden selbstbestimmt genutzt und können kritisch angeeignet, aber noch nicht in jeder Hinsicht durchschaut werden. Das eigene gestalterische Moment und der Wunsch zur Selbstdarstellung in Medien nehmen zu. In Onlinemedien überwiegt der Wunsch mit anderen Gleichaltrigen zu kommunizieren und sich bei Fragen und Problemen Anregungen zur Bewältigung zu holen. Jugendliche und Eltern unterscheiden sich jetzt häufig deutlich hinsichtlich der in Medien oder mit Medien verfolgten Interessen. In erzieherischen

Fragen allgemein und medienerzieherischen Einflussmöglichkeiten speziell kommt es häufiger zu Konflikten in der Familie.

Ältere Kinder fordern auch beim Medienumgang zunehmend Autonomie ein. Eltern und PädagogInnen fällt es hier auch schwer, Normen zu setzen, gerade hinsichtlich der digitalen Medien und zahlreichen Anwendungen, die ihnen oft fremd sind. Empfehlenswert ist es, gemeinsam mit den Kindern über das Medienhandeln zu reflektieren und feste, medienfreie Zeiten zu etablieren (z. B. kein Handy am Esstisch). Ein punktuelles, gemeinsam vorbereitetes und durchgeführtes 24-stündiges Medienfasten (oder auch gezielt 24h-Smartphonefasten) hilft, über die Funktionen nachzudenken und Zeit für anderes zu entdecken. Aber es müssen alle mitmachen. Im Internet finden Interessierte auch umfangreiche Materialien zum Thema Medienerziehung, beispielsweise auf www.handysektor.de. Auch die Schule wäre eigentlich ein guter Ort, um Mechanismen und Interessen, Chancen und Risiken der genutzten Medien zu einem Thema zu machen, an dem die meisten Zehn bis 14-Jährigen auch interessiert sind. Es findet hier aber zu wenig statt.

e) Autonome Phase: Zwischen 14. und 18. Lebensjahr

Jugendliche haben bereits vielseitige Interessen herausgebildet und verfolgen ihre persönlichen Ziele weitestgehend autonom. Immer selbständiger gestalten sie auch die Prozesse von Bildung und Wissenserwerb – in und außerhalb der klassischen Bildungsinstitution Schule. Bei der Suche nach Anregungen in den Medien legen sie ein starkes Augenmerk auf die Identitätskonstruktion, die Ausgestaltung des eigenen Lebensentwurfs und damit in Zusammenhang stehend auch auf die eigene berufliche Zukunft. Bei den einen stehen Unterhaltung, Entspannung und Kommunikation mit anderen (noch) im Vordergrund, andere suchen explizit nach alternativen Lebensentwürfen und politischen Überzeugungen, die im Kontrast zu ihren eigenen stehen, um sich damit kognitiv und emotional auseinanderzusetzen. Mit ihren vielfältigen Vorlagen und Anregungen gerade in diesen Bereichen tragen Medien in vielerlei Hinsicht zur Entwicklung eines sozialen Verhaltens bei (inkl. der Fähigkeit zu Empathie und sozialer Perspektivübernahme) und bieten Jugendlichen in zunehmenden Maße Gelegenheit, sich aktiv an der Gestaltung der Gesellschaft und politischen Umwelt zu beteiligen.

Jugendliche rezipieren Medien und kommunizieren mit ihren Freunden selbstverständlich über Handy und das Internet. Soziale Netzwerke wie *Facebook* und Kommunikationsdienste wie *WhatsApp* haben sich dabei als wichtige Handlungsräume etabliert (vgl. MPFS 2015b), die sich dem Einfluss von PädagogInnen weitgehend entziehen und umfangreiche Möglichkeiten zur Selbstdarstellung, sozialen Integration, gesellschaftlichen Teilhabe und Suche nach Orientierung bieten. Als Mitglieder ‚ihrer' Community ist es Jugendlichen wichtig, sich für andere interessant und attraktiv darzustellen und trotzdem ein möglichst genaues Bild von sich zu zeigen, wahrhaftig und glaubwürdig zu sein.

Bei Erhalt und Ausbau sozialer Beziehungen durch soziale Netzwerke geben die Jugendlichen zum Teil auch sehr Persönliches von sich frei und vertrauen auf den angemessenen Umgang damit durch die anderen. Anregungen für Orientierungen bieten die Sozialen Netzwerke u. a. durch die Rückmeldungen der anderen Nutzer zu den individuellen Angaben und eingestellten Fotos – sich ein Bild machen, nehmen die Jugendliche hier wörtlich (vgl. Eisermann & Potz 2013). Und sie entnehmen sich Anregungen durch die Auswertung der Informationen auf Profilen anderer. Aus der Perspektive von Medienpädagogik und Jugendmedienschutz werden die Sozialen Netzwerke allerdings auch kritisch gesehen, da persönliche Interessen, Orientierungssuche und Bedürfnisse nach Austausch, Vernetzung und Selbstpräsentation zuweilen die Risiken der neuen Kommunikationsmöglichkeiten aus dem Blickfeld geraten lassen. So lässt sich beobachten, dass die jungen Nutzer manchmal zu viel Persönliches von sich preis geben, sich anderen zu freizügig präsentieren oder die im Netzwerk ausgetragenen sozialen Konflikte und Streitigkeiten manchmal zu Mobbingattacken eskalieren.

Ein weiterer Problembereich ist die Werbung in den Sozialen Netzwerken mitsamt ihren raffinierten Formen der Zielgruppenansprache (Targeting) und des viralen Marketings. Sind Werbeclips im Fernsehen in aller Regel klar von den redaktionellen Inhalten getrennt und damit auch für junge Menschen identifizierbar, verschwimmen Werbung und Content in den Sozialen Netzwerken und sind die Werbestrategien häufig so subtil, dass sie selbst für Erwachsene nicht immer zu durchschauen sind.

Die grundsätzliche Problematik jugendschutzrelevanter Medieninhalte (v.a. Gewalt, Pornografie, Extremismus) und prekärer Umgangsweisen (v.a. exzessive Mediennutzung) ist Jugendlichen meist bewusst. Sie testen aber auch im persönlichen Medienumgang Grenzen aus und suchen zum Teil gezielt die Grenzüberschreitung. Zudem sind viele Jugendliche noch nicht in der Lage, komplexe Medienstrukturen oder die raffinierten Formen der zielgruppenspezifischen Werbung (Targeting) und des viralen Marketings in den beliebten Sozialen Netzwerken vollends zu durchschauen. Hier müssen sie noch für Chancen und Risiken der digitalen Medien sensibilisiert werden. Und sie benötigen noch Input für die Aneignung von Strukturwissen, auf dessen Grundlage sie Medien und Kommunikationsstrukturen partizipativ nutzen können, ohne allzu sehr zum ‚Spielball' der Medien und dahinter stehender kommerzieller

Interessen zu werden. Von zunehmender Wichtigkeit sind nicht zuletzt zielgruppenspezifische Angebote und Materialien zur Medienkompetenzförderung und zum präventiven Jugendmedienschutz nicht zuletzt im Internet (siehe Kap. 3.1.2).

Abschließend sei noch einmal darauf hingewiesen, dass die soeben skizzierten medienbezogenen Fähigkeiten und Vorlieben zu den verschiedenen Phasen von Kindheit und Jugend eng verflochten sind mit der kognitiven, sozialen, ethisch-moralischen etc. Entwicklung. Da diese Prozesse individuell sehr verschieden ‚ablaufen' und von den je spezifischen Lebenswelten junger Menschen gerahmt werden, sind sie nur idealtypisch an das Alter der Heranwachsenden gebunden. Welche Medienkompetenzen Kinder und Jugendliche konkret ausbilden, hängt in besonderem Maße ab von den persönlichen Medienerfahrungen mitsamt der wichtigen Prozesse von Selbstsozialisation und Selbstlernen sowie von den verschiedenen Formen und Inhalten, die den Heranwachsenden im Rahmen einer zielgerichteten Medienkompetenzförderung in den verschiedenen Kontexten von Erziehung und Bildung zuteil wird. In diesem Gesamtkontext erlangen die verschiedenen Medien und ihre Inhalte für das einzelne Subjekt dann auch eine je spezifische Bedeutung für das Denken, Fühlen und Handeln junger Menschen.

Fragen/Hinweise zum Weiterarbeiten

Reflektieren Sie die Entwicklung medienbezogener Fähigkeiten und Vorlieben vor dem Hintergrund der skizzierten Vorstellungen von der Persönlichkeitsentwicklung junger Menschen! Beachten Sie, dass es unterschiedliche Theorien zur Sozialisation gibt, die zwischen Subjekt und Umwelt unterschiedlich gewichten. Bedenken Sie, dass Sie keine Aussage zum Einfluss von Medien auf Menschen machen können, wenn Sie nicht vorher bestimmt haben, wie Sie Sozialisation – das heißt Ihr Menschenbild und Ihre Vorstellung zur Ausformung der Persönlichkeit – theoretisch fassen.

1.4 Veränderter Medienumgang, erweiterte Chancen und Risiken

Mit den bislang im ersten Teil des Buches skizzierten grundlegenden Prozessen der Persönlichkeitsentwicklung junger Menschen, der Bedeutung der Medien und der medienbezogenen Fähigkeiten und Vorlieben junger Menschen ist der Hintergrund für einen medienpädagogischen Zugang zu Kindern und Jugendlichen bereits in wesentlichen Aspekten entworfen. Mit diesem Basiswissen können wir zum Beispiel abschätzen, auf welche Fähigkeiten wir bei Heranwachsenden eines bestimmten Alters in aller Regel bauen können und in welchem Alter sie in welchen Bereichen noch Unterstützung benötigen. Die Unterschiede von Kind zu Kind und Jugendlichen zu Jugendlichen bleiben trotzdem groß.

Ein letzter wichtiger Aspekt, auf den wir nun noch eingehen, ist das Wissen darum, welche Medien junge Menschen aktuell in welchem Umfang nutzen, welche konkreten inhaltlichen Vorlieben und Umgangspräferenzen sich dabei erkennen lassen und nicht zuletzt, welche Potenziale und Gefahren sich hier für die Entwicklung eröffnen. Diese Punkte stehen im Mittelpunkt des Folgenden. Angesicht der in Kap. 1.2.1 skizzierten beschleunigten Entwicklungen in der Gesellschaft allgemein und beim Umgang junger Menschen mit Medien speziell verzichten wir allerdings auf eine Aneinanderreihung schnell veraltetender Zahlen zur Mediennnutzung von Kindern und Jugendlichen. Wir legen vielmehr den Fokus auf die prägnanten Entwicklungen der letzten Jahre und arbeiten die Besonderheiten heraus, die sich insbesondere mit dem Siegeszug digitaler Medien beim Medienumgang junger Menschen erkennen lassen.

1.4.1 Wandel des Medienumgangs durch digitale Medien

Mit den vielfältigen Möglichkeiten, die uns digitale Medien bieten, haben sich seit Ende der 1990er Jahre auch die Medienumgangsweisen junger Menschen stark gewandelt. Bereits Kinder können heute auf ein breites Spektrum jederzeit verfügbarer Inhalte zurückgreifen. Und die Jugendlichen machen immer mehr von den vielfältigen Möglichkeiten Gebrauch, selbst Kommunikations- und Medieninhalte zu erstellen und weiter zu verbreiten. Mit den seit 1999 durchgeführten repräsentativen KIM-Studien zum Medienumgang 6- bis 13-Jähriger (vgl. zuletzt MPFS 2015a) und den seit 1998 durchgeführten JIM-Studien zur Mediennutzung 12- bis 19-Jähriger (vgl. zuletzt MPFS 2015b) liegen vergleichbare Basisdaten vor, auf deren Grundlage wir die prägnanten Veränderungen beim Umgang junger Menschen mit den Medien und neuen Kommunikationsstrukturen im Folgenden ganz gut nachzeichnen können.

Der *Medienpädagogische Forschungsverbund Südwest* (MPFS) untersucht regelmäßig Kinder und Jugendliche und seit kurzem auch Familien hinsichtlich ihrer Ausstattung und ihres Umgangs mit Medien. Die Untersuchungen bieten WissenschaftlerInnen, PädagogInnen und PolitikerInnen verlässliche Basisdaten. Wertvoll ist insbesondere, dass neben Präferenzen und Nutzungsmotiven auch der Bedeutung von Medienhandeln im Vergleich mit anderen Freizeitaktivitäten nachgegangen wird. (siehe http://www.mpfs.de/)

Tab. 6: Stellenwert medialer Freizeitbeschäftigungen und Tendenzen seit 2010

KINDER (Tendenz seit 2010)	STELLENWERT IN FREIZEIT 2014	JUGENDLICHE (Tendenz seit 2010)
Fernsehen (=)	1.	Internet nutzen (++)
Musik hören (=)	2.	Handy/Smartphone nutzen (++)
PC-/Konsolen-/Onlinespiele (+)	3.	Fernsehen (-)
Computer (offline) (=)	4.	mp3 hören (-)
Handy/Smartphone nutzen (+)	5.	Radio hören (-)
Radio hören (=)	6.	Digitale Fotos machen (++)
Internet nutzen (++)	7.	Musik-CDs/Kassetten hören (--)
Bücher lesen (=)	8.	PC-/Konsolen-/Onlinespiele (+)
Comic lesen (-)	9.	Bücher lesen (=)
Video/DVD sehen (-)	10.	Tageszeitung lesen (-)

Verschaffen wir uns auf der Grundlage dieser Daten zunächst einmal einen Überblick darüber, welchen quantitativen Stellenwert die medialen Freizeitbeschäftigungen überhaupt im Alltag von Kindern und Jugendlichen haben und was sich hier seit 2010 getan hat (siehe Tab. 6). Wie in Kap. 1.2.3 bereits für die Freizeitwelten von Kindern und Jugendlichen insgesamt festgestellt, zeigt auch die gesonderte Betrachtung der medialen Freizeitbeschäftigungen, dass Kinder und Jugendliche spezifischen Interessen nachgehen. Während digitale Medien den mediatisierten Alltag der Jugendlichen schon heute entscheidend prägen, setzen sie sich im Freizeitraum von Kindern erst allmählich durch: hier dominiert noch das Fernsehen. Man ist allerdings auch geneigt zu sagen: Nicht mehr lange! Zumindest sind auch hier digitale Medien auf dem Vormarsch.

Schauen wir uns jetzt noch etwas genauer an, wohin uns die Entwicklungen in der Welt der Medien und bei der Aneignung der verschiedenen Möglichkeiten durch Kinder und Jugendliche bislang geführt haben, dann lassen sich auf der Grundlage der Daten der KIM- und JIM-Studien folgende sieben Besonderheiten der Mediennutzung Heranwachsender als besonders prägnant herausarbeiten und hier auch einige markante Wendepunkte des Medienumgangs junger Menschen identifizieren. Wir greifen hierfür auf zwei Übersichtsdarstellungen zurück (vgl. Hajok 2013, 2015c), die wir um die aktuellsten Entwicklungen und Zahlen ergänzt haben.

a) Fernsehen und Musik, Freunde und Sport

Spätestens seit den 1980er Jahren ist der Alltag junger Menschen vor allem ein Alltag mit Medien. Für Kinder im Alter zwischen 6 und 13 Jahren hat das Fernsehen nach wie vor eine besondere Bedeutung. Aber auch das, was digitale Spiele und Internet bieten, ist ihnen mittlerweile wichtig. Jugendliche sind demgegenüber schon sehr viel mehr an Internet und Handy/Smartphone gebunden, haben aber auch weiterhin ein besonderes Interesse an Musik. Um die beliebten Titel zu hören, vertrauen sie längst nicht mehr nur dem Radio und CD-Player, sondern nutzen selbstverständlich auch die neuen Zugangsmöglichkeiten im Spektrum von mp3-Player, Smartphone und Tablet.

Eines dürfen wir mit Blick auf die Mediennutzung junger Menschen allerdings nicht aus den Augen verlieren: den von jeher und heute noch immer fast ungebrochenen hohen Stellenwert non-medialer Freizeitbeschäftigungen. Wir haben dies bereits in Kap. 1.2.3 skizziert und bringen dies nun folgendermaßen auf den Punkt: Allen Unkenrufen zum Trotz haben in den letzten Jahren die Aktivitäten abseits der Medien auch mit den digitalen Medien kaum an Bedeutung verloren. Besonders beliebt sind bei Jugendlichen nach wie vor reale Treffen mit Freunden und Bekannten, wenngleich sie in den Zeiten vor Sozialen Netzwerken und Messengerdiensten noch etwas häufiger zu beobachten waren. Den Jüngeren ist es zudem wichtig, genügend Zeit zu finden, um draußen zu spielen und hier reale Erfahrungen im Spiel und mit anderen zu sammeln. Aber auch das ‚leidige' Thema Hausaufgaben und Lernen für die Schule prägt mehr denn je den Alltag von Kindern.

Später, im Jugendalter, hat Sport einen besonderen Stellenwert und rangiert nach den Treffen mit Freunden und Bekannten auf Rang zwei der Freizeitbeschäftigungen abseits der Medien. In den letzten Jahren haben die sportlichen Aktivitäten Jugendlicher sogar weiter zugenommen, wobei Jungen insgesamt betrachtet etwas aktiver sind als Mädchen. Analog dazu haben die Jugendlichen häufiger Sportveranstaltungen besucht und sich auch öfter für gemeinsame Unternehmungen in der Familie entschieden.

Party- und Discobesuche sind dagegen seltener geworden und für die Heranwachsenden heute mehr denn je ein besonderes, nicht alltägliches Event.

b) Computer und Internetzugang als prägnanter Einschnitt

Die einschneidendsten Veränderungen beim Medienumgang Jugendlicher liegen schon ein paar Jahre zurück und sind eng an die vielfältigen Möglichkeiten gebunden, die ihnen zuerst der Computer, später dann das Internet geboten haben. Über die neuen Zugangsmöglichkeiten mit mobilen Endgeräten wie Tablets, Playstations und Smartphones erobert das Internet mittlerweile auch die Lebenswelt von Kindern. Zwar waren im Jahr 2002 bereits die meisten Sechs- bis 13-Jährigen zumindest selten online und ist der Anteil der Nutzer dann nur noch moderat gestiegen. Das Einstiegsalter hat sich aber weiter nach vorn verlagert. Ebenso ist die Häufigkeit und Nutzungsdauer gestiegen. Aktuell sind im Alter zwischen acht und neun Jahren bereits die meisten im Netz unterwegs und zwei von fünf Internetnutzern im Kindesalter (fast) täglich online.

Wesentlich für die zunehmende Bedeutung des Internets in der Lebenswelt junger Menschen ist die technische Ausstattung, also inwieweit internetfähige Endgeräte im Haushalt vorhanden sind oder sich sogar im persönlichen Besitz der Heranwachsenden befinden. Hier sind vor allem die Jugendlichen ein Seismograph für die rasante Entwicklung der letzten Jahre: Bis in die 2000er Jahre hinein waren die 12- bis 19-Jährigen in aller Regel noch auf die PCs und Laptops anderer angewiesen. Ein eigenes Gerät, das eine weitgehend unkontrollierte Nutzung ermöglicht, besitzen die meisten erst seit 2003. Wurde der Computer zu Beginn vor allem für die beliebten Computerspiele, zum Texte schreiben, für die Schule arbeiten und zum Musik hören genutzt, hat er seit 2002 im Wesentlichen einen Zweck: ins Internet zu gehen. Bereits zur Jahrtausendwende waren die meisten Jugendlichen dann online. Hatten Haupt- und Realschüler zu Beginn noch etwas Nachholbedarf, hat sich das Internet mittlerweile in ganz unterschiedlichen Milieus und Bildungshintergründen durchgesetzt.

Bis die meisten das Internet autonom für ihre persönlichen Interessen nutzen konnten, mussten sich die Jugendlichen allerdings noch etwas gedulden: Ein eigener Internetzugang war erst 2008 die Regel. In den Jahren danach lag die tägliche Nutzungsdauer fast konstant bei knapp über zwei Stunden. Ein deutlicher Anstieg auf fast drei Stunden war dann im Jahr 2013 zu beobachten, als die mit Abstand meisten Jugendlichen mit ihrem Handy oder Smartphone und nicht wenige mit einem Tablet online gingen. Gefragt nach den Wegen der Internetnutzung in den letzten 14 Tagen waren im Jahr 2014 bereits nicht mehr Computer oder Laptop, sondern Handys oder Smartphones der bevorzugte Zugang Jugendlicher und ging bereits fest jede/jeder Vierte auch mit einem Tablet online.

c) Von der Rezeption zum produktiven Austausch

Auch inhaltlich hat sich bei der Internetnutzung einiges getan. Jugendliche schätzten Ende der 1990er Jahre das weltweite Netz vor allem wegen seiner Informationsvielfalt und der Fülle an bereitgestellten Daten und Anwendungen. Filme, Musik, Spiele und andere Unterhaltungsangebote begannen erst später mit den schnelleren und preiswerteren Zugängen eine größere Rolle zu spielen, ebenso Foren, Blogs und Chatcommunities. Seit Ende der 2000er Jahre ist die inhaltliche Ausrichtung der Internetnutzung Jugendlicher weitgehend stabil und beinhaltet zum einen Information, Spiel und Unterhaltung, zum anderen Kommunikation, die fast die Hälfte der Gesamtnutzung ausmacht. Schauen wir etwas genauer hin, dann sehen wir auch Differenzen zwischen den Geschlechtern: Mädchen sind mehr an kommunikativen Angeboten interessiert, Jungen mehr an Spielen.

Zweifelsohne bietet das Internet auch jungen Menschen eine quasi unüberschaubare Vielzahl und Vielfalt an Angeboten. Auch hier lohnt sich allerdings der Blick darauf, was Kinder und Jugendliche tatsächlich nutzen. Denn deren Internetnutzung kreist im Kern nur um wenige kommerzielle Angebote. Hervorzuheben sind hier zum einen *Google* mit der bereits 2006 einverleibten Videoplattform *Youtube*, zum anderen das Soziale Netzwerke *Facebook*, das im Jahr 2013 rund 80 Prozent der 12- bis 19-Jährigen zum alltäglichen Austausch mit Freunden nutzten. Zunehmender Beliebtheit erfreuten sich in den letzten Jahren auch der Messengerdienst *WhatsApp* und die Foto-/Video-Sharing-Plattform *Instagram*, die beide zur *Facebook Inc.* gehören.

Nicht wenige Jugendliche, vereinzelt bereits Kinder, nutzen auch die verschiedenen Möglichkeiten, um sich online selbst auszudrücken und so letztlich die Medienwelt, die sie umgibt, aktiv mitzugestalten. Hier geht es nicht nur um das Erstellen von Beiträgen im eigenen Netzwerk oder das Hochladen und Kommentieren von Videos bei *Youtube*, sondern um das Erstellen Beiträge in Blogs und Foren, sehr vereinzelt auch bei *Wikipedia*, das Verfassen differenzierter Bewertungen bei *Amazon* oder eigener Tweets bei *Twitter* u. a.m. Abgesehen von der Kommentierung des Vorhandenen bei den beliebten Videoplattformen werden solche Beteiligungsformen bislang nur von wenigen wahrgenommen. Sie bilden dennoch einen wichtigen Schwerpunkt einer an Partizipation orientierten medienpädagogischen Praxis.

d) Jederzeit und überall on

Neben neuen Formen der Interaktivität haben digitale Medien jungen Menschen vor allem einen zeit- und ortsungebundenen Medienumgang ermöglicht. Wichtige Vorläufer waren hier die Walk- und Discmans der 1980er Jahre, die in den 2000er Jahren dann von den mp3-Playern und iPods abgelöst wurden. Eine besondere Bedeutung hatten in den letzten Jahren die zunehmend multifunktionalen Handys, auch wenn sie zunächst nur den Alltag Jugendlicher eroberten und dies auch vergleichsweise spät: Erst 2001 konnten die meisten 12- bis 19-Jährigen auf ein eigenes Handy zurückgreifen. Als multifunktionales Endgerät ermöglichte es ihnen aber bereits unterwegs zu telefonieren, SMS-Kurznachrichten auszutauschen, Musik und Radio zu hören, später dann auch zu fotografieren und Videos zu drehen.

Seit 2013 haben die meisten Jugendlichen ein Smartphone und sind so quasi jederzeit online, um zeit- und ortsungebunden ihre Netzwerke zu pflegen, sich via *WhatsApp* mit Freunden auszutauschen, spontan gemachte Bilder mit anderen zu teilen und die vielfältigen Möglichkeiten der Apps zu nutzen. Kinder mussten sich bislang in aller Regel noch mit einem Handy begnügen, das nach den letzten vorliegenden Zahlen die meisten mit einem Alter von ca. 10 Jahren ihr eigen nennen können. Am Übergang vom zwölften 13. Lebensjahr hatten im Jahr 2014 die meisten bereits ein Smartphone und konnten so nun weitgehend selbstbestimmt in die Welt der Apps einsteigen.

So wie das Smartphone das Handy ablöste, treten aktuell die Tablets an die Stelle von Computer und Laptop. Auch sie erweitern das Handlungsspektrum von Heranwachsenden um eine multimediale, von Ort und Zeit zunehmend entgrenzte Nutzung, bei der sich bereits Kinder immer früher einer Kontrolle von außen entziehen. Neben Smartphones erscheinen Tablets aktuell am ehesten dazu geeignet, dass die jungen Menschen den Zugang zu Fernseh- und Radioprogrammen, zu Videoportalen und Computerspielen, zu persönlich relevanten Orientierungs-, Informations- und Wissensangeboten zukünftig selbstverständlich über ein einziges Endgerät realisieren. Zwar ist ein eigenes Gerät bei Kindern noch die große Ausnahme, 2014 gab es jedoch bereits in jedem fünften Haushalt mit Kindern zwischen sechs und 13 Jahren ein Tablet. Im gleichen Jahr besaß bereits jeder fünfte Jugendliche ein eigenes Tablet und jeder zweite fand ein Gerät in seinem Zuhause vor.

e) Eintauchen in digitale Spielewelten

Auch mit den Entwicklungen bei Computerspielen hat sich der Medienumgang junger Menschen verändert. Zwar spielt seit Ende der 1990er Jahre relativ konstant knapp die Hälfte der 12- bis 19-Jährigen täglich oder mehrmals pro Woche Computerspiele. Ende der 2000er Jahre haben aber die Onlinespiele den Markt für sich entschieden und bieten seit dem den überwiegend männlichen Spielern neben immer realistischer und lebendiger wirkender Spielhandlungen auch umfangreiche Möglichkeiten der Vernetzung und des Austauschs mit anderen (Spielern). Wie selbstverständlich Computerspiele in der Lebenswelt männlicher Jugendlicher verankert sind, zeigt sich nicht zuletzt darin, dass die meisten eine feste Spielkonsole besitzen, fast jeder zweite (auch) eine tragbare. An Bedeutung gewonnen haben in den letzten Jahren die unzähligen Spiele-Apps für Smartphones und Tablets. Sie werden mittlerweile nicht nur häufiger genutzt als ‚klassische' Computer-, Konsolen- und Onlinespiele, Mädchen sind hier fast ebenso aktiv wie die Jungen.

Auch Kinder waren früh von den Computerspielen fasziniert. Ende der 1990er nutzten sie den Computer in erster Linie dazu, um alleine oder gemeinsam mit anderen in die Welt der Spiele einzutauchen. Mittlerweile greifen sie hierfür auf die unterschiedlichen Zugangsmöglichkeiten zurück und spielen ab einem Alter von ca. acht Jahren mehrheitlich meist mehrmals pro Woche Computer-, Konsolen- oder Onlinespiele. Mit zunehmenden Alter der Sechs- bis 13-Jährigen nehmen Häufigkeit und Dauer der Nutzung deutlich zu und verfestigen sich die geschlechtsspezifischen Umgangsweisen, nicht zuletzt was die Gesamtspieldauer an Tagen der Computerspielnutzung anbetrifft. Sie überstieg im Jahr 2014 bei fast jedem zweiten Jungen, aber nur bei jedem vierten Mädchen die 60-Minuten-Grenze. Die beliebtesten Spiele von Kindern sind *FIFA*, *Super Mario* und *Die Sims* – Ersteres ist seit Jahren das absolute Highlight der Jungen, Letzteres das der Mädchen.

Mit zunehmenden Alter ändern sich die inhaltlichen Präferenzen, so dass im Jugendalter abgesehen von dem Highlight *FIFA* schon ganz andere Spiele angesagt sind. Zur Jahrtausendwende waren die das Action-Adventure *Tomb Raider* und Echtzeit-Strategiespiel *Command & Conquer*, Mitte der 2000er Jahre das Simulationsspiel *Die Sims* und das Autorennspiel *Need for Speed* und 2014 der Ego-Shooter *Call of Duty*, der in diversen Versionen für PC, Playstation, Xbox eigentlich erst ab 18 Jahren freigegeben ist. Auch andere vor allem bei männlichen Spielern beliebte Titel wie das Actionspiel *Grand Theft Auto* weisen eindrucksvoll auf die besondere Problematik hin, die neben der genretypischen Gewalt auch in der besonderen Anziehungskraft von digitalen Spielen liegt, Heranwachsende zu stark in ‚ihre' Welt hinein zu ziehen.

f) Bedeutungsverlust des Fernsehens

Seit über 40 Jahren prägt das Fernsehen den Alltag der Familien in Deutschland. Mit den populären Unterhaltungsangeboten des Privatfernsehens und die speziell an junge Zuschauer gerichteten Formate (v.a. des Kinder- und Musikfernsehens) stieg das Fernsehen in den 1990er Jahren zum unangefochtenen Leitmedium von Kindern und Jugendlichen auf. Mit dem Siegeszug von Computer und Internet hat es aber seinen exponierten Stellenwert bei den Jugendlichen eingebüßt und ist seit 2006 nicht mehr das Medium, auf das Jugendliche am wenigsten verzichten wollen. Die mit Abstand meisten schauen aber noch immer täglich/mehrmals wöchentlich fern und sind dabei vor allem den Programmen der Privatsender, allen voran *ProSieben*, treu geblieben.

Bei Kindern stellt sich die Sachlage etwas anders da. Hier ist Fernsehen noch immer sehr dominant: Bis weit in das Grundschulalter hinein wollen Kinder am wenigsten auf dieses Medium verzichten. Erst später, ab einem Alter von ca. zwölf Jahren haben Computer und Internet eine größere Bindungskraft. In den letzten 15 Jahren fast unverändert sehen die mit Abstand meisten 6- bis 13-Jährigen (fast) jeden Tag fern und schalten das Fernsehgerät gezielt an, um ihre persönlichen Lieblingssendungen zu sehen. Sie finden diese vor allem auf den Sendern *KIKA* und *SuperRTL*, die mit ihren Programmen auch an sie als junge Zuschauer adressiert sind. Neben Kindersendungen wie *Schloss Einstein*, *Die Simpsons*, *SpongeBob* und *Die Sendung mit der Maus* waren Kinder in den letzten Jahren auch an den populären Formate des Reality-TV interessiert. *DSDS* und *Berlin – Tag & Nacht* sind nur zwei Beispiele.

Bei den Jugendlichen gehörten in den letzten Jahren abgesehen von den großen Sportereignissen vor allem Serien und Comedysendungen zu den Fernsehhighlights. Auch Wissensmagazine, Krimis, Mysteryformate und Castingshows gaben ihnen reichlich Gesprächsstoff für den Austausch in den Peer-groups. In den 2000er rangierten bei den Jungen *Die Simpsons* ganz vorn, die Mädchen waren vor allem von *Gute Zeiten, schlechte Zeiten* begeistert. Den Entwicklungen in den Programmen der Privatsender entsprechend waren Jungen wie Mädchen in den letzten Jahren in besonderem Maße an den verschiedenen Formaten des Reality-TV interessiert. Auch die Möglichkeit der (Vorab-)Nutzung von Filmen und Serien wurde für sie relevanter.

g) Nicht Bücher, gedruckte Zeitungen/Zeitschriften sind die ‚Verlierer'

Entgegen allen Befürchtungen haben sich Bücher im Alltag vor allem weiblicher Jugendlicher behauptet. Seit 15 Jahren fast unverändert nimmt jede zweite 12- bis 19-Jährige täglich oder mehrmals pro Woche ein Buch zur Hand und liest dann deutlich mehr als eine Stunde. Bei den gleichaltrigen Jungen ist es nur jeder Vierte und eine deutlich geringere Verweildauer. E-Books spielen hier wie dort bislang nur eine untergeordnete Rolle. Besonders beliebt waren in den letzten Jahren die populären Fantasy-Abenteuer (z. B. *Herr der Ringe*, *Harry Potter*, *Eragon*). Auch Klassiker wie *Das Parfüm* und *Die Welle* sowie aktuelle Bestseller nehmen die Jugendlichen gern zur Hand. 2013 waren auch kontrovers diskutierte Romane wie *Feuchtgebiete* oder die Titel der Erotik-Reihe *Shades of Grey* in den persönlichen Hitlisten zu finden und stießen vor allem bei den über 16-Jährigen auf Interesse.

Gedruckte Zeitungen und Zeitschriften mussten demgegenüber in den letzten Jahren bei Jugendlichen erhebliche Einbußen hinnehmen. So hat sich der Anteil derjenigen, die regelmäßig TV-Magazine, Jugend- oder Musikzeitschriften, Sportzeitschriften oder Computermagazine lesen, in den letzten 15 Jahren etwa halbiert. Die in der JIM-Studie 2008 erstmals erfasste Nutzung der Onlineangebote von Zeitungen und Zeitschriften zeigt allerdings, dass über 10 Prozent der 12- bis 19-Jährigen täglich oder mehrmals in der Woche die konvergenten Angebote im Internet und damit andere Wege nutzen, um Lifestyle, Musik und Sport bzw. Nachrichten und Aktuelles geboten zu bekommen. Es hat also weniger das Interesse an klassischen Themen von Zeitungen und Zeitschriften abgenommen, vielmehr bedienen sich die Jugendlichen zunehmend der schnelleren und kostengünstigeren Zugangsmöglichkeiten zu ihnen.

Und wie sieht es bei den Kindern aus? Faktisch mit Erwerb der Lesekompetenz sind Printmedien eine feste Größe im Kinderalltag. Ab einem Alter von ca. acht Jahren lesen bereits die meisten Kinder (sehr) gern. Drei von fünf Mädchen und zwei von fünf Jungen im Alter zwischen sechs und 13 Jahren nehmen abseits der Schule meist mehrmals pro Woche ein Buch zur Hand. Besonders beliebt sind seit Jahren Klassiker wie *Harry Potter*, *Die Drei Fragezeichen* und *Pipi Langstrumpf*, aber auch neuere Bestseller wie *Gregs Tagebuch* und *Fünf Freunde* kommen bei Kindern gut an. Zudem sind für nicht wenige Comics und Zeitschriften alltagsrelevant. Erstere treffen vor allem bei Jungen auf Interesse, Letztere in erster Linie bei Mädchen, die auch häufiger in Bibliotheken anzutreffen sind. Tageszeitungen haben demgegenüber für Mädchen wie für Jungen nur eine geringe Bedeutung, obwohl sie immerhin noch in zwei Fünftel der Haushalte mit Kindern abonniert und somit auch für die jungen Familienmitglieder verfügbar sind. Auf Interesse treffen Zeitungen nicht zuletzt dann, wenn sie sich mit separaten, zielgruppenspezifisch aufgemachten Kinderseiten an die junge Leserschaft richten.

1.4.2 Kontexte des Medienumgangs

Mit den soeben skizzierten Tendenzen haben wir einen ersten Einblick erhalten, wie sich der Medienumgang junger Menschen mit den digitalen Medien gewandelt hat. Interessanterweise haben Fernsehen, Radio und Bücher als Kindermedien bislang kaum an Bedeutung verloren und sind diese ‚klassischen' Medien, mit denen auch wir selbstverständlich aufgewachsenen sind, für Jugendliche noch alltagsrelevant. Die Medienwelten haben sich allerdings um die neuen Möglichkeiten digitaler Medien erweitert, so dass sich die jungen Menschen heute interaktiver, mobiler und autonomer in der Welt der Medien bewegen können. Vor allem Jugendlicher, in zunehmenden Maße auch Kinder machen davon selbstverständlich Gebrauch – mit Konsequenzen für Erziehung, Bildung und medienpädagogische Praxis.

a) Soziale Kontexte der Nutzung

Aus pädagogischer Sicht besonders hervorzuheben ist, dass sich die Heranwachsenden mit den erweiterten Medienzugängen in den letzten Jahren zunehmend einer Kontrolle der Erziehenden entzogen haben. So werden die neuen Möglichkeiten digitaler Medien bereits von Kindern in erster Linie alleine genutzt und sind seltener in die familiären Kontexte eingebunden, die heute eigentlich nur noch das Radio hören prägen (siehe Abb. 5). Das ist insofern eine wichtige Erkenntnis, als dass es uns sagt, dass eine pädagogische Unterstützung durch die Erziehenden während der alltäglichen Nutzung digitaler Medien nur noch bedingt erfolgen kann, die verschiedenen Möglichkeiten im Vorfeld (Reglementierung und Befähigung) und nach der eigentlichen Mediennutzung (Aufarbeitung der gemachten Erfahrungen) also wichtiger geworden sind.

Abb. 5: Soziale Kontexte der Mediennutzung von Kindern (eigene Darstellung nach MPFS 2015a)

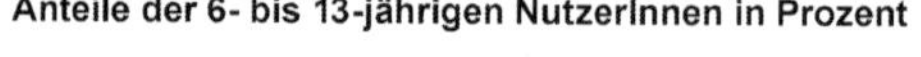

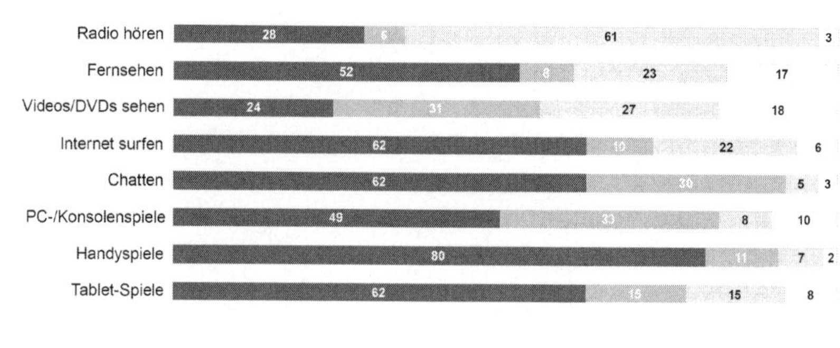

Bereits die mit den digitalen Medien veränderten sozialen Kontexte der Mediennutzung zeigen, dass der Umgang von Kindern und Jugendlichen mit den verschiedenen Medien nicht isoliert von der konkreten Lebenswelt des Einzelnen zu sehen ist. Welche Medien im Alltag dann tatsächlich genutzt werden, wie oft und in welchem Umfang sich ihnen die Heranwachsenden zuwenden und welche Beweggründe dahinter stehen – all dies ist von verschiedenen individuellen und gesellschaftlichen, sozialen und medialen Faktoren bedingt, von denen wir nachfolgend nur die wichtigsten benennen und kurz ausführen.

b) Einflüsse und Rahmung des Medienumgangs

Wie Sozialisation oder Erziehung allgemein ist auch der Umgang mit den verschiedenen Medien und die Aneignung ihrer Inhalte durch das Individuum ein sehr komplexes Bedingungsgeflecht. Als aktiv handelnde Subjekte nehmen Kinder und Jugendliche hier zwar den wichtigsten Paart ein, sie werden in ihrem Handeln aber vielfältig von außen beeinflusst und orientieren sich in ihrem Handeln auch an diesen Einflüssen. Auch bewegen sie sich in einem vorgegebenen Rahmen, der ihnen – mitunter enge – Grenzen setzt. Wir werden dies anhand des Konzeptes der Medienaneignung, das für den medienpädagogischen Zugang zum Medienumgang junger Menschen zentral ist, noch weiter ausführen (siehe Kap. 2.3.4). Jetzt skizzieren wir erst einmal vier grundlegende Dimensionen von Einflüssen und fokussieren dabei den Blick auf die Akteure und Handlungsräume, die den Medienumgang von Kindern und Jugendlichen mitgestalten und ein Stück weit auch vorgeben (vgl. Lauber & Hajok 2013, Hajok 2014a):

- *die Heranwachsenden* mit ihren entwicklungsbedingten Fähigkeiten, spezifischen realen und medialen (Vor-)Erfahrungen, persönlichen Interessen und Vorlieben sowie medienbezogenen Fähigkeiten und Medienkompetenzen,
- *die Erziehenden*, allen voran die Eltern mit ihren wiederum spezifischen Erfahrungen, Ansichten und Erwartungen sowie weitere soziale Bezugspersonen wie Lehrende und Erziehende, ältere Geschwister und Freunde als ‚Miterziehende',
- *die Medien*, ihre Inhalte und Strukturen sowie die sie verantwortenden Personen und Organisationen mit ihren gesellschaftsbezogenen Zielen und Funktionen, inhaltlichen Interessen und ökonomischen Zwängen sowie
- *die Rahmenbedingungen* des Mediensystems und seiner Regulierung, wobei für Kinder und Jugendliche als Zielgruppen der gesetzliche Kinder- und Jugendmedienschutz eine besondere Bedeutung hat.

Im Alltag der Kinder und Jugendlichen greifen diese Einflüsse ineinander und ist das Handeln der unmittelbar und mittelbar beteiligten Akteure direkt und indirekt aufeinander bezogen. Am Beispiel der skizzierten prägnanten Entwicklungen beim Medienumgang lassen sich die Zusammenhänge idealtypisch folgendermaßen veranschaulichen.

Dass Heranwachsende heute immer autonomer in der Welt der Medien agieren und sich dabei zunehmend einer Kontrolle durch die Erziehenden entziehen hat zum einen mit den neuen Möglichkeiten zu tun, die internetbasierte Medien und digitale Endgeräte ihnen bieten. Hervorzuheben sind hier die erschwinglichen mobilen und onlinefähigen Endgeräte. Ob diese Möglichkeiten für den Einzelnen nun relevant werden, hat zum anderen mit seinen medienbezogenen Fähigkeiten, Interessen und Vorlieben zu tun. Auch das, was die Gleichaltrigen im nahen sozialen Umfeld nutzen, ist hier von Bedeutung. Die Erziehenden wiederum beeinflussen mit ihrem, auf das Medienhandeln ihrer Kinder bezogenen Handeln, inwieweit diese die neuen Möglichkeiten im Alltag faktisch nutzen können. Sie kommen den Wünschen nach bestimmten Medien nach und beeinflussen deren Nutzung, indem sie Regeln zum Umgang aufstellen, ihn kontrollieren und die Nutzung bestimmter Medien und Inhalte verbieten. Mit zunehmendem Alter der Kinder gewähren die Erziehenden ihnen größere Freiräume und vertrauen ihnen mehr und mehr. Als wichtige Rahmung beeinflusst der Kinder- und Jugendmedienschutz nun direkt die Medienzugänge von Kindern und Jugendlichen, indem bestimmte Fernsehsendungen erst nachts zu sehen sind, an der Kinokasse oder beim Kauf eines Computerspiel nach dem Alter geschaut wird oder bestimmte Webseiten nur mit einem entsprechenden Altersnachweise zugänglich sind. Indirekt beeinflusst der Kinder- und Jugendmedienschutz damit auch die anderen Akteure, indem er den Erziehenden und Medienanbietenden Orientierung gibt und sie für Belange des Kinder- und Jugendschutzes sensibilisiert.

Es ist vor allem das direkte soziale Umfeld, dass das Interesse an bestimmten Medien weckt und – auch verstärkt durch Werbung und die Omnipräsenz der Medien im Alltag – eine hohe Attraktivität bereits für die Jüngsten suggeriert. Oder anders: Man wird den Wunsch eines Kindes nach einem Smartphone, Tablet etc. kaum ausschlagen können, wenn es die Eltern, älteren Geschwister, Freunde und Schulkameraden selbstverständlich nutzen und so eine gewisse Unverzichtbarkeit vorleben. Inwieweit der Medienumgang den jungen Menschen nun eher Chancen bietet oder aber sie mit Risiken konfrontiert, ist eng daran gebunden, wie frei sich die jungen Menschen in der Welt der Medien bewegen können und welche medienbezogenen Fähigkeiten und Kompetenzen sie bereits erworben haben. Gerade deshalb sind Maßnahmen des Kinder- und Jugendmedienschutzes zum einen und medienerzieherisches Handeln von Erziehenden und PädagogInnen zum anderen von besonderer Wichtigkeit.

c) Die ‚zwei Seiten' des Medienumgangs

Mit welchen Chancen und Risiken der Medienumgang Heranwachsender nun konkret verbunden ist, bleibt immer auch eine Frage der Perspektive, die wir als Erziehende und PädagogInnen einnehmen. Generell hat die Mediennutzung von jung wie von alt immer zwei Seiten: eine Potenziale bietende und eine Gefahren beinhaltende. Welcher Seite unser Blick dann verhaftet bleibt, hängt eng zusammen mit dem zugrunde gelegten Menschenbild, mit dem wir den (jungen) Menschen grundlegende Fähigkeiten (bereits) zuerkennen – oder eben absprechen. So stehen Gefahren der Mediennutzung vor allem dann im Mittelpunkt, wenn wir die jungen MediennutzerInnen als (noch) unerfahrene und beeinflussbare Konsumenten sehen. Der Fokus liegt hier auf den fehlenden Kompetenzen insbesondere von Kindern, Jugendlichen oder bildungsbenachteiligten Menschen. Potenziale und Chancen stehen demgegenüber vor allem dann im Mittelpunkt, wenn wir die MediennutzerInnen als (bereits) autonom handelnde Rezipienten und auch Produzenten von Medieninhalten sehen. Hier liegt der Fokus auf den bestehenden Kompetenzen, die Kinder, Jugendliche wie auch

‚versierte' Erwachsene bereits im aktiven Umgang mit den Medien ausgebildet haben – mit und ohne Unterstützung von außen.

Abb. 6: Perspektiven auf Heranwachsende und pädagogische Zugänge

Diese zwei grundsätzlichen Sichtweisen, die wir in Abb. 6 noch einmal gegenüber gestellt haben, leiten auch unterschiedliche medienpädagogische Zugänge und Zielsetzungen, wie sie in Kap. 2.1.2 skizziert werden. Zuvor richten wir den Blick allerdings auf die konkreten Potenziale und Gefahren, die heute beim Medienumgang junger Menschen thematisiert und pädagogisch im Sinne einer ‚Chancenoptimierung' und ‚Risikominimierung' bearbeitet werden. So wie mögliche Potenziale und Gefahren des Medienumgang keineswegs nur bei Kindern und Jugendlichen auszumachen sind, sondern auch den Medienumgang Erwachsener begleiten, ist die medienpädagogische Forschung und Praxis zwar vor allem an den jungen Menschen orientiert, hat aber auch andere, spezielle Zielgruppen Erwachsener (z. B. alte Menschen) im Blick (siehe Kap. 3.2.2).

1.4.3 Chancen des Medienumgangs

Wenden wir uns jetzt einmal nicht – wie so oft – zuerst den Gefahren des Medienumgangs junger Menschen zu, sondern den Chancen, die sich Kindern und Jugendlichen in der Aneignung der Medien eröffnen. Seit der massenhaften Verbreitung von Medien gibt es keine einseitig negative, sondern eine ambivalente Auseinandersetzung mit möglichen sozialisatorischen Funktionen, in der Medien eben nicht nur als Verführer und Gefahr vor allem für junge Menschen gesehen werden, sondern auch als ein Garant für Freiheit, ‚vierte Kraft' im Staat und ‚fünfter Bildungsbereich' (vgl. Schorb et al. 1991). Wurden lange Zeit bspw. die Potenziale der Medien für die Vermittlung von Information und Wissen hervorgehoben (Medien als didaktische Mittel), sind es heute vor allem die neuen Möglichkeiten, die Kinder und Jugendliche für die selbständige Aneignung von Wissen nutzen (Medien als Werkzeuge junger Nutzer) und sie zu ExpertInnen ganz unterschiedlicher Themenfelder machen, so dass wir Erwachsene aus dem Staunen oft gar nicht mehr rauskommen.

a) Inputs zur Unterstützung der Entwicklung junger Menschen

Die einschneidenden Veränderungen, die zunächst die elektronische Medien (v.a. Radio und Fernsehen), später dann die digitalen Medien (v.a. Computer) in der zunehmend vernetzten Welt mit sich brachten, haben ohne Frage die Potenziale für Kinder und Jugendliche erweitert. Sie sind in einem engen Zusammenhang mit den verschiedenen Funktionen und der besonderen Bedeutung der Medien im Alltag zu sehen (siehe Kap. 1.3.1), aber keineswegs nur auf die vielfältigen Möglichkeiten der Information und Orientierung, Unterhaltung und Entspannung zu reduzieren. Insbesondere können im alltäglichen Umgang mit den Medien auch grundlegende Entwicklungsprozesse beim Prozess des Heranwachsens unterstützt und befördert werden.

In ihrem Überblickswerk zur Medienpädagogik haben Süss et al. (2013) einige Aspekte zusammen getragen, mit denen sehr gut deutlich wird, dass die Medien Kindern und Jugendlichen bereits bei der Bewältigung grundlegender Entwicklungsaufgaben wichtige Potenziale bieten. So können Kinder bei der Entwicklung einer körperlichen Geschicklichkeit hinzugewinnen, wenn sich in der Nutzung von Computerspielen und den anderen beliebten Anwendungen von Handys, Smartphones und Tablets die feinmotorischen Fähigkeiten erhöhen. Ihre sozialen Kompetenzen werden angeregt, wenn sich Heranwachsende über gemeinsame Medienpräferenzen zusammenfinden oder auf sozialen Netzwerken austauschen.

Im Weiteren weisen Süss et al. (2013) darauf hin, dass spezielle, an Kinder adressierte Angebote wie die *Sesamstraße* die kognitive Entwicklung unterstützen und fiktionale Angebote wie Serien und Spielfilme sowie nonfiktionale Angebote wie etwa die Berichterstattung zu Kriegen in der Welt die Entwicklung des moralischen Urteils anregen und einen wichtigen Beitrag zur Aneignung einer Werteskala und ideologischen Position leisten, wenn Kinder und Jugendliche das Handeln der Medienfiguren oder berichtete Kriegsereignisse in ihr Welt- und Menschenbild einzuordnen versuchen. Hervorgehoben werden von den Autoren nicht zuletzt die vielfältigen Möglichkeiten, die die Medien mit den repräsentierten Geschlechterrollen und Modellen für Erziehung, Partnerschaft und Familie, für soziale Vergleichsprozesse und die Identitätsarbeit der Heranwachsenden bieten.

b) Neue mediale Handlungsräumen zum Ausprobieren

Schaut man heute auf die Chancen des Medienumgangs junger Menschen, dann hat man vor allem die neuen Möglichkeiten der digitalen Medien im Blick. Mit ihnen haben sich die Handlungsräume und Handlungsalternativen von Kindern und Jugendlichen ohne Frage erweitert. Das betrifft faktisch alle Funktionsbereiche von Medien im Spannungsfeld von Unterhaltung und Entspannung, Information und Meinungsbildung, Interaktion und soziale Integration, Orientierung und Erwerb von Wissen. Und es geht noch deutlich über diese ‚klassischen' Funktionen hinaus. Denn ein besonderes Potenzial liegt in der veränderten Rolle, die Jugendliche und bereits Kinder heute als *Prosumenten* ausfüllen, wenn sie Medien- und Kommunikationsinhalte nicht mehr nur rezipieren, sondern auch selbst produzieren und sich in der aktiven Auseinandersetzung mit unterschiedlichen Medien spezifische Kompetenzen aneignen. Das Spektrum reicht hier von der Erstellung eines Videofilms oder einer Homepage bis hin zu den meist in schulische Kontexte eingebundenen Projekten, in denen die Heranwachsenden an einer Schülerzeitung mitgemacht, ein Hörspiel aufgenommen oder Radiobeitrage erstellt haben.

Das vielleicht größte Potenzial bietet sich jungen Menschen heute im Social Web. Hier stehen ihnen eigene, mehr oder minder ‚geschützte' Handlungsräume zur Verfügung, in denen sie sich ausprobieren und anderen präsentieren können. In diesen Räumen gibt es Neues zu entdecken, die Heranwachsenden können sich Dinge von Gleichaltrigen zeigen lassen und sich mit der engeren und weiteren Sozialwelt in Beziehung setzen (vgl. Wagner 2010). Nicht zu übersehen auch hier die bereits angesprochene Anregung sozialer Kompetenzen, wenn sich die Heranwachsenden über gemeinsame Medienpräferenzen zusammenfinden oder auf sozialen Netzwerken wie *Facebook* austauschen oder sich in *WhatsApp*-Gruppen zusammenfinden. Die auch hier häufig zu beobachtende Anschlusskommunikation zu den beliebten Formaten vermittelt dann nicht nur ein Wir-Gefühl in den Peer-groups, gerade die medienbezogenen Gesprächsthemen, die Erwachsene zuweilen kopfschüttelnd zur Kenntnis nehmen, unterstützen den notwendigen Umbau der sozialen Beziehungen weg von den Eltern hin zu den Gleichaltrigen (vgl. Süss et al. 2013).

c) Partizipatives Medienhandeln

Betrachtet man die neuen Medienwelten und Kommunikationsstrukturen, die sich mit Internet und digitalen Endgeräten längst im Alltag Heranwachsender etabliert haben, hinsichtlich ihrer Chancen für eine kulturelle und gesellschaftliche Teilhabe, dann lassen sich unter dem Stichwort *partizipatives Medienhandeln* folgende Potenziale des Medienumgangs junger Menschen als markant herausstellen (vgl. Wagner & Würfel 2013):

- *Information und Orientierung:* Auf der Grundlage persönlicher Interessen und Vorlieben stellen sich Heranwachsende individuelle Medienmenüs zusammen, die neben klassischen Inhalten zunehmend User Generated Content enthalten. Sie etablieren orts-, zeit-, trägermedienunabhängig alternative Zugänge zu Informationen, die ihnen vor allem der Orientierung dienen.
- *Austausch und Vernetzung:* Heranwachsende nutzen im Social Web neben Kommunikationsformen, die den face-to-face-Austausch räumlich, zeitlich und sozial-situativ entgrenzen, auch Mischformen privater und öffentlicher Kommunikation. In den Netzwerken können junge Menschen mit gleichen Interessen und Problemen zusammen kommen, die offline nicht zueinander kämen.
- *Selbstausdruck über eigene Medienprodukte:* Viele Heranwachsende nutzen aktiv die stark vereinfachten Möglichkeiten, eigene Texte, Bilder und Videos zu erstellen und vorhandene Werke zu bearbeiten bzw. zu verändern. Mit der Präsentation im (teil-)öffentlichen Raum zeigen sie ihre Fähigkeiten und Fertigkeiten, holen Feedback und Anerkennung ein, artikulieren eigene Bezüge und Positionen.
- *Kooperation und Kollaboration:* Über verschiedene Formen der Zusammenarbeit schaffen Heranwachsende gemeinschaftliche Inhalte und Strukturen im Social Web. Sie bestücken Plattformen wie *Youtube*, taggen, bewerten und kommentieren die Beiträge anderer, bringen ihre Expertise in themenbezogene Foren ein oder beteiligen sich aktiv an Netz-Projekten wie *Wikipedia*.

Letztlich sammeln die Heranwachsenden beim partizipativen Medienhandeln eine Fülle von Erfahrungen, die für den Prozess des Heranwachsens wertvoll sind. Die konvergenten und vernetzten Medienwelten bieten ihnen vielfältige Möglichkeiten, eigene thematische Interessen zu vertiefen, und erleichtern den Austausch mit anderen, Interaktion und soziale Integration.

Die Heranwachsenden können Spezialwissen erwerben, sich als Experte oder Expertin ‚erleben', womit auch die Anerkennung in der Gruppe befördert wird. So eröffnen sich ihnen in den medialen Partizipationsräumen auch neue Wege, sich selbst als kompetent zu erleben, Autonomie zu erfahren und sozial eingebettet zu fühlen (vgl. Wagner 2010).

1.4.4 Risiken des Medienumgangs

Wenden wir uns nun den Gefahren zu, mit denen Kinder und Jugendliche heute beim Medienumgang zuweilen konfrontiert sind. Sie rücken vor allem dann in den Vordergrund, wenn wir Erwachsene die Heranwachsenden weniger als aktiv handelnde Subjekte mit bereits weitgehenden medienbezogenen Kompetenzen wahrnehmen, sondern in erster Linie als (noch) unerfahrene Mediennutzer sehen, die den Medien zwar nicht bedingungslos ausgeliefert sind, im Umgang mit ihnen aber negativ beeinflusst werden (können).

a) Fehlende Kompetenzen und Erfahrungen als ‚Angriffsfläche'

Lässt man sich auf diese, auch in den gesetzlichen Regelungen zum Kinder- und Jugendmedienschutz verankerte Sichtweise ein, dann lassen sich durchaus einige triftige Gründe für ein besonderes Gefährdungspotenzial des Medienumgangs bei jungen Menschen anführen (vgl. Hajok 2014b):

- Kinder und Jugendliche sind in ihrer körperlichen, geistigen, sozialen, moralischen etc. Entwicklung noch nicht abgeschlossen und daher noch ‚beeinflussbarer' als Erwachsene – durch reale wie mediale Erfahrungen.
- Es gibt Medieninhalte, die Kinder und Jugendliche noch nicht adäquat verstehen und verarbeiten können. Solche Inhalte wie auch bestimmte problematische Medienumgangsweisen können die Persönlichkeitsentwicklung beeinträchtigen oder gefährden.
- Vor allem Kinder, aber auch Jugendliche haben noch Schwierigkeiten, die Folgen ihres Medienhandelns ‚richtig' abzuschätzen. Ihr zunehmend selbständiges Erschließen der Welt ist mehr von Neugierde als von Vorsicht gekennzeichnet.
- Heranwachsende sind bei der Mediennutzung häufig sich selbst überlassen. Es fehlt an angemessener Begleitung und Kontrolle. Oft wissen Erziehende nicht, was ihre Schützlinge nutzen, und sind sich der Gefahren nicht hinreichend bewusst.

Ausgehend von diesen Vorannahmen wird den Medien nun eine besondere ‚Wirkmacht' unterstellt. Das heißt, es wird davon ausgegangen, dass Kinder und Jugendliche in ihrem Denken, Fühlen und Handeln von bestimmten Medieninhalten und den hier repräsentierten Konzepten, Haltungen und Werten negativ beeinflusst werden. Ein generalisierbares Bild solcher Beeinflussungen lässt sich allerdings schon deshalb nicht zeichnen, da es *das* Kind und *den* Jugendlichen nicht gibt und die Zuwendung, Aufmerksamkeit, Rezeption und Akzeptanz vermittelter Medieninhalte von zahlreichen Faktoren abhängen, wovon die wesentlichen bei den Kontexten des Medienumgangs bereits benannt worden sind.

Letztlich kann fast jeder Medieninhalt auf nahezu beliebige Weise benutzt und auf je verschiedene Weise angeeignet werden. Allerdings ist auch unstrittig, dass die Mediennutzung nicht spurlos an Kindern und Jugendlichen vorbei geht. Die besondere ‚Wirkmacht' der Medien besteht aber weniger in einer unmittelbaren Einstellungs- und Verhaltensbeeinflussung, sondern vielmehr darin, dass Medien Informationen anbieten, die zu Wissen angeeignet werden können, und dass sie Anregungen anbieten, die zu handlungsleitenden Orientierungen werden können und dabei auch die Themen setzen, worüber sich die Menschen Gedanken machen (*Agenda Setting*). Was Kinder und Jugendliche dann darüber denken und in ihrem Alltag damit anfangen, ist in die bereits ausgeführten komplexen Aneignungsprozesse eingebunden.

b) Vorverlagerte Inhalts- und Kontaktrisiken

Dennoch wurden in der Vergangenheit und werden zum Teil noch heute ganz bestimmte Medieninhalte per se als ungeeignet, ja sogar als gefährlich für Kinder und Jugendliche eingeschätzt. In den maßgeblichen gesetzlichen Bestimmungen, allen voran dem Jugendschutzgesetz (JuSchG) und Jugendmedienschutz-Vertrag (JMStV), finden sich dementsprechend Regelungen, in denen mehr oder minder klar definiert wird, welchen Medieninhalten bezogen auf Kinder und Jugendliche ein besonderes Gefährdungspotenzial zugesprochen wird. Hervorzuheben sind hier (vgl. Hajok 2013):

- *Darstellungen, die absolut unzulässig sind, also hierzulande nicht nur für Kinder und Jugendliche, sondern auch für Erwachsene tabu sind:* Hierzu zählen z. B. Propagandamittel und Kennzeichen verfassungswidriger Organisation, Volksverhetzung und Holocaustleugnung, Krieg und Gewalt verherrlichende Inhalte, Anleitung zu Straftaten, Menschenwürde verletzende Darstellungen, harte Pornografie (Kinder-, Jugend-, Tier- und Gewaltpornografie).

- *Darstellungen, die Minderjährige in ihrer Erziehung oder Entwicklung zu einer gemeinschaftsfähigen Persönlichkeit schwer gefährden können:* Hierzu zählen z. B. demokratiefeindliche, rassistische, völkische oder nationalistische Ideologien, die Darstellung besonders grausamer Gewalt, einfache Pornografie und explizite Aufforderung zur Prostitution, die Verbreitung destruktiv-extremistischer Glaubensrichtungen, Verführung zum Erwerb oder Gebrauch von Suchtmitteln, Aufruf zu Suizid, Selbstverletzung oder Selbstgefährdung.
- *Darstellungen, die Minderjährige eines bestimmten Alters in ihrer Erziehung oder Entwicklung zu einer gemeinschaftsfähigen Persönlichkeit beeinträchtigen können:* Hierzu zählen z. B. bestimmte Darstellungen von Gewalt, Sexualität und Extremismus, die junge Menschen verunsichern oder ängstigen können und ihnen eine Übernahme problematischer Handlungsweisen, Einstellungen und Rollenbilder nahe legen, sowie sogenannte sozial-ethisch desorientierende Darstellungen, die die Ausbildung der an gesellschaftlichen Werten und Normen orientierten persönlichen Orientierungen und Wertvorstellungen stören.
- *Unerlaubte Werbung in kind- und jugendaffinen Medienumgebungen:* Hierzu zählen z. B. Werbeinhalte, die Kinder und Jugendliche körperlich oder seelisch beeinträchtigen, sie unter Ausnutzung ihrer Unerfahrenheit und Leichtgläubigkeit zum Kauf von Waren oder Dienstleistungen aufrufen oder sie dazu auffordern, ihre Eltern oder Dritte zum Kauf des Beworbenen zu bewegen, und solche Darstellungen in der Werbung, die das besondere Vertrauen Minderjähriger zu Eltern, Lehrern und anderen Vertrauenspersonen ausnutzen.

Diese, in den gesetzlichen Grundlagen fixierte Fokussierung der Risiken durch bestimmte Inhalte und Darstellungen der Medien greift angesichts der beschrieben Veränderungen bei den Medienumgangsweisen von Kinder und Jugendlichen allerdings etwas zu kurz. Zu verweisen ist insbesondere darauf, dass Heranwachsende beim Medienumgang mittlerweile sehr unterschiedliche Rollen einnehmen und sich dabei auch das Spektrum möglicher Gefahren erweitert hat. Als Rezipienten standardisierter Inhalte begegnen ihnen zwar weiterhin auch Gewalt, Pornografie, Extremismus und Werbung. Als Marktteilnehmer machen sie nun aber auch unliebsame Erfahrungen mit versteckten Kosten und der Weitergabe persönlicher Daten. Als Kommunizierende sind sie im Kontakt mit anderen Menschen und zuweilen Cyberbullying, Sexting, Gruppen- und Konsumdruck ausgesetzt. Und als Akteure sind sie es manchmal selbst, die andere attackieren, sich zu freizügig präsentieren oder einer exzessiven Mediennutzung kein Ende setzen können (vgl. Dreyer et al. 2013).

c) Neue Verhaltens- und Umgangsrisiken

Abgesehen davon haben es die Heranwachsenden in der konvergenten Medienwelt heute sehr viel einfacher, sich einseitige Medienmenüs zusammenzustellen, die bspw. in Welten von Action und Gewalt führen, und können kulturell (oder auch ethnisch) geprägte Symbolwelten Ausgrenzungs- und Schließungsmechanismen im Sinne einer digitalen Spaltung forcieren (vgl. Wagner 2010). Dies sind weitere Beispiele, die uns zeigen, dass Kinder und Jugendliche keineswegs nur durch bestimmte Darstellungen in ihrer Entwicklung beeinträchtigt oder (schwer) gefährdet werden können, sondern auch durch prekäre Verhaltens- und Umgangsweisen. Sie sind gewissermaßen die Schattenseite der Zugewinne an Handlungsmöglichkeiten, allen voran bei der Nutzung digitaler Medien.

Am Beispiel der exzessiven Mediennutzung, die in der Öffentlichkeit begrifflich oft als Medienabhängigkeit oder gar Mediensucht daher kommt, als Phänomen aber keineswegs neu ist, wird ein weiteres Mal deutlich, dass die Risiken nur bedingt verallgemeinerbar und in komplexe Bedingungszusammenhänge eingebettet sind. Beteiligt sind hier die jungen Nutzer (z. B. durch selbst gesetzten Leistungsdruck), das soziale Umfeld (z. B. durch Gruppendruck), die Medienangebote (z. B. mit der dramaturgischen Gestaltung) mitsamt ihren Individualisierungen für die Nutzer (z. B. durch Rabatte) (vgl. Dreyer et al. 2013). Auch das Handeln der Erziehenden und die – bei solch individualisierten Verhaltens- und Umgangsweisen eher begrenzten – Einflussmöglichkeiten des restriktiven Kinder- und Jugendmedienschutzes spielen natürlich eine nicht unwesentliche Rolle.

Die Ausführungen haben gezeigt, dass die veränderten Medienwelten junger Menschen neue Anforderungen an PädagogInnen und Erziehende stellen. Mit Blick auf den Medienumgang weg von der Rezeption standardisierter Inhalte hin zur Nutzung der Möglichkeiten für Interaktion und Kommunikation sowie zur Produktion und Veröffentlichung eigener Inhalte müssen die jungen Menschen heute nicht mehr nur als Rezipienten, sondern auch als Marktteilnehmer, Kommunikationspartner und Akteure ernst genommen werden. Den veränderten Risikolagen weg von Inhalts- und Kontaktrisiken hin zu (neuen) Verhaltens- und Umgangsrisiken ist längst nicht mehr mit rein restriktiven Maßnahmen beizukommen. Notwendig sind mehr denn präventive Maßnahmen eines erzieherischen Kinder- und Jugendmedienschutzes auf der einen und einer insbesondere auch an den Chancen des Medienumgangs junger Menschen orientierten Medienkompetenzförderung auf der anderen Seite. Neben dem Fremdschutz durch Bewahren gewinnt also immer mehr die Unterstützung eines Selbstschutzes durch Befähigen an Bedeutung.

Nicht zu übersehen ist aber auch, dass restriktive und präventive Maßnahmen zum Teil sehr unterschiedliche Ergebnisse evozieren. Denn zunehmende Restriktionen beim Medienumgang junger Menschen führen zwar dazu, dass Heranwachsende faktisch weniger Risiken eingehen. In einer (stark) begrenzten Medienwelt werden sie aber auch bei der Ausbildung von Medienkompetenz behindert. Je ‚medienkompetenter' junge Menschen wiederum sind, umso risikoreicher bewegen sie sich zwar in der Welt der Medien, machen dann aber auch seltener negative Erfahrungen (vgl. Duerager & Livingstone 2012).

Fragen/Hinweise zum Weiterarbeiten

Machen Sie sich mit den aktuellen Chancen und Risiken des Medienumgangs junger Menschen vertraut! Wo sehen Sie die zukünftigen Veränderungen in den Medienwelten von Kindern und Jugendlichen und hinsichtlich ihres Unterstützungs- und Schutzbedarfs?

Jetzt kommen wir speziell zur Medienpädagogik. Wir schauen zunächst zurück auf die markanten Entwicklungen in der Welt der Medien und zeichnen bereits hier eine Geschichte medienpädagogischen Denkens nach.

Im Blick zurück erkennen wir auch drei wichtige Hauptströmungen der Medienpädagogik, die im Kern noch heute vorzufinden sind.

Nicht ganz so weit zurückblicken müssen wir, wenn wir Medienpädagogik als eine wissenschaftliche Disziplin verorten und ihre Bezüge diskutieren.

Dazu ist es notwendig, auf theoretische Grundlagen und zentrale Begrifflichkeiten einzugehen. Was „Subjekt" und „Medienkompetenz" wohl meinen?

Die medienpädagogische Forschung gilt es anschließend zu entfalten. Auch hier werden Kinder und Jugendliche als handelnde Subjekte und Experten ihres Handelns ernst genommen.

Einen Überblick gibt es dann noch zu den Methoden medienpädagogischer Forschung. Ganz schön viel, was da möglich und zu beachten ist.

zwei

2 Geschichte, Theorie und Empirie der Medienpädagogik

Wir haben im ersten Teil des Buches das Spannungsfeld Kindheit, Jugend und Medien theoretisch und empirisch umrissen und fokussiert auf die Kernzielgruppen des medienpädagogischen Denkens und Handelns den zentralen Hintergrund für den pädagogischen Zugang zum Medienumgang junger Menschen entfaltet. Im folgenden zweiten Teil entwerfen wir nun die spezifische Perspektive der Medienpädagogik. Zuerst richten wir einen kurzen Blick in die Geschichte, bei dem bereits die verschiedenen Ansprüche und Ziele deutlich werden, die den pädagogischen Zugang zum Medienumgang von Kindern und Jugendlichen im Kern noch heute kennzeichnen. Im Weiteren vertiefen wir dann Theorie und Empirie der Medienpädagogik als wissenschaftliche Disziplin, bevor es im dritten Teil des Buches dann um die Praxis und die Perspektiven der Medienpädagogik geht.

2.1 Von der Bewahrpädagogik zur Handlungsorientierten Medienpädagogik

Um es gleich vorweg zu nehmen: Die eine Geschichte der Medienpädagogik gibt es nicht. Vielmehr lassen sich parallel zur massenhaften Verbreitung von Medien Anfänge eines medienpädagogischen Denkens erkennen, die sich mit den weiteren Entwicklungen in der Welt der Medien und den veränderten Ansprüchen von Bildung und Erziehung zu drei voneinander abgrenzbaren Hauptströmungen ausdifferenziert haben: die normative Medienpädagogik, die bildungstechnologische Medienpädagogik und die handlungsorientierte Medienpädagogik. Hinter diesen Hauptströmungen stehen sehr unterschiedliche Sichtweisen auf die Beziehung von Mensch und Medien sowie auf die beabsichtigte pädagogische Einflussnahme. Sie sind Reaktionen auf die Werte und Normen, Ansprüche und Herausforderungen in der Gesellschaft. Und sie starten von je spezifischen Vorstellungen und Bildern von Kindheit und Jugend, von Auf- und Heranwachsen in der Gesellschaft, die wir fokussiert auf das heutige Verständnis von Kindheit und Jugend, von Sozialisation allgemein und Mediensozialisation speziell im ersten Teil des Buches nachgezeichnet haben. Letztlich zeigen uns die drei Hauptströmungen eindrucksvoll, wie das Verständnis von Aufgaben und Zielen bis hin zu den konkreten Methoden in der Medienpädagogik immer auch historisch gerahmt sind. Das heißt, sie sind ‚geworden', ohne dass das eine vollends vom anderen abgelöst worden ist.

Wenn wir zunächst zurück in die Mediengeschichte blicken und dabei eine Geschichte medienpädagogischen Denkens entfalten, dann ist dies unseres Erachtens eine wichtige Basis, die in keinem Lehrbuch zur Medienpädagogik fehlen darf, weil wir hiermit ein tieferes Verständnis entwickeln, auf dessen Grundlage wir auch Begriffe und Konzepte von heute besser verstehen können. Dabei ist die Betrachtung der frühen Formen medienpädagogischen Denkens und Handelns ein wichtiger Zugang zu einer Medienpädagogik, die bis in die 1960er Jahre hinein als Theorie überhaupt nicht und als Praxisfeld nur undeutlich umrissen war. Vor diesem Hintergrund weisen Jürgen Hüther und Bernd Podehl in ‚ihrer' Geschichte der Medienpädagogik, die Einzug in eines der medienpädagogischen Standardwerke gefunden hat, auf einen wichtigen Aspekt hin, der auch beim Lesen der folgenden Seiten nicht aus den Augen verloren werden sollte:

> „Die Medienpädagogik der Vergangenheit wird immer aus ihrem heutigen Selbstverständnis erst im Nachhinein als solche definiert; punktuelles medienbezogenes Handeln oder pädagogische Reflexion über Medien werden nachträglich zu einer Geschichte der Medienpädagogik verdichtet." (Hüther & Podehl 2005, S. 117)

In der bisherigen Geschichte der Medien, haben die Menschen im Grunde jedem neuen Medium nicht nur Neugierde und Interesse entgegen gebracht, sondern sind ihm auch mit Argwohn, sogar mit Ängsten entgegen getreten. Die Warnungen und Annahmen von negativen Wirkungen aus dem 18. und 19. Jahrhundert kommen uns insofern bekannt vor, als dass wir heute noch immer auf ganz ähnliche Argumentationen treffen. Das ist kein Zeichen von Unbelehrbarkeit oder Engstirnigkeit. Wir Menschen fühlen uns mit dem Gewohnten sicher und haben uns mit bestimmten Lebensbedingungen arrangiert. Wir haben in existierende Strukturen zudem Kraft, Zeit und auch Geld investiert und verteidigen sie. Wir kümmern uns zeitintensiv und emotional involviert um unsere Kinder, das heißt wir sorgen uns um ihr Wohlergehen und ihre Zukunft. Dabei versuchen wir, ihnen Wissen und Strukturen mitzugeben, die auch uns nützlich erschienen. Ungewohntem und Neuem, bei dem wir noch nicht wissen, welche Konsequenzen es für unser Handeln hat, stehen wir demgegenüber erst einmal mit gewisser Skepsis gegenüber. Um hier aber mal eine andere Perspektive zu übernehmen, lohnt sich folgendes Gedankenexperiment vom Zukunftsforscher Patrick Mijnals, zu dem er 2009 auf dem Europäischen Symposium „Spielewelten in der Zukunft" einlud.

> „Was wäre, wenn der gute Herr Gutenberg nicht der Vater des europäischen Buchdrucks gewesen wäre und wir stattdessen heute auf eine über 500-jährige 3DVideospieltradition zurückblicken könnten? Die Welt hätte 104 Spieldesign-Nobelpreisträger statt 104 Literatur-Nobelpreisträger, überaus erfolgreiche Wirtschafts- und Politikspiele und ein nicht unerheblicher Teil unseres gesellschaftlichen Lebens und Wirkens würde sich in virtuellen Welten abspielen. Was würde vor diesem Hintergrund über die neumodische Erfindung namens ‚Buch' berichtet werden? Was über die ‚Harry-Potter'-Epidemie, die auf dem Planeten grassiert? Ich bin sicher, dass das Geschrei und Gezeter über diesen schrecklichen ‚Buchtrend' hier in Deutschland groß wäre und man heute von einem vorläufigen Höhepunkt der Unkultur spräche, der langsam problematisch für unsere Kinder würde. Diese schädliche, sensorische Unterstimulation, der Mangel an lebendigen, fantasievollen und multimodalen 3D-Umgebungen. Gerade in einem Alter, das doch prägend für den virtuosen Umgang mit dem Visuellen ist – ‚früh übt...' – Entschuldigung, ich meine natürlich ‚früh simuliert sich'. Zudem würde man behaupten, dass diese Bücher doch ganz furchtbare Isolatoren seien! Man bräuchte sich ja nur umzusehen: Überall vereinsamte Kinder, denen die generationsübergreifenden sozialen Interaktionen mit Menschen auf dem ganzen Globus fehlten. Schon Grundschüler wären völlig auf ihre Bücher fixiert, statt sich ihrem kindlichen Gemüt entsprechend – in der virtuellen Welt auszutoben. Ganz zu schweigen von der passiven Rezeption, dem starren Konsum industriell gefertigter Geschichten. Es wäre die Rede von einer Generation, die zu Ja-Sagern heranwüchse statt zu kreativen Schöpfern mit Führungsqualitäten, die den Verlauf der Geschichte selbst in die Hand nehmen. Ich bin sicher, genau das würde das Gaming-Establishment über Bücher und das Lesen sagen." (Mijnals 2009, S. 31 f.)

2.1.1 Anfänge medienpädagogischen Denkens

Wenngleich es schon immer gezielte Einflussnahmen Erwachsener auf den Medienumgang von Kindern und Jugendlichen gab – die wissenschaftliche Disziplin Medienpädagogik ist noch sehr jung. Sogar der Begriff „Medienpädagogik" etablierte sich in der Bundesrepublik Deutschland erst seit den 1960er Jahren, in der DDR wurde er fast überhaupt nicht gebraucht. Zuvor gab es hier wie dort allerdings auch Bemühungen, die sich im Nachhinein sehr wohl als Medienpädagogik verstehen lassen. So finden wir in der pädagogischen Praxis der BRD bis in die 1960er Jahre die Handlungsfelder Leseerziehung und Filmerziehung. Medienpädagogik etabliert sich im Rahmen einer Bildungsinitiative erst nach dem Sputnik-Schock 1957 in der damaligen BRD (vgl. Schorb 1995).

Der Gegenstandsbereich der Medienpädagogik ist gleichwohl sehr viel älter. Im Sinne des Dokumentierens und der Veranschaulichung könnten wir bereits die Höhlenmalereien des Cro-Magnon-Menschen vor schätzungsweise mehr als 30.000 Jahren als mediales Handeln und ebenso künstlerisches Handeln ansehen. Im Sinne mediendidaktischen Handelns mit der Funktion der Veranschaulichung können wir im 17. Jahrhundert, bei Johann Amos Comenius (Jan Amos Komensky) ansetzen, der als Begründer der Didaktik gilt. Sein bebilderte Lehrbuch „Orbis sensualium pictus" („Die sichtbare Welt in Bildern") kann als ein „Sachbilderbuch" verstanden werden (Ossowski & Ossowski 2011, S. 371), das mit der gewählten Form der Veranschaulichung die spätere Kinder- und Jugendliteratur stark beeinflusste.

Abb. 7: Markante technische Entwicklungen in der Welt der Medien

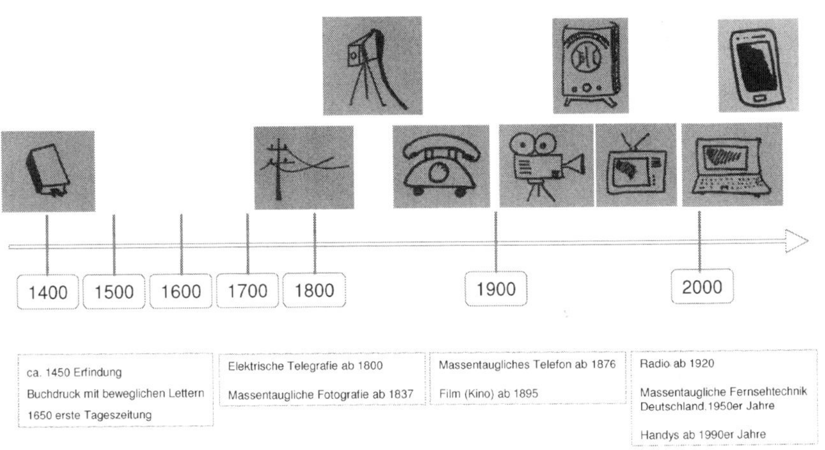

Im Sinne von Bedenken über den Einfluss von Medien auf das Denken, Fühlen und Handeln junger Menschen, die mindestens eben so alt sind wie die Medienangebote, die auch bei Kindern und Jugendlichen auf Akzeptanz trafen, können wir bereits weit vor der Erfindung des Films insbesondere ein kulturpessimistisches und bewahrpädagogisches Gedankengut aufspüren, aber auch schon ein mediendidaktisches und vereinzelt bereits handlungsorientiertes Denken identifizieren. In den folgenden Abschnitten werden ausgehend von den markanten Medienentwicklungen (siehe Abb. 7) einige herausgreifen und hier beispielhaft die Wurzeln medienpädagogischen Denkens veranschaulichen.

a) Zunehmende Verbreitung von Literatur im 19. Jahrhundert

Das Lesen hat in unserer Gesellschaft nach wie vor einen hohen Wert. Wir denken hier unter anderem an Schulbücher zur Vermittlung von Wissen oder die Anregung der Phantasie durch Literatur. Von Beginn an wurden Bücher hinsichtlich ihres Einflusses die Mitglieder in der Gesellschaft auch ambivalent gesehen. Wir können einerseits eine Risikoperspektive nachzeichnen, in der vor allem die Befürchtung geäußert wird, dass die Zugänglichkeit von Wissen durch die breite Masse herrschende Machtverhältnisse verändern könnte. Man fürchtete hier auch, dass das Lesen über kurz oder lang die Lehrenden ersetzen könnte (vgl. Scholz 2004). Andererseits können wir im 18. Jahrhundert bereits die Diskussion um förderliche Buchinhalte zur Bildung und Erziehung erkennen. Dies ist im Zusammenhang mit der Entwicklung von Kindheit als eigenständige Lebensphase (siehe Kap. 1.1.1) und die Entfaltung von Pädagogik als Disziplin zu sehen.

Aus medienpädagogischer Perspektive ist bedeutsam, dass im 18. Jahrhundert bereits öffentlich über mögliche negative Wirkungen von Medieninhalten diskutiert wird. Hier begegnet uns zum Beispiel schon der Begriff „Sucht“, mit dem nicht zuletzt der Medienumgang junger Menschen eine Problematisierung erfuhr. Wir kennen solche, an die jeweils neuen Medien gebundenen gesellschaftlichen Diskurse bis heute: Bis in die 1990er-Jahre hinein schaute man mehr oder minder besorgt auf die jungen ‚Leseratten‘ und ‚Fernseheulen‘ herab. Heute stehen eine Computerspielsucht und Internetabhängigkeit im Fokus.

Das Lesen war bis Ende des 18. Jahrhunderts vornehmlich eine Tätigkeit des männlichen Adels und zunehmend des männlichen Bildungsbürgertums. Neben religiösen Werken las man vor allem Zeitungen wie die Leipziger *Einkommenden Zeitungen* und Sachliteratur. Für das 19. Jahrhundert lassen sich nun zwei wichtige, miteinander verwobene Entwicklungen festhalten: zum einen die Zunahme unterhaltender Literatur und zum anderen die Erweiterung des Lesepublikums um Frauen. Die Faszination, die die Geschichten der Unterhaltungsliteratur in Mädchen und jungen Frauen hervorriefen, wurde dabei auch skeptisch betrachtet und aus einer bewahrpädagogischen Perspektive heraus sogar als Lesewut und Lesesucht umschrieben. Jugendliche und Frauen – so die Begründung – seien in ihrer Persönlichkeit nicht stabil, darum bestünden Risiken wie Verlust des Realitätsbezugs durch das tiefe Eintauchen in Phantasiewelten und auch Desorientierung hinsichtlich der gesellschaftlich gewollten Normen und Werte durch ein Sich-Orientieren an medialen Vorbildern. Insbesondere waren es Männer, die Bedenken zur Entwicklung von (auch erwachsenen) Frauen äußerten. Sie befürchteten, Frauen könnten angeregt durch Medieninhalte neue und alternative Lebensentwürfe entwickeln und ihre Orientierungen hinsichtlich Sexualität, Beruf und politischer Mitbestimmung kritisch hinterfragen.

Hier wird deutlich, dass Medienhandeln auch als Bedrohung der bestehenden Machtverhältnisse angesehen wurde (vgl. Barth 2002). Die vielleicht erste große öffentliche Debatte zu einem (negativen) Einfluss von Medien auf Jugendliche entfachte sich um Goethes Roman „Die Leiden des jungen Werthers" (vgl. Schorb 1995). Der 1774 veröffentlichte Roman, in dem sich der junge Werther letztendlich aus Liebeskummer umbringt, wurde ein großer Erfolg und traf mit seiner Handlung auch den Nerv Jugendlicher. Es entwickelte sich ein richtiger ‚Hype' um das Werk. Die bekennenden Fans des Romans kleideten sich unter Anderem farblich abgestimmt und zelebrierten ihr Fansein. So gab es bspw. auch Tassen mit den Köpfen der beiden Romanfiguren von Werther und Lotte.

Einen negativen Nachhall hat das Werk jedoch wegen der berichteten zahlreichen Selbstmorde und Selbstmordversuche, die junge männliche Leser in Nachahmung der Romanvorlage verübt haben sollen (vgl. Rogge 1995). Noch heute ist in der Psychologie und Kommunikationswissenschaft vom *Werther-Effekt* die Rede, auch wenn die Erklärung einer direkten Wirkung im Sinne einer Nachahmung medialer Darstellungen längst als zu vereinfachend und unzutreffend abgelehnt wird. Wir haben es im 18. Jahrhundert zwar noch nicht mit Medienpädagogik zu tun, aber wir können an diesem Beispiel Wurzeln von uns bekannten Argumentationen entdecken, die noch immer im öffentlichen Diskurs aufzufinden sind. Wichtig zu merken ist auch, dass sich Leseerziehung mit Chancen und Risiken von Medien für bestimmte Zielgruppen auseinandersetzt und sich, wie Schorb ausführt, als eigenständiges Handlungsfeld in der Pädagogik erhalten hat und noch nicht konsequent mit Medienerziehung und damit Medienpädagogik zusammengeführt wurde (vgl. Schorb 1995).

Bleiben wir noch kurz bei der Literatur und blicken in die Zeit der Jahrhundertwende vom 19. zum 20. Jahrhundert. Denn jetzt wiederholen sich unter dem Stichwort *Schundliteratur* ähnliche Debatten. Im Blickpunkt der Debatte stehen vornehmlich Kriminalgeschichten, die in Form von kostengünstigen Heftchen vertrieben werden. Insbesondere Lehrer sahen Kinder und Jugendliche in Gefahr von den gewalthaltigen Inhalten emotional abgestumpft, verroht und dadurch sogar selbst zu Verbrechen angestiftet zu werden. In einem „Vortrag über die Bekämpfung der Schundliteratur" benennt die Freie Lehrervereinigung für Kunstpflege in Berlin bspw. die *Sherlock Holmes*-Reihe von Arthur Conan Doyle als negatives Beispiel und listet mit Nummerierung exakt alle medialen Gewaltdarstellungen eines Heftes auf. Begleitet ist diese Aufzählung von der differenzierenden (Wirkungs-)Aussage:

> „Durch die Schilderung der unglaublich mordgierigen Verbrecher, der blutigen Situationen, der bestialischen Greueltaten wird das Entsetzen des Lesers auf jeder Seite von neuem aufgerüttelt und wachgehalten, so dass allmählich mit Naturnotwendigkeit das normale menschliche Empfinden gegen derartige Schrecknisse völlig abgestumpft werden muss --- das beste Mittel, um Verbrecher zu züchten!" (Freie Lehrervereinigung für Kunstpflege 1910, S. 3)

Heranwachsende werden als hoch gefährdet wahrgenommen, sie werden mit „weiches Wachs" (ebd. S. 2) beschrieben und gegenüber solchen, als schlecht wahrgenommenen Medieneinflüssen als schutzlos angesehen. Zur Unterstützung der Forderung des Kampfes gegen Schundliteratur werden in dem 16seitigen Manuskript, das später auch gedruckt und veröffentlicht wurde, mehrere Fälle von kriminellen Handeln Jugendlicher aufgelistet, deren Ursache im Lesen von solcher Unterhaltungsliteratur gesehen wird. Auch der *Werther-Effekt* ist thematisiert, aber ohne als solcher benannt zu sein. Es wird der Fall eines 13-jährigen Gymnasiasten beschrieben, der sich in der Schule in den Kopf schoss, nachdem er feierlich einen Band von *Sherlock Holmes*-Geschichten auf seinen Tisch gelegt hatte. „Nach Meinung der Eltern und der Lehrer hat die fortgesetzte Lektüre von Schundliteratur zu einem guten Teil mit Schuld an der unglückseligen Tat" (ebd., S. 11). Wir erkennen hier Sorgen und auch Erklärungsmuster, die uns heute in der Debatte um Computerspiele, den sog. *Killerspielen* wiederbegegnen.

Es gab aber noch eine weitere wichtige Entwicklung: Im Kampf gegen *Schundliteratur* sollten Kinder und Jugendliche an gute Bücher herangeführt werden und das mit Unterstützung der Händler. Man versprach sich, es würde „ein leichtes sein", den Schund zu vertreiben:

> „Da heutzutage von vielen Seiten und auch von amtlichen Stellen energisch Front gegen den Schund gemacht wird, und die Bunten Bücher und Bunten Jugendbücher empfohlen werden, so wird es meistens ein leichtes sein, im Schaufenster und auf dem Ladentische des Händlers einen günstigen Umschwung herbeizuführen." (ebd. S. 16)

Abb. 8: Manuskript des Vortrages (Freie Lehrervereinigung für Kunstpflege 1910, S. 1)

Vortrag über die Bekämpfung der Schundliteratur.

Den Freunden der Bunten Jugendbücher und Bunten Bücher zur unentgeltlichen Benutzung zur Verfügung gestellt.

Als Manuskript gedruckt.

Nachdruck nur mit Genehmigung der Freien Lehrervereinigung für Kunstpflege in Berlin gestattet.

Es ist an der Zeit, öffentlich und mit aller Eindringlichkeit von einer Gefahr zu sprechen, die das moralische und geistige Leben unseres Volkes in seinem Kern bedroht: das ist die Schundliteratur. Wenn ich Ihnen heute einen Überblick über das Wesen und die verheerenden Wirkungen dieser Literatur gebe, so bin ich mir bewußt, damit eine wichtige sozial-reformatorische Frage Ihrem Interesse näher zu rücken, eine Frage, von deren mehr oder weniger glücklicher Lösung die innere Gesundheit unseres Volkes zum großen Teil abhängig ist.

Als ich vor einiger Zeit in einer Gesellschaft im Gespräch mit einem ernsthaften, intelligenten Herrn die Gefahr einer solchen Literatur betonte, erwiderte er mir lächelnd: „Glauben Sie wirklich, daß alle diese Bücher so schädlich wirken, wie es von verschiedenen Seiten in neuerer Zeit hingestellt wird? Ich persönlich möchte das bezweifeln; wir haben als Jungen Märchen und Indianergeschichten bunt durcheinander gelesen und sind darüber groß und verständig geworden, und Ihre geschmähte Schundliteratur hat uns nichts geschadet, gar nichts!" Dieser Ausspruch hat mir zu denken gegeben, sonderlich darum, weil er typisch ist für die Angehörigen der gebildeten Kreise in unseren Tagen. Was man in diesen Kreisen von Schundliteratur weiß oder gar in Händen gehabt hat, ist so wenig und so unzureichend zur Erkenntnis der eigentlichen Gefahr, daß eine Aufklärung dringend geboten ist. Aufklärung darum, weil Gleichgültigkeit und Unkenntnis der verderblichen Literatur die Wege ebnen; wir aber brauchen ein energisches Vorgehen und

Was wollte der Vortrag der Freien Lehrervereinigung, der hier exemplarisch für den Kampf gegen Schundliteratur wurde, erreichen? Wir können hier drei Aspekte festhalten, die zuweilen den pädagogischen Umgang mit Medien noch heute kennzeichnen:

- Abhalten der jungen Leserschaft von den Medien, die diese bevorzugen,

- Empfehlen von Medien, die aus erwachsener Sicht als empfehlenswert gelten,
- Einfluss nehmen auf den Markt und die Verbreitung von Medien.

Wir sehen hier sehr deutlich den normativen Anspruch der Pädagogik dieser Zeit, auch eine Perspektive, in der das Handeln besorgter Erwachsener noch sehr stark an einer Reglementierung der Medienwelten von Kindern und Jugendlichen nach eigenen (pädagogischen) Vorstellungen orientiert ist:

> „Es ist eine schöne, aber schwere Aufgabe. Dennoch wird das Ende gut sein, weil alles wahrhaft Gute zuletzt doch siegen muss!" (ebd. S. 16).

b) Fotografie und Telefonie im 19. Jahrhundert

Die Bekanntmachung der Erfindung der Fotografie erfolgt 1839 durch Jacques Mandé Daguerre. Noch nie zuvor hatten Menschen ein so genaues Abbild von sich selbst gesehen. Sie waren an die Darstellungen und auch die Erstellungsdauer der Malerei gewöhnt. Zunächst herrschte gegenüber der Detailgenauigkeit Befremdung (vgl. Löffler 2004). Portraitfotografie kommt jedoch schnell in Mode, nachdem die von der Malerei bekannten Darstellungen und Arrangements übernommen wurden, die Menschen also in Posen fotografiert wurden, die ihnen bekannt waren. Fotografie machte das eigene Portrait bald auch für die breite Masse erschwinglich. In ihrem mediengeschichtlichen Beitrag zur Erfindung der Fotografie beschreibt Petra Löffler anschaulich, wie der Zuspruch zur Fotografie von Zeitgenossen auch als krankhafte Sucht der Massen kritisiert wurde, und nimmt Bezug zu einem Ausspruch Baudelaires über die Portraitfotografie:

> „Stimulanz einer Masse zu sein, die nichts sehnlicher wünsche, als ‚wie ein einziger Narziß ihr triviales Bild auf der Metallplatte zu betrachten.' " (Löffler 2004, S. 96).

Wir entdecken hier durchaus Parallelen zur Selbstfotografie per Handykamera und dem Einstellen von *Selfies* in Sozialen Netzwerke und andere Kommunkationsdiensten. Nach der Lesedebatte wiederholt sich die Problematisierung eines exzessiven Medienhandelns unter dem Label Sucht auch bei der Fotografie. Die Erfindung begründet nach Löffler (2004) aber noch weitere Diskurse, die erstaunlich nah dran sind an dem, was wir heute hinsichtlich digitaler Medien wieder diskutieren: Was ist ein Werk? Was ist Realität? In welchem Verhältnis stehen Original und Kopie? Welchen Wert hat das Bild von der Welt? Die Menschen fragten sich damals auch: Ist Malerei durch die Fotografie obsolet? Ist gar das Beschreiben der Welt durch Schriftsprache obsolet? Gerade die letzte Frage ist angesichts des heute sehr beliebten Fotoaustauschs junger Menschen mittels Diensten wie *Instagram* spannend und zeitgemäß zugleich.

Nicht zuletzt wurden die frühen Fotografie und ihr Herstellungsprozess unter dem Aspekt der Speicherung von Informationen diskutiert. Das sind noch heute aktuelle Debatten, nicht zuletzt in wirtschaftlicher Hinsicht. Mit der Fotografie entstanden ja auch neue Arbeitsorte und es etablierte sich ein ganz neuer Berufszweig, ohne dass das bereits Bestehende vollends verdrängt wurde. Mit dem Fotoalbum wurde auch ein ganz neues Format und ein Ordnungssystem entwickelt, um die Masse von Fotos zu bewältigen (ebd.). Auch das erinnert uns an aktuelle Überlegungen, etwa wo wir heute unsere digitalen Fotos speichern und wie wir ihnen eine für uns sinnvolle Ordnung geben.

Kommen wir noch kurz zu der zweiten spannenden technischen Entwicklung im 19. Jahrhundert, die den Menschen Echtzeitkommunikation auch über größere Distanzen ermöglichte: Die Betrachtung des Telefons ist insofern interessant, dass es keine plötzliche Änderung in der alltäglichen zwischenmenschlichen Kommunikation auslöste und nicht zu negativen Wirkungsannahmen führte. Tatsächlich fanden es die Menschen eher weniger innovativ und die Durchsetzung erfolge langsam. Johann Philip Reis erfindet den Telephon-Apparat zur elektronischen Übertragung der Sprache bereits 1861. Jedoch entwickelt erst Alexander Graham Bell 1876 diese Technik für den alltäglichen Gebrauch. Anfängliche technische Schwierigkeiten wie der enorme Datenverlust über die Leitungen werden dazu beigetragen haben, dass das Telefon zunächst ein innerstädtisches Kommunikationsmittel blieb und erst nach und nach im Zuge der zunehmenden Mobilität der Menschen an Bedeutung gewann. Diese wurde zu dieser Zeit auch hinsichtlich der neuen Anforderungen an die zwischenmenschliche Kommunikation durchaus kritisch gesehen. So stellte Sigmund Freud, der nicht nur als Begründer der Psychoanalyse gilt, sondern auch als Kulturtheoretiker und Kritiker seiner Zeit, in seiner 1930 erschienenen Abhandlung „Das Unbehagen in der Kultur“ fest:

> „Gäbe es keine Eisenbahn, die die Entfernungen überwindet, so hätte das Kind die Vaterstadt nie verlassen, man brauchte kein Telephon, um seine Stimme zu hören. Wäre nicht die Schiffahrt über den Ozean eingerichtet, so hätte der Freund nicht die Seereise unternommen, ich brauchte den Telegraphen nicht, um meine Sorge um ihn zu beschwichtigen.“ (Freud 1999, S. 447)

Unterm Strich gab es zum Telefon keine großen Debatten hinsichtlich negativer Auswirkungen vor allem auf junge Menschen, wie sie für die zunehmende Verbreitung von Literatur und die Durchsetzung der Fotografie kennzeichnend waren. Das hat sicher mit der langsamen Verbreitung von Telefonen zu tun, die im Rückblick betrachtet auch vergleichsweise wenig Begeisterung auslöste. Ein Stück weit hat es wohl auch mit der besonderen Funktionalität als Kommunikationsmittel zu tun, denn „Das Telefon machte nur das einfacher, woran die Gesellschaft durch den Telegrafen schon gewöhnt war: die Erzeugung kommunikativer Gegenwart in räumlicher Distanz" (Spangenberg zitiert in Ruchatz 2004, S. 127).

c) Film Ende 19., Anfang 20. Jahrhundert

Die Erfindung des Films war eine Folge der Erfindung der Fotografie. Mehrere Tüftler arbeiteten zeitgleich an der Aufnahme und Speicherung von Bewegtbildern. In Deutschland waren es die Brüder Skladanowsky, die in Berlin den Film entwickelten und kurze Filmstreifen bereits 1895 präsentieren konnten. Als Erfinder des Kinofilms gelten jedoch die Gebrüder Lumière. Sie präsentierten im Dezember 1895 in Paris in einem organisierten Rahmen ihre Filme. Ihre Präsentation war ein kulturelles Ereignis und kann bereits als Kino bezeichnet werden.

Tipp: Wim Wenders fängt die Zeit um die Jahrhundertwende und die Bedingungen der Erfindung des Films in seinem Film „Die Gebrüder Skladanowsky" (1996) ein. Der Film entstand in Zusammenarbeit mit Studierenden der Filmhochschule München und präsentiert – eingebettet in die humoresk erzählte Geschichte – Zeitzeugenberichte und Originaldokumente. Der Film eignet sich auch zum Einsatz im Unterricht und außerschulischen Bildungskontexten.

Mit zunehmender Popularität rief das Medium Film starke negative Wirkungsbedenken hervor. Nach generellen Zuschreibungen, in der das Kino als gefährlichster Erzieher des Volkes gesehen wurde (vgl. Pfemfert 1911), fokussierten bewahrpädagogische Kreise dann auf negative Wirkungen von Filmen für Heranwachsende. Insbesondere sorgten sich die Erwachsenen vor einer kognitiven und emotionalen Überforderung vor allem von Kindern. Die Begriffe „Reizüberflutung" und „Hypermotorik" werden in diesem Zusammenhang gebraucht (vgl. Schorb 1995). Kinder werden zu „aufgeregten, zappelnden, hastigen, nervösen, genußsüchtigen, von einem Gegenstand zum anderen fliegenden jungen Menschenleben, wie man sie heute in den Klassenzimmern findet. […] Zu ernster Arbeit unlustig, wollen sie von Genuß zu Genuß taumeln" (Sellmann 1914, S. 6). Später nahm sich die noch meist psychologisch angelegte Forschung des Themas an und postulierte im Ergebnis (lineare) Wirkungen der mit Filmen transportierten Inhalte, etwa die einseitige weltanschauliche Beeinflussung von Tendenzfilmen aus der NS-Zeit (vgl. Wasem 1957) oder die Triebwirkung von Kriminal- und Wildwestfilmen (vgl. Bellingroth 1958).

Wir können bei den Annahmen zur Wirkung von Filmen auf Heranwachsende auch die Bedenken wiederfinden, die wir weiter vorn bei den unterstellten Wirkungen eines (übermäßigen) Konsums von Unterhaltungsliteratur durch Jugendliche und Frauen benannt haben. Im Rückgriff auf Kerstiens (1964) und Kommer (1979) lassen sich die frühen Bedenken zum Film und mögliche negative Konsequenzen für Heranwachsende folgendermaßen zusammenfassen (vgl. Schorb 1995):

- die fertige Aufbereitung der Wirklichkeit drängt die Phantasietätigkeit und das selbsttätige Denken zurück,
- die Unterscheidung zwischen Realität und Pseudorealität wird verwischt und die Maßstäbe der medialen Realität (das Böse, Unsittliche, Unerlaubte) werden für das Reale gehalten und
- es gibt einen unmittelbaren Zusammenhang zwischen negativen Darstellungen in Filmen und entsprechend negativem Handeln der Zuschauer.

Stellen wir diese Befürchtungen dem Gedankenexperiment von Mijnals (2009) gegenüber, auf das wir eingangs des Kapitels eingegangen sind, erkennen wir in den frühen Wirkannahmen zu Filmen auch ganz ähnliche Befürchtungen wieder, wie sie in der aktuellen Diskussion um Digitale Spiele auftauchen.

Der Erfindung des Films und dem Zuspruch des Mediums auch bei Kindern und Jugendlichen folgt in Deutschland ein lebendiger Diskurs im pädagogischen Lager, zum Bewahren von Kindern vor – aus erwachsener Sicht – schlechten Inhalten mit möglicherweise negativen Einflüssen, aber auch zum Einsatz von als wertvoll erachteten Inhalten zur Bildung und Erziehung von Kindern. Es werden damit negative und positive Wirkungen als möglich argumentiert. Vor dem Schlechten bewahren, das Gute fördern – das ist auch der Grundgedanke der Bewahrpädagogik bzw. normativen Medienpädagogik, wobei das Bewahren heute noch immer das Hauptanliegen des Kinder- und Jugendmedienschutzes ist, das Fördern Ziel medienpädagogischer Praxis.

Neben der bewahrpädagogischen Perspektive gab es mit dem Medium Film auch konkrete didaktische Überlegungen und Forderungen für den

Unterricht. Hier lassen sich zwei Perspektiven nachzeichnen: Die eine fokussiert auf ein besseres Lehren, d. h. eine effizientere Informationsvermittlung zum Schüler durch den Einsatz von Filmen, die andere setzt am Individuum an und fokussiert damit auf das Lernen. Beide Perspektiven sehen die besondere Qualität des Films in der Veranschaulichung, die zweite darüber hinaus auch noch in (lern-)motivationaler Hinsicht (vgl. Schorb 1995).

Vereinzelt und zunächst ohne große Resonanz gab es bereits vor dem Zweiten Weltkrieg pädagogische Überlegungen, die nicht Effizienz und Norm zum Ausgangspunkt ihrer Argumentation machten, sondern in ihren Überlegungen am Interesse der Kinder ansetzen. Schorb verweist hier auf den Reformpädagogen Berthold Otto und seine Gruppe. Durch die Gleichschaltung der Medien zu Propagandazwecken während der NS-Zeit blieb diese gedankliche Spur zunächst ohne Nachhall. Sie wird aber später in der handlungsorientierten Medienpädagogik (siehe Kap. 2.1.2) aufgenommen und zu einem Konzept ausgearbeitet, das heute von außerordentlicher Wichtigkeit für die medienpädagogische Praxis ist.

d) Radio ab Anfang 20. Jahrhundert

Nach ersten Funkexperimenten vor erstem Weltkrieg startet 1920 das erste, kommerzielle Radio in Pittsburgh (USA). In Deutschland setzt sich vor allem der damalige Ministerialdirektor Hans Bredow im Reichspostministerium für das Radio als Medium ein. 1921 verwendete er auch erstmals den Begriff „Rundfunk“:

> „Achtung! Achtung! Hier ist das Vox-Haus auf der Welle 400. Meine Damen und Herren, wir machen Ihnen davon Mitteilung, dass am heutigen Tage der Unterhaltungsrundfunkdienst mit Verbreitung von Musikvorführungen auf drahtlostelefonischem Wege beginnt. Die Benutzung ist genehmigungspflichtig.“ (siehe http://www.radio-museum.de/geschichte-1923.php).

Hans Bredow ist auch der Namensgeber für eine Forschungseinrichtung, die neben kommunikationswissenschaftlichen und medienrechtlichen auch medienpädagogische Fragestellungen bearbeitet. Das Hans Bredow Institut (HBI) in Hamburg ist international anerkannt und z. B. die deutsche Koordinationsstelle im europäischen Forschungsprogramm EU-KIDS ONLINE.

Das Radio setzte sich schnell durch, im Dezember 1923 gab es 467 lizensierte Empfänger in Deutschland, im Juli 1924 waren es schon 100.000 Geräte. Radio war von Beginn an regional, nur die Deutsche Welle war in ganz

Deutschland zu hören (vgl. Noelle-Neumann et al. 1993). Der lokale Bezug ist für das Radio immer noch ein bedeutsames Merkmal. Dass dem Radio bereits früh auch ein großer Einfluss zugesprochen wurde, veranschaulicht Albert Kümmel, der sich mit den frühen Bedenken zum Radio differenziert auseinander gesetzt hat:

> „Tausende und aber Tausende Familien, Hunderttausende von Männern und Frauen haben nicht mehr die Wahl, zu weinen, zu lachen, wie es ihnen beliebt. Weinen und Lachen wird ihnen zugetragen, wird ihnen aufgezwungen – von außen." (Viktor Engelhardt nach Kümmel 2004, S. 189, 180).

In diesem Zitat wird für alle Menschen – auch Erwachsene – ein passives, willenloses Rezipientenbild entworfen. Obwohl es nicht nur warnende Stimmen gab (vgl. Kümmel 2004), werden ein weiteres Mal negative Reaktionen als Folge des Medienkonsums angenommen und zum Beispiel postuliert, das reine Hören, ohne dabei zu Sehen, wäre physisch anstrengend. Für die Perspektive der Medienpädagogik sind hier zwei Aspekte besonders bemerkenswert: Zum einen wurde dem Radio mit einer starken Risikoperspektive begegnet, die heute vollkommen aufgelöst scheint. Zum anderen entspann sich eine aktive Debatte von PolitikerInnen, PädagogInnen und anderen Gruppen über die Einflüsse des Radios auf die RezipientInnen und die Gesellschaft.

e) Kinderfernsehen ab Mitte des 20. Jahrhundert

Bewahrpädagogisches Denken kennzeichnet die pädagogische Sicht auch, als das Fernsehen mit zunehmender Sendezeit und Programmvielfalt für die jüngeren Zielgruppen interessant wurde. Kinder wurden allerdings nicht gleich zu Beginn des Fernsehens und seiner zunehmenden Bedeutung in der Gesellschaft als eigenständige Zielgruppe erkannt. Dennoch kann regelmäßiges Kinderfernsehen auf eine mittlerweile ca. sechzigjährige Geschichte zurückblicken.

Zur Geschichte des Kinderfernsehens liegt nicht allzu viel Literatur vor. Insbesondere sind Geschichte, Konzepte und Formate des Kinderfernsehens der DDR wissenschaftlich kaum aufgearbeitet. Zu empfehlen sind das „Handbuch für Kinderfernsehen" von Erlinger et al. (1998) und die von Stötzel & Ulf (1991) herausgegebene „Geschichte des Kinderfernsehens in der Bundesrepublik Deutschland". Zur Erarbeitung der Angebote und Erfahrungen des Kinderfilms und Kinderfernsehens in der DDR sind die MitarbeiterInnen, die Ausstellungen und das Archiv des Deutschen Instituts für Animationsfilm (DIAF) in Dresden zu empfehlen (http://www.diaf.de/).

Die Redaktionen des Kinderfernsehens bauten in beide deutschen Staaten auf Erfahrungen und Formaten des Theaters, Puppentheaters, Kinos und des Radios auf. Denn Anfänge eines Kinderradios gab es bereits in der Weimarer Republik. Der Ansatz an diesen Kinderangeboten ist den ersten Fernsehformaten deutlich anzumerken.

> „Alle Formen, die das Kinderfernsehen dann erprobt, haben bereits im Radio bei den einzelnen Sendeanstalten, wenn auch in unterschiedlicher Ausprägung, ihre Vorläufer: das Kasperletheater und das Märchenspiel, die Singstunde und die Kindergymnastik, das gemeinsame Basteln und Spielstunden." (Hickethier 1991b, S. 97).

Insbesondere wird ein Format entwickelt, in dem eine Moderatorin, die „Fernsehtante" (Hickethier 1991, S. 95), und Kinder live zu sehen sind. Diese Art der um eine erwachsene Person geordneten Sendung für Kinder finden wir im BRD-Kinderfernsehen der 1950er Jahre. Die Zeit war deutlich geprägt von einem bewahrpädagogischen Denken, dass sich auch im 1957 geänderten Gesetz zum Schutze der Jugend in der Öffentlichkeit (JÖSchG) widerspiegelt. Hier wurden zum Beispiel Kinobesuche für Kinder unter 6 Jahren untersagt. Vor diesem Hintergrund entschied man sich im BRD-Fernsehen auch dazu, keine Sendungen für Kinder unter acht Jahren auszustrahlen. Inhaltlich erkennen wir in den Sendungen zu dieser Zeit, dass die Fernsehmacher versuchten, das Idealbild des fleißigen, braven Kindes zu zeigen, das gern unter der Anleitung einer Erwachsenen singt, Sport macht oder bastelt (vgl. Hickethier 1991).

In der DDR ist zwar ebenfalls ein erzieherische Anspruch des Fernsehens zu erkennen und man sprach dem Medium auch eine hohe Wirkmacht zu, aber die Einstellung gegenüber dem Fernsehen für Kinder erscheint weniger kulturpessimistisch und im Schutzgedanken weniger strikt. Denn Fernsehangebote für Klein- und Vorschulkinder gehörten in der DDR bereits vom Sendestart an zum Programmangebot. Das Kinderfernsehen war aber neben der Rolle als unterhaltendes Medium gewolltes Transportmedium für die Normen und Werte der Gesellschaft und Politik, dem das Ziel der allseitigen sozialistischen Erziehung übergeordnet war.

Dieser Punkt ist bemerkenswert: Während in der BRD Fernsehen für Kinder unter acht Jahren und Kino für Kinder unter sechs Jahren Tabu sein sollte, wurde diese Altersgruppe in der DDR mit gedacht und sollten mit qualitätsvollen Inhalten angesprochen werden. Angelehnt an das Puppentheater gehörten zum DDR-Fernsehprogramm für Kinder von Beginn an Formate mit Puppentrick oder Puppenspiel wie bspw. die Sendungen *Flax und Krümel* oder später dann *Der Abendgruß* mit dem Sandmann. Aus diesen ersten stark am Puppentheater orientierten Sendungen entwickelte sich dann 1959 ein ganz neues Format mit einer gleichberechtigten Mensch-Puppeninteraktion vor der Kamera. Diese zeigten Sendungen wie *Taddeus Punkt und Struppi* und auch später *Das Märchenland* mit den Figuren Pittiplatsch, Schnatterinchen, Moppi, Mischka und dem Moderator und Sänger Fabian. Dieses Format bereits in den 60er Jahren im DDR-Fernsehen umgesetzt, kennen Sie vielleicht als Charakteristik der *Muppet Show*.

Im BRD-Fernsehen wird die Altersgruppe der Vorschüler erst in den 1970er Jahren wieder explizit angesprochen. Der Anstoß dafür kommt aus den USA mit der *Sesame Street*. Die Sendung wurde vom NDR in ein deutsches Format umgesetzt und als *Sesamstraße* ausgestrahlt – begleitet von kontroversen Diskussionen. Diese beinhalteten neben ‚starken' Schutzgedanken und auch euphorische Stimmen, die sich in eine Revolution der Bildung von Vorschulkindern und eine Aufhebung sozialer Ungleichheit versprachen. Programm für Klein- und Vorschulkinder (Drei- bis Sechsjährige) gehört in den 1970er Jahren dann zum Kinderfernsehen in der BRD dazu und bringt die heutigen Klassiker hervor wie die *Lach- und Sachgeschichten* (WDR), die *Sendung mit der Maus* oder *Meister Eder und sein Pumuckl* (BR). Es werden auch Sendungen wie *Heidi*, *Biene Maja* und *Doctor Snuggels* eingekauft, die eine völlig neue Ästhetik aus dem Anime einführten. Auch international wurde sich auf Festivals ausgetauscht und in Kooperationen produziert bspw. mit der ČSSR (z. B. *Die Besucher*, *Die Märchenprinzessin*, *Luzie, der Schrecken der Straße* und *Drei Haselnüsse für Aschenbrödel*).

Die Faszination des Fernsehens für Kinder wurde jedoch weiterhin auch negativ diskutiert. Der Medienwissenschaftler Neil Postman prophezeite in den 1980er Jahren mit einem überaus erfolgreichen Sachbuch sogar das „Verschwinden der Kindheit" durch das Fernsehen (vgl. Postman 1983). Kindheit ist aber nicht verschwunden – auch in unserem digitalen Zeitalter nicht. Vielmehr hat sich Kindheit verändert. Kindheit heute ist anders als in den 1960er Jahren, anders als in den 1970er, 1980er und 1990er Jahren. Die Kindheitsforschung und die Medienpädagogik lehnen daher undifferenzierte Thesen zum Verschwinden der Kindheit ab. Sie fordern eine genaue Beschreibung und Analyse und eine kontextuelle und historische Betrachtung. Dennoch lohnen sich die Auseinandersetzung mit Postmans Thesen und das Durchdenken seiner Argumentationen durchaus für die eigene Meinungsbildung. Insbesondere hilft uns das Buch von Postman dabei, Kindheit als soziales Konstrukt zu verstehen (siehe Kap. 1.1.1).

Die Ausdifferenzierung und Erweiterung des Fernsehangebots ab den 1970er Jahren ist stark durch die Formate internationaler Anbieter beeinflusst, zum Beispiel durch *Disney*. Die Auswahlmöglichkeiten erweiterten sich später, in den 1980er und vor allem in den 1990er Jahren, dann noch durch Privatfernsehen und Pay-TV. Und wenn wir uns heute umschauen, dann gibt es auch *das* Fernsehen nicht mehr. Durch die technischen und inhaltlichen Konvergenzen sowie durch die Digitalisierung der Programme und Etablierung neuer Distributionsformen und Zugangswege ist Fernsehen immer weniger das gemeinsame (familiäre) Event, als dass wir es noch in guter Erinnerung haben.

Mit den kurzen Schlaglichter aus der Mediengeschichte haben wir exemplarisch einige Medienentwicklungen herausgehoben und daran verdeutlicht, dass sich bestimmte Bedenken bereits früh, im Grunde mit dem jeweils neuen Medien den Weg gebahnt hatten und sich diese auch wiederholen. Wir könnten die Argumentation jetzt fortsetzen mit Computerspielen und dem Internet, mit der in der pädagogischen Praxis bekannten, aber in der Wissenschaft abgelehnten Aussage, Medienhandeln mache uns übergewichtig, aggressiv und dement. Festhalten lässt sich: In der Vergangenheit schwankte mit dem Aufkommen eines neuen Mediums die Resonanz zwischen Bedenken und Euphorie. Mit zunehmender Erfahrung und Integration in den Alltag, bei der man sich nach und nach an das Neue ‚gewöhnte', hielten differenzierte Sichtweisen auf den Umgang junger Menschen mit den Medien Einzug in die Diskussion.

Unsere Gesellschaft ist eine zunehmend mediatisierte Gesellschaft und wir können auf eine umfangreiche Mediengeschichte und Erfahrungen mit medialer Kommunikation zurück blicken, aus der wir gelernt haben. Dennoch reagieren viele Menschen auch heute noch zunächst mit Bedenken, gar Ängsten auf neue Medienentwicklungen. Das ist kein Vorwurf, vielmehr sind eine kritische Analyse und genaue Einschätzung von Handlungsmöglichkeiten, Bildungspotentialen und Risiken essentiell. Unterschiede bestehen jedoch deutlich im Menschenbild und damit auch dem Bild von jungen MedienutzerInnen, welches unseren heutigen Argumenten zugrunde liegt (siehe Kap. 2.2 und 2.3). Schauen wir nun aber erstmal gesondert auf die eingangs des Kapitels benannten verschiedenen Perspektiven der Medienpädagogik, die bereits zu Zeiten ‚alter' Medien beobachtbar waren und beim Umgang mit den neuen digitalen Medien noch immer vorzufinden sind.

2.1.2 Die drei Hauptströmungen der Medienpädagogik

Wenn wir im Folgenden von Hauptströmungen der Medienpädagogik sprechen, dann weisen wir bereits begrifflich darauf hin, dass das bewahrpädagogische, bildungstechnologische und handlungsorientierte Denken wichtige Hintergründe des pädagogischen Zugangs zum Medienumgang junger Menschen sind, die sich in der Vergangenheit nicht gegenseitig abgelöst haben, sondern nebeneinander existierten. Zugleich verdeutlichen wir begrifflich, dass die in der jeweiligen Hauptströmung eingenommene Perspektive und die damit verbundenen Ziele und angewandten Methoden in Abhängigkeit von gesellschaftlichen Entwicklungen und politischen Entscheidungen an Stärke gewinnen und auch wieder verlieren können. Wir fokussieren bei der Darstellung der drei zentralen Strömungen auf die Entwicklungen in der Bundesrepublik Deutschland und entfalten sie als Grundlagen einer Medienpädagogik, die auch einige spannende Differenzen zum pädagogischen Umgang mit den Medien in der DDR erkennen lässt.

In der DDR wurde der Begriff Medienpädagogik nicht verwendet. Selbst der Begriff Medium wurde kritisch gesehen (Fischer et al. 1994). Dennoch hinterfragten WissenschaftlerInnen und PraktikerInnen in der DDR die Bedeutung von Medien und gab es hierzu auch Forschung. Ernst genommen wurden insbesondere die Funktion der Medien zur Unterhaltung, Erziehung und Bildung. Ein Schwerpunkt des pädagogischen Interesses lag auf der Kindgerechtheit von Medien, insbesondere von Formaten des Fernsehens. Es wurde auch Zuschauerforschung durchgeführt, jedoch medienpädagogisch orientierte Forschung zur Aneignung und zum Einfluss von Medien kaum, weil dies ohne politischen Auftrag schwer war.

Die Produktion von Kinder- und Jugendmedien wurde mit großem Aufwand und international eingebunden betrieben. Von Beginn an waren Fernsehsendungen auch für Vorschulkinder Teil des Programms, hier zeigten sich die Menschen weniger skeptisch als in der BRD. So hat bspw. der Animationsfilm eine lange Tradition und war von international respektierter und ausgezeichneter Qualität. Im Deutschen Institut für Animationsfilm (DIAF) in Dresden kann diese Film- und Fernsehgeschichte in Ausstellungen und im Archiv nachverfolgt und vertiefend erforscht werden.

Ein weiterer Schwerpunkt lag in der DDR auf mediendidaktischen Fragestellungen, die sich der später ausgeführten bildungstechnologischen Perspektive zuordnen lassen. Medien im Unterricht wurden als Unterrichtsmittel bezeichnet. Der Begriff war weit und umfasste alle Mittel, die stets methodisch gerahmt zur Rationalisierung und Effektivierung von Unterricht eingesetzt wurden: „Maschinen, Instrumente, Werkzeuge und Werkstoffe, Geräte, Apparate, Modelle, Filme, Lichtbilder, Landkarten, Zeichnungen, Transparentfolien, Schallplatten, Tonbänder, Bücher, Zeitschriften, Unterrichtsprogramme usw.“ (Klingberg 1974, S. 429). Es wurden Medien speziell für

den Unterricht entwickelt, bspw. lehrbuchbegleitende Tonbandaufnahmen für den Sprachunterricht sowie auch Fernsehsendungen.
Der Umgang mit audiovisueller Medientechnik (Umgang mit den Geräten und Trägermedien) war Bestandteil in den Lehramtsstudiengängen der Hochschulen (Fischer et al. 1994). Das Schulfernsehen wurde vormittags im DDR-Fernsehfunk ausgestrahlt und konnte somit im Unterricht eingebunden werden. Film- bzw. Videotechnik stand in den Schulen oftmals nicht zur Verfügung. Politisch erhoffte sich die Führung der DDR über die Inhalte der Kinder- und Jugendmedien Werte und Normen der sozialistischen Gesellschaft zu vermitteln. Medien sowie der Schulunterricht waren beides Instrumente zur politischen Erziehung der Heranwachsenden (und BürgerInnen).

a) Normative Medienpädagogik

Weiter vorn sind wir mit dem Gedanken des ‚Fernhaltens' bestimmter Gruppen von bestimmten Medieninhalten gestartet. Erkennbar liegt hier ein deutlich hierarchisch gestaltetes Gesellschaftsverständnis zugrunde, mit herrschenden Gruppen bzw. Eliten, die auf den Erhalt bestehender Normen und Werte, aber auch Machtstrukturen bedacht sind. Bezüglich des Menschenbildes herrscht die Überzeugung vor, dass die Menschen von außen geprägt werden, Kinder und Jugendliche von der sie umgebenden Umwelt geformt werden. Außerdem dominiert die Einschätzung, dass bestimmte Gruppen von Menschen aufgrund Alter, Geschlecht und finanzielle Ressourcen und/oder Traditionen ein Bestimmungsrecht gegenüber Jüngeren, Ärmeren oder Menschen anderen Geschlechts besäßen. Diese anderen Gruppen werden aus einer Defizitperspektive heraus betrachtet. Sie sind (noch) nicht fähig bestimmte Aufgaben zu bewältigen, zum Beispiel bestimmte Medien ‚richtig' zu verstehen, oder sie sind generell (noch) nicht dazu in der Lage und könnten desorientiert werden. Ein Beispiel dafür ist die bereits von uns angesprochene Lesewut-Debatte.

Bewahrpädagogisches Denken zeichnet sich durch den Wunsch aus, Kinder und Jugendliche (im Einzelfall sogar Erwachsene) vor schlechten Medienangeboten zu schützen und an gute Medieninhalte heranzuführen. Diese Zielstellung und Einstellung ist sowohl für die ersten Jahrzehnte des Films nachzuzeichnen als auch für die Zeit nach dem zweiten Weltkrieg bis in die 1970er Jahre, als das Fernsehen an Bedeutung gewann. Die Einschätzung, was gut und schlecht ist, wird von Erwachsenen geleistet. Kinder und Jugendliche mit ihren Fähigkeiten und Interessen bilden noch nicht den Ausgangspunkt der Betrachtung. Sie werden vielmehr aus einer Noch-nicht-fertig-entwickelt-Perspektive betrachtet, in der es vor allem darum geht, dass Erwachsene den Heranwachsenden ein ‚gesundes' Aufwachsen ermöglichen. Ausgehend vom Medieninhalt schätzen Erwachsene ein, ob dieser für Kinder angemessen und förderlich ist oder nicht. Diese Einschätzung folgt dem Normen- und Wertekanon der Erwachsenen (vgl. Schorb 1995, Hüther & Podehl 2005) und verweist auf zwei grundlegende Ansprüche eines pädagogischen Bewahrens:

- das *Erhalten*: Bestehende Normen und Werte bei der Erziehung von Kindern und Jugendlichen bewahren.
- das *Beschützen*: Kinder und Jugendliche vor schädlichen Einflüssen auf ihre Entwicklung bewahren.

Diese zwei bewahrpädagogischen Ansprüche sind auch die Wurzeln der normativen Medienpädagogik. Hier sollen Kinder und Jugendliche allerdings nicht nur vor dem ‚Schlechten' bewahrt werden, sondern das ‚Gute' soll auch gefördert werden. Hier geht es um den Erhalt gesellschaftlicher Normen und Werte, die dem zeitlichen Wandel unterworfen und Resultat gesellschaftlicher Aushandlungsprozesse sind. In der normativen Medienpädagogik wird der gesellschaftliche Normenkanon bei der Bewertung von Medienangeboten angelegt. Der Schutz von Kindern und Jugendlichen vor von Erwachsenen als negativ eingeschätzten Medienangeboten wird als wichtige Aufgabe verstanden. Es wird aber auch präventiv gehandelt, um mögliche Belastungen und Desorientierungen zu verhindern. Dies wird sowohl vom Staat – dem Bund – und von den Bundesländern als Auftrag gesehen und umgesetzt.

Eine wichtige Handlungsgrundlage der normativen Medienpädagogik ist der gesetzliche Kinder- und Jugendschutz und – bezogen auf die Risiken in der Welt der Medien – der gesetzliche Jugendmedienschutz mit seinen verschieden Instrumenten, vor allem den Altersfreigaben, aber auch anderen Beschränkungen des Zugangs junger Menschen zur Welt der Medien. Hier nimmt der Staat seine Aufgabe ernst, Kinder und Jugendliche vor möglichen Gefahren und Risiken des Medienumgangs, wie wir sie in Kap. 1.4.4 skizziert haben, zu schützen. Den heutigen Akteuren des Jugendmedienschutzes sollte allerdings nicht unterstellt werden, dass sie Kinder und Jugendliche nicht als Persönlichkeiten mit eigenen Rechten und Kindheit und Jugend nicht als gleichberechtigte und eigenständige Lebensphasen anerkennen würden. Hier ist ein grundlegender Unterschied zum Gedankengut im 18. Und 19. Jahrhundert erkennbar. Dennoch bestimmt bei der Bewertung und der Entscheidung zur Zugänglichmachung die Meinung der Erwachsenen, nicht die der Kinder und Jugendlichen. Argumentiert werden kann mit dieser Perspektive eine grundsätzliche, schützende

Rahmung, die auf Medienhandeln im öffentlichen Raum abzielt und die in der Regel nicht in die Erziehungshoheit der Eltern zu Hause eingreift.

b) Bildungstechnologische Medienpädagogik

Als Initiation der Bildungstechnologischen Medienpädagogik gilt der *Sputnik-Schock*. Die sowjetische Raumfahrt schoss 1957 einen Körper in die Erdumlaufbahn, den Sputnik, der fast zwei Wochen lang ein Funksignal zur Erde sandte, das auf dem gesamten Globus empfangen werden konnten. Diese Demonstration technischen Könnens entwarf das Bild einer fortschrittlichen kommunistischen Wissensgesellschaft, die der westlichen Gesellschaft voraus sei. Politisch wurde dies in den westlichen Gesellschaften durchaus als Bedrohung aufgefasst, denn die Sowjetunion demonstrierte, dass sie Technik (und damit möglicherweise Waffen) ins All und damit zu jedem Ziel auf der Erde bringen konnte. Bildungspolitisch hatte der Sputnikflug sowohl für die westlichen Länder in der NATO wie auch für die Länder des Warschauer Pakts einen großen Einfluss. Es wurden Bildungsprogramme initiiert und neue Einrichtungen geschaffen.

In der Bundesrepublik Deutschland stand das Bestreben im Vordergrund, den angenommenen Bildungsabstand wieder aufzuholen. Es wurde ein Fokus auf didaktische Bemühungen gelegt, um Lernprozesse zu unterstützen und die Wissensvermittlung zu optimieren. Technik und Medien wurden als sinnvolle und lernförderliche Lernmittel betrachtet. In beiden deutschen Staaten wurden zum Beispiel Sprachlabore eingerichtet und es wurde Schulfernsehen eingesetzt (siehe Kasten zur Pädagogik mit Medien in der DDR). In den öffentlich-rechtlichen Dritten Programmen werden neben neuen Produktionen auch heute noch mediendidaktische Sendereihen aus den 80 und 90er Jahren ausgestrahlt, ein bekannter Begriff dafür ist das „Telekolleg".

Bildungstechnologische Medienpädagogik ist immer noch relevant, wird aber begrifflich in Literatur und im Diskurs nunmehr unter den Begriffen „Mediendidaktik" sowie „Lernen mit Medien" und „E-Learning" geführt. Seit den späten 80er Jahren wird vor allem die Arbeit mit dem Computer unter didaktischen Aspekten diskutiert, später folgte die Welle der Lernsoftware auf CD-Rom und wiederholten sich hinsichtlich mediendidaktischer Fragestellungen die euphorischen Stimmen beim *E-Learning*, die das Lernen mittels Onlinemedien und die erzielten Lernerfolge in den Vordergrund stellen. In der Bildungstechnologischen Medienpädagogik folgen mit jeder neuen technischen Entwicklung interessanterweise euphorische Annahmen über die Revolution des Lernens und weichen dann später kritischen, realistischen Einschätzungen. Relativ neu ist die enge Verzahnung von Pädagogik und Informatik. Multimediale Angebote zum Lernen und Lehren bedürfen didaktische Überlegungen ebenso wie Überlegungen zur Benutzerfreundlichkeit (Usability) und auch zur Sicherheit.

Ein sehr bekannter Vertreter der normativen Medienpädagogik ist die Initiative *Schulen ans Netz* zur Förderung der Bildungsarbeit mit digitalen Medien. Der dahinter stehende gemeinnützige Verein wurde 1996 als gemeinsame Initiative des Bundesministeriums für Bildung, Wissenschaft, Forschung und Technologie und der Deutschen Telekom AG gegründet und Ende 2012 aufgelöst, da man das Gründungsziel als erreicht ansah.

c) Handlungsorientierte Medienpädagogik

Die Handlungsorientierte Medienpädagogik steht für einen kritischen, aber unaufgeregten Blick auf Medien und die Funktionen, die sie für die Menschen haben. Mögliche Einflüsse auf Subjekt und Gesellschaft werden nicht nur fokussiert auf Gefahren und Risiken betrachtet. Vielmehr werden die Medieninhalte als Kommunikate von Menschen für Menschen und Mediengeräte als Werkzeuge in Menschenhand gesehen. Der Mensch wird als handlungsfähiges Subjekt betrachtet, der grundsätzlich dazu fähig ist, sich Medien kritisch und kompetent anzueignen (vgl. Baacke 1980, Schorb 1995). Die *Handlungsorientierung* ist dabei ein wesentliches Moment sowohl im medienpädagogischen Denken als auch in der auf Medien (insbes. den Medienumgang junger Menschen) bezogenen pädagogischen Praxis. Sie beinhaltet im Wesentlichen:

- ein *Menschen- und Gesellschaftsbild* der Aushandlung von Bedeutungen,
- den *Grundgedanken*, Handlungsräume aufzuzeigen und herzustellen,
- die *Lernform* des Handelnden Lernens und
- eine *Orientierung* am alltäglichen Handeln der Zielgruppe.

Pädagogisch zielt die handlungsorientierte Medienpädagogik auf eine Ermöglichung von Handeln mit Medien ab. Vereinfacht ausgedrückt wird hier dem schützenden Gedanken der Pädagogik, die Normen und Werte bewahren will, das Ziel der Befähigung und kritischen Überprüfung mit dem Ziel der Mit- und auch Umgestaltung entgegengesetzt. Befähigung meint genauer die Förderung von Medienkompetenz. Dieser Paradigmenwechsel hin zur Vorstellung des aktiven, kompetenten, kritischen Rezipienten vollzog sich insbesondere in den 1980er Jahren. Dabei wurden zunehmend auch Kinder und Jugendlich als aktive RezipientInnen betrachtet und als ExpertInnen ihrer Lebenswelt akzeptiert. Die Methoden der Handlungsorientierten Medienpädagogik sind die reflexive und aktive Medienarbeit, auf die wir in Kap. 3.1 noch näher eingehen werden.

Es wird deutlich, dass der Blick auf das Individuum mit seinen Motiven und Bewertungen gerichtet ist. Der Umgang mit Medien wird als individueller Prozess der Medienaneignung (Medienkommunikation) verstanden. Handlungsorientierte Medienpädagogik setzt immer am Subjekt an, sowohl in ihrer Konzeption als auch bei ihrer Umsetzung in der Praxis. Es geht um individuelle Lebensumstände und Zielstellungen, zu deren Bewältigung bestimmte Kompetenzen benötigt werden. Kinder und Jugendliche als Experten ihrer Lebenswelt anzuerkennen heißt dabei, ihre Problemstellungen, Bewertungen und Sichtweisen erfahren zu wollen und diese anzuerkennen. Als Erwachsene schauen wir in gewisser Weise in eine fremde Welt hinein. Wir realisieren, dass ein Sinnverstehen der Lebenswelt der Kinder und Jugendlichen nur durch Kommunikation mit den ‚Experten' selbst geleistet werden kann. Ihnen wird zugestanden Wichtiges und Richtiges über sich und ihre Lebenswelt in ihrer eigenen Weise aussagen zu können. In der Praxis heißt das, dass die Themen, Sichtweisen und Ausdrucksformen der Kinder und Jugendlichen Wertschätzung erfahren. PädagogInnen erhöhen sich nicht über ihre Zielgruppe, sondern streben im gemeinsamen Handeln Gleichberechtigung an. Das ist ein grundlegender Gedanke, dem das Anerkennen der Kindheit und Jugend als gleichberechtigte und eigenständige Lebensphasen voraus geht.

Eine besondere Bedeutung haben in der handlungsorientierten Medienpädagogik die Handlungsorte: Es sind Orte des Seins – Räume, die unterschiedliche Ressourcen bieten und in denen sich Menschen begegnen und erproben. Kinder und Jugendliche haben immer noch ungleiche Zugänge zu Räumen und damit auch zu Ressourcen. Dies gilt es zu erkennen und eine Zugänglichmachung von Räumen und Ressourcen für jedermann zu erreichen. Dabei akzeptieren handlungsorientierte MedienpädagogInnen, dass Kinder und Jugendliche die Räume umwidmen und umgestalten, die ihnen zur Verfügung stehen und von Erwachsenen zur Verfügung gestellt werden. Medien werden hier als symbolische Spielräume für Heranwachsende betrachtet und zugleich sind sie Ressourcen zur Bewältigung von Entwicklungsaufgaben und kritischen Lebensereignissen sowie zur Identitätsarbeit. Nicht negiert wird, dass es Medieninhalte gibt, die Heranwachsende noch nicht adäquat verstehen können, die keine Relevanz für sie haben, die auf Ablehnung stoßen, zu Verängstigung und gar Desorientierung führen können. Medienkompetenz muss erlernt und im Umgang mit den

Medien ausgebildet werden. Dies geschieht durch das Medienhandeln der Kinder und den dabei initiierten Selbstlernprozessen, kann und sollte aber auch pädagogisch unterstützt werden.

Die soeben skizzierten drei Hauptströmungen werden uns noch an einigen Stellen des Buches wieder begegnen. Wir legen aber den Schwerpunkt auf die Perspektive der handlungsorientierten Medienpädagogik, weil wir sowohl die aktuelle medienpädagogische Forschung als auch die praktische, auf den Medienumgang junger Menschen bezogene pädagogische Arbeit vor allem einer theoretisch und konzeptionell am (konkreten) Handeln der Menschen eingenommenen Perspektive verpflichtet sehen. Zuvor umreißen wir Medienpädagogik aber erst einmal grundsätzlich als eine wissenschaftliche Disziplin.

2.2 Medienpädagogik als wissenschaftliche Disziplin

Wenn wir nun einen Schritt weiter gehen, die grundsätzlichen Perspektiven des medienpädagogischen Denkens verlassen und Medienpädagogik als wissenschaftliche Disziplin begreifen, stellen sich gleich mehrere Fragen: Wie ist Medienpädagogik in akademischer Lehre und Forschung verankert? Was sind die zentralen Begriffe? Gibt es eine eigene medienpädagogische Theorie? Hat Medienpädagogik eine eigene Forschungstradition? Wir wenden uns zunächst den ersten beiden Fragen zu und versuchen hier gleich zu Beginn zu entfalten, was Dieter Baacke meinte, als er Medienpädagogik vor nunmehr 20 Jahre „Teil-Disziplin“ mit „binnendisziplinären Facetten“ (Baacke 1995, S. 171) beschrieb und damit verneinte, dass es *eine* Theorie der Medienpädagogik geben könne.

Dieter Baacke ist selbst als Urgestein des Fundaments der akademisch betriebenen Medienpädagogik zu bezeichnen. Mit seiner Schrift „Kommunikation und Kompetenz“ (vgl. Baacke 1973) hat er den Medienkompetenzbegriff theoretisch begründet – auch wenn er in dieser Schrift noch nicht so konkret benannt wird – und mit dieser Arbeit einen Rahmen geschaffen, in dem pädagogische und soziologische Perspektiven auf den Bereich Medienpädagogik zusammen finden.

2.2.1 Medienpädagogik in Lehre und Forschung

Wir können Medienpädagogik wie Baacke noch immer als eine Teildisziplin betrachten, denn richtig ist, dass sich Pädagogik, Soziologie und Psychologie und die mit ihnen verbunden interdisziplinären angelegten (jüngeren) Disziplinen wie die Kindheits- und Jugendforschung, auch die Kultur-, Kommunikations- und Medienwissenschaften zuweilen mit medienpädagogischen Fragen beschäftigen. Wir können Medienpädagogik aber auch als eigenständige wissenschaftliche Disziplin bezeichnen, denn wir haben Begriffe, Theorien und Methoden erarbeitet und zusammengeführt, die WissenschaftlerInnen einer scientific community mit eigenen Paradigmen verbindet. Dabei sollte eine wissenschaftliche Disziplin nicht nur von ihrer theoretischen Verortung aus ‚gedacht' werden, sondern auch von ihrer aktuellen Verortung an Universitäten und Hochschulen. Wo ist die Professur angegliedert (Fakultät, Fachbereich)? Welche Studiengänge werden von ihr mitgestaltet? Wie wichtig ist der Bereich der Hochschule und damit dem Land, welche Finanzierung wird diesem Bildungsbereich zugedacht? Befreien wir uns an dieser Stelle von diesen Fragen mit hochschulpolitischen Bezügen, dann ist die Frage, ob es eine Teildisziplin ist oder nicht, weniger wichtig. Sinnvoller ist der Ansatz an den gemeinsamen Paradigmen, also vereinfacht gesagt an den Annahmen, die in der wissenschaftlichen Community breiten Konsens finden.

a) Dach und Integration

Die *eine* medienpädagogische Theorie gibt es nicht, denn Medienpädagogik ist ein weites Arbeitsfeld in Praxis und Forschung und bearbeitet unterschiedliche Fragestellungen. Auch betrachtet sie die Beziehung von Mensch und Medien aus unterschiedlichen Perspektiven. Helga Theunert hat 2013 bei einem Festakt Bernd Schorb, den vielleicht einflussreichsten Medienpädagogen der 1990er und 2000er Jahre, den für uns treffenden Begriff *Dachdisziplin* gewählt. Begrifflich so gefasst ‚denkt' Medienpädagogik von oben und vereint unter sich die vielfältigen Fragestellungen, theoretischen Ansätze und auch Zielstellungen. Dennoch befreit uns der Begriff nicht von der notwendigen theoretischen Verortung, die jede Wissenschaftlerin und jeder Wissenschaftler, aber ebenso jede Praktikerin und jeder Praktiker für sich selbst leisten muss. Es geht um Menschen und um Gesellschaft. Es geht darum, wie Menschen zu einer Persönlichkeit werden, wie sie sich entfalten können, wie es der Gesellschaft geht, wie Menschen die Gesellschaft mitgestalten und welche Rolle darin Kommunikation und Medien spielen (siehe ausführlich Kapitel 2.3).

Je nach Disziplin, woher ‚ich' denkend in Begriffen und arbeitend mit Theorien komme, und je nachdem für welchen Arbeitsbereich ich verantwortlich bin, entwickle ‚ich' einen spezifischen Blick auf Medienpädagogik und Aufgaben, Ziele, Zielgruppen, Methoden. Und ‚ich' entfalte auch entsprechend ‚meine' Geschichte der Medienpädagogik (s. Kapitel 2.1). Als Autorin und Autor dieses Buches präsentieren wir unseren Blick, der sich nicht als Zwischenposition versteht, sondern vereinend, integrierend, wie es auch Bernd Schorb mit seiner Darlegung zur integralen Medienpädagogik geleistet hat (vgl. Schorb 2011). Schorb betont, dass die Erkenntnisse der Medienpädagogik auch in diese Disziplinen zurück fließen. „Dach" und „Integration" oder auch „Querschnitt" klingen als Worte insgesamt positiver, weil stärker und eigenständiger als „Teil" und „binnen", wie wir es zu Beginn mit Baackes Worten gesagt haben.

b) Inhalt akademischer Lehre

Medienpädagogik ist Lehrinhalt und Forschungsbereich in zahlreichen Studiengängen und somit umgesetzt von zahlreichen, ganz unterschiedlich benannten Professuren, Lehrstühlen und Arbeitsbereichen von Universitäten und Hochschulen. Die zunehmend mediatisierte Gesellschaft, in der ganz unterschiedliche Bereiche, private Haushalte und Freizeiteinrichtungen, Erziehungs- und Bildungseinrichtungen, Arbeitsstätten und Bürogemeinschaften, Politik und Verwaltung von Medien durchdrungen sind, ist ein wesentlicher Hintergrund dafür. Neben Erziehungswissenschaft sowie Kommunikations- und Medienwissenschaft bearbeiten unter anderem auch psychologisch orientierte Studiengänge und auch Studiengänge zum Bereich der Sozialen Arbeit, sogar die Medieninformatik medienpädagogische Fragen (siehe Kasten). Denn überall da geht es darum, wie Menschen über und mit Medien handeln.

Die Universität Erfurt bietet den Masterstudiengang „Kinder- und Jugendmedien" an. Die Hochschule für Technik, Wirtschaft und Kultur (HTWK) Leipzig bietet einen Bachelor- und einen Masterstudiengang „Medieninformatik" an. Es gibt aber auch Module zu Medienpädagogik in anderen Studiengängen, z. B. im Master Kommunikations- und Medienwissenschaft an der Universität Leipzig. An der TH Köln erhalten die Studierenden an der Fakultät für Angewandte Sozialwissenschaften medienpädagogisches Know-How von den MitarbeiterInnen des Instituts „Medienforschung und Medienpädagogik (IMM)". Das alles nur Beispiele.

Theoretisch sehen wir als zentrale Bezugswissenschaften von Medienpädagogik die Erziehungswissenschaft, Kommunikations- und Medienwissenschaft sowie die Entwicklungspsychologie (siehe Abb. 9). Denn die in diesen Disziplinen erarbeiteten Begriffe, Theorien, Methoden und Forschungsergebnisse bilden ein tragfähiges Fundament für unser Verständnis von Medienpädagogik. Wir brauchen auch deren Erkenntnisse für unsere Arbeit. So fasst die kommunikationswissenschaftliche Metatheorie der Mediatisierung bspw. die Bedeutung von Medienkommunikation für die Gesellschaft. Die pädagogischen Konzepte von Aneignung, Lernen und Lehren sind für unser medienpädagogisches Denken ebenso grundlegend wie die entwicklungspsychologischen Erkenntnisse zur kognitiven, sozialen, ethisch-moralischen Entwicklung von Kindern und Jugendlichen.

Abb. 9: Bezugswissenschaften der Medienpädagogik

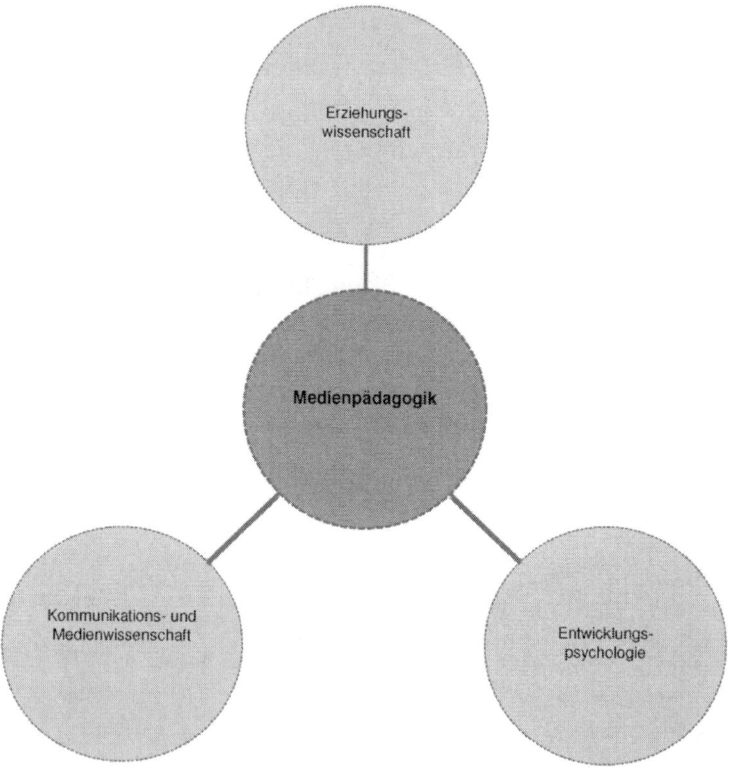

Neben diesen drei zentralen Bezugswissenschaften, gibt es weitere Disziplinen und Bereiche, die für die Medienpädagogik relevant sind und die ihrerseits auch Erkenntnisse medienpädagogischer Forschung aufnehmen und weiter verarbeiten. Soziologie, Soziale Arbeit, Literaturwissenschaft, Spielpädagogik, Beratungspsychologie und die Medieninformatik sind nur Beispiele. MedienpädagogInnen werden als ExpertInnen zu Projekten anderer Disziplinen und in der Praxis in Fachbeiräte von Initiativen und Politik eingebunden.

Wichtig ist, dass Medienpädagogik in Deutschland akademisch bisher zwar hauptsächlich aus der Perspektive der Pädagogik (und hochschulorganisatorisch an Professuren der Erziehungswissenschaft) und der Kommunikations- und Medienwissenschaft betrieben wurde, dass die theoretischen Bezüge und der Zugriff auf Forschungsergebnisse aber vielfältiger ist und noch gegenseitiger wertschätzender und vielfältiger werden muss. Wenn sich bspw. Die Psychologie mit Lernen und Lehren mit neuen Medien beschäftigt, so sollten die Erkenntnisse und Konzepte der Pädagogik – im Speziellen der Didaktik – zu Lernen und Lernen beachtet werden – oft, aber nicht immer werden sie das auch. Menschen haben die Fähigkeit, sich durch das Lernen, durch die Erfahrung anderer schneller weiterzuentwickeln, als es durch Evolution zu erklären wäre (Tomasello 2002), diesen Gedanken sollten wir grundsätzlich auch hier verfolgen.

Betrachten wir uns mögliche Schnittmengen, um die integrierende Perspektive zu verstehen, dann ist eine besondere Nähe der Medienpädagogik zur Erziehungswissenschaft in folgenden Punkten nicht zu übersehen:

- Fokus auf Kinder und Jugendliche, punktuell auch auf ältere Menschen (als spezielle Zielgruppe von Erwachsenenbildung).
- Konsequente Lebensweltorientierung, es gilt die Prämisse, dass Medienhandeln nur aus dem Lebenskontext der Handelnden heraus erklärt werden (biografischer Kontext).
- Bezug zur Praxis, auch von Forschungsergebnissen. Die Schlussfolgerungen müssen konkret für die Praxis in Familie, in Bildungseinrichtungen und für Forderungen an Wirtschaft und Politik formulierbar sein.
- Beratende Funktion für Familien, ErzieherInnen/LehrerInnen, JournalistInnen, PolitikerInnen.
- Mediendidaktik als Teilbereich von (Medien-)Pädagogik, der sich mit Einsatz und Gestaltung von Medien zur Unterstützung von Lehr- und Lernprozessen auseinandersetzt.

Eine große Schnittmenge besteht auch mit der Kommunikations- und Medienwissenschaft, der Mediensoziologie und der Medienpsychologie, da (auch) hier unter anderem folgenden zentralen Fragen nachgegangen wird:

- Welche Bedeutung haben Medien für die Persönlichkeitsentwicklung der Menschen?
- Wie, warum und wozu nutzen Menschen die Medien und ihre Inhalte?
- Wie werden Medien ausgewählt, wahrgenommen, bewertet und verarbeitet?

Was bedeutet das für Sie als Studierende? Zum einen ist es eine Herausforderung, ein für sich stimmiges theoretisches Fundament zu erarbeiten. Diese grundlegende Basis muss auch ‚veränderlich' sein, da sich Ihre konkreten Aufgaben und Zielstellungen im späteren Beruf ähnlich schnell ändern können wie die Medienumgangsweisen der Menschen. Die Schwierigkeit ist, dass Sie sich stets als interdisziplinär denkend verstehen müssen, damit haben Ihnen die ExpertInnen in den einzelnen Disziplinen zu bestimmten Aspekten immer etwas an Tiefe von Wissen voraus. Sie werden sich ab und zu eingestehen müssen: *„Da ist ein weites Feld, von dem ich bisher so gut wie nichts weiß"*. Sie sind aber breiter aufgestellt und können Zusammenhänge entdecken, die anderen entgehen. Außerdem kann kein Mensch alles wissen, darum ist eine Tugend, mit anderen ExpertInnen zu kooperieren und interdisziplinäre Teams zu bilden.

Eine Herausforderung ist nicht zuletzt, die unterschiedlichen Begriffe und Theorien zu verstehen und zu durchdenken, um nicht vorschnell Gemeinsamkeiten zu entdecken, die anscheinend aufgrund ähnlicher Begrifflichkeiten bestehen. Ebenso gilt es, hier nicht vorschnell Unterschiede zu vermuten, wenn bei genauerem Hinsehen doch gleiche oder sehr ähnliche Verständnisse dahinter stehen. Das macht Theoriearbeit spannend. Machen Sie sich klar, dass Theorien und Begriffe Denkmodelle sind. Behandeln Sie sie mit Respekt, aber nicht mit zu großer Ehrfurcht. Durchdenken Sie sie kritisch und selbstbewusst. Was hilft Ihnen, Dinge zu verstehen? Mit was können Sie denken? Wenn Sie in einem Forschungsteam arbeiten, besprechen Sie in der Runde: Was verstehen wir unter Sozialisation? Was meinen wir mit „Medien" eigentlich? Vereinfacht gesagt ist es so, als würden Sie das Wörterbuch schreiben, und darin die Vokabeln auflisten, mit denen Sie umgehen werden.

c) Medienpädagogik in Fachpublikationen

Ergebnisse von Wissenschaft werden veröffentlicht. Die Veröffentlichung – das Publizieren – ist eine der Hauptaufgaben von WissenschaftlerInnen, um andere an den Ergebnissen der eigenen Forschung teilhaben zu lassen und das Wissen um den Gegenstand im eigenen Fach voranzubringen. Als wissenschaftliche Disziplin braucht auch Medienpädagogik Fachzeitschriften. Tab. 7 bietet eine Auswahl wichtiger deutschsprachiger Titel, in denen sich Berichte über Forschungsergebnisse, aktuelle Entwicklungen, Diskurse und auch Rezensionen mit Bezug zu Medienpädagogik finden. Dass nur die wenigsten alleinig der medienpädagogischen Perspektive verpflichtet sind, alle aber zumindest punktuell auch Ergebnisse medienpädagogischer Forschung publizieren, zeugt von den vielfältigen Bezügen zu anderen Fachdisziplinen. Internationale Fachzeitschriften (Journals), die sich mit medienpädagogischen Themen beschäftigen, gibt es nur wenige, zwei stellen wir kurz in Kap. 4.2 vor.

Tab. 7: Fachzeitschriften mit Bezug zu Medienpädagogik oder Jugendmedienschutz

TITEL/ UNTERTITEL	ERSCHEINT	THEMENSCHWERPUNKT	LINK
Computer + Unterricht	4x jährlich	Praxiserprobte Konzepte, Material- und Softwaretipps, Informationen zum digitalen Lehren und Lernen sowie Einblicke in die mediatisierten Lebenswelten junger Menschen.	https://www.friedrich-verlag.de/sekundarstufe/medienpaedagogik/computerunterricht/
Diskurs Kindheits- und Jugendforschung	4x jährlich Peer-Reviewed	Aktuelle Forschungsergebnisse, Beiträge zu Theoriebildung aber auch Praxis, aktuelle Berichte, Rezensionen.	http://www.budrich-journals.de/index.php/diskurs
JMS-Report JugendMedien-Schutz-Report	6 x jährlich	Fachaufsätze und Berichte, Gerichts- und Prüfentscheidungen zum Jugendmedienschutz, aktuelle Listen indizierter/beschlagnahmter Medien.	http://www.jms-report.nomos.de
Kjug Kinder- und Jugendschutz in Wissenschaft und Praxis	4 x jährlich	Fachaufsätze und Berichte zum Kinder- und Jugendschutz, Recht und Rechtsprechung.	http://www.kjug-zeitschrift.de
M&K Medien und Kommunikationswissenschaft	4 x jährlich	Fachaufsätze und Berichte zu Massenmedien und Mediennutzung, Rezensionen, Zeitschriftenlese und Literaturübersicht.	http://www.m-und-k.nomos.de
media perspektiven	11 x jährlich	Fachaufsätze und Berichte zu Massenmedien und Mediennutzung, ARD-Forschungsdienst zu ausgewählten aktuellen Medienthemen.	http://www.ard-werbung.de/media-perspektiven/

TITEL/ UNTERTITEL	ERSCHEINT	THEMENSCHWERPUNKT	LINK
MedienConcret Magazin für die pädagogische Praxis	Erscheint unregelmäßig	Fachartikel zu Diskursen und Praxisbeispielen. Starker Bezug zur Praxis.	http://www.medien-concret.de
Medienimpulse Beiträge zur Medienpädagogik online	4x jährlich	Fachaufsätze zu Medienpädagogik in Forschung und Praxis, Medienkunst, Mediendidaktik.	http://www.medien-impulse.at
MedienPädagogik Zeitschrift für Theorie und Praxis der Medienbildung online	2 Schwerpunktausgaben und regelmäßig aktuelle Beiträge Peer-Reviewed	Fachaufsätze zu aktuellen Diskursen und Forschungsergebnissen. Plattform für methodologische Diskussionen und Rezensionen.	http://www.medien-paed.com/de/Startseite/
merz medien + erziehung	6 x jährlich	Fachaufsätze und Berichte zur Mediennutzung von Kindern und Jugendlichen und zur aktiven Medienarbeit sowie Rezensionen.	http://www.merz-zeitschrift.de
merzWissenschaft	1x jährlich Peer-Reviewed	Fachaufsätze und Berichte zur Mediennutzung von Kindern und Jugendlichen und zur aktiven Medienarbeit sowie Rezensionen.	http://www.merz-zeitschrift.de/?NAV_ID=18
televIZIon	2 x jährlich	Fachaufsätze, Berichte, Interviews zum Medienangebot für und zur Mediennutzung von Kindern und Jugendlichen. Themenschwerpunkt: TV	http://www.br-online.de/jugend/izi/deutsch/publikation/televizion/televizion.htm
tv diskurs Verantwortung in audiovisuellen Medien	4 x jährlich	Fachaufsätze, Berichte, Interviews zu Medienangebot/-nutzung, Rechtsprechung, Rezensionen.	http://fsf.de/publikationen/tv-diskurs/

In unserer schnelllebigen Zeit, in der sich gerade die Medienwelten junger Menschen schnell wandeln, sind regelmäßig erscheinende Fachzeitschriften, die sich der aktuellen Themen annehmen, von besonderer Bedeutung. Die Beiträge und Artikel von unterschiedlichen AutorInnen sind schneller eingesammelt und ins Layout gebracht als eine Monografie oder ein Herausgeberband. Eine zuverlässige Leserschaft von Abonnenten erwartet auch Aktualität und inhaltliche Relevanz der bearbeiteten Themen. Abgesehen von den in Tab. 7 genannten gibt es noch eine Reihe weiterer Titel, die sich zumindest ab und zu auch medienpädagogischer Themen annehmen. Mit einer Onlinerecherche kommt man oft sogar an die Texte, ohne den Weg in die Bibliothek nehmen zu müssen. Was es zum gesuchten Thema alles gibt, dafür bietet zum Beispiel das Fachportalpaedagogik.de mit der *FIS Bildung Literaturdatenbank* einen guten Einstieg.

Abgesehen von Fachzeitschriften mit medienpädagogischen Themen und den zahlreich erscheinenden Herausgeberbänden und Monografien bieten auch Sonderhefte weiterer Fachzeitschriften mit Schwerpunkten zu Medienpädagogik und Medienforschung Stoff zur Auseinandersetzung. Darüber hinaus gibt es einige Schriftenreihen, die wie der Gesellschaft für Medienpädagogik und Kommunikationskultur in der Bundesrepublik Deutschland e.V. (GMK), die bereits 1984 als bundesweiter Zusammenschluss von Fachleuten aus den Bereichen Bildung, Kultur und Medien gegründet wurde. Dass hier aktuelle medienpädagogische Themen in ihren verschiedenen Facetten behandelt werden, zeigt auch Band 49 aus dem Jahr 2015, der sich des Themas „Digitale Kommunikation als Herausforderung für Bildung, Pädagogik und Politik" annahm (vgl. Friedrich et al. 2015).

Eine besondere Bedeutung für die Auseinandersetzung mit medienpädagogischer Theorie, Forschung und Praxis haben die zahlreichen Veröffentlichungen der *kopaed verlagsgmbh* in München (siehe www.kopaed.de). Mit zahlreichen Publikationen aus dem Spannungsfeld von Medienpädagogik, Kunstpädagogik (ästhetische Bildung) und Kulturpädagogik (kulturelle Bildung) hat sich Kopaed in den letzten Jahren als ein Fachverlag etabliert, an dem TheoretikerInnen, PraktikerInnen und Studierende der genannten Felder und angrenzender Bereiche nicht vorbei kommen. Besonders wertvoll für die Praxis sind neben den vielen Einzelveröffentlichungen und Schriftenreihen die die herausgegebenen Zeitschriften *merz | medien + erziehung*, *kjl&m – forschung.schule.bibliothek*, *IMAGO | Zeitschrift für Kunstpädagogik* sowie *Medien & Altern*, die seit Herbst 2012 einen interdisziplinären, in Kommunikationswissenschaft, Literatur- und Medienwissenschaft, Erziehungswissenschaft, Psychologie, Soziologie und Gerontologie verhafteten Blick auf ein recht neues Feld der Medienpädagogik richtet.

2.2.2 Zentrale Begriffe der Medienpädagogik

Die theoretischen Grundlagen, Konzepte und Perspektiven einer wissenschaftlichen Disziplin bündeln sich in besonderer Weise in den verwandten

Begriffen. Im medienpädagogischen Fachdiskurs stoßen wir auf eine ganze Reihe von Begriffen, die verschiedene theoretische Perspektiven vereinen und auf unterschiedliche Handlungsfelder verweisen. Hervorzuheben sind hier die Begriffe „Medienkompetenz" und „Medienbildung". Daneben ist in medienpädagogischen Kontexten oft von „Medienerziehung" und „Mediendidaktik" die Rede. Mit ihrer Fokussierung auf die ‚Steuerung' des Medienumgangs junger Menschen von außen bzw. des Einsatzes von Medien als Instrumente Lehrender führen uns beide Begriffe allerdings etwas weg von einer handlungsorientierten Medienpädagogik mit ihrem besonderen Anspruch einer Förderung von Medienkompetenz bei der Zielgruppe des pädagogischen Handelns. Wir verweisen daher nur auf die Überblicksdarstellung in einem anderen Lehrbuch (vgl. Süß et al. 2013), das der Medienerziehung und Mediendidaktik jeweils ein eigenes Kapitel gewidmet hat, und fokussieren unsere Darstellung auf das Begriffspaar „Medienkompetenz und Medienbildung".

Wir starten allerdings von dem aus unserer Sicht noch sehr viel wichtigeren Begriff „Subjekt", da hiermit eine besondere Perspektive auf die verschiedenen Zielgruppen der Medienpädagogik entworfen wird, die den Zugang zu Kindern und Jugendlichen, auch zu Erwachsenen, in medienpädagogischer Theorie, Forschung und Praxis leitet bzw. leiten sollte. Wir begegnen diesem Begriff in den Theorien, die das Menschen- und Gesellschaftsbild beschreiben, und auch in den Konzepten des „Aktiven Rezipienten" und der „Medienaneignung", die wir bei den theoretischen Grundlagen der Medienpädagogik noch entfalten werden. Mit der Verortung der Medienpädagogik im Symbolischen Interaktionismus (siehe Kapitel 2.3) verstehen wir den Menschen als handelndes Subjekt, das mit anderen Menschen und der Gesellschaft in Interaktionen tritt und sich mit der dinglichen und sozialen Umgebung interpretierend und gestaltend auseinander setzt. Dabei begegnen wir auch dem – teilweise synonym verwendeten – Begriff „Individuum", lesen bspw. davon, dass Medien von den Menschen individuell angeeignet werden.

a) Subjekt und Individuum

Wenn Kinder und Jugendliche in der Medienpädagogik heute als aktiv handelnde Subjekte verstanden werden, dann steht dahinter keineswegs ein von jeher in Stein gemeißelter Subjektbegriff. Vielmehr hat die Medienpädagogik lange Zeit kein einheitliches, klar umrissenen Konzept von der Zielgruppe ihres Handelns gehabt und wurden Kinder und Jugendliche als Subjekte oder Individuen unter Bezugnahme zu verschiedenen Theorien unterschiedlich gefasst. Wenn im aktuellen Diskurs insbesondere der handlungsorientierten Medienpädagogik in den letzten Jahren auffällig oft von dem „Subjekt“ die Rede ist, dann haben wir es hier mit einer aktuellen Perspektive zu tun, in der das medienpädagogische Denken und Handeln weniger an einem Individuum an sich orientiert ist, sondern an seinen Beziehungen zur sozialen und dinglich-materiellen Umwelt. Hans-Dieter Kübler beschreibt dies in einer aktuelleren Auseinandersetzung mit dem Subjekt folgendermaßen:

> „[D]as Subjekt wird in seinen Beziehungen zu den Sachen bzw. in seinen kognitiven Fähigkeiten für die Sachen definiert. Jedenfalls bleibt es vorzugsweise ein objektbezogenes und wird nicht in seiner Authentizität und Souveränität begriffen. Das Subjekt definiert sich also zunächst aus seinem Gegenüber, wobei dieses – im Sozialen – das Kollektiv oder die Gesellschaft und – im Materiellen – die Gegenstandswelt umfasst.“ (Kübler 2013, S. 229).

Der Subjektbegriff fokussiert also – zunächst recht abstrakt – auf die Beziehung des Menschen zu den Anderen und auch auf sein Handeln. Der Begriff „Individuum“ ist demgegenüber konkreter. Hier wird ein anderer Blickwinkel eingenommen. Es ist der pädagogische Blickwinkel, der einen Menschen mit einer eigenen Biografie, mit den Facetten seiner Identität, mit seinen persönlichen Lebensumständen (Bedingungen, Ressourcen, Netzwerken) beschreibt. Auch Dieter Baacke fasst es so und sieht den Wirkungsbereich der Pädagogik dort, wo es konkret wird. Pädagogik, so Baacke, arbeitet und erforscht unter einer mikrosoziologischen Perspektive; es geht immer um konkretes Handeln und um konkrete Erfahrungen. Dennoch wird in dieser Individuumsperspektive stets die abstraktere, makrosoziologische Perspektive mitgedacht (vgl. Baacke 1973).

Also halten wir fest: In unserem Menschenbild gehen wir grundlegend von einem handelnden Subjekt aus, aber erforschen dann die Prozesse der individuellen Medienaneignung, des Medienumgangs von Kindern und Jugendlichen, ohne die Bezüge des Subjektes zu seiner Umwelt und sein ‚Gewordensein‘ aus dem Blick zu verlieren. Die Geschichte der Forschungsmethoden unterstützt dies und entspricht dem. Die Pädagogik hat mit ihrer Biografieforschung und ihrer Orientierung am Einzelfall großen Anteil an der Etablierung der qualitativen Forschungsansätze in allen Sozialwissenschaften. Individuell, kontextuell und interpretierend gehören als Begriff dreifaltig logisch zusammen und verweisen auch auf das aktiv handelnde Subjekt.

Für das theoretische und begriffliche Arsenal der Medienpädagogik sind letztlich beide Begriffe unverzichtbar. Der Begriff „Individuum“ spricht für eine Perspektive, die vom Menschen aus dessen Umgang mit Medien betrachtet und dabei immer die konkreten Lebensumstände und Handlungsmotive mitdenkt. Dort setzt Aneignungsforschung und konkrete handlungsorientierte Pädagogik an. Der Begriff „Subjekt" steht für eine grundsätzliche Perspektive, die – wie in Kap. 1.2.1 für das theoretische Konzept der *Mediatisierung* skizziert – aus einer Metaperspektive heraus auf die Prozesse innerhalb der Gesellschaft, auf die Kommunikation und Identitätsarbeit der Menschen fokussiert. Als *Subjekte* brauchen die Menschen zum Leben in der mediatisierten Gesellschaft Medienkompetenz und gestalten diese als *Individuem* in spezifischer Art und Weise, eben individuell aus.

b) Medienkompetenz und Medienbildung

Kommen wir nun zu dem Begriffspaar „Medienkompetenz und Medienbildung". Medienkompetenz als spezieller Teil der *Kommunikativen Kompetenz* ist essentiell, damit das Individuum in konkreten sozialen Interaktionssituationen seine Identität konstruieren und seine Interessen realisieren kann. Das heißt, dass die Begriffe „Individuum" und „Medienkompetenz" stimmig ineinander greifen. Die Kompetenztheorie setzt stets am Individuum an, denn als Kompetenz wird die Verfügbarkeit von Strategien zur Lösung von Problemstellungen aus eigener Kraft verstanden. Dies umfasst auch in unserem Verständnis und mit Bezug zu Baacke (1973):

- Problemstellungen zu erkennen,
- Barrieren und Chancen zu erkennen,
- fähig zur Meinungsbildung zu sein,
- fähig zur Entscheidungsfindung zu sein,
- Strategien zum Handeln zu entwerfen.

Wir haben es hier mit sehr wichtigen Handlungskompetenzen zu tun, die ohne kommunikative Kompetenz allgemein und Medienkompetenz speziell nicht denkbar sind. Wir werden dies in Kap. 2.3 weiter entfalten und heben jetzt nur den Aspekt hervor, dass *Soziales Handeln* als sinn- und absichtvolles, auf andere bezogenes Handeln ohne Kommunikation gar nicht möglich. Es geht ja darum, in konkreten Situationen mit konkreten Partnern umgehen zu können, sich mit ihnen auszutauschen, mit ihnen zu kommunizieren. Die Partner müssen hier fähig zur Rollenübernahme sein und sich auf Codes verständigen können, damit sie (symbolisch) miteinander interagieren können. Nach Friedrich Krotz ist mit Medienkompetenz das gelingende, selbstbestimmte Handeln mit medialen Kommunikaten gemeint (vgl. Krotz 2001). Medienkompetenz wird deshalb heute auch als eine

Schlüsselkompetenz für die (aus pädagogischer Sicht gelingende) Sozialisation junger Menschen erkannt und als zunehmend wichtiger Bestandteil von Handlungskompetenz allgemein und kommunikativer Kompetenz speziell verstanden:

> „Das Medienhandeln ist eng mit der Entwicklung entsprechender Fähigkeiten und Fertigkeiten verknüpft, die im Begriff der Medienkompetenz gebündelt werden. Medienkompetenz wird dabei verstanden als integrierter Bestandteil von kommunikativer Kompetenz und von Handlungskompetenz. Sie bildet eine wesentliche Voraussetzung für eine souveräne Lebensführung, die zunehmend davon geprägt ist, mit und über Medien das eigene Leben zu gestalten." (Schorb & Wagner 2013, S. 18)

Hier wird deutlich, dass der Begriff „Medienkompetenz", wie er insbesondere von Dieter Baacke entfaltet und unter anderem von Bernd Schorb weiter entwickelt und von ihm auch in der Debatte um den Begriff „Medienbildung" verteidigt wurde (vgl. Schorb 2011), nach wie vor einen hohen Wert für die medienpädagogische Theorie, Forschung und Praxis hat. Es geht – das ist im Zitat von eben deutlich geworden – um die Befähigung der Menschen zur souveränen Lebensführung in einer (zunehmend) mediatisierten Welt. In dieser Perspektive sieht Schorb Medienkompetenz als Grundlage für die Bewältigung von Gegenwart und hebt drei Kompetenzbereiche als zentral hervor: Wissen (Funktions- und Strukturwissen zu Medien), Bewerten (kognitive Analyse und ethisch-kritische Reflexion der Medien) und Handeln (Medienpartizipation, -gestaltung und -nutzung) (vgl. Schorb 2014).

Und was hat es in diesem Kontext mit „Medienbildung" auf sich? Wir reißen die umfangreiche Debatte der letzten Jahre an dieser Stelle nur an: Medienbildung setzt an Bildungsinhalten, sprich an bestimmten Sachverhalten an. Es kann zum Einen argumentiert werden, dass hier wieder ein abstrakterer Blick – wieder in Richtung Subjekt als Lernender – eingenommen wird. Zum Zweiten steht hinter dem Medienbildungsbegriff Bildungstheorie und nicht Kompetenztheorie (vgl. Spanhel 2011, Fromme et al. 2014). „Bildung" ist als Begriff weiter und prozessual. Er meint Menschwerdung und Aneignung der Kultur in ganzheitlicher Sicht. Bildung ist somit nicht als Aneignung von bestimmten, konkreten Sachverhalten (oder medialen Inhalten) zu verstehen, sondern die Ausbildung von Begriffen und Konzepten (vgl. Fromme et al. 2014). Aus dieser Perspektive ist Medienkompetenz enger gefasst. Medienkompetenz kann Ziel von Bildungsprozessen sein und ist es tatsächlich auch: Es ist die zentrale Zielkategorie einer Medienbildung, die sich – stark vereinfacht gesprochen – von der

Perspektive des handelnden Subjektes entfernt hat und – idealtypisch – ein ganzheitliches Subjektkonzept als ihren Ausgangspunkt wählt (siehe Abb. 10).

Abb. 10: Konjunkturen und Versionen von Medienkompetenz (Kübler 2013, S. 231)

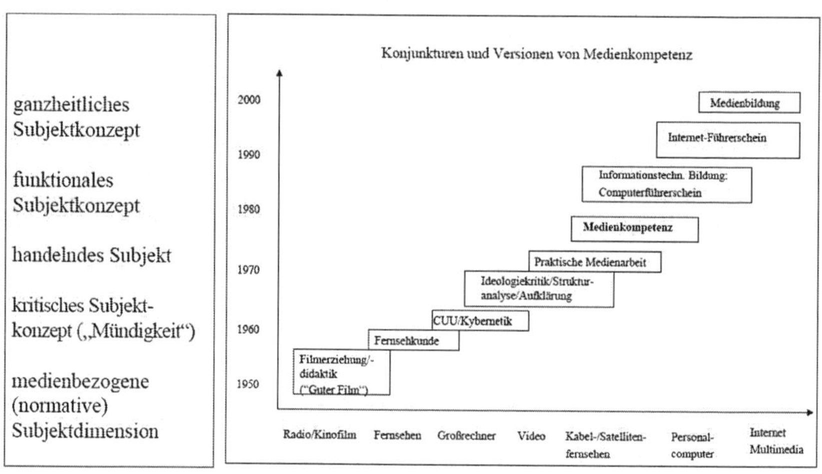

Die Abbildung zu den Konjunkturen und spezifischen Vorstellungen von Medienkompetenz veranschaulicht uns auch, dass Anspruch und Ziele der Medienpädagogik mit den Entwicklungen in der Welt der Medien „umfassender und universaler geworden sind, gewissermaßen von einer speziellen Befähigung und Fertigkeit zu einem mehr und mehr kompletten Generalziel und Menschenbild ansteigen, das sich von einer einzelnen, zudem nach wie vor speziellen Disziplin nur schwer einlösen lässt. Diese Hypothek trägt insbesondere der jüngste Begriff der ‚Medienbildung'" (Kübler 2013, S. 231).

Für die spezifischen Perspektiven, die hinter „Medienkompetenz" und „Medienbildung" stehen, kann ihre Berechtigung für die heutige Zeit theoretisch argumentiert werden. Ebenso verhält es sich mit der praktischen Relevanz, um den ‚neuen' Anforderungen der zunehmenden Mediatisierung unserer Gesellschaft zu entsprechen. Je nach Arbeitsschwerpunkt kann der eine oder andere Begriff für zukünftige MedienpädagogInnen größere Bedeutung erlangen. Hinsichtlich einer Erforschung bzw. Zugänglichkeit von Medienkompetenz (für ‚Außenstehende') wird allerdings auch klar, dass Medienkompetenz individuell, weil situativ und in die konkrete Lebenswelt des Einzelnen eingebunden ist. Eine Standardisierung ist somit eigentlich nicht möglich bzw. geht immer an der konkreten

Ausgestaltung auf Ebene des Individuums vorbei. Somit kann Medienkompetenz auch nicht ‚gemessen' werden. Es lassen sich lediglich einzelne Fähigkeiten herauslösen, die man in konkret bestimmten Situationen mesend in ihrer Performanz, also in ihrer situativen Verwendung, erheben kann.

Letztlich hat auch die kurze, skizzenhafte Diskussion der Begriffspaare „Individuum und Subjekt" sowie „Medienkompetenz und Medienbildung" die Interdisziplinarität von Medienpädagogik und die Notwendigkeit einer theoretischen Verortung verdeutlicht. Medienpädagogik als Disziplin ist jung, alle WissenschaftlerInnen in diesem Feld arbeiten an der theoretischen Fundierung von Medienpädagogik mit. Die *eine* Theorie der Medienpädagogik wird es dennoch auch in Zukunft nicht geben, jedoch Begriffe, Konzepte und Theorien sowie Methoden, auf die sich die Mehrheit der scientific community einigen kann.

Fragen/Hinweise zum Weiterarbeiten

Arbeiten Sie die Perspektiven von Medienerziehung und Mediendidaktik heraus und Grenzen Sie diese von der an Medienkompetenz bzw. Medienbildung orientierten Perspektive einer handlungsorientierten Medienpädagogik ab! Zum Weiterlesen zur Debatte um Medienkompetenz und Medienbildung empfehlen wir Ihnen Moser et al. (2011) und Fromme et al. (2014).

2.3 Theoretische Grundlagen der Medienpädagogik

Wenn wir uns mit der Bedeutung von Medien auseinandersetzen und fragen, wie sich Menschen Medien aneignen, ist das nur möglich, wenn vorher das Menschenbild und das Verständnis von Sozialisation geklärt wurden. Eine Sozialisationstheorie beschreibt die Vorstellung, wie der Mensch eine gesellschaftlich handlungsfähige Persönlichkeit wird und in welchem Verhältnis äußere Bedingungen (andere Menschen, Lebensbedingungen im Sinne von Ressourcen und Handlungsräumen und somit auch Medien) Einfluss darauf haben. Und sie beschreibt, ob und wie der Mensch selbst Einfluss auf diese, seinen Geist und Körper umgebenden Bedingungen nehmen kann. Gedanklich schließen wir im Folgenden an die einführenden Darstellungen im ersten Teil des Buches an und vertiefen die theoretischen Grundlagen der Medienpädagogik als eine wissenschaftliche Disziplin mit Bezügen zur Sozialisationstheorie und zur Theorie Symbolischer Interaktionen. In dem hiervon gerahmten Menschen- und Gesellschaftsbild skizzieren wird dann die grundlegende Perspektive auf (Medien-)Kommunikation und gehen abschließend auf das Konzept der Medienaneignung ein, das mit der hier vorgenommenen Systematisierung des Medienhandelns der Menschen in den letzten Jahren insbesondere die Perspektive der handlungsorientierten Medienpädagogik nachhaltig beeinflusst hat.

2.3.1 Die Bezüge der Sozialisationstheorie

In Kap. 1.2 haben wir das Thema „Sozialisation" als unsere zentrale Perspektive auf das Heranwachsenen von Kindern und Jugendlichen in unserer Gesellschaft beschrieben und die Medien hier bereits die Bedeutung der Medien hervorgehoben. Wichtige theoretische Bezüge liefert die Sozialisationstheorie der Medienpädagogik hinsichtlich folgender zwei Aspekte: erstens die produktive Realitätsverarbeitung durch das Subjekt und zweitens das in der medienpädagogischen Auseinandersetzung mit der Sozialisationstheorie aufgemachte Spannungsfeld „Mensch – Medien – Gesellschaft". Diese zwei Aspekte werden nun konkretisiert, bevor wir uns auf der Grundlage einer vertieften Auseinandersetzung an anderer Stelle (vgl. Fleischer 2007) bis zum Konzept der Medienaneignung vorarbeiten.

a) Sozialisation als produktive Realitätverarbeitung

Der erste Aspekt ist ein wesentliches Moment der neueren Sozialisationstheorie, den vor allem Klaus Hurrelmann mit ‚seiner' Sozialisationstheorie, in der das besondere Augenmerk auf dem Zusammenhang von Sozialstruktur und Persönlichkeit liegt, systematisiert hat. Er fass Sozialisation als einen Prozess, „durch den der Mensch eine sozusagen ‚zweite' soziokulturelle Geburt erlebt und zur sozialen, gesellschaftlich handlungsfähigen Persönlichkeit wird, indem er in gesellschaftliche Struktur- und Interaktionszusammenhänge (in Familien, Gruppen, Schichten usw.) hineinwächst" (Hurrelmann 1993, S. 275). Hurrelmann geht von einer wechselseitigen Beziehung zwischen Mensch und gesellschaftlicher Realität aus, in dem sich der Mensch abhängig von seinen Lebensumständen entwickelt, diese aber durch seine eigenen Aktivitäten, durch sein Handeln, mitgestaltet. Dieser Prozess ist lebenslang, kennzeichnet vor allem Kindheit und Jugend, aber auch das Erwachsenenalter, zum Beispiel den Bereich der Erwerbsarbeit (berufliche Sozialisation). Wir haben dies in Kap. 1.1.2 bereits mit den zentralen Momenten der primären, sekundären und primären Sozialisation bereits ausgeführt.

Die gesellschaftliche Umwelt macht den Menschen von Beginn seines Lebens an Vorgaben, aber ebenso wirkt der Mensch auf seine Umwelt ein. In der neueren Sozialisationstheorie wie in der aktuellen Perspektive handlungsorientierter Medienpädagogik kann der Mensch – als *das Subjekt* bestimmt – Vorgaben übernehmen, sie aber auch abändern und selbst ganz neue Bedingungen setzen. Wir werden also nicht von außen geprägt, wie eine Münze, die einen bestimmten Stempel bekommt. Sondern wir arbeiten an unserer Persönlichkeitsentwicklung aktiv mit, wir handeln mit anderen und verhandeln Bedeutungen. Diese Aushandlungsprozesse erfolgen individuell und im kollektiven Miteinander. Der Mensch – mit Bezug zu seiner Identität und seiner eigenen, konkreten Lebenswelt in der Pädagogik als Individuum bestimmt – bewertet und gestaltet gleichzeitig die Realität in der er lebt. Dies wird durch die empirische Forschung auch belegt. Sie zeigt, dass Menschen: „in allen Lebensabschnitten nicht mechanisch nur durch soziale, kulturelle, ökonomische und physikalische Umweltfaktoren geprägt werden, sondern dass sie sich auf eine je individuelle Weise produktiv mit ihrer sozialen und räumlichen Umwelt auseinandersetzen und soweit wie möglich durch eigenes, aktives Handeln auf sie einzuwirken versuchen" (Hurrelmann 1993, S. 276).

b) Das Spannungsfeld Mensch – Medien – Gesellschaft

In dem soeben skizzierten interaktionistischen Verständnis von Sozialisation werden wir Menschen also in allen Lebensphasen als produktive Verarbeiter „der äußeren und der inneren Realitat und als Gestalter ihrer Beziehungen zur sozialen und dinglichen Umwelt" verstanden (Hurrelmann 1993, S. 10). Greifen wir den Mensch und die Gesellschaft, die ihn umgibt, als zwei zentrale Momente heraus und erinnern uns an die besondere Bedeutung der Medien bei den komplexen Sozialisationsprozessen, in die wir im Kap. 1.1.4 eingeführt haben, dann sind wir schon beim zweiten Aspekt, dem Spannungsfeld „Mensch – Medien – Gesellschaft", wie es nach der Rezeption der neueren Sozialisationstheorie auch in der Medienpädagogik aufgemacht wurde. Zu verweisen ist hier vor allem auf den grundlegenden Beitrag, vor nunmehr fast 25 Jahren in einem Handbuch für Sozialisationsforschung erschienenen Beitrag von Schorb et al. (1991). Hier wird Mediensozialisation als ein komplexer, in den Gesamtprozess der Sozialisation eingebetteter Vorgang konzipiert, als ein Abhängigkeitsverhältnis von Individuum, Medien und Gesellschaft, in dem jeder Faktor den anderen bedingt:

> „Einerseits bestimmen die Medien die Inhalte gesellschaftlicher Diskussion und sind somit gesellschaftliche Einflussfaktoren, andererseits aber sind es gesellschaftliche Vorgaben, die festlegen, in welchen Grenzen mediale Artikulation möglich ist, und in welcher Gestalt die Inhalte sind. Das Individuum ist

> ebenso in die Gesellschaft und ihre formellen und informellen Grenzen eingebettet und unterliegt auch dem Einfluss der Medien. Es bestimmt jedoch in der Auswahl der Medien und in der Verarbeitung medialer Inhalte, welche Effekte diese haben können und es wirkt – zumindest als gesellschaftliches Subjekt – auch auf diese ein." (Schorb et al. 1991, S. 495).

In dieser Perspektive ist der Mensch in jeder Lebensphase, in Kindheit, Jugend und Erwachsenenalter, zugleich Interpretator und Gestalter seiner Umwelt, das heißt er verändert die Umwelt für sich und andere durch sein Handeln (vgl. Theunert & Schorb 2004). Wesentliche Grundlage hierfür sind die Bedeutungen, die die Menschen den physischen, sozialen und abstrakten Dingen in ihrer Umwelt zuschreiben. Und hier sind wir bereits bei einer weiteren wichtigen Grundlage, die eine am Handeln der Menschen orientierte Medienpädagogik theoretisch leitet.

2.3.2 Theorie Symbolischer Interaktionen

Die Theorie Symbolischer Interaktionen, begrifflich in den für uns relevanten Kontexten häufiger als *Symbolischer Interaktionismus* gefasst, hat ihre Wurzeln in den amerikanischen Arbeiten von Cooley, Dewey, Baldwin und Thomas – parallele, unabhängige Überlegungen gab es in Deutschland durch Simmel und Weber. Maßgeblich geprägt ist die Theorie des Symbolischen Interaktionismus durch George Herbert Meads Handlungstheorie. Mead versteht Sozialisation als interaktives Handeln, als Wechselspiel von „Vergesellschaftung und Individuation" (Süss 2004, S. 32). Auch im Verständnis des Symbolischen Interaktionismus ist der Mensch aktives Subjekt und nicht ein auf Faktoren reagierender Organismus.

> „Er begegnet den Dingen, die er wahrnimmt, indem er einen Prozess des ‚Selbst-Anzeigens' eingeht, in dessen Verlauf er das Wahrgenommene zu einem Objekt macht, ihm eine Bedeutung gibt, und diese Bedeutung als Grundlage für seine Handlungsausrichtung benutzt." (Blumer 1973, S. 94).

Die zentralen Begrifflichkeiten des Ansatzes sind *Handlung* und *Bedeutung*. Nach Blumer (1973) bestehen menschliche Gruppen, besteht die gesamte Gesellschaft aus handelnden Personen. Die Werte, Normen, Rollen und Traditionen der Gesellschaft und Kultur sind Ableitungen des menschlichen Handelns, sie werden sozial konstruiert und sind abänderbar. Die Umwelt des Menschen setzt sich aus physischen, sozialen und abstrakten Dingen zusammen, wobei die Bedeutung, die diese Dinge für die Menschen haben, im Symbolischen Interaktionismus von prominentem Stellenwert ist. Welche Bedeutung ein Objekt oder eine Situation hat, ist davon abhängig, wie die Menschen darauf bezogen agieren. Denn die Bedeutungen gehen aus den Interaktionsprozessen der Menschen hervor – sie werden als soziale Produkte verstanden, die sich daraus ergeben, wie andere in Bezug auf den Gegenstand handeln (vgl. Blumer 1973, Krappmann 1974). In dieser Perspektive sind Bedeutungen „Schöpfungen, die in den und durch die definierenden Aktivitäten miteinander interagierender Personen hervorgebracht werden." (Blumer 1973, S. 83 f.). Dinge können somit für verschiedene Personen unterschiedliche Bedeutungen haben und ihre Bedeutung verändern:

> „Das menschliche Zusammenleben auf der Ebene der symbolischen Interaktion ist ein unermesslicher Prozess, in dem die Menschen die Objekte ihrer Welt bilden, stützen und abändern, indem sie Objekten Bedeutung zuschreiben." (Blumer 1973, S. 91)

Dieser Prozess der Bedeutungszuschreibung ist ein interaktiver und interpretativer Prozess, in dem wir Menschen miteinander kommunizieren, in dem wir uns aus einem breiten Arsenal an Symbolen bedienen. Nehmen wir ein ganz einfaches, zugegebenermaßen grobes Beispiel: die Mode. Was angesagt ist, wird in jeder Modesaison neu verhandelt, zum Beispiel: Schlaghosen oder Plateauschuhe. Gerade noch fand man die frühere Kleidung der Eltern peinlich, plötzlich ist sie aber angesagt und man selbst froh, noch so ein echtes *Vintageteil* aus dem Kleiderschrank der Eltern ergattert zu haben. Man kann sich aber auch entscheiden, den Trend nicht mitzumachen. Schauen wir uns noch ein weiteres Beispiel an: Welche emotionale Bedeutung Kinder für Familien haben, hat sich im Laufe der Jahrhunderte durch gesellschaftliche Veränderungen und Bildungsprozesse geändert. Dementsprechend veränderten sich auch Erziehungsstile und mit dem Bild vom Kind auch das Bild von Familie. Wenden wir uns dem wichtigen Prozess der Bedeutungsgenerierung nun noch etwas genauer zu.

a) Der Interpretationsprozess

Wenn im Verständnis des Symbolischen Interaktionismus Bedeutung durch soziale Interaktionen generiert werden, bedeutet das nicht, dass das Subjekt, also jeder Menschen für sich, (vorhandene) Bedeutungen lediglich übernimmt. Vielmehr interpretiert der Mensch eigens und leitet somit für sich eine spezifische Bedeutung des Gegenstandes (der Situation, des Handelns anderer etc.) ab. „Im Wesentlichen besteht das Handeln eines Menschen darin, dass er verschiedene Dinge, die er wahrnimmt, in Betracht zieht und auf der Grundlage der Interpretation dieser Dinge eine Handlungslinie entwickelt." (Blumer 1973, S. 95).

Solche Interaktionsprozesse finden zum einen zwischen Personen statt, sind bspw. Bestandteil der Kommunikation in der Familie, in der Peergroup, in der Schule, im Betrieb etc. Sie finden aber auch intern statt, in der Auseinandersetzung der Person mit sich selbst, wenn wir uns erstmal eine ‚eigene Meinung' bilden, die Dinge, die uns begegnet sind, verstehen und für uns einordnen wollen. Als Ergebnis antwortet das Subjekt seiner Umwelt, und zwar „auf eine stets nicht ganz vorhersehbare Art und Weise." (Krappmann 1974, S. 23). Wir sind dabei nur bedingt ‚berechenbar' und auch nur ‚verstehbar', wenn wir die Auseinandersetzung mit uns offen legen bzw. sichtbar werden lassen.

b) Das Übernehmen von Rollen

Schauen wir noch einmal genauer hin, wie wir Menschen mit uns selbst und mit anderen verhandeln. Um dies zu verstehen, helfen uns die Überlegen von George Herbert Mead. Nach Mead besitzt der Mensch ein Selbst und interagiert mit anderen auf dessen Basis – wie er auch mit sich selbst interagieren und damit Gegenstand seiner eigenen Handlung sein kann (vgl. Blumer 1973). Das ist ein wichtiger Punkt, den wir uns hier noch einmal vergegenwärtigen müssen. Der Mensch ist in dieser Perspektive in der Lage, sich selbst zu objektivieren und somit sich selbst zu betrachten. Dies ist nur möglich, wenn er sich selbst aus der Sicht eines Anderen betrachtet. Dafür muss er in eine andere Rolle ‚schlüpfen', einen *Rollenwechsel* vollziehen. Nach Mead kann das jeweilige Individuum dafür die Rolle eines bestimmten Anderen einnehmen wie auch die Rolle eines generalisierten Anderen, des sog. *generalized other* (vgl. Blumer 1973, Rose 1971, Mead 1970). Dabei tritt das Individuum in einen inneren Dialog mit sich ein und reagiert als Ergebnis auf die Anderen. Entlang der Begriffe „I" und „Me" werden die Prozesse im Original so beschrieben:

> "The 'I' is in a certain sense that with which we do identify ourselves. [...] The 'I' is the response of the organism to the attitudes of the others; the 'me' is the organized set of attitudes of others which one himself assumes. [...] The 'I' reacts to the self which arises through the taking of the attitudes of others. Through taking those attitudes we have introduced the 'me' and we react to it as an 'I'." (Mead 1970, S. 49 f.)

Das *Me* speichert dann gewissermaßen Erwartungshaltungen der Anderen und stellt dem Individuum auf dieser Basis „handlungsleitende Strukturen und Orientierungen zur Verfügung." (Hurrelmann 1993, S. 49). Das Konzept der Rollenübernahme ist für Mead so bedeutsam, weil das Individuum so auch die eigene Identität konstruiert. Das heißt, indem sich der Mensch aus Sicht der anderen betrachtet und bewertet, gewinnt er ein Verständnis seiner selbst (vgl. Geulen 1991). Auf diese Weise setzt er sich auch mit den gesellschaftlichen Bedingungen und Erwartungen auseinander, in dem er die eigene Position und die Position der generalisierten Anderen bedenkt. Der Mensch versetzt sich denkend in mögliche Situationen und bewertet die möglichen Handlungsoptionen. Er spielt also bestimmte Situationen durch und kann dabei verschiedene Rollen einnehmen und die Situation so aus verschiedenen Perspektiven bewerten. Auf diese Weise können verschiedene Handlungsmöglichkeiten bedacht werden und durch das Vorwegnehmen von Ergebnissen kann es zu einer Entscheidungsfindung kommen. Auch hier die grundlegenden Überlegungen im Original.

> „In thinking, the individual takes his own role to imagine himself in various possible relevant situation. Thinking is a kind of substitute for trial-and-error behaviour (which most animal species engage in) in that possible future behaviours are imagined (as 'trials') and are accepted or rejected (as 'success' or 'errors'). Thought can lead to learning, not through hedonistic rejection of errors or reinforcement of successful trials, but through drawing out deductively the implications of empirical data already known." (Rose 1971, S. 12 f)

Wir müssen uns an dieser Stelle klar machen, dass wir hier komplexe kognitive Fähigkeiten beschrieben haben, die Kinder erst entwickeln müssen. Ein wirkliches gedankliches Hineinversetzen in eine bestimmte, andere Person ‚schaffen' Kinder ungefähr ab dem vierten Lebensjahr. Sie erkennen an dieser Stelle bereits, dass Sie Wissen zur Entwicklung kognitiver, kommunikativer und sozial-moralischer Fähigkeiten benötigen, um zu verstehen, wie sich Kinder und Jugendliche mit ihrer zunehmend auch medialen Umwelt auseinander setzen (können).

c) Ausbildung des Verhaltens

Beschäftigen wir uns mit der Bedeutung von Medien für Kinder und Jugendliche, dann werden wir oft nach Einflüssen auf das Verhalten gefragt. Es ist also notwendig, dass wir auch eine Vorstellung davon haben und wir uns theoretisch damit auseinandersetzen, wie Verhalten gelernt und geformt wird. Wir argumentieren hier weiter im Rahmen des Symbolischen

Interaktionismus. Menschliches Verhalten (besser: Handeln) ist gemäß diesem Verständnis durch symbolische Interaktion gelernt und geformt (vgl. Blumer 1973, Krappmann 1974). Soziale Interaktion wird dabei nicht als Mittel oder Rahmen von Verhalten verstanden, sondern die soziale Interaktion ist Handlung und konstituiert das gesellschaftliche Miteinander. Das Verhalten eines Menschen wird nun dadurch ‚geformt', dass sich der Mensch mit den Handlungen Anderer und seiner selbst auseinandersetzt:

> „[A]ngesichts der Handlungen anderer kann man eine Absicht oder ein Vorhaben fallenlassen, man kann sie abändern, prüfen oder aussetzen, verstärken oder durch andere ersetzen. Die Handlungen Anderer können die eigenen Pläne bekräftigen, sie können ihnen entgegenstehen oder sie verhindern, sie können eine Abänderung solcher Pläne erforderlich machen" (Blumer 1973, S. 87).

Die Handlungen Anderer werden in diesem Prozess „in Rechnung gestellt" (ebd.). Menschen zeigen sich danach gegenseitig an, wie sie handeln sollen – um akzeptiert zu sein – und interpretieren gleichzeitig diese Hinweise. Durch diesen ständigen Interaktionsprozess des Austausches und Interpretierens stimmen die Menschen ihr Verhalten aufeinander ab und formen im gleichen Zug ihr eigenes, individuelles Handeln. Während dieser Interaktionsprozesse verarbeiten Menschen Anregungen, die anzeigen, was gesellschaftlich akzeptiert und erwünscht ist, und setzen ihre eigene Meinung dazu in Beziehung. Bei diesem inneren (mentalen) Verarbeitungsprozess bilden Menschen leitende kognitive Konstrukte für das eigene Denken, Handeln und Fühlen aus. Diese kognitiven Konstrukte werden als Orientierungen bezeichnet. Sie unterstützen uns bei der Problembewältigung im Alltag, seien es normative oder individuelle Entwicklungsaufgaben, kritische Lebensereignisse oder andere Problemlagen. Im Sinne des Symbolischen Interaktionismus greift das Subjekt in diesem Verständnis beim Aufbau einer Orientierung auf das persönliche Set von Erfahrungen und Wissen zurück und setzt sich zudem mit Hinweisen und Anregungen aus der Umwelt, die auch den Medien entnommen sein können, auseinander (vgl. Fleischer 2007).

2.3.3 Symbolische Kommunikation und Medienkommunikation

Symbolisch handeln Menschen, wenn sie die Handlungen anderer interpretieren, nicht-symbolisch handeln Menschen, wenn sie ohne Interpretation auf die Handlungen anderer reagieren (bspw. Reflexe) (vgl. Blumer

1973). Gemeinsam gehandelt wird mittels symbolischer Kommunikation, deren Symbolsystem durch Interaktion von Mensch zu Mensch vermittelt wird (vgl. Rose 1971). Früher bedienten sich die Menschen hierfür vor allem der gesprochenen Sprache, aber immer auch nonverbaler Kommunikation. In den letzten Jahren ist hierfür der schriftbasierte Austausch über Soziale Netzwerke wie *Facebook* und Messengerdienste wie *WhatsApp* wichtiger geworden. Auch das Einstellen von Bildern auf *Instagram* und das Hochladen von Videos auf *YouTube* sind nicht nur Formen eines produktiven Medienhandelns, mit dem Heranwachsende nicht zuletzt sich selbst und ihr Können präsentieren, sondern auch Formen symbolischer Kommunikation.

a) Sprache als das bedeutendste Symbolsystem der Menschen

Bleiben wir zunächst bei der Sprache, bei den Worten und Sätzen, die wir uns sagen oder schriftlich untereinander austauschen. Es ist gemeinsames Handeln mittels symbolischer Kommunikation – auch wenn wir Bilder, Gesten und andere nonverbale Ausdrucksformen vielleicht als ‚symbolischer' auffassen, wie Wörter und Sätze. Die Interpretation des Symbols wird durch den Empfänger geleistet. Er nimmt das Symbol wahr (oder nicht) und schreibt ihm eine Bedeutung zu – diese kann durchaus eine andere sein als die Bedeutung, die ein Anderer dem Symbol zugeschrieben hätte – vielleicht auch eine andere als die vom Absender gemeinte. Kommunikation ist also stets ein Prozess der Bedeutungszuschreibung sowie ein sozialer Prozess „in which the communicator and the attender both contribute to the content of the communication as it impinges on the nervous system and behavior of the attender" (Rose 1970, S. 8).

Die Sprache ist bei der symbolischen Kommunikation von herausragender Bedeutung – sowohl in Wort als auch in Schrift. Sprache ist so bedeutend für Menschen, weil durch sie kommuniziert wird und weil sie die Grundlage der kognitiven Repräsentation ist (vgl. Tomasello 2002, 2003). Kognitive Repräsentationen ermöglichen erst die Verarbeitung von Erfahrungen ebenso wie das Antizipieren von möglichen Handlungen. Nur durch die Fähigkeit zur kognitiven Repräsentation können auch Problemsituationen durchgespielt werden. Diese beiden miteinander verbundenen Hauptfunktionen – Kommunikation und kognitive Repräsentation – machen die Bedeutung der Sprache aus (ebd.).

b) Kommunikation mit Medien

Kommen wir nun zur Kommunikation mit Medien. Wir vertiefen hier die Überlegungen von Friedrich Krotz, die in Kap 1.2.1 zu den prägnanten gesellschaftlichen Entwicklungen unserer Zeit unter dem Label *Mediatisierung* bereits kurz angerissen worden sind. Er entwickelte ein auf dem Symbolischen Interaktionismus basierendes Verständnis vom Handeln mit Medien, welches er mit dem Begriff der Medienkommunikation beschreibt (vgl. Krotz 2001). Dieses Verständnis ist eine außerordentlich wichtige theoretische Basis für das Verstehen des Medienhandelns der Menschen, der Aneignung der Medien durch Kinder, Jugendliche und Erwachsene. Es ist damit auch eine wichtige Grundlage für die Forschung und Praxis der Medienpädagogik. Krotz formuliert den Stellenwert der Kommunikation – als Form symbolisch-vermittelter Interaktion – mit Bezug auf den Symbolischen Interaktionismus folgendermaßen:

> „Die Wirklichkeit des Menschen ist immer symbolische, zeichenvermittelte Wirklichkeit. Menschen zeichnen sich durch die Fähigkeit zu symbolisch vermittelter Kommunikation aus, sie leben dementsprechend in einer Welt aus gedeuteten Symbolen, die sie als Gesellschaftswesen in ihren Interaktionen konstruieren. Weil soziales Geschehen und soziale Strukturen aus dem sozialen Handeln der Menschen und damit aus ihren Interaktionen entstehen, wird damit das Bild einer durch und durch sozialen Welt unterstellt, die auf Kommunikation beruht, die ohne Kommunikation auch nicht verstanden werden kann und in der man ohne Kommunikation nicht leben kann.“ (Krotz 2001, S. 47).

Nach Krotz ist das Aushandeln von Bedeutungen ohne Kommunikation also gar nicht möglich. Das Generieren von Bedeutungen ist mit dem Prozess der Kommunikation verschränkt. Vom Begriff des Handelns aufgelöst, ist soziales Handeln Interaktion, weil sich Menschen stets aufeinander beziehen und aufeinander eingehen. Kommunikation ist gemäß den Ausführungen von Krotz als Spezialfall von Interaktion zu verstehen, wenn mittels Symbolen Informationen bzw. Bedeutungen beabsichtigt übertragen werden. Dies erfolgt vor allem über die Sprache, aber auch über andere Zeichensysteme (bspw. über Gesten) und ist als ein Prozess sozialen Handelns zu verstehen:

> „Kommunikation entsteht vielmehr, weil die verwendeten Zeichen und Symbole für die Menschen einer Kultur und Gesellschaft spezifische Bedeutungen haben und weil die Verwendung und Übertragung von Zeichen und Symbolen einerseits von Bedeutungen geleitet ist, andererseits die Zuweisung von Be-

deutung erzeugt. Nur deshalb ist Kommunikation überhaupt ein Fall sinnhaften sozialen Handelns und sinnvollen Verstehens." (Krotz 2001, S. 59).

Führen wir es nun zusammen: Im Verständnis des Symbolischen Interaktionismus findet Kommunikation also dann statt, wenn Bedeutungen „mitgeteilt und verstanden werden" (Krotz 2001, S. 59). Im Inneren des Rezipienten läuft ein Verstehensprozess ab, der nach Krotz auch als Prozess des „Aneignens" (ebd.) bezeichnet werden kann. Der Rezipient interpretiert, was der Kommunikator wohl meint, leitet die Bedeutung für sich selbst ab und muss sich wiederum selbst im Falle des Antwortens überlegen, wie das, was er mitteilen will, beim anderen Kommunikationspartner ankommt. Dies geschieht durch Antizipation. Kommunikation ist also ein aktiver, in persönliche, gesellschaftliche und kulturelle Kontexte eingebundener Austausch- und Aushandlungsprozess der Bedeutungsgenerierung zwischen Kommunikationspartnern, der die antizipatorische Rollenübernahme des Anderen (des Kommunikationsadressaten) verlangt. Voraussetzung jeder Kommunikation, so Krotz, sind erstens die (grundlegende) Absicht zur Verständigung und zweitens „geteilte kulturelle und soziale Bezüge. Verstehen beinhaltet deshalb nicht einfach nur, dass man hört, was andere sagen, sondern meint einen wesentlich komplexeren Prozess." (Krotz 2001, S. 63).

c) Medienkommunikation als soziales Handeln

Die Bedeutung von Medien und medial vermittelten Kommunikationsinhalten im Sozialisationsprozess ist enorm. Denn wenn sich der Mensch handelnd mit Personen und Dingen auseinandersetzt, dann gehören dazu auch technische Gerätschaften wie Fernseher, Smartphone und Tablet, aber auch Kommunikationsstrukturen wie das Internet und natürlich die Vielzahl und Vielfalt an medialen Inhalten, die angeboten und genutzt werden. Medien sind Mittler der symbolischen Kommunikation – als übertragende Gerätschaften und als Träger symbolischen Materials. Handeln mit Medien ist folglich stets als soziales Handeln und als Kommunikation zu verstehen. Krotz führt hierfür den Begriff der Medienkommunikation ein (vgl. Krotz 2001).

In diesem Verständnis werden Medien von den Menschen nicht zuletzt genutzt, um mit anderen Menschen zu kommunizieren und sich dabei mit individuellen und gesellschaftlichen Bedeutungen auseinanderzusetzen. Über symbolische Kommunikation mittels Medien können sich Menschen im privaten Gespräch mit einem bestimmten Gegenüber austauschen. Wir tun dies im Alltag beim Telefonieren, E-Mailen, Chatten und – das mittlerweile antiquiert – wenn wir Briefe schreiben. Aber auch massenmediale,

d. h. standardisierte Medieninhalte, die sich im frühen Verständnis von Massenkommunikation an ein disperses, breit gestreutes Publikum richten (vgl. Maletzke 1963), können von Menschen genutzt werden, um sich mit der Meinung und zugewiesenen Bedeutung eines bestimmten Anderen als auch mit der Meinung des Generalisierten Anderen auseinandersetzen.

> „Buch und Fernsehgerät, Radio, Zeitung, Comic oder der Computermonitor sind dementsprechend instrumentell einerseits Fenster zur Welt und zur gesellschaftlichen Öffentlichkeit, um die sich die Familie oder Haushalt konstituieren oder vor denen das Individuum sitzt, zugleich aber auch für jeden Rezipienten die Eröffnung von anderen gesellschaftlichen, oder, vom Individuum her gesehen, Gefühls- und Gedankenwelten, mit denen sich der Einzelne, allein oder mit anderen zusammen, beschäftigt und auseinandersetzt." (Krotz 2001, S. 50).

Für das soeben skizzierte Verständnis von Medienkommunikation auf der Basis des Symbolischen Interaktionismus ist zentral, dass die Menschen stets als situativ handelnd betrachtet werden, d. h. sie sind immer auch damit beschäftigt, „ihre Identität in der Präsentation gegenüber den anderen und sich selbst gegenüber zu konstituieren und weiterzuentwickeln und darüber aktiv die Welt zu rekonstruieren. Dabei wird jedes medienbezogene Interagieren und Kommunizieren als aus Face-to-face-Situationen hervorgegangen verstanden" (Krotz 2001, S. 69). Das ist ein wichtiger Punkt, den Krotz hier anspricht. So „gilt grundsätzlich, dass Medienkommunikation ebenso wie Kommunikation zwischen Menschen in Situationen und Rollen der Teilnehmer geschieht, dass jedes Verstehen auf imaginativen Rollen- und Perspektivübernahmen beruht und dass jede Medienkommunikation von einem inneren Dialog begleitet ist, wenn sie hergestellt und verstanden werden soll." (ebd., S. 74). Jede Art der Medienkommunikation ist also aktives Handeln mit Medien, in dessen Prozess sich der Mensch individuell mit der gesellschaftlichen Realität auseinandersetzt. Und auch wenn wir uns mit massenmedialen Angeboten beschäftigen, etwa mit einem Spielfilm, dann laufen im Kern die Prozesse der Rollenübernahme und Interpretation ab, die auch in einem Gespräch von Angesicht zu Angesicht ablaufen.

In Abb. 11 haben wir die zentralen Inhalte des Kapitels noch einmal visualisiert und in einen Gesamtzusammenhang gebracht. Wir sehen hier ganz oben als übergeordnetes Konzept die theoretische Perspektive auf Interaktion als soziales Handeln. Dem untergeordnet ist Kommunikation als Bedeutungsvermittlung und Interpretation mittels Symbolen, die wir mit der Theorie Symbolischer Interaktionen entfaltet haben. Die in der

Abbildung ihr untergeordnete Medienkommunikation ist wiederum ein spezifischer, aber zunehmend wichtiger Teil von Kommunikation, wie wir im Rückgriff auf das Konzept zur Mediatisierung des kommunikativen Handelns der Menschen beschrieben haben. Jetzt gehen wir noch einen Schritt weiter und nähern uns einem Konzept an, das den Umgang der Menschen mit den Medien in einer spezifischen Art und Weise systematisiert und wie kein anderes in dieser Ausdifferenziertheit direkte Anschlussmöglichkeiten für die medienpädagogische Forschung und Praxis bietet.

Abb. 11: Interaktion – Kommunikation – Medienkommunikation

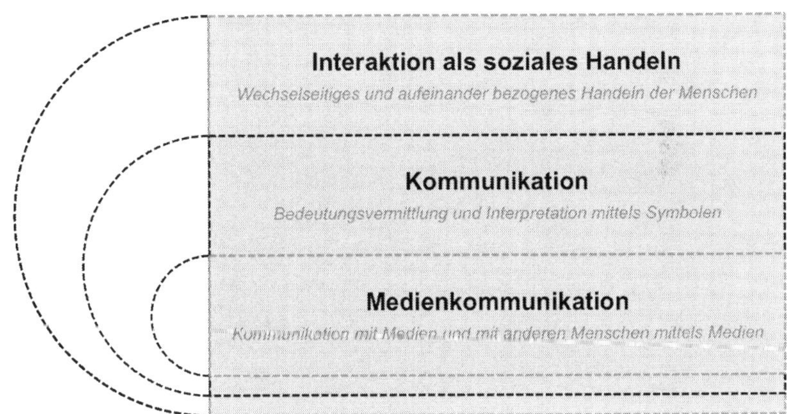

2.3.4 Das Konzept der Medienaneignung

Was hat es nun mit *Medienaneignung* auf sich? Einen Begriff der Aneignung kennen wir schon etwas länger in der Psychologie, vor allem durch die Arbeiten russischer Entwicklungspsychologen, und aus unterschiedlichen pädagogischen Kontexten, zum Beispiel hinsichtlich der Aneignung von Wissen durch Lernende. In der medienpädagogischen Forschung und Praxis geht es im Kern um die Aneignung der Medien und ihrer Inhalte – und das ist im Kern das, was lange Zeit begrifflich mit Mediennutzung oder Medienrezeption und von uns in den Kapiteln zuvor zum besseren Verständnis auch mit Medienumgang beschrieben wurde. Das Konzept der Medienaneignung beinhaltet nun aber doch eine besondere Perspektive auf Mediennutzung, Medienrezeption oder eben den Medienumgang der Menschen an sich.

a) Theoretische Verortung und begriffliche Eingrenzung

Obwohl die verschiedenen Begriffe meist nicht hinreichend voneinander abgegrenzt und zum Teil sogar synonym verwendet werden, hat sich im aktuellen Diskurs der Medienpädagogik der Begriff der Medienaneignung etabliert. Mittlerweile firmiert auch ein nicht unerheblicher Teil der medienpädagogischen Forschung unter dem Label *Medienaneignungsforschung*. Aber dazu im nächsten Kapitel mehr. Wir wenden uns jetzt erst einmal dem Aneignungsbegriff zu. In Abb. 12 haben wir die verschiedenen Konzepte und Konzeptionen mit ihren Hauptvertretern dargestellt, in denen die Aneignung eine mehr oder minder wichtige Rolle spielt. Wir sehen hier, dass ganz unterschiedliche wissenschaftliche Disziplinen in der Vergangenheit einen Aneignungsbegriff eingeführt haben.

Abb. 12: Der Aneignungsbegriff und seine Einflüsse

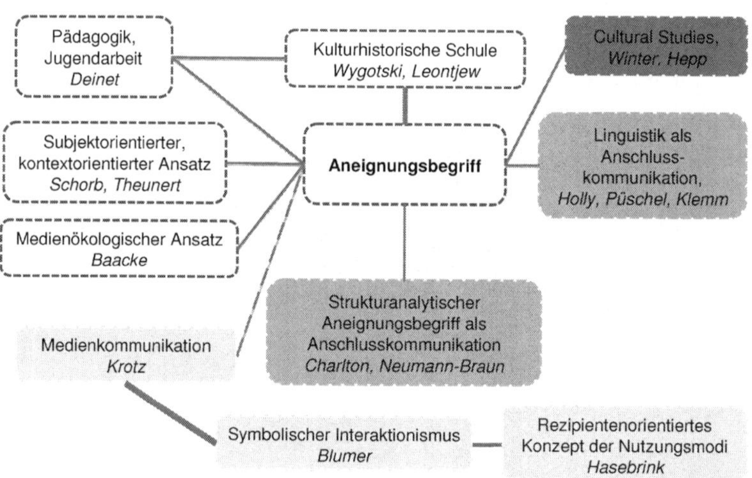

Was ist nun das Spezifische von Medienaneignung? Einen für uns sehr gelungenen ersten Zugang erhalten wir mit Andreas Hepp, der Medienaneignung aus Perspektive der *Cultural Studies* konzipiert hat. *Medienaneignung* meint hier, dass sich die Menschen die Medien und ihre Inhalte ‚zu eigen machen'. Dies umfasst für ihn nicht nur die eigentliche Nutzung bzw. Wahrnehmung, sondern auch die vorgelagerte Auswahl der Medienangebote und nachgelagerte Bewertung und Verarbeitung (vgl. Hepp 2005). Diese ganzheitliche Sicht schärft unseren Blick nicht zuletzt für die bedeutenden, nachgelagerten Verarbeitungsprozesse im Kreise der Peergroups und Familien (Stichwort: Anschlusskommunikation) und wird auch in der medienpädagogischen Theorie und Forschungen aufgegriffen.

Für diese, uns nachfolgend interessierende medienpädagogische Perspektive auf Medienaneignung sind die Arbeiten von Bernd Schorb und Helga Theunert sowie von Michael Charlton und Lothar Mikos von besonderer Bedeutung. Als gemeinsame Grundbasis ihrer Begriffsbestimmungen kann gelten, dass eine Subjektsicht eingenommen und der Prozess des Medienhandelns als individueller Aneignungsprozess verstanden wird, in dem der Umgang des Menschen mit Medien aktives Medienhandeln und die Medienaneignung darin der zentrale Prozess ist:

> „Dieser Prozess ist ein komplexer, bei jedem Individuum unterschiedlicher Vorgang, der jedoch abhängig vom medialen Angebot und der Lebenswelt der Individuen Übereinstimmungen aufweist." (Schorb & Theunert 2000, S. 34)

b) Dimensionen des Medienaneignungspozesses

Im Prozess des Aneignens interagieren die Menschen mit Medien und ihren Inhalten in ihrem Alltag und vor dem Hintergrund ihrer je spezifischen Lebens- und Erfahrungswelt. Dazu gehört auch, bestimmte Medienangebote bewusst nicht zu nutzen. Bernd Schorb und Helga Theunert bestimmen innerhalb des Medienaneignungsprozesses vier miteinander verwobene, teilweise parallel laufende Dimensionen (vgl. Schorb & Theunert 2000):

- *Nutzung:* Sie beinhaltet über die eigentliche Zuwendung hinausgehend auch die Auswahl medialer Angebote, den Umfang und die Dauer der Rezeption sowie die Akzeptanz und Präferierung von Medien.
- *Wahrnehmung:* Diese Dimension von Medienaneignung beinhaltet die Aufnahme auditiver und visueller Reizen und die geistige Aufnahme von medialen Erscheinungsformen und Produkten.
- *Bewertung:* Auf der Grundlage der sozialen und medialen Lebenserfahrungen sowie der Normen und des Wertesystems bewerten die Nutzer die Medien und ihre Inhalte.
- *Verarbeitung:* Während des inneren Verarbeitungsprozesses auf der Grundlage der persönlichen Erfahrungen entscheidet sich, inwieweit Medien auf das Handeln und Verhalten des Nutzers Einfluss nehmen können.

Bernd Schorb und Helga Theunert übersehen also auch mögliche Einflüsse nicht. Sie sagen ganz klar, dass zwar die Interpretationsleistung beim Menschen liegt, aber der Aneignungsprozess auch durch die mediale Botschaft, deren Ästhetik und Dramaturgie beeinflusst ist (vgl. Schorb & Theunert 2000). Von einem solchen Wechselverhältnis geht auch der Film- und Fernsehwissenschaftler Lothar Mikos aus. In seiner Auseinandersetzung mit Medienrezeption und Medienaneignung betont er, dass sowohl das Medienangebot – der Text – als auch der Rezipient Anteil im Prozess der Medienaneignung haben (vgl. Mikos 1998, 2001). Mikos unterscheidet zwischen der Rezeptionsphase und der Aneignungsphase. Rezeption fasst er als die konkrete Interaktion zwischen Mensch und Medienangebot, die Aneignung aber als den von der Rezeption zu unterscheidenden Prozess der „Übernahme des rezipierten Textes in den alltags- und lebensweltlichen Diskurs und die soziokulturelle Praxis des Zuschauers" (Mikos 2001, S. 63). Das heißt, wenn Mikos Medienaneignung sagt, dann versteht er darunter nur einen Teil des Prozesses, den Schorb und Theunert mit Medienaneignung beschreiben. Lothar Mikos versteht Medienaneignung als interaktionistisches Paradigma, als dialogisches Text-Zuschauer-Verhältnis und „permanentes Wechselspiel zwischen Text und Zuschauer" (ebd., S. 61). Dabei betrachtet er das mediale Angebot als ein von anderen Menschen geschaffenes „symbolisches Material" (ebd.). Wir sehen also auch hier wieder die theoretische Verortung im Symbolischen Interaktionismus.

Kommen wir nun noch kurz zu einer etwas früheren strukturanalytischen Perspektive auf Medienaneignung, die auf psychologisch-soziologischen und sprachwissenschaftlichen Überlegungen beruht (vgl. Charlton 1993; Klemm 2000). Charlton verwendet den Begriff der Medienaneignung ähnlich wie Mikos zur Bezeichnung von kommunikativen Akten und sozialen Handlungen im Anschluss an die eigentliche Rezeption, dieser vorgelagert oder sie begleitend. Medienaneignung ist für ihn die Verarbeitungsebene von Medienbotschaften, wie sie Schorb und Theunert mit den Dimensionen der Bewertung und Verarbeitung ansprechen. Medienaneignung vollzieht sich nach Charlton sowohl durch Gespräche zwischen Mediennutzern vor, während und nach der Rezeption als auch durch innere Kommunikation. Diese innere Kommunikation kann in Anlehnung an Mead als sozialer Dialog verstanden wird (vgl. Charlton 1993). An dieser Stelle sehen wir deutliche Parallelen zu Krotz' Verständnis von Medienkommunikation. Über die Medienaneignung erlangt der Mensch nach Charlton letztlich eine „Verständigung mit Medien über sich selbst", bei der zwei Fragen im Mittelpunkt stehen (Charlton 1993, S. 13):

- *Gibt es Anteile des dargestellten Verhaltens auch in meinem Leben und wie konform ist dieses Verhalten mit den Regeln und Normen einer konkreten oder ideal gedachten Gesellschaft?*
- *Kann ich auch für meine Person und als Träger einer individuellen Biographie eine Anerkennung beanspruchen, wie es die dargestellten Personen explizit oder implizit tun?*

Die erste Frage bezieht sich auf die „Zustimmungswürdigkeit des eigenen Handelns im Licht der Mediendarstellung“, die zweite auf die „Anerkennung als Person“ (ebd.). Gemeinsam mit Klemm formuliert Charlton auch Fragen, die denen der Aneignungsphase während der Rezeption vorausgehen: „Auf welche Form der Kommunikation lasse ich mich ein, wenn ich diese Sendung ansehe? Was hat das Gezeigte mit mir und meiner Welt zu tun? Was von dem hier Erfahrenen möchte ich mit meinen Freunden teilen?“ (Klemm 2000, S. 77). Letztlich ist Aneignung auch in der soeben kurz umrissenen strukturanalytischen Perspektive als kommunikatives Handeln bestimmt, wie es Krotz in seinem Konzept des Medienhandelns als Medienkommunikation skizziert hat – auch wenn er das gesamte Medienhandeln, also den Rezeptionsprozess und den Aneignungsprozess als kommunikatives Handeln mit sich selbst und anderen fasst.

c) aktive Auseinandersetzung mit Medien und Generieren von Bedeutung

Fassen wir noch einmal zusammen und bestimmen den Begriff der Medienaneignung auf diesen theoretischen Fundamenten: Der Medienaneignungsbegriff bezieht sich auf all das, was die Menschen mit den Medien in ihrem Leben anfangen und konzipiert dies als einen individuell ausgestalteten Prozess der Auseinandersetzung mit den Medien und ihren Inhalten bzw. Botschaften, wie es in der Theorie Symbolischer Interaktionen gefasst wird. In dieser theoretischen Gesamtrahmung ist Medienaneignung zweierlei:

- Erstens ein *aktiver Prozess des Sich-Anzeigens und der Interpretation* medialer Kommunikate: Er umfasst die Auseinandersetzung mit Medien, bei der die Menschen Kommunikate anderer verstehen und mittels Rollenwechsel die Bedeutung von Medienangeboten verhandeln und für sich selbst ableiten.
- Zweitens eine *individuelle und kontextabhängige Auseinandersetzung und Bedeutungsgenerierung* mit Medien: Sie umfasst nicht nur den Prozess der eigentlichen Nutzung der Medien (Rezeption

im engeren Sinne), sondern auch die vorgelagerten Auswahl- und nachgelagerten Verarbeitungsprozesse.

Die von Schorb & Theunert (2000) vorgeschlagene Differenzierung der Medienaneignung in die Dimensionen Nutzung, Wahrnehmung, Bewertung und Verarbeitung durch ein aktiv handelndes Subjekt hat eine besondere Bedeutung für den empirischen Zugang und damit für die Erforschung von Medienaneignungsprozessen. Aneignung von medialen Inhalten geschieht stets auf der Grundlage der sozialen und medialen Erfahrungswelt des Individuums, seiner Lebenssituation und seiner emotionalen Stimmung, die in den handlungsleitenden Themen der Rezipienten Ausdruck finden. Die Verarbeitungsebene kann dabei parallel zur Rezeption (Phase des tatsächlichen Nutzens des Mediums, in der gelesen, zugehört und zugeschaut wird) verlaufen, sich weiterhin direkt an die Rezeption anschließen, aber auch danach, zeitlich versetzt, weiter erfolgen. Insofern ist Medienaneignung nie wirklich abgeschlossen, da selbst nach Jahren noch ein Rückgriff auf medial gemachte Erfahrungen auf der Verarbeitungsebene oder aber eine nachgeschaltete Neubewertung der einst angeeigneten Inhalte erfolgen kann. Aneignungsforschung kann somit auch jeweils nur den aktuellen Stand der Aneignung eines Subjektes nachvollziehen.

Fragen/Hinweise zum Weiterarbeiten

Vergegenwärtigen Sie sich, dass Sie keine Aussagen zur Bedeutung von Medien für die Entwicklung, den Alltag, die Bildung von Kindern und Jugendlichen machen können, ohne dass Sie vorher geklärt haben, welche Vorstellung von Sozialisation Sie haben und wie Sie theoretisch den Umgang des Menschen mit Medien fassen. Schauen Sie sich Abb. 11 zum Begriff „Aneignung" noch einmal an und recherchieren Sie weiterführend einige Namen und Ansätze!

2.4 Perspektiven und Methoden medienpädagogischer Forschung

Ein wichtiger Anspruch der Medienpädagogik ist es, in der Erforschung der mediatisierten Lebenswelten und des konkreten Medienumgangs der Menschen Handlungs- und Unterstützungsbedarf zu identifizieren und die Konzepte des Handelns in der pädagogischen Praxis vor allem, aber nicht nur mit Kindern und Jugendlichen auf ‚feste Füße' zu stellen. Nachfolgend machen wir uns deshalb zunächst mit den grundlegenden Perspektiven medienpädagogischer Forschung vertraut. Im Mittelpunkt steht hier zunächst der Blick, den wir auf die jungen Menschen richten und das grundsätzliche Anliegen, deren (Medien-) Handeln in empirischen Zugängen nicht unbedingt abschließend erklären zu können, sondern besser zu verstehen. Wir vertiefen daher auch das kontextuelle Verstehen von Medienaneignung als das zur Zeit wichtigste Konzept handlungsorientierter Medienpädagogik, das uns wichtige Hinweise gibt, wie der Medienumgang junger Menschen in seiner lebensweltlichen und medialen Verortung erforscht werden kann. Abschließend geben wir einen kurzen Überblick, über die verschiedenen sozialwissenschaftlichen Forschungsmethoden, die – mit je spezifischer Schwerpunktsetzung – auch bei der medienpädagogischen Forschung zur Anwendung kommen.

2.4.1 Kinder und Jugendliche im Fokus forschender Erwachsener

Wie in Kap. 1.2 gezeigt, sind Medien längst Teil des Alltags von Kindern, und auch die digitalen Medien sind bereits in der frühen Kindheit präsent. Jugendliche bedienen sich der (neuen) Medientechniken, Angebotsformen und Nutzungsmöglichkeiten weitestgehend selbständig, kombinieren sie im persönlichen Umgang in spezifischer Weise und machen sie sich für das eigene Leben zu eigen. Die digitale Medienwelt hat Kindheit und Jugend schon jetzt tiefgreifend verändert und wird das Heranwachsen junger Menschen noch weiter verändern. In der Konsequenz entstehen auch neue Kinder- und Jugendkulturen, deren Logik und Entwicklung wir noch gar nicht vollständig verstehen.

Der Schlüssel, um diese neuen Welten für Erwachsene aufzuschließen und sie insbesondere Erziehenden und PädagogInnen verständlich zu machen, sind die Kinder und Jugendlichen selbst (vgl. Fleischer & Fuhs 2013). Als handlungstheoretisch fundierte und anwendungsbezogene wissenschaftliche Disziplin muss Medienpädagogik sie nicht nur in der Praxis, sondern auch in der Forschung als Zielgruppe ihres Handelns in den Mittelpunkt rücken – und zwar mit ihrer subjektiven Sicht auf die Dinge. Wie nachfolgend skizziert, lässt sich diese Perspektive bereits früh in der empirisch orientierten Pädagogik auffinden und hat sich daraus eine differenziert Sicht entwickelt, in der wir als (forschende) Erwachsene die zunehmend mediatisierten Lebenswelten von Kindern und Jugendlichen als uns ‚fremd' anerkennen und junge Menschen als Experten ihres (Medien-)Handelns aktiv in den Forschungsprozess einbeziehen.

a) Frühe Zugänge zum Subjekt in der Kindheits- und Jugendforschung

Die Anfänge einer pädagogischen Forschung, die sich an der Perspektive von Kindern und Jugendlichen orientiert, reichen zurück bis in das 18. Jahrhundert. Mit dem autobiografischen Erziehungsroman „Emile" legte Jean Jacques Rousseau 1772 den Grundstein für eine Betrachtung von Kindheit und Jugend als eigenständige Lebensphasen und lenkte die Aufmerksamkeit der Pädagogik auch auf die individuellen Lebensläufe junger Menschen (vgl. Krüger & Grunert 2002). In der Folge wurden solche Zugänge einer empirisch orientierten wissenschaftlichen Pädagogik zwar fortgeführt und die Bedeutung der Beobachtung junger Menschen und der Analyse von Autobiografien und den hier enthaltenen Erinnerungen und Selbstbeobachtungen herausgestellt, entsprechende Ansätze wurden im 19. Jahrhundert aber kaum weiterverfolgt:

> „In dieser Zeit lag der Fokus erziehungswissenschaftlicher Theoriebildung auf bildungsphilosophischen und unterrichtswissenschaftlichen Ansätzen (Herder, Humboldt). Auch in der Soziologie blieb die Anerkennung einer solchen Forschung bis in das 20. Jahrhundert hinein aus. Hauptthema soziologischer Überlegungen war im 19. Jahrhundert in erster Linie der Nachweis der gesellschaftlichen Bedingtheit des Individuums." (Krüger & Grunert 2002, S. 12)

Anfang des 20. Jahrhundert etablierte sich im deutschsprachigen Raum eine empirisch orientierte Kindheits- und Jugendforschung, die sich zunehmend auch für die Eigenwelt junger Menschen interessierte. Neben psychologischen Fragestellungen insbesondere zur Entwicklung in Kindheit und Jugend leiteten zunehmend soziologische und pädagogische Fragen die empirischen Zugänge. Den Fragestellungen wurde zu dieser Zeit vor allem mit qualitativen Forschungsmethoden nachgegangen, wobei biografische und ethnografische Methoden eine besondere Bedeutung hatten. In den folgenden Jahren etablierte sich dann eine quantitative Jugendforschung. Hier wurden bereits vorhandene Statistiken ausgewertet oder Tests, Umfragen und quantitative Dokumentenanalysen durchgeführt. Ziel war es, von Einzelfällen zu abstrahieren und im Ideal ‚allgemeingültige' Aussagen zu Kindern und Jugendlichen treffen zu können, an denen sich nicht zuletzt die pädagogische Praxis orientieren kann.

Solche, für bestimmte Altersgruppen repräsentative Untersuchungen prägten in der Nachkriegszeit zunehmend die Erforschung junger Menschen. So haben die Jugendkulturen der 1950er (Rock 'n' Roll- und Beatnik-Bewegung) und 1960er Jahre (Mods- und Hippie-Bewegung) nicht nur zu allgemeiner Verwunderung in der Gesellschaft geführt, sondern auch erste empirische Zugänge zu den Jugendlichen selbst befördert, um verallgemeinerbare Aussagen zu deren Einstellungen, Erwartungen, Lebensverhältnissen und Sozialverhalten zu erhalten. Wir denken hier vor allem an die bekannte *Shell Jugendstudie*, die 1953 zum ersten Mal durchgeführt wurde und uns in ihrer bislang letzten, 17. Auflage ein Bild zur Lage der Jugend im Jahr 2015 gegeben hat. Auch die repräsentativen demoskopischen *Panoramastudien* gaben in den 1950er Jahren wertvolle Einblicke in die Einstellungen Jugendlicher in dieser Zeit. Durchgeführt wurden sie unter anderem vom Meinungsforschungsinstituts *EMNID*, von dem wir noch heute mit aktuellen Stimmungsbildern in der Gesellschaft versorgt werden.

Die Lage der Kinder stand demgegenüber erst später im Fokus. Sie wurden bis weit in das 20. Jahrhundert hinein nicht als eigenständige, von anderen abgrenzbare Bevölkerungsgruppe mit eigenen Einstellungen und Erwartungen betrachtet. In den offiziellen Statistiken tauchten sie allenfalls als Haushalts- oder Familienmitglieder auf oder wurden im Zusammenhang von Schule thematisiert – als Schülerinnen und Schüler unterschiedlicher Jahrgänge und Schulformen. Erst in den 1970er Jahren begann die sozialwissenschaftliche Forschung vermehrt, Kinder aus diesen Kontexten herausgelöst und als „individuelle Meinungsträger“ (Zinnecker 1999, S. 77) zu betrachten, deren Perspektive in den empirischen Zugängen zu berücksichtigen ist. Ein frühes Beispiel ist hier das 1980 durchgeführte repräsentative *Kindersurvey* von Sabine Lang zu den Lebensbedingungen und der subjektiv wahrgenommenen Lebensqualität Acht- bis Zehnjähriger.

Unterm Strich war die Erforschung junger Menschen in der Nachkriegszeit bis in die 1970er Jahre hinein von Jugendsoziologie, Entwicklungspsychologie und quantitativen Methoden dominiert. Die pädagogische Jugendforschung, die sich – zumindest in Ansätzen – auch auf die Theorie symbolischer Interaktionen bezog (siehe Kap. 2.3.2), bereitete dann einer neuen Sichtweise den Weg, in der Jugendliche nicht mehr (nur) als Objekte, sondern als *handelnde Subjekte* begriffen wurden. Ein ähnlicher Perspektivwechsel lässt sich Jahre später auch für die Kindheitsforschung konstatieren. Eine konzeptionelle Grundlage bildete hier nicht zuletzt der Anspruch einer phänomenologischen Pädagogik, Kinder nicht mehr nur als Menschen in ihrer Entwicklung zu begreifen, sondern die Eigenständigkeit der Lebensphase Kindheit (auch als eine Erwachsenen fremde Eigenwelt) zu betonen (vgl. Krüger & Grunert 2002). Auch hier finden wir die grundlegende Forderung, mehr über die Alltagserfahrungen und Lebensbedingungen junger Menschen in Erfahrung zu bringen und sich in den empirischen Zugängen – das ist eine wichtige Prämisse bis heute – auf deren Perspektive einzulassen.

b) Der veränderte Blick forschender Erwachsener auf Kinder und Jugendliche

Wenn wir uns als forschende Erwachsene auf die Perspektive junger Menschen einlassen, dann sollten wir auch den Wandel von Kindheit und Jugend in unserer Gesellschaft berücksichtigen. Insbesondere müssen wir beachten, dass bereits Kinder ihr Leben heute in vielfacher Weise selbst gestalten – in einigen Bereichen an uns Erwachsenen vorbei. Wenn hier von einer ‚neuen' Selbständigkeit Heranwachsender die Rede ist, dann sind dies auch ‚sichtbare' Erscheinungen der gesamtgesellschaftlichen Individualisierungs-, Beschleunigungs- und Mediatisierungsprozesse, wie wir sie in Kap. 1.2.1 kurz skizziert haben. Dabei haben sich digitale Medien und neue Kommunikationsstrukturen als neue Handlungsräume etabliert und sind nicht nur zu eigenständigen Lern- und Erfahrungsbereichen von Kindern und Jugendlichen geworden – sie haben auch zu einem ‚Machtverlust' von Familie und Schule geführt, die als klassische Sozialisationsinstanzen das Heranwachsen bisher pädagogisch bestimmt, gerahmt und beschützt haben (vgl. Fleischer & Fuhs 2013).

Für den empirischen Zugang vielleicht noch wichtiger ist, dass Kindheit und Jugend, auch das Erwachsensein, immer wieder neu bestimmt werden, die Hierarchie zwischen den Generationen immer wieder neu verhandelt wird. Nicht nur Jugendlichen, auch Kindern werden heute eigene Rechte zugestanden und sie können auf vielen Gebieten mitentscheiden (siehe auch UN-Kinderrechtskonvention). Für die Eltern-Kind-Beziehungen in Familien hat die Wissenschaft dies bereits in den 1990er Jahren festgestellt und als eine Entwicklung vom Befehls- zum Verhandlungshaushalt beschrieben (vgl. du Bois-Reymond 1994). Erwachsene wissen nicht mehr von vornherein, was für Kinder richtig ist, und schenken der Meinung von Kindern zunehmend Gehör. In Familien entscheiden Kinder und Erziehende in vielen Punkten längst zusammen – mit einer Verschiebung der ‚Machtbalance' weg von der Elternorientierung hin zur Kindorientierung (vgl. Büchner et al. 1997).

In diesen Gesamtkontext eingeordnet ist die Forderung, Kinder und Jugendliche in den empirischen Zugängen ernst zu nehmen, auch Ausdruck des gewandelten Verhältnisses der Generationen in unserer Gesellschaft und mittlerweile prägend für die Kinder- und Jugendforschung. Burkhard Fuhs, der seit vielen Jahren Lern-, Bildungs-, Sozialisations- und Erziehungsprozesse in mediatisierten Lebenswelten von Kindern erforscht, bringt dies sehr deutlich auf den Punkt, wenn er feststellt, dass die *generationale Ordnung* den gesamten Forschungsprozess bestimmt (vgl. Fuhs 1999).

Dieser generationalen Ordnung sind auch die uns als Erwachsenen oft ‚fremd' erscheinenden Medienwelten junger Menschen unterworfen. Zwar werden Kinder und Jugendliche zunehmend selbst aktiv – mit eigenen medialen Angeboten und Kommunikationsinhalten. Noch immer sind es aber in erster Linie die Erwachsenen, die Medien für Kinder und Jugendliche produzieren und ihnen die beliebten Kommunikationsstrukturen zur Verfügung stellen. Es sind auch die Erwachsenen, die den jungen Menschen den Umgang mit Medien ermöglichen und ihn – mehr oder minder erfolgreich – reglementieren, sowohl bei (medien-)erzieherischen handeln in den Familien als auch mit den Instrumenten des Kinder und Jugendmedienschutzes (v.a. Altersfreigaben bei Kinofilmen und Computerspielen, Sendezeitschienen im Fernsehen und Zugangsbeschränkungen im Internet).

Für eine angemessene Berücksichtigung der Eigenperspektive junger Menschen in den empirischen Zugängen lassen sich nun folgende zwei methodische Prämissen formulieren, die wir in den nächsten Abschnitten hinsichtlich der aktuellen Perspektive in der medienpädagogischen Forschung weiter entfalten werden:

- *Anerkennung der Lebenswelten junger Menschen als uns ‚fremd'*: Als forschende Erwachsene müssen wir die Eigenwelten von Kindern und Jugendlichen, die sich nicht zuletzt unter dem Eindruck digitaler Medien gewandelt haben, als uns fremde Welten anerkennen. Sie unterscheiden sich markant von unseren Lebenswelten und haben auch nicht mehr viel mit den Welten zu tun, in denen wir als Kinder oder Jugendliche aufgewachsen sind.
- *Einbindung von Kindern und Jugendlichen in den Forschungsprozess:* Als forschende Erwachsene müssen wir die jungen Menschen mit ihrer Sicht auf die Dinge aktiv in den Forschungsprozess einbeziehen. Kinder und Jugendliche selbst sind ‚kleine Forscher' mit einem aufmerksamen Blick für ihre ganz persönliche Welt. In empirischen Zugängen, die für ihre Perspektive offen sind, können sie uns ihre ganz persönliche Welt am besten verständlich machen.

Wenn forschende Erwachsene die Lebenswelten junger Menschen als ihnen fremd anerkennen, begeben sie sich in ihrer wissenschaftlichen Arbeit gewissermaßen an die Grenze zweier Bedeutungswelten (vgl. Fuhs 2007a). Die Arbeit an der Bedeutungsgrenze zunehmend mediatisierter Lebenswelten von Kindern und Jugendlichen auf der einen Seite und der Welt forschender Erwachsener auf der anderen ist nicht zuletzt deshalb wichtig, weil der erwachsene Blick auf Kindheit und Jugend häufig stark pädagogisiert ist.

Fehlendes Wissen über und eine mangelnde Vertrautheit mit der Eigenwelt junger Menschen stehen mitunter in einem Widerspruch zum Wunsch Erwachsener, den Lebensraum von Heranwachsenden zu kontrollieren und den jungen Gesellschaftsmitgliedern ein gelingendes Leben zu ermöglichen.

In dieser, von Fleischer und Fuhs (2013) aufgemachten Perspektive lässt sich durchaus kritisch hinterfragen, ob sich einige idealisierte Vorstellungen Erwachsener (z. B. von einer ‚glücklichen Spielkindheit' außerhalb digitaler Medienwelten) nicht schon zu weit von Kinderkultur und der Perspektive von Kindern entfernt haben. Zu hinterfragen ist auch, ob die antizipierten Anforderungen des globalen Bildungswettbewerbs, in denen ein kompetenter Medienumgang als unverzichtbar verortet wird, die sehr viel weitreichendere Bedeutung von Medienkompetenz zu stark verkürzt und – an wichtigen Bereichen des Lebens Heranwachsender vorbei – zu verengt pädagogisch funktionalisiert.

c) Heranwachsende als Experten ihres (Medien-)Handelns

Der bereits vollzogene Perspektivwechsel in der sozialwissenschaftlichen Kinder- und Jugendforschung sowie der mit der generationalen Ordnung veränderte Blick forschender Erwachsener auf Kinder und Jugendliche sind wichtige Ausgangspunkte für die methodischen Zugänge in der medienpädagogische Forschung. Als handlungstheoretisch fundierte und anwendungsbezogene wissenschaftliche Disziplin hat die Medienpädagogik früh die Ansätze der neueren Sozialisationstheorie aufmerksam verfolgt, in denen Kinder und Jugendliche als *Akteure ihres Handelns* und *produktiv realitätsverarbeitende Subjekte* konzipiert wurden (siehe Kap. 2.3.1). Eine wichtige Forderung für die empirischen Zugänge lautete hier, die subjektiven Konstruktionen Heranwachsender zu untersuchen und die Eigenwelt junger Menschen nicht nur zu erfassen, sondern auch in ihrer Bedeutung für die Heranwachsenden zu verstehen. Dabei sollten Kinder und Jugendliche als Akteure ihres (Medien-)Handelns nicht auf die Entwicklungs- oder Sozialisationsperspektive reduziert werden. Sie müssen mitsamt ihren alltäglichen Praxen und subjektiven Deutungen ernst genommen werden. Eine solche Sicht wendet sich gegen eine vorschnelle Pädagogisierung von Kindheit und Jugend, wie sie in der Logik von Bildungs- und Erziehungsinstitutionen zum Teil noch immer anzutreffen ist.

Wesentlich für die Kinder- und Jugendforschung allgemein und die medienpädagogische Forschung speziell ist nun die Frage, wie die Eigenwelten und Perspektiven von Kindern und Jugendlichen erfasst werden können, ohne dass sie von den Erwachsenen und ihren (pädagogischen) Bildern, Wünschen und Absichten ‚entstellt' werden. Fleischer & Fuhs (2013) verweisen hier auf das *Konzept des Experten*, das in den Sozialwissenschaften mit Expertenbefragungen und Experteninterviews schon seit langem umgesetzt wird und auch für die Kinder- und Jugendmedienforschung fruchtbar ist. Heranwachsende stehen dabei in zweierlei Hinsicht als Experten ihres (Medien-)Handeln mit ihrer Sicht auf die Dinge im Fokus:

- *Experten ihrer eigenen Lebenswelt:* Jede persönliche Lebenswelt ist einzigartig und kann nur von der Person für andere ‚eröffnet' werden, die sie mit ihren Handlungen und Deutungen im Alltag aufspannt. Als Experten ihrer eigenen Welt öffnen Kinder und Jugendliche erwachsenen Forschenden diese Welt und ermöglichen ihnen so ein tieferes Verständnis für die eigene Kindheit und Jugend in der jeweiligen lebensweltlichen Verortung.
- *Experten definierter Handlungsbereiche:* Kinder- und Jugendkultur wird von Kindern und Jugendlichen in ganz unterschiedlichen Bereichen gelebt und niemand kennt sich darin besser aus, als die Heranwachsenden, die diese Kultur leben. Handlungsräume wie Soziale Netzwerke, das Eintauchen in die Welt der Computerspiele oder die Nutzung von Werbung können Erwachsene zwar teilweise von außen einsehen, sie erschließen sich ihnen aber erst im Tun der Akteure und aus deren Binnenperspektive.

In den empirischen Zugängen zu Kindern und Jugendlichen als Experten werden wir schnell sehen, dass ihre subjektive Sicht bereits medial beeinflusst ist. Mit ihrer Omnipräsenz im Alltag sind Medien und mediale Kommunikationsstrukturen längst selbstverständlicher Bestandteil der Lebenswelten und in ganz unterschiedlichen Handlungsbereichen präsent. Sie sind auch Instrumente, mit denen Kinder und Jugendliche ihre Lebenswelten und das Handeln darin ausgestalten. Nicht zuletzt prägen mediale Vorgaben und kommunikativer Austausch das ‚Expertenwissen'. Denn die subjektive Sicht der Heranwachsenden auf die Welt und auf das eigene Leben ist immer auch das Resultat einer aktiven Auseinandersetzung mit der medialen und sozialen Umwelt.

Im Medienhandeln selbst wiederum lassen sich Interessen, Vorlieben und Wünsche, aber auch Entwicklungsaufgaben, kritische Lebensereignisse und andere aktuelle Probleme junger Menschen erkennen. Gerade hier finden wir wertvolle Ansatzpunkte für eine pädagogische Arbeit mit Kindern und Jugendlichen. Und wir werden schnell sehen, dass das, was uns die jungen Menschen als Experten ihres (Medien-)Handelns preis geben, von uns Erwachsenen noch gedeutet und einer gesellschaftlichen Bewertung unterzogen werden muss. Aber dazu später mehr, wenn wir uns dem Verstehen von Medienaneignungsprozessen als methodische Herausforderung zuwenden. Zuvor führen wir noch kurz in die Grundlagen medienpädagogischer Forschung ein und legen hier den Schwerpunkt auf den Perspektivwechsel weg vom Erklären medialer Einflüsse hin zum Verstehen von Medienaneignung seitens der aktiv handelnden Menschen.

2.4.2 Vom Erklären medialer Einflüsse zum Verstehen von Medienaneignung

Die Erforschung des Medienumgangs der Menschen ist ein anerkanntes, weil gesellschaftlich wichtiges Forschungsfeld. Es wird von wissenschaftlichen Disziplinen mit unterschiedlichen Fragestellungen, Perspektiven und theoretischen Konzepten bearbeitet. Erziehungswissenschaft und Pädagogik, Kommunikations- und Medienwissenschaft, Medienpsychologie und Mediensoziologie leisten hier ihren jeweils spezifischen Beitrag. Nicht zuletzt ist es die interdisziplinäre Medienpädagogik, die sich zentralen Fragen des Medienhandelns der Menschen widmet. Diesen wurde aber lange Zeit nicht in einer eigenständigen medienpädagogischen Forschung nachgegangen, sondern zunächst in der Mediensozialisationsforschung und den kommunikations- und medienwissenschaftlichen Zugängen zu Medienwirkungen, Medienangeboten und deren Nutzung, mit zunehmender Bedeutung der Medien in der Lebenswelt junger Menschen dann auch in der Kinder- und Jugendforschung. Doch welche Fragen stellen sich der medienpädagogischen Forschung überhaupt? Welche Intentionen und Perspektiven werden mit deren Beantwortung im Einzelnen verfolgt?

a) Grundfragen und Perspektiven medienpädagogischer Forschung

Welche Grundfragen sich der medienpädagogischer Forschung stellen und welche Perspektive sie bei deren Beantwortung einnimmt – das hängt in besonderem Maße davon ab, welcher Medienpädagogik die empirischen Zugänge verpflichtet sind. Sehr deutlich wird dies mit Blick auf die drei Hauptströmungen (siehe Kap. 2.2.1), die einerseits den Perspektivwechsel des medienpädagogischen Denkens nachzeichnen, andererseits mit veränderter Schwerpunktsetzung aktuell noch immer aufzufinden sind. Dabei lassen sich die normative, bildungstechnologische und handlungsorientierte Medienpädagogik nicht nur hinsichtlich ihrer spezifischen Intentionen und zugrunde gelegten pädagogischen Konzepte unterscheiden, sondern auch hinsichtlich der zentralen Fragestellungen und Perspektiven, von denen die empirischen Zugänge zu den je spezifischen Forschungsgegenständen geleitet sind. Auf wesentliche Aspekte reduziert und etwas zugespitzt haben wir dies nachfolgend in Tab. 8 zusammengefasst.

Tab. 8: Fragestellungen und Perspektiven medienpädagogischer Forschung

HAUPTSTRÖMUNG	FRAGESTELLUNGEN	PERSPEKTIVEN
Normative Medienpädagogik	Welche negativen und positiven Folgen kann die Nutzung bestimmter Medienangebote auf das Denken, Fühlen und Handeln von Kindern und Jugendlichen haben? Vor welchen Medienangeboten sind Heranwachsende wie wirksam zu schützen? An welche Angebote sollten sie wie herangeführt werden?	Kinder und Jugendliche als von Medien beeinflusste Individuen
Bildungstechnologische Medienpädagogik	Wie lassen sich die verschiedenen Medien von Lehrenden als didaktische Mittel zur Wissensvermittlung nutzen? Welche Möglichkeiten bieten die Medien zur selbständigen Wissensaneignung? Wie sind die Lerninhalte von Medien didaktisch und nutzerfreundlich aufzubereiten?	Kinder und Jugendliche als mit Medien Lernende
Handlungsorientierte Medienpädagogik	Wie eignen sich Kinder und Jugendliche Medien und Kommunikationsstrukturen an? Wie artikulieren sie sich mittels Medien und gestalten sie ihre sozialen Beziehungen aus? Mit welchen Hilfs- und Unterstützungsangeboten können sie Risiken ihres Medienumgangs frühzeitig erkennen und Chancen besser wahrnehmen?	Kinder und Jugendliche als aktiv mit Medien handelnde Subjekte

Gleich welcher Hauptströmung die medienpädagogische Forschung verpflichtet ist – letztlich geht es in den empirischen Zugängen immer darum, mehr über die Bedeutung der Medien in der Lebenswelt der Menschen zu erfahren und aktuelle Herausforderungen der zunehmend mediatisierten Welt für die pädagogische Arbeit zu identifizieren. Wie in der medienpädagogischen Praxis sind auch in der Forschung Kinder und Jugendliche die wichtigsten Zielgruppen. Die empirischen Zugänge erfolgen nicht aus reiner Neugierde oder bloßem Interesse heraus. Als anwendungsbezogene wissenschaftliche Disziplin will Medienpädagogik in der Forschung gesichertes Wissen erhalten, auf dessen Grundlage aktuelle Problemfelder und

Potenziale von Medien aufgespürt und die ‚richtigen' Konzepte für die pädagogische Praxis im Spannungsfeld von Medienbildung und Medienerziehung, Mediensozialisation und Mediendidaktik entwickelt werden können.

> „Medienpädagogische Forschung konzentriert sich hier also einerseits auf die Bedingungen und Möglichkeiten der pädagogischen Begleitung und Erziehung von Kindern und Jugendlichen unter den Bedingungen mediatisierter Lebenswelten und andererseits darauf, wie Prozesse des Lernens und Lehrens über die Einbindung von Medien bzw. die Gestaltung medialer Umgebungen gefördert werden können." (Hartung & Schorb 2014, S. 8)

Nicht zu übersehen ist, dass in den spezifischen Forschungsperspektiven von normativer und bildungstechnologischer Medienpädagogik die Medien und ihre Potenziale zur (zielgerichteten) Beeinflussung vor allem junger Menschen im Zentrum des Interesses stehen. Die handlungsorientierte Medienpädagogik rückt demgegenüber Kinder und Jugendlichen als aktiv handelnde Subjekte und Experten ihres (Medien-)Handelns in den Mittelpunkt. Eine diesem Anspruch verpflichtete medienpädagogische Forschung vollzieht unseres Erachtens am besten den Perspektivwechsel weg von einer Prägung oder Beeinflussung der Menschen von außen hin zu einer aktiven Auseinandersetzung der Subjekte mit ihrer Umwelt, wie sie zuvor bereits in der Sozialisationstheorie konzipiert und später dann in der Mediensozialisationsforschung aufgegriffen wurde (siehe Kap. 1.1). Analog dazu löste man sich in der Kommunikationswissenschaft von der Frage „Was machen die Medien mit den Menschen?", die lange Zeit Dreh- und Angelpunkt der Forschung war, und stellte immer öfter die Frage „Was machen die Menschen mit den Medien?".

b) Das aktiv handelnde Subjekt als Forschungsparadigma

Der Perspektivwechsel weg von Medienwirkungen hin zur Mediennutzung der Menschen ist ein wichtiger Schritt, der auch in der medienpädagogischen Forschung aufgegriffen, an nicht unwesentlichen Punkten sogar entscheidend von ihr mitgetragen wurde. Wichtige Vorarbeiten waren zunächst zwar die nutzerzentrierten bzw. publikumsbezogenen Ansätze in der Kommunikationswissenschaft, mit denen seit den 1970er Jahren die Aktivität der Mediennutzer (v.a. hinsichtlich der Medienauswahl und Nutzungsmotive) hervorgehoben wurde. Letztlich waren es aber Konzepte aus der Peripherie der Kommunikationswissenschaft, nicht zuletzt aus der handlungsorientierten Medienpädagogik, mit denen sich eine Rezeptions-

und Aneignungsforschung etabliert hat, die – vorzugsweise mit qualitativen Forschungsmethoden – auf Einblicke in die komplexen Menschen-Medien-Beziehungen drängte.

Wir haben an vielen Stellen schon aus dem Sammelband zum Konzept des handelnden Subjekts in der Medienpädagogik zitiert. In einem Beitrag stellt Friedrich Krotz (2013) folgende drei Konzepte als zentral für die neuere Rezeptions- und Aneignungsforschung heraus: d*as Medienaneignungsmodell der Cultural Stud*ies, d*as strukturanalytische Rezeptionsmodell* und das Modell *Kontextuelles Verstehen der Medienaneignung*. Für die medienpädagogische Forschung sind die beiden letztgenannten, handlungstheoretisch fundierten Modelle von besonderer Bedeutung. In ihren empirischen Zugängen fokussieren sie nicht nur auf das Medienhandeln der Menschen mit besonderer Aufmerksamkeit für das, was junge Menschen mit Medien und ihren Inhalten anfangen. Sie rücken auch die aktive Auseinandersetzung Heranwachsender mit Medien in den Mittelpunkt und stellen – mit spezifischer konzeptioneller Ausrichtung – auf den Prozess der Medienaneignung ab (siehe Kap. 2.3.4).

Medienpädagogische Forschung, die dem Modell des kontextuellen Verstehens von Medienaneignung verpflichtet ist, steht aktuell in besonderer Weise für ein übergeordnetes Forschungsparadigma, in dem sich alles um *das aktiv handelnde Subjekt* dreht. In dieser grundlegenden Sicht sind Kinder und Jugendliche nicht nur aktive Rezipienten, die sich Medien und ihre Inhalte auf je spezifische Weise aneignen, sondern auch die weiter oben bereits beschriebenen ExpertInnen ihres Medienhandelns und als solche im gesamten Forschungsprozess ernst zu nehmen. Erklärtes Ziel ist es, die komplexen Medienaneignungsprozesse zu verstehen, die hinter dem Medienumgang jungen Menschen stehen – gleich ob sie nun aus unserer Erwachsenensicht wünschenswerte oder problematische Umgangsweisen etablieren.

c) Medienaneignungsprozesse in ihrer Bedeutung verstehen

Das Modell *Kontextuelles Verstehen der Medienaneignung* wurde von Bernd Schorb und Helga Theunert entwickelt (vgl. Schorb & Theunert 2000) und in den letzten Jahren weiter ausdifferenziert. Beide haben die medienpädagogische Forschung in Deutschland seit den 1990er Jahren entscheidend mitgeprägt. Der besondere Wert des Modells liegt dann auch in seiner direkten Anschlussfähigkeit für die empirische Forschung. Das Medienhandeln von Kindern wird hier nicht nur im Gesamtzusammenhang seiner zentralen Kontexte theoretisch beschrieben, es werden auch konkrete Anforderungen für die empirischen Zugänge zu den Heranwachsenden als

Forschungssubjekte und zu den Medienaneignungsprozessen als Forschungsgegenstand formuliert. Grundlegendes Ziel ist es, die Prozesse, die hinter dem Medienhandeln der Menschen stehen, in ihrer je spezifischen Bedeutung für die Subjekte zu verstehen. Zentral ist dabei die Frage nach dem *Wie* und *Warum*: Wie gehen die Menschen mit den verschiedenen Medienangeboten um? Weshalb wählen sie einzelne Angebote gezielt aus und verwerfen andere? Was sind die zentralen Gründe für die Nutzung? Welche Funktion und Bedeutung für das eigene Leben hat sie? Und nicht zuletzt: Wie eignen sich die Menschen die Inhalte konkret an?

Mittlerweile hat das handlungstheoretisch fundierte Modell schon eine ganze Reihe von Forschungsprojekten konzeptionell angeleitet, in denen die Forscherinnen und Forscher das aktuelle Medienhandeln vor allem junger Menschen ‚unter die Lupe' genommen haben, um die dahinter stehenden zentralen Aneignungsprozesse zunächst zu identifizieren und in der weiteren Analyse dann in ihrer Bedeutung zu verstehen. Wesentliches Markenzeichen der Forschungsarbeiten, die – oft in Kooperation mit anderen Forschungsinstituten – vor allem vom Münchner *JFF – Institut für Medienpädagogik in Forschung und Praxis* realisiert wurden, ist der Bezug zu den aktuellen Lebenswelten junger Menschen und die Relevanz der erzielten Ergebnisse für die an pädagogische Praxis. Gerade die an aktuellen Potenzialen und Risiken festgemachte medienpädagogische Arbeit mit Kindern und Jugendlichen konnte so in einigen markanten Bereichen auf ‚festere Füße' gestellt werden. Angesprochen ist hier die Unterstützung junger Menschen, um die Chancen eines partizipativen Medienhandelns wahrzunehmen, wie die Hilfestellung, um belastende Kontakt- und Verhaltensrisiken beim eigenen Medienumgang zu minimieren.

Inhaltlich ist das Modell *Kontextuelles Verstehen der Medienaneignung* für die medienpädagogische Forschung vor allem mit seiner ganzheitlichen Perspektive auf Medienaneignung bedeutsam, in der Nutzung, Wahrnehmung, Bewertung und Verarbeitung medialer Angebote interessieren (siehe Kap. 2.3.4). Die konzeptionell angelegte Fokussierung auf den vielschichtigen Prozesse der Integration von Medien in die alltäglichen Lebens- und Erfahrungszusammenhänge der Menschen schärft im Weiteren den Blick der Forschenden auf die zu berücksichtigenden zentralen Gegenstandsdimensionen. Für die im Einzelnen zu wählenden methodischen Zugänge, mit denen die Aneignungsprozesse möglichst ‚sauber' unter Berücksichtigung der Perspektive junger Menschen als handelnde Subjekte und Experten ihres Handelns erforscht werden, sind folgende Vorannahmen von besonderer Bedeutung: Medienaneignung kann nur mit einer umfassenden Berücksichtigung des Kontextes adäquat erfasst werden und bei der Erhebung und Auswertung der dafür notwendigen Daten muss der Sinn des Handelns der Subjekte bewahrt bleiben und ist vom Forschenden in der je spezifischen (subjektiven) Bedeutung zu verstehen (vgl. Schorb & Theunert 2010).

2.4.3 Das Verstehen von Medienaneignung als aktuelle Herausforderung

Die soeben formulieren Vorannahmen für ein kontextuelles Verstehen von Medienaneignung umreißen nicht nur die aktuell zentrale Perspektive in der medienpädagogischen Forschung. Sie führen uns auch direkt zu ‚besonderen' methodischen Herausforderungen für die Erforschung des Medienhandelns von Kindern und Jugendlichen. Davon tangiert ist der gesamte Forschungsprozess von der Datenerhebung bis hin zur Auswertung und Interpretation des erhobenen Materials. Denn auch das (geplante) Vorgehen bei der Auswertung ist bereits bei der Konzeption des Forschungsvorhabens systematisch mit zu denken. Wesentliche Eckpunkte sind dabei die Subjektorientierung und Lebensweltnähe beim Zugang zu den jungen Menschen, die Berücksichtigung ihrer lebensweltlichen und medialen Kontexte bei der Datenerhebung sowie die sinnverstehende Interpretation ihres Medienhandelns, über das sie uns als Experten ihres Handelns Auskunft geben.

a) Subjektorientierung und Lebensweltnähe beim Zugang

Kinder und Jugendliche als aktiv handelnde Subjekte und Experten ihres Medienhandelns ernst zu nehmen, bedeutet für uns als Forschende, dass wir unseren Blick auf Menschen richten, die in ihrer je spezifischen, eigenen Lebenswelt handeln. Im empirischen Zugang am Subjekt orientiert zu sein, bedeutet also auch, dass es uns gelingen muss, eine Nähe zu seiner Lebenswelt herzustellen. Aber wie macht man das konkret? Wie kommen wir als forschende Erwachsene möglichst nah an den Alltag und das Leben der Heranwachsenden heran? Ein großer Schritt ist bereits gemacht, wenn wir uns beim empirischen Zugang an folgende drei Aspekte von Adressatenorientierung halten (vgl. Theunert 2013):

- *Anpassung der Forschungssituation an die natürliche Umgebung:* Kinder und Jugendliche sollten in Zusammenhängen erforscht werden, die ihnen vertraut sind oder ihrer gewohnten Lebenswelt zumindest nahe kommen. Das können Sozialräume der materiellen und medialen Welt, das eigene Kinderzimmer oder der beliebte Handlungsraum im Internet sein.

- *Berücksichtigung kognitiver Fähigkeiten und emotionaler Bezüge:* Die gewählten Zugänge zu Kindern und Jugendlichen sollten sie als Forschungssubjekte nicht unter- oder überfordern, etwa durch die Informationsdichte des gewählten Zugangs. Zu vermeiden ist auch eine Abwertung persönlicher (Medien-)Vorlieben, die den Heranwachsenden (nicht ohne Grund) viel bedeuten.
- *Fokussierung auf alltagsübliche Formen der Auseinandersetzung:* Aus dem Spektrum an Artikulationsmöglichkeiten sind für den Zugang diejenigen zu wählen, die den Subjekten in Abhängigkeit von Entwicklungsstand und soziokulturellem Hintergrund vertraut sind. Bereits sehr kleine Kinder sind zu nonverbaler Verständigung fähig, Jugendliche zu mehr oder minder komplexen verbalen Austausch.

Diese Ansprüche beim Zugang zu Kindern und Jugendlichen angemessen zu berücksichtigen, ist keineswegs nur eine methodische Herausforderung, der mit dem ‚richtigen' Forschungsinstrumentarium und der ‚adäquaten' Erhebungsmethode allein schon Rechnung getragen werden kann. Es ist auch eine besondere Herausforderung für das Selbstverständnis des Forschenden: Man muss sich auf das Thema und die Situation einlassen können, sich genügend Zeit nehmen, um das Kind oder den Jugendlichen kennen zu lernen und eine Vertrauensbasis herzustellen. Fehlt das Vertrauen, wird der ‚Erforschte' sich uns nicht hinreichend öffnen. Ebenso, wenn die Erhebungssituation nicht angstfrei ist und von ihm als belastend erlebt wird. Erwarten wir von ihm ‚richtige' und ‚falsche' Antworten, nehmen wir ihn als Experten seines Handelns nicht ernst. Ebenso, wenn wir permanent auf Dinge abstellen, die ihm gar nicht wichtig sind. Als Faustregel gilt: Je abstrakter oder komplexer die angesprochenen Dinge sind (z. B. Themen wie „Gewalt" und „Privatheit"), je jünger und ‚unreflektierter' die Zielgruppe ist und je persönlicher die Fragen sind (z. B. nach Gefühlen und persönlichen Problemen), desto sensibler müssen wir als Forschende vorgehen (vgl. Fleischer & Fuhs 2013).

b) Berücksichtigung lebensweltlicher und medialer Kontexte

Das Modell des *Kontextuellen Verstehens der Medienaneignung* weist bereits begrifflich darauf hin, dass hier den Kontexten von Medienaneignungsprozessen eine besondere Rolle zugesprochen wird. Wie das Handeln der Menschen generell ist auch das Medienhandeln in einen Bedingungszusammenhang von individuellen und gesellschaftlichen, sozialen und medialen Faktoren eingebettet. Medienaneignung kann nur dann wirklich verstanden werden, wenn wir uns als Forschende ihrer kontextuellen Einbettung bewusst sind und bei den empirischen Zugängen zu den uns interessierenden Aneignungsweisen junger Menschen an sich deren zentralen Kontexte systematisch mit erfassen und die Analyse mit einbeziehen. Dabei sind insbesondere drei Kontextdimensionen zu berücksichtigen (vgl. Theunert 2013):

- *Persönliche und soziokulturelle Lebensbedingungen:* Entwicklungsstand, Biografie und aktuelle Lebenssituation der Subjekte sowie die von ökonomischen Bedingungen, Herkunftsmilieu und Bildungshintergrund beeinflusste Lebensführung sind wichtige Kontexte für Aufmerksamkeit, Auswahl, Orientierungssuche und Verarbeitung medialer Angebote. Im Zusammenspiel beeinflussen sie auch das praktische und reflexive Medienhandeln und entscheiden mit, inwieweit Ressourcen der Medienwelt wahrgenommen oder Risiken wirksam werden.
- *Vorlagen der Medienwelt und Handlungsoptionen:* Die Inhalte der Medien und vorgegebenen Möglichkeiten, selbst aktiv zu werden, bieten umfangreiches Material, das die Heranwachsenden aufgreifen, im eigenen Sinn- und Handlungshorizont interpretieren und (um-)gestalten, um es in eine Beziehung zu sich selbst und der eigenen Lebenswelt zu setzen. Wichtige Kontexte der Medienaneignung sind auch die Interessen und Strukturen, die hinter den medialen Angeboten stehen, sowie die Fähigkeit der Subjekte, diese zu durchschauen.
- *Sozialräume des alltäglichen Leben:* Eine besondere Bedeutung für die Aneignung von Medien haben die in der materiellen und medialen Welt etablierten Sozialräume, in denen die Heranwachsenden ihre sozialen Beziehungen festigen, ausgestalten und auch ausweiten. Im Alltag von Familie und zunehmend vernetzten Peergroups werden Medienerfahrungen geteilt und erweitert, Vorlieben entwickelt und relativiert sowie Angebote, Funktionen, Strukturen und Wertigkeiten der Medien verhandelt und kollektiv erprobt.

Die hier skizzierten Kontexte von Medienaneignungsprozessen lassen sich natürlich noch um weitere wichtige individuelle, mediale und soziale Faktoren ergänzen. So treten auch Kinder und Jugendliche ihrer Medienumwelt mit einer persönlichen Vorgeschichte gegenüber, haben eigene Erfahrungen mit den ihnen zur Verfügung stehenden Medien gemacht und im Umgang individuelle Kompetenzen entwickelt, auch eigene Vorstellungen, was man mit dem jeweiligen Medium alles machen kann oder sollte. Bei der Erforschung muss Mediennutzung dann als ein Geschehen auf die je spezifische komplexe Medienumwelt verstanden und untersucht werden, zu der die Nutzer Zugang haben (vgl. Krotz 2013). Wichtige Kontexte seitens der Medienumwelt sind neben den genannten Vorlagen der Medien und Handlungsoptionen, die sie den Nutzern bieten, auch die Reglementierungen und regulatorischen Eingriffe des Kinder- und Jugendmedienschutzes, die – anbieter- und nutzerseitig implementiert – die Medienwelten junger Menschen direkt beschränken und (z. B. über elterliches Handeln) auch indirekt in das Handlungsfeld der Medienaneignung eingreifen (vgl. Lauber & Hajok 2013).

Auch die Sozialräume des alltäglichen Lebens lassen sich noch weiter ausdifferenzieren. Neben Familie, Peergroup und Sozialen Netzwerken sind in der konkreten Lebenswelt junger Menschen zuweilen auch Kita, Schule und Ausbildung, Schülerclubs, Freizeitzentren und andere soziale Orte wichtige Kontexte von Medienaneignungsprozessen. Neben den Heranwachsenden, ihren Eltern, Geschwistern und Freunden sind somit auch professionell Erziehende, Lehrkräfte und andere erwachsene Bezugspersonen mit ihren je spezifischen Einblicken in die Lebenswelten von Kindern und Jugendlichen wichtige Quellen empirischen Materials, mit dem wir als Forschende die lebensweltlich verankerten Einflüsse von Medienaneignung besser einschätzen können (vgl. Schorb & Theunert 2000). Welche lebensweltlichen und medialen Kontexte beim empirischen Zugang berücksichtigt werden müssen, hängt in besonderem Maße von der Forschungsfrage und dem Vorwissen zum Untersuchungsgegenstand ab. Schon aus forschungsökonomischen Gründen wird man sich auf die Erhebung (weniger) zentrale Kontexte, die für ein Verstehen der Medienaneignung in ihrer Bedeutung für das handelnde Subjekt zentral sind, beschränken müssen – und letztlich nie alles Relevante erfassen können.

c) Sinnverstehende Interpretation des erhobenen Materials

Die adäquate Auswertung des meist sehr umfangreich erhobenen Materials ist eine besondere methodische Herausforderung eines jeden Forschungsvorhaben. Das Material muss dabei systematisch aufbereitet, analysiert und auf die wesentlichen Momente reduziert werden, die zur Beantwortung unserer Forschungsfragen zentral sind. Kinder und Jugendliche als aktiv handelnde Subjekte und Experten ihres Handelns ernst zu nehmen, erfordert dann auch bei der Auswertung und Interpretation ein weitgehend offenes Vorgehen, mit dem uns der subjektive Sinn des Medienhandelns erhalten bleibt. Dabei „repräsentiert das Subjekt einerseits eine einzigartige, aus dem individuellen Kontext hervorgegangene und darüber erklärbare Aneignungsweise. Zugleich ist es exemplarischer Träger eines Musters, das für eine bestimmte Gruppe gilt." (Theunert 2008, S. 305). Doch wie lassen sich solche ‚fallübergreifenden' Medienaneignungsmuster systematisch herausarbeiten? Das Modell *Kontextuelles Verstehen von Medienaneignung* konzipiert hierfür einen dreistufigen Prozess der sinnverstehenden Interpretation, bei dem wir als Forschende beim konkreten Einzelfall starten (vgl. Theunert 2013):

- *Herausarbeiten der Medienaneignung von Einzelfällen:* Im ersten Schritt wird die Eigenart der Medienaneignung des Subjektes vor dem Hintergrund der persönlichen und sozialen Lebensbedingungen sowie zentraler Medienbezüge herausgearbeitet. Hierfür werden alle erhobenen Materialien berücksichtigt und aufeinander bezogen. Das Ergebnis sind empirisch belegte Einzelfälle mit spezifischen Medieneignungsweisen.
- *Erklären von Gemeinsamkeiten, Variationen und Differenzen:* Im zweiten Schritt werden die Einzelfälle als Träger von Medienaneignungsmustern, die überindividuelle Relevanz haben, miteinander verglichen, systematisch Gemeinsamkeiten, Variationen und Differenzen aufgespürt und unter Einbezug weiterer empirischer Quellen zu Adressaten und Gegenstand erklärt. Das Ergebnis sind Medienaneignungsmuster, die an den Einzelfällen belegt sind.
- *Explizieren fallübergreifender Medienaneignungsmuster:* Im dritten Schritt wird von den untersuchten Subjekten abstrahiert. Die auf der Grundlage der Einzelfälle extrahierten Medienaneignungsmuster werden in ihren Merkmalen und Strukturen expliziert. Im Rückbezug auf die untersuchten Subjekte sind diese nun exemplarische Träger von fallübergreifenden Medienaneignungsmustern und machen dieses auf der Ebene des Einzelnen anschaulich.

Wir sehen hier sehr deutlich, dass eine sinnverstehende Interpretation des erhobenen Materials ein sehr aufwendiges Verfahren ist. Es handelt sich hier aber weniger um eine Besonderheit medienpädagogischer Forschung, die den Medienumgang junger Menschen nicht nur nachzeichnen, sondern auch in seiner Bedeutung für die Handelnden verstehen will. Es ist vielmehr ein Spezifikum offener, nichtstandardisierter Verfahren, bei denen wir als Forschende bereits bei der Datenerhebung eine Fülle an relevantem Material erheben, dieses für unsere Zwecke aufbereiten und dann gegenstandsadäquat analysieren und – unter Berücksichtigung der verschiedenen ‚Lesarten' – interpretieren.

Das Explizieren fallübergreifender Muster ist dabei eine besondere methodische Vorgehensweise, um von Einzelfällen zu abstrahieren und Zugang zu den Medienaneignungsweisen zu bekommen, die von Kind zu Kind und Jugendlichen zu Jugendlichen zwar verschieden sind, sich aber einigen grundsätzlichen, mehr oder minder deutlich voneinander abgrenzbaren Aneignungsweisen zuordnen lassen. Letztlich haben wir es hier mit einer spezifischen Form von Typisierung zu tun, die sich in der interpretativen bzw. qualitativen Sozialforschung (vgl. z. B. Flick 2007) längst als eine wichtige Methode etabliert hat, um entlang ‚typischer' Einstellungen, Umgangsweisen, Handlungsmotivationen etc. die Charakteristika des Forschungsgegenstandes herauszustellen und nach ‚außen' vermittelbar zu machen. Mit ihrem besonderen Bezug zur pädagogischen Arbeit mit Kindern und Jugendlichen steht die handlungsorientierte Medienpädagogik nicht nur vor der Herausforderung, sich mit den Forschungsergebnissen aus dem Elfenbeinturm der Wissenschaft heraus zu begeben. Es wird auch von ihr erwartet, aus den empirischen Befunden Konsequenzen für das praktische Handeln von PädagogInnen, Eltern und anderen Erziehenden zu formulieren.

2.4.3 Methoden medienpädagogischer Forschung

Bereits beim Lesen der besonderen methodischen Herausforderungen hat sich einigen von uns sicher die Frage gestellt, wie diese konkret einzulösen sind. Das heißt, nachdem wir als Forschende unser Erkenntnisinteresse formuliert und daraus konkrete Forschungsfragen abgeleitet haben, müssen wir uns Gedanken darüber machen, wie sich die Fragen am besten beantworten lassen. Dies nicht nur in Hinblick auf den konkreten Forschungsgegenstand, über den wir mehr erfahren wollen, sondern auch mit Blick auf die jeweils zur Verfügung stehenden zeitlichen, personellen und finanziellen Ressourcen. Dabei können wir uns recht flexibel aus einem großen Fundus sozialwissenschaftlicher Methoden zur Erhebung, Aufbereitung, Auswertung und Interpretation von empirischen Daten bedienen.

Viele dieser Methoden sind bereits in empirischen Zugängen medienpädagogischer Forschung zur Anwendung gekommen und für unterschiedliche Zielgruppen (v.a. Kinder und Jugendliche) und verschiedene Fragestellungen (z. B. zur Medienaneignung im Alltag, zum Lernen mit Medien in der Schule, zum partizipativen Medienhandeln) verfeinert und modifiziert worden. Mit den unterschiedlichen Konzepten und Zielvorstellungen, Erfahrungen und Normen, Aufgaben- und Gegenstandsbereichen ist medienpädagogische Forschung mittlerweile ein komplexes und heterogenes Feld (vgl. Kübler 2014). Ausgehend von den zwei unterschiedlichen Zugängen sozialwissenschaftlicher Forschung geben wir nachfolgend einen kurzen Überblick darüber, auf welche Methoden wir bei der Erforschung von Medienaneignungsprozessen im Einzelnen zurück greifen können, und richten den Blick abschließend auf eine wesentliche Anforderung, die eine am Verstehen der Medienaneignung orientierte medienpädagogische Forschung fast immer einlösen muss: die Notwendigkeit, unterschiedliche Methoden miteinander zu kombinieren. So können wir uns dem Forschungsgegenstand aus verschiedenen Perspektiven annähern und die relevanten Kontexte adäquat berücksichtigen.

a) Quantitativ oder qualitativ – oder beides?

Wie die empirische Sozialforschung allgemein ist auch die medienpädagogische Forschung an der sozialen Wirklichkeit, die uns umgibt, interessiert. In den verschiedenen Sozialwissenschaften sind es unterschiedliche Phänomene des gesellschaftlichen Zusammenlabens der Menschen (z. B. familiäre Beziehungen, Folgen von Arbeitslosigkeit, Bildungschancen der Menschen), in der Medienpädagogik die spezifischen Herausforderungen, die sich Bildung und Erziehung in der zunehmend mediatisierten Welt stellen. Ziel der Forschung ist hier wie dort, durch die systematischen Erhebung und Auswertung von Daten mehr über den vorab definierten Forschungsgegenstand in Erfahrung zu bringen. Dafür haben sich in der Forschungslandschaft seit über 100 Jahren die zwei Perspektiven von *quantitativer und qualitativer Sozialforschung* etabliert, die trotz der teilweise harsch geführten Auseinandersetzung um den vermeintlich ‚besseren' Zugang (Methodenstreit) beide ihre Berechtigung haben.

„Zählen oder Verstehen?" – so wurde es in einem Sammelband zu den Methoden und der Forschungslogik in der Kommunikationswissenschaft einmal auf den Punkt gebracht (vgl. Fahr 2011). Es ist letztlich die Grundfrage einer jeden empirisch arbeitenden Sozialwissenschaft, mit der wir uns auch bei der Konzeption eines medienpädagogischen Forschungsvorhaben auseinandersetzen müssen: Wollen wir den ausgewählten Forschungsgegenstand anhand wesentlicher Kennziffern beschreiben und uns die beobachtbaren Erscheinungen mit kausalen Beziehungen erklären? Oder wollen wir die Erscheinungen in ihrer subjektiven Bedeutung für die Menschen verstehen? Diese beiden Ausgangsperspektiven führen uns zu einer Reihe weiterer Differenzen der beiden Zugänge, die den gesamten Forschungsprozess kennzeichnen. Fast jedes Methodenhandbuch, gleich ob es sich einem Gesamtüberblick (vgl. z. B. Flick 2009) oder einer der beiden Forschungsperspektiven verpflichtet fühlt (vgl. z. B. Lamnek 2010), nimmt hierauf Bezug. Wir haben einige Unterscheidungskriterien, von denen man immer wieder liest, in Tab. 9 zusammengefasst.

Tab. 9: Die unterschiedlichen Zugänge quantitativer und qualitativer Sozialforschung

QUANTITATIVE FORSCHUNG		QUALITATIVE FORSCHUNG
Erklären	**Anliegen**	Verstehen
Objektivität	**Anspruch**	(Inter-)Subjektivität
Theorie prüfend	**Theoriebezug**	Theorie entwickelnd
Deduktiv	**Erkenntnisgewinn**	induktiv
Außensicht des Forschers	**Perspektive**	Innensicht des Erforschten
Statisch	**Forschungsprozess**	dynamisch
Forschungsobjekte	**Erforschte**	Forschungssubjekte
Repräsentativität	**Auswahlkriterium**	Exemplarizität
Geschlossen	**Fragestellung**	Offen
Standardisiert	**Datenerhebung**	Nicht-standardisiert
Replizierbare (harte) Daten	**Erhobene Daten**	Realitätsnahe (weiche) Daten
Hoch	**Messniveau**	Niedrig
Statistisch	**Umgang mit den Daten**	Hermeneutisch
Deskriptiv	**Ergebnisse**	Interpretativ
Generalisierend	**Ergebnisaufbereitung**	Typisierend
Online- und Telefonbefragung quantitative Inhaltsanalyse Experiment	**Prominente Beispiele verwendeter Methoden**	Leitfadeninterview Gruppendiskussion teilnehmende Beobachtung

Die hier schematisch umrissenen Besonderheiten der beiden Forschungsperspektiven lassen sich für das methodische Vorgehen in einem medienpädagogischen Forschungsprojekt idealtypisch folgendermaßen konkretisieren: Wollen wir den uns interessierenden Sachverhalt beschreiben und erklären, wählen wir ein standardisiertes Vorgehen. Dabei erfolgt die Auswahl der (repräsentativen) Stichprobe und die Erhebung und Analyse nach den im Vorfeld (deduktiv) festgelegten Kriterien, um zuvor aufgestellte Hypothesen (geschlossen) zu bestätigen oder zu verwerfen, eine bereits entwickelte Theorie zum Forschungsgegenstand (statistisch) zu prüfen. Im Fokus der (deskriptiven) Auswertung stehen dann die Zusammenhänge zwischen den berücksichtigten Variablen und die Identifizierung von zentralen Einflussfaktoren eines komplexen Forschungsgegenstandes. Im Ergebnis abstrahieren wir (generalisierend) von den untersuchten Fällen und treffen im Ideal allgemeingültige Aussagen hoher Reichweite, die die Ebene des Subjektes verlassen haben.

Wollen wir demgegenüber den Sachverhalt verstehen, wählen wir ein nicht-standardisiertes Vorgehen. Hier erfolgt die Auswahl der (exemplarischen) Stichprobe und die Erhebung und Analyse unter besonderer Berücksichtigung auch der Kriterien, die den Erforschten selbst wichtig sind bzw. sich im Verlauf als wichtig erweisen (induktiv), um die Forschungsfragen (offen) in der verstehenden Interpretation des erhobenen Materials (hermeneutisch) zu beantworten. Im Fokus der (interpretativen) Analyse stehen dann die Prozesse und Gründe des Handelns und ein tieferes Verständnis der Bedingungsfaktoren im je spezifischen Gesamtzusammenhang, wobei der subjektive oder soziale Sinn des Handelns mit seiner theoretischen Verortung im Symbolischen Interaktionismus nicht nur in der handlungsorientierten Medienpädagogik (siehe Kap. 2.3), sondern auch in der qualitativen Sozialforschung ein wichtiges Basisparadigma ist (vgl. Lamnek 2010). Im Ergebnis abstrahieren wir (typisierend) von den untersuchten Fällen und treffen im Ideal verallgemeinernde Aussagen mit begrenzter Reichweite, die noch auf das Handeln des Einzelnen rückbeziehbar sind.

Von besonderer Wichtigkeit für die Konzeption des Forschungsvorhabens ist, dass sich die beiden Perspektiven nicht einander ausschließen. Vielmehr können sie in der konkreten Forschungspraxis sinnvoll aufeinander bezogen werden und sich wechselseitig ergänzen. Eine solche Komplementarität von Anbeginn ‚mitzudenken' und bewusst im methodischen Vorgehen ‚anzulegen', ist oft sogar ein wichtiger Schlüssel, um ein umfassendes Bild vom Forschungsgegenstand zu erhalten. So verweist zwar bereits das Anliegen (Erklären vs. Verstehen) auf die zwei grundverschiedenen Denktraditionen (naturwissenschaftlich vs. geisteswissenschaftlich) und Auffassungen vom Gegenstandsbereich (Objekt vs. Subjekt), die hinter quantitativer und qualitativer Sozialforschung stehen. Oft ‚mündet' das Verstehen eines Gegenstandsbereiches aber in ein Erklären und beinhalten beide Ansätze – mit unterschiedlicher Geltungsreichweite – immer auch erklärende Argumente. Ausgehend von dieser offeneren Sichtweise formuliert der Soziologe Siegfried Lamnek in der mittlerweile 5. Auflage seines Einführungswerkes zur qualitativen Sozialforschung auch weniger absolut:

> „Im Grundsatz gilt, dass das quantitative Paradigma als standardisierter Ansatz eher objektbezogen erklärt und sich kaum bemüht, subjektbezogen zu verstehen, während das qualitative Paradigma als interpretativer Ansatz das Verstehen im Vordergrund sieht und das Erklären im naturwissenschaftlichen Sinne als sekundär betrachtet." (Lamnek 2010, S. 218).

Medienpädagogische Forschung bewegt sich in diesem, von quantitativer und qualitativer Forschung aufgespannten Feld. So beschreiben die kontinuierlich durchgeführten KIM- und JIM-Studien des Medienpädagogischen Forschungsverbundes Südwest (MPFS), auf die wir bereits an mehreren Stellen des unserer Einführung verwiesen haben, mit ihrem quantitativen Zugängen den Medienumgang junger Menschen anhand von repräsentativen Basisdaten. Demgegenüber machen uns bspw. die Studien des JFF München mit ihren qualitativen Zugängen zur Medienaneignung junger Menschen die komplexen Prozesse verstehbar, die hinter dem Medienumgang von Kindern und Jugendlichen im Einzelnen stehen können. In der Forschungspraxis kommen die verschiedenen Zugänge allerdings keineswegs immer in ‚Reinform' zur Anwendung: Zum einen variiert zuweilen bereits innerhalb der eingesetzten Forschungsmethoden der Grad an Standardisierung (z. B. mit vorgegebenen und offenen Antwortmöglichkeiten in Befragungen). Wir werden hierauf bei den nachfolgend skizzierten Zugängen und Methoden medienpädagogischer Forschung näher eingehen. Zum anderen werden gerade in größeren Forschungsprojekten quantitative und qualitative Methoden bewusst miteinander kombiniert (z. B. eine Repräsentativbefragung zum ersten Überblick und Interviews zur Vertiefung ausgewählter Aspekte). Dies werden wir am Ende des Kapitels näher ausführen.

b) Fragen, Beobachten, Analysieren: Drei methodische Zugänge

Grundsätzlich steht uns für die Erforschung des Medienumgangs der Menschen ein breites Arsenal ganz unterschiedlicher Forschungsmethoden zur Verfügung, das sich in den letzten Jahrzehnten umfangreicher sozialwissenschaftlicher Forschungsaktivitäten weiter ausdifferenziert hat. Bereits der Blick in ein aktuelles Methodenhandbuch (vgl. Baur & Blasius 2014) zeigt uns eindrucksvoll, dass wir mittlerweile auf eine fast schon unüberschaubare Vielzahl an Methoden zur Erhebung, Aufbereitung, Auswertung und Interpretation empirischer Daten zurückgreifen können. Doch welche

Methoden eignen sich konkret für die medienpädagogische Forschung? Welche Instrumente werden dem besonderen Anspruch gerecht, Kinder und Jugendliche als aktiv handelnde Subjekte und Experten ihres Medienhandelns ernst zu nehmen?

Diese Fragen sind nicht pauschal, sondern nur im Zusammenhang mit dem jeweiligen Anliegen und Erkenntnisinteresse zu beantworten. Geht es uns darum, komplexe Medienaneignungsprozesse zu verstehen? Wollen wir – möglichst schnell – aktuelle Chancen und Risiken des Medienumgangs junger Menschen identifizieren und beschreiben? Oder wollen wir ‚Lernerfolge' des gezielten Medieneinsatzes in Bildungsprozessen erklären? Festgemacht an den unterschiedlichen Perspektiven von handlungsorientierter, normativer und bildungstechnologischer Medienpädagogik stehen diese drei Fragen auch exemplarisch für die unterschiedlichen Zugänge im Spannungsfeld qualitativer und quantitativer Forschung. Mit der Definition der zentralen Gegenstanddimensionen, der im Einzelnen zu berücksichtigen Aspekte und relevanten Kontexte, wird dann festgelegt, welches empirische Material für die Beantwortung der Forschungsfragen erforderlich ist. Hieran schließt sich dann direkt die Frage an, auf welche Weise das Material adäquat erhoben und analysiert werden kann. In der medienpädagogischen Forschung haben sich dabei eine Reihe von Verfahren etabliert, die sich – stark vereinfacht – drei grundsätzlichen Zugängen zuordnen lassen:

- *Fragen – die Dinge offen zur Sprache bringen*: Das Spektrum der Erhebungsmethoden reicht hier von standardisierten Befragungen (z. B. schriftliche Fragebogenerhebung, Onlinebefragung und computergestützte Face-to-Face-Befragung) mit vorgegebenen Antwortmöglichkeiten bis hin zu nicht-standardisierten Interviews (z. B. Leitfadeninterview und narratives Interviews), in denen die Perspektive der Befragten in ihren Worten erfasst wird. Verschiedene Formen von Gruppendiskussionen bieten darüber hinaus die Möglichkeit, einen offenen Zugang zu den (unterschiedlichen) Perspektiven gleich mehrerer Befragter zu erhalten.
- *Beobachten – sich die Dinge genau ansehen:* Das Spektrum reicht hier von strukturierten Beobachtungen nach festem Schema bis hin zur unstrukturierten Beobachtungen mit größtmöglicher Offenheit und Flexibilität gegenüber dem Forschungsgegenstand. Diese Zugänge zum Handeln der Menschen lassen sich darüber hinaus hinsichtlich des Beobachtenden (Fremd-/Selbstbeobachtung), der Anwesenheit eines Forschers (teilnehmende/nicht-teilnehmende Beobachtung), der Offenlegung des Zugangs (offen/

verdeckte Beobachtung) und der Beobachtungssituation (Feld-/ Laborbeobachtung) variieren.
- *Analysieren – sich die Dinge erschließen:* Das Spektrum reicht hier von einfachen Inhaltsanalysen bis hin zu aufwendigen Text-, Bild-, Videointerpretationen, mit denen existente Zeugnisse oder von den Forschenden angeregte Artikulationen (z. B. Zeichnungen und andere Visualisierungen) systematisch betrachtet werden. Mit Angebots- und Strukturanalysen lassen sich darüber hinaus die Inhalte von Medienangeboten erfassen und dahinter liegende Strukturen entschlüsseln, mit speziellen Methoden wie Medientagebüchern, Tracking-Studien und Logfile-Analysen individuelle Medienumgangsweisen und hinterlassene ‚Spuren' festhalten.

Die innerhalb der drei Zugänge exemplarisch benannten Verfahren unterscheiden sich nicht nur hinsichtlich ihres Grades an *Standardisierung*, mit dem sie idealtypisch eher einem quantitativen oder qualitativen Vergehens verpflichtet sind, sondern auch hinsichtlich ihrer *Reaktivität*. Befragen wir Kinder und Jugendliche zu ihren Medienumgang oder beobachten ihn offen, dann müssen wir uns bewusst darüber sein, dass wir mit unserem Handeln in der konkreten Erhebungssituation immer auch das Handeln der Erforschten beeinflussen. Legen wir zum Beispiel von Vornherein bestimmte Antworten oder Handlungen nahe, dann geht dies zu Lasten der Qualität des erhobenen empirischen Materials und letztlich auch zu Lasten der daraus abgeleiteten Ergebnisse. Non-reaktive Verfahren wie verdeckte Beobachtungen oder die Analyse der hinterlassenen ‚Spuren' im Netz geben uns demgegenüber ein (von uns) unverfälschtes Bild, wir können dann aber die Erhebungssituation kaum noch kontrollieren und interessante Aspekte nur im Nachhinein oder in einem erneuten Zugang vertiefen. Versäumen wir es zudem, das Vorgehen den Erforschten adäquat transparent zu machen, vielleicht sogar deren Zustimmung einzuholen, stellt sich zudem ein forschungsethisches Problem.

Wesentlich für die konkrete Ausgestaltung der methodischen Zugänge ist nicht zuletzt die Frage, wie differenziert wir unseren Forschungsgegenstand beschreiben oder erkunden, das Medienhandeln junger Menschen erklären oder verstehen wollen. Mit zunehmender Differenziertheit steigt in aller Regel auch der Informationsbedarf, das heißt wir müssen dann noch mehr Material erheben, aufbereiten, auswerten, interpretieren etc. Das ist keineswegs nur ein forschungsökonomisches Problem, dem mit (zusätzlichen) finanziellen, personellen und zeitlichen Ressourcen (leicht) beizukommen ist. In Zeiten sich schnell wandelnder Medienwelten von Kindern und Jugendlichen lastet auf der medienpädagogischen Forschung auch zunehmend der Druck, möglichst rasch Ergebnisse zu den aktuellen Aneignungs- und Umgangsweisen junger Menschen zu ‚liefern', die dann eine solide Grundlage für die pädagogische Praxis sind.

c) Erhebungs- und Analysemethoden im Überblick

Wie in der Sozialforschung allgemein ist das gezielte Fragen auch in der medienpädagogischen Forschung der wichtigste Zugang. Ob schriftlich oder mündlich befragt, in der vertrauten Umgebung interviewt oder in der Gruppe zur Diskussion angeregt – mit den Antworten und persönlichen Positionierungen erhalten die Forschenden sehr spannende Einblicke in das auf Medien bezogene Denken, Fühlen und Handeln der Menschen. Die wichtigsten Zielgruppen für die Beantwortung medienpädagogischer Fragestellungen sind zwar Kinder und Jugendliche. Oft werden aber auch Erziehende, MedienpädagogInnen und andere (erwachsene) ExpertInnen befragt, um ihre spezifische Sicht auf die Dinge einzubringen. Die Perspektive der Eltern interessiert besonders, wenn es um den Medienumgang von Kindern geht. Denn dieser ist noch recht eng an das elterliche Handeln gebunden. Auch haben die Eltern in aller Regel (noch) einen guten Einblick in das, was ihre Kinder mit den Medien machen. Oft braucht es bei Befragungen von Kindern zudem weiterer Informationen zur jeweiligen Lebenssituation und den Medienhandeln, um die Aussagen der Kinder besser deuten und einordnen zu können (vgl. Fleischer & Fuhs 2013). Bereits in standardisierten Befragungen werden daher die Haupterziehenden nicht selten gleich mit befragt.

In den letzten KIM-Studien werden die Sechs- bis 13-Jährigen zu Hause aufgesucht und mündlich befragt. Im Jahr 2014 waren es insgesamt 1.209 deutschsprechende Schulkinder (vgl. MPFS 2015a). Mit dem eingesetzten Verfahren *Computer Assisted Personal Interviewing (CAPI)* konnten die Forschenden ad hoc auf Verständnisschwierigkeiten reagieren und die Antworten der Kinder in die standardisierten Vorgaben der Datenmaske eingeben. Die Perspektive der Eltern erfassten sie mit einem *Selbstausfüllerfragebogen (paper & pencil)*, in den die Haupterziehenden ihre Antworten auf die vorgegebenen Fragen zu ausgewählten Themen notieren. In den letzten JIM-Studien werden demgegenüber nur die Heranwachsenden selbst telefonisch mit dem Verfahren *Computer Assisted Telephone Interview (CATI)* befragt. 2014 waren es insgesamt 1.200 12- bis 19-Jährige (vgl. MPFS 2015b).

Bei nicht-standardisierten Befragungen haben die Forschenden bislang meist auf verschiedene Formen (teil-)strukturierter Interviews zurückgegriffen, allen voran auf Leitfadeninterviews, die inhaltlich um ein vorab klar eingegrenztes Thema kreisen. Ein Leitfaden mit den zentralen Fragen und Gesprächsthemen stellt hier sicher, dass alles im Vorfeld als wichtig Erachtete tatsächlich zur Sprache kommt. Und er bietet den Forschenden noch Raum, interessante Punkte mit Nachfragen zu vertiefen und offen gegenüber den Dingen zu sein, die den Interviewten selbst wichtig sind. Solche weitgehend offenen sprachlichen Zugänge haben sich in der Vergangenheit gerade dann als sinnvoll erwiesen, wenn es um das Verstehen komplexer Medienaneignungsprozesse geht. Dass die Forschenden hier mittlerweile auch auf die neuen Möglichkeiten der Medien zurückgreifen, belegen zum Beispiel die qualitativen Online-Interviews, die in einer aktuelleren JFF-Studie mit 24 Jugendlichen und jungen Erwachsenen zur Aneignung politischer Information in Online-Medien als Erhebungsinstrument eingesetzt wurden (vgl. Wagner & Gebel 2014).

Interviews mit mehreren Befragten und insbesondere Gruppendiskussionen sind demgegenüber ein effizientes Mittel, um mit überschaubarem Aufwand grundsätzliche persönliche Perspektiven zu einem noch weitgehend unerforschten Gegenstand zu erfassen. Angeregt durch nur wenige Fragen oder Diskussionsanreize treten hier gleich mehrere Erforschte (meist zwischen drei und sechs) in eine auf Gemeinsamkeiten und Unterschiede fokussierte inhaltliche Auseinandersetzung. Mit bewusst homogen oder heterogen zusammengesetzten Gruppen lassen sich sehr gut ‚typische' Medienumgangsweisen vertiefen oder voneinander abgrenzen. Mit anderen offenen Zugängen zu nicht nur einem Befragten können sogar die sozialen Beziehungen systematisch erfasst werden, die das Medienhandeln junger Menschen vielfältig mitgestalten, ohne dass dies auf dem ersten Blick offenkundig ist.

Die Ergebnisse eines seiner Zeit vielbeachteten Forschungsprojektes zur Rolle pornografischer Internetinhalte in der Lebenswelt Jugendlicher (vgl. Grimm et al. 2010) basieren im Kern auf Interviews, die mit zehn geschlechtshomogenen Fokusgruppen geführt wurden. Sieben Jungen- und drei Mädchengruppen repräsentierten dabei grundsätzliche Perspektiven auf und ‚typische' Umgangsweisen mit Internetpornografie. In einer Studie zur Rolle der Eltern hinsichtlich des Jugendmedienschutzes und der Medienerziehung im digitalen Zeitalter wurden teilstrukturierte Paarinterviews als methodischer Zugang gewählt (vgl. Junge 2013). Der Forscher entschied sich für diese in der medienpädagogischen Forschung bislang selten verwendete Methode, um die im Mittelpunkt stehende familiäre Wirklichkeit nicht nur (nachträglich) zu verbalisieren, sondern auch in der Befragungssituation sichtbar werden zu lassen.

Neben den verschiedenen sprachlichen Zugängen haben sich in der medienpädagogischen Forschung auch die systematische Beobachtung und Analyse nonverbaler, produktiv-kreativer und medial-präsentativer Artikulationsformen etabliert. Auf diese Weise können die Forschenden Zugang auch zu denjenigen Menschen finden, die sich mit Sprache allein entwicklungs- oder sozialisationsbedingt (noch) nicht differenziert ausdrücken können. Ein Kind im Vorschulalter hat in aller Regel weniger Möglichkeiten, sich sprachlich zu artikulieren als ein Jugendlicher, ein bildungsbenachteiligter Hauptschüler weniger als ein bildungsprivilegierter Gymnasiast. Bereits Säuglinge sind aber zu nonverbaler Verständigung fähig und Jugendliche aus ganz unterschiedlichen Bildungshintergründen und Sozialmilieus durchaus zu differenzierten präsentativen Artikulationen in der Lage (vgl. Theunert 2013).

Gerade die Untersuchung der Medienaneignung junger Menschen verlangt oft danach, nonverbale Artikulationsformen, mit denen bereits die Jüngsten als aktiv handelnde Subjekte ihre Perspektive verdeutlichen können, aktiv einzubeziehen. Neben den verschiedenen Formen kreativen Gestaltens (Malen, Zeichnen, Basteln, Bauen) und mediatisierter Ausdrucksformen (Fotografieren, Audio- und Videoaufzeichnungen erstellen), bietet sich den Forschenden vor allem in der Beobachtung und Analyse des (gemeinsamen) Spiels junger Menschen ein spannender Zugang zu den Dingen, die sie aktuell beschäftigen, aber (noch) nicht differenziert sprachlich ausdrücken können, sondern uns mit Mimik, Gestik und Körpersprache sichtbar machen.

> „Wer die Spiele von Kindern beobachtet, erfährt viel über ihr Fühlen und Denken und kann Handlungsoptionen entdecken, die sie für die Bewältigung von Entwicklungsaufgaben und Alltagsanforderungen in Erwägung ziehen. Kinder offenbaren im Spiel in welchen Relationen ihre Medienbezüge zu ihrer Lebenswirklichkeit stehen, was sie sich von bestimmten Angeboten und Aktivitäten erhoffen." (Theunert 2014, S. 218)

Sowohl das Handeln der Jüngsten (etwa bei Funktions- und Konstruktionsspielen) als auch das der Älteren (vor allem bei Rollenspielen) sind mittlerweile als ergänzende Erkenntnismöglichkeiten anerkannt, in denen sich vertraute Narrationen und Rollenbilder junger Menschen anschaulich abbilden (vgl. Fleischer & Fuhs 2013). Zeichnungen von Klein- und Vorschulkindern haben sich demgegenüber als Möglichkeiten etabliert, mit denen wir als erwachsene Forschende Einblick in die (uns oft so fremden) kindlichen Emotionen erhalten können. Ein vielzitiertes Beispiel ist hier eine Studie, in dem medienbezogene Kinderzeichnungen als symbolisch verdichtete subjektive Deutungen von Medienwirklichkeit den Ausgangspunkt zur Beantwortung der Frage bildeten, welche Fernsehszenen Vorschulkinder als ängstigend oder aber Spaß bringend in Erinnerung behalten (vgl. Neuß 2000). Hinsichtlich des Medienumgangs Jugendlicher und junger Erwachsener sind andere Formen von Visualisierungen relevanter. Das Spektrum reicht hier von einfachen Tagesablaufdiagrammen als Erstzugang zum Stellenwert der Medien im Alltag (vgl. Hajok & Rommeley 2014) bis hin zu komplexeren Netzwerkanalysen, die von den Erforschten zunächst skizziert und dann erläutert werden (vgl. Hepp et al. 2014).

Andere Erhebungsmethoden sind wiederum darauf aus, näher an die Dinge heranzukommen, die den Erforschten selbst gar nicht bewusst bzw. von ihnen schwer in die ‚richtigen' Worte (oder Bilder) zu fassen sind. Ein spannendes Beispiel ist hier eine schon etwas älteres Studie zur selektiven Fernsehnutzung Jugendlicher, in der die *Methode des lauten Denkens* zur Anwendung kam (vgl. Bilandzic & Trapp 2000). Um die spontanen Gedanken der Heranwachsenden während der Rezeption zu erfassen, wurden diese aufgefordert, ihre Gedanken ohne vorheriges Nachdenken direkt und laut auszusprechen. Gerade im Kontext individualisierter Medienaneignungsprozesse beim Umgang mit Internet, mobilen Endgeräten und digitalen Spielen erscheint das Potenzial dieser Methode in der Forschungspraxis bei weitem noch nicht ausgeschöpft.

Im Hinblick auf die Erfassung der zentralen Kontexte des Medienumgangs junger Menschen ist für medienpädagogische Forschung die Analyse der konkreten Medienumwelt junger Menschen von besonderer Wichtigkeit. Neben den (nach Vorgaben) selbst erstellten Medientagebüchern von Heranwachsenden, Aufzeichnungen zum Beispiel des Surfverhaltens in Trackingstudien oder Logfile-Analysen, mit denen technisch fixierte individuelle Medienumgangsweisen und ‚Spuren' systematisch ausgewertet werden, haben sich in der medienpädagogischen Forschung insbesondere Angebots- und Strukturanalysen als sehr wertvoll erwiesen. Wenn es zum Beispiel darum geht, herauszufinden, wie sich junge Menschen an sie adressierte Medienangebote aneignen, sollten sich die Forschenden zunächst einmal genau anschauen, welche Inhalte die Angebote überhaupt bieten und wie diese konkret ausgestaltet sind. Im nachfolgenden Kasten haben wir zwei solcher differenzierten Angebotsanalysen skizziert, die im Rahmen größer angelegter Studien zum Wahrnehmung von Internetangeboten durch Kinder durchgeführt wurden.

In einer Studie der Arbeitsgemeinschaft Kindheit, Jugend und neue Medien (AKJM) gingen die Forschenden im Jahr 2012 der Frage nach, aus was für Internetangeboten sich die Whitelist, die hinter der beliebten Kindersuchmaschine *fragFINN* steht, konkret zusammensetzt (vgl. Hackenberg et al. 2012). Dafür wählten sie von den beiden Teilsamples der Whitelist (reine Kinderseiten und unbedenkliche Erwachsenenseiten) jeweils 250 Angebote zufällig aus (*Random-Samples*) und analysierten sie nach vorgegebenen Kategorien hinsichtlich ihrer Art und Funktion, zentralen Inhalte und Themen, besonderen Tools und Implementierungen sowie weiterer formaler Kriterien im Vier-Augen-Prinzip. In einer von Dezember 2012 bis Juni 2014 vom Hans-Bredow-Institut für Medienforschung durchgeführten Studie zu Kinder und Onlinewerbung (vgl. Dreyer et al. 2014) analysierten die Forschenden die werblichen Angebotsformen auf den Startseiten der 100 beliebtesten Internetangebote Sechs- bis 13-Jähriger. Von den 50 beliebtesten Angeboten wurden zudem vier zufällig ausgewählte Unterseiten (Landing Pages) in die Analyse einbezogen. Für zehn Angebote wiederholten die Forschenden ihre Analyse der Startseiten und zufällig ausgewählten Unterseiten, um zu vier unterschiedlichen Tageszeitpunkten auch die Angebotsdynamiken zu erfassen.

Bieten die Angebote den NutzerInnen verschiedene Möglichkeiten, selbst Medieninhalte zu erstellen und weiter zu verbreiten, sind neben inhaltlichen Angebotsanalysen auch Strukturanalysen sinnvoll, mit denen systematisch der Frage nachgegangen wird, welche Möglichkeiten und Handlungsoptionen in den Angeboten angelegt sind. Ein Beispiel ist eine JFF-Studie zu den Potenzialen und Problemfeldern des Social Web für die Sozialisation Heranwachsender (vgl. Wagner 2013). Als medialer Rahmen für Selbstdarstellung und Vernetzung im Web 2.0 wurden in der ersten Teilstudie zunächst 97 jugendnahe Internetplattformen gesichtet und dann 46 Plattformen einer Kurzanalyse und 17 einer vertiefenden Analyse unterzogen. Zudem bezogen die Forschenden 26 exemplarische Selbstdarstellungen Jugendlicher mit ein. Nach einer systematischen Betrachtung ausgewählter Strukturmerkmale einzelner Sozialer Netzwerkdienste in der zweiten und dritten Teilstudie analysierten sie in der vierten Teilstudie dann *Facebook* hinsichtlich der hier angelegten Strukturen für Identitätsarbeit und sozialraumbezogenes Medienhandeln Jugendlicher.

Die ausgehend von den drei grundsätzlichen Zugängen (Fragen, Beobachten, Analysieren) soeben nur beispielhaft skizzierten Forschungsmethoden zeugen eindrucksvoll von der Methodenvielfalt medienpädagogischer Forschung, die sich in den letzten Jahren weiter ausdifferenziert hat. So wie der Medienumgang junger Menschen und die besonders interessierenden Medienaneignungsprozesse von individuellen und sozialen, medialen und gesellschaftlichen Faktoren beeinflusst und gerahmt sind, fokussieren die Methoden zwar auf die Erfassung der spezifischen Perspektive von Kindern und Jugendlichen als aktiv handelnde Subjekte und Experten ihres Handelns, nehmen nicht selten aber auch die Sichtweisen anderer Zielgruppen (v.a. von Eltern und anderen Erziehenden, Pädagogen und Medienexperten) sowie die konkrete Medienumwelt der jungen Menschen (v.a. die individuellen Medienzugänge) in den Blick. Wir haben dies in Abb. 13 in einen Gesamtzusammenhang gebracht.

Abb. 13: Methoden und Gegenstand medienpädagogischer Forschung

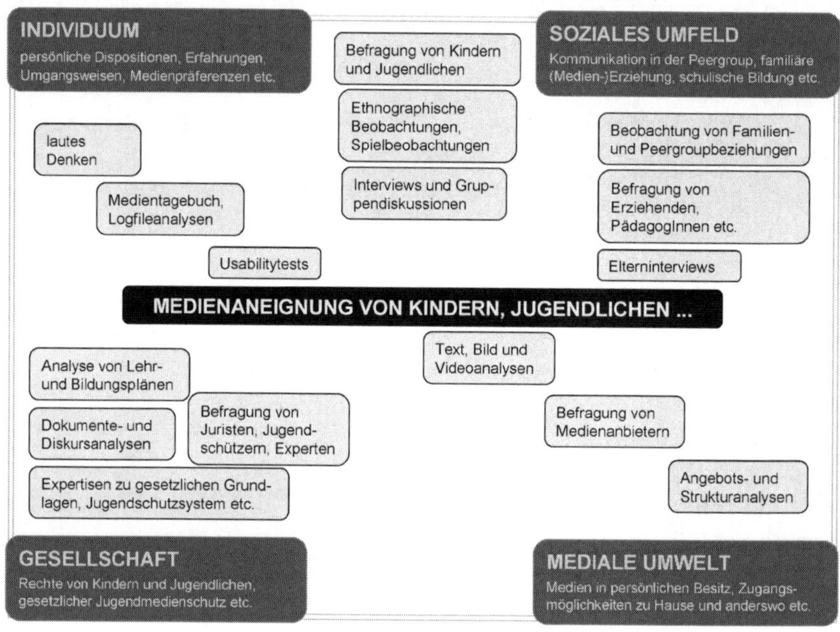

Wichtig zu merken ist: Jede der im Schaubild exemplarisch benannten Forschungsmethoden hat ihre jeweils eigenen Vor- und Nachteile und eignet sich nicht gleichermaßen als Zugang zu den verschiedenen Gegenstandsdimensionen und Zielgruppen medienpädagogischer Forschung. Oftmals ist es auch erforderlich, sich dem Forschungsgegenstand aus verschiedenen Perspektiven anzunähern und mit der Kombination mehrerer Forschungsmethoden die Begrenztheit einzelnen Methoden und eines singulären Zugangs zum Forschungsgegenstand zu überwinden und ein möglichst umfassendes Bild über ihn zu erhalten. Hierauf richten wir den Blick im nun folgenden letzten Abschnitt.

d) Triangulation: Mit einer Methode allein kommt man nicht weit

Gleich ob wir ein materielles Objekt in Augenschein nehmen oder soziale Wirklichkeit mitsamt dem Handeln der Subjekte erforschen – je nach dem, welchen Teil bzw. Ausschnitt wir betrachten, auch aus welchem Blickwinkel wir das tun, werden wir im Detail immer unterschiedliche Dinge sehen. Dies lässt sich sehr gut mit dem Gleichnis *Die blinden Männer und der Elefant* veranschaulichen, das in ganz unterschiedlichen Kontexten gern als Beispiel hervorgeholt wird, um die Begrenztheit von Wahrnehmung und Erkenntnis zu verdeutlichen. Diese Begrenztheit führt uns auch als Forschende immer nur zu einer unvollständigen Wahrheit. Um beim Gleichnis zu bleiben: Je nach dem, welchem Teil des Elefanten sich die Männer ohne Sehvermögen zuwenden (seinem Stoßzahn, seiner Seite, seinem Bein, Rüssel, Ohr oder Schwanz), drängen sich ihnen ganz unterschiedliche Vorstellungen auf, was dieses merkwürdige Dinge wohl sein könnte (ein Speer, eine Mauer, ein Baum, eine Schlange, ein Fächer oder ein dickes Seil).

Das Beispiel zeigt, wie wichtig es gerade in der wissenschaftlichen Auseinandersetzung mit einem Forschungsgegenstand ist, die verschiedenen Gegenstandsdimensionen (im Gleichnis die Körperteile des Elefanten) nicht isoliert voneinander zu betrachten und sich nicht nur auf einen Zugang zu ihnen (im Gleichnis das Ertasten) zu verlassen. Gerade in der medienpädagogischen Forschung, die komplexe Medienaneignungsprozesse verstehen will, kommt man mit einer Methode allein nicht weit und muss in aller Regel mehrere Zugänge und Methoden miteinander kombinieren. Die Rede ist hier von einer *Triangulation*, die der Psychologe und Soziologe Uwe Flick in der ersten Auflage seines einführenden Standardwerkes qualitativer Forschung so beschreibt:

> „Damit ist gemeint, dass gezielt Forschungsperspektiven und Methoden miteinander kombiniert werden, die geeignet sind, möglichst unterschiedliche Aspekte eines Problems zu berücksichtigen: etwa der Versuch, die Sicht eines Subjektes zu verstehen und dies mit der Beschreibung der Lebenswelt, in der es agiert zu verbinden." (Flick 1995, S. 67)

Diese Definition fokussiert noch auf eine frühe Perspektive von Triangulation, bei der es primär um eine Kombination quantitativer und qualitativer Zugänge ging. Dem verpflichtet fanden sich in der sozialwissenschaftlichen Forschung allgemein und der medienpädagogischen Forschung speziell nicht selten Studien, in denen zunächst auf der Grundlage (repräsentativer) quantitativer Befragungen ein Überblick über den Forschungsgegenstand in seinen zentralen Dimensionen und Zusammenhängen gegeben wurde und auf der Grundlage von Interviewerhebungen dann ausgewählte Einzelaspekte, Zusammenhänge, Tendenzen etc. in den lebensweltlichen Kontexten der Menschen vertieft wurden. Bekannte Beispiele sind die 13. Shell Jugendstudie „Jugend 2000" (vgl. Deutsche Shell 2000) und die JFF-Studie „Jugendmedienschutz – Praxis und Akzeptanz" (vgl. Schorb & Theunert 2001).

In den folgenden Jahren haben verschiedene Formen von Triangulationen in der sozialwissenschaftlichen Forschung stark an Bedeutung gewonnen und Uwe Flick hat mittlerweile ein Einführungswerk nur zu diesem Thema veröffentlichst, das bereits in der dritten Auflage erschienen ist (vgl. Flick 2011). In der aktuelleren medienpädagogischen Forschung finden sich mittlerweile groß angelegte Studien, in denen verschiedene Zugänge und Methoden zur Erhebung und Analyse ganz unterschiedlicher empirischer Daten miteinander kombiniert werden und neben verschiedene Untersuchungsgruppen (z. B. Kinder, Jugendliche, Erziehende, ExpertInnen) auch ForscherInnen aus unterschiedlichen Bereichen (z. B. Medienwissenschaft, Medienpädagogik, Rechtswissenschaft) ihre spezifische Sicht in die Forschungsprojekte einbringen. Wir veranschaulichen das jetzt einmal an zwei Beispielen aus der Forschungspraxis.

Abb. 14: Forschungsdesign der Studie „Kinder und Onlinewerbung“ (Dreyer et al. 2014, S. 58)

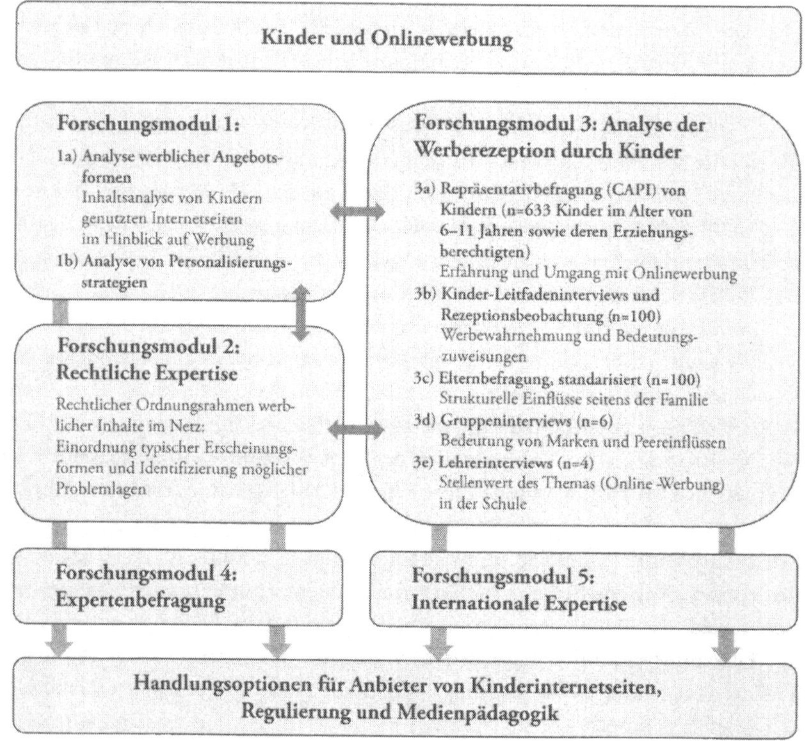

Das erste Beispiel ist eine recht aktuelle Studie des Hans-Bredow-Instituts für Medienforschung (HBI), in der den Fragen nachgegangen wurde, welchen Werbeformen Kindern im Internet begegnen, wie 6- bis 11-Jährige mit Onlinewerbung umgehen und an welchen Stellen sich Problemlagen und Handlungsbedarfe identifizieren lassen (vgl. Dreyer et al. 2014). Die Forschenden näherten sich diesen Fragen aus unterschiedlichen Perspektiven an (v. a. aus kommunikationswissenschaftlicher, medienpädagogischer und rechtlicher) und hatten ein besonderes Interesse daran, aus den Ergebnissen der Studie auch Handlungsoptionen für verschiedene Interessengruppen im Spannungsfeld von Medienanbietern, Medienregulierung und Medienpädagogik aufzuzeigen. Grundlage bildete eine Kombination ganz unterschiedlicher Zugänge und Methoden in fünf separaten, aufeinander bezogenen Forschungsmodulen (siehe Abb. 14).

Abb. 15: Forschungsdesign der Studie „Musik und Gefühl" (Hartung et al. 2009, S. 58)

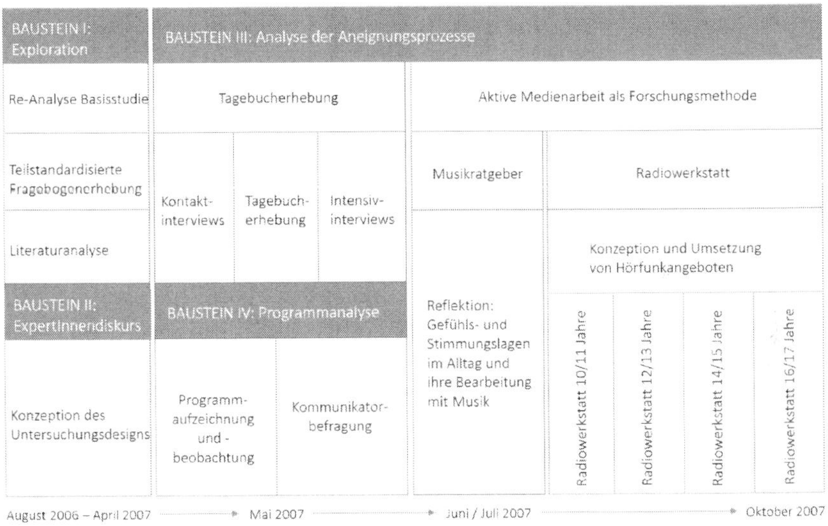

BAUSTEIN I: Exploration
Re-Analyse Basisstudie
Teilstandardisierte Fragebogenerhebung
Literaturanalyse
BAUSTEIN II: ExpertInnendiskurs
Konzeption des Untersuchungsdesigns
BAUSTEIN III: Analyse der Aneignungsprozesse
Tagebucherhebung
Kontakt-interviews
Tagebuch-erhebung
Intensiv-interviews
Aktive Medienarbeit als Forschungsmethode
Musikratgeber
Reflektion: Gefühls- und Stimmungslagen im Alltag und ihre Bearbeitung mit Musik
Radiowerkstatt
Konzeption und Umsetzung von Hörfunkangeboten
Radiowerkstatt 10/11 Jahre
Radiowerkstatt 12/13 Jahre
Radiowerkstatt 14/15 Jahre
Radiowerkstatt 16/17 Jahre
BAUSTEIN IV: Programmanalyse
Programm-aufzeichnung und -beobachtung
Kommunikator-befragung
August 2006 – April 2007 → Mai 2007 → Juni / Juli 2007 → Oktober 2007

Das zweite Beispiel für eine Triangulation in der medienpädagogischen Forschung ist schon eine etwas zurück liegende, an der Professur für Medienpädagogik und Weiterbildung der Universität Leipzig durchgeführte Studie zum Umgang von Kindern und Jugendlichen mit Musik, wobei die gefühlsbezogene Aneignung von Musik aus dem Radio bei 10- bis 17-Jährigen im Mittelpunkt stand (vgl. Hartung et al. 2009). Das komplexe, in vier Bausteine untergegliederte Forschungsdesign beinhaltet nicht nur die Erhebung empirischer Daten mittels Fragebogen, Tagebüchern und leitfadenbasierten Intensivinterviews sowie eine separate Programmanalyse, sondern versucht auch, die aktive Medienarbeit, eigentlich ein zentrales Konzept der medienpädagogischen Praxis (siehe Kap. 3.1.2), als Forschungsmethode zur Analyse komplexer Medienaneignungsprozesse fruchtbar zu machen (siehe Abb. 15).

Studien, wie die soeben beispielhaft angeführten, sind sehr umfangreiche Forschungsvorhaben, die schon bei der Konzeption einen immensen Aufwand bedeuten. Sie haben einen besonderen Bedarf an personellen, finanziellen und zeitlichen Ressourcen und stellen – meist als Kooperationsprojekte mehrerer Einrichtungen realisiert – die Forschenden oft auch vor besondere Anforderungen an die Koordination, insbesondere der Projektbeteiligten und Untersuchungsbausteinen an unterschiedlichen Orten. Die Kombination unterschiedlicher Zugänge und Methoden kann und sollte dennoch auch in kleineren Projekten wie empirischen Abschlussarbeiten nicht ganz aus dem Blick verloren werden, weil der Mehrwert in aller Regel den Mehraufwand übersteigt.

Fragen/Hinweise zum Weiterarbeiten

Machen Sie sich mit den grundlegenden Schritten des Forschungsprozesses vertraut. Konzipieren Sie ein eigenes kleines Forschungsprojekt mit einer medienpädagogischen Fragestellung und wählen Sie für den empirischen Zugang zu Kindern oder Jugendlichen eine Erhebungsmethode, die in der konkreten Ausgestaltung den kognitiven Fähigkeiten und Alltagspraxen der gewählten Zielgruppe entspricht! Orientieren Sie sich dabei auch an den methodologischen Überlegungen eines kontextuellen Verstehens von Medienaneignung.

Jetzt kommen wir endlich zur Praxis. Wir starten hier mit zentralen pädagogischen Handlungskonzepten und stellen dann die zwei wichtigsten Methoden medienpädagogischer Praxis vor.

Im Weiteren beschreiben wir die wichtigsten Handlungsfelder der Praxis und geben einen Überblick zu den wichtigsten Akteuren und Zielgruppen.

Besonders interessant ist vielleicht, wenn wir Medienpädagogik als Berufsfeld skizzieren. Hier sehen wir, dass es viele Möglichkeiten für ein berufliches Engagement gibt.

Wir beziehen uns dabei auf ein Studium im Bereich und beschreiben Qualifikationen, Anforderungen und Arbeitsmöglichkeiten in einem weiten Feld.

Nach dem bis hierher starken Bezug auf Deutschland blicken wir abschließen kurz über den Tellerrand. Ist Medienpädagogik ein deutscher Sonderweg oder gibt es eine internationale Perspektive?

drei

3 Praxis und Perspektiven der Medienpädagogik

Nachdem wir nun Medienpädagogik bereits als eine wissenschaftliche Disziplin mitsamt ihrer institutionellen Verankerung im akademischen Bereich, ihrer theoretischen Fundierung und zuletzt auch eigenen Forschungstradition skizziert haben, wenden wir uns im dritten und letzten Teil des Buches dem vielleicht wichtigsten Feld zu: der medienpädagogischen Praxis. Auf sie ist die Medienpädagogik schon mit ‚ihrer' Theorie und Empirie bezogen. Das zugrunde gelegte Menschenbild, das Verständnis von Sozialisation und Kommunikation, nicht zuletzt das Konzept der Medienaneignung sind dabei theoretische Grundlagen, die auch bei der Konzeptionierung des pädagogischen Zugangs zu den Menschen eine wichtige Rolle spielen. Mit der medienpädagogischen Forschung wiederum werden empirisch gestützt die Potenziale und Risiken des Medienumgangs der Menschen herausgearbeitet, die es in der medienpädagogischen Praxis dann zu ‚bearbeiten' gilt. Nachfolgend wenden wir uns zuerst den Methoden, Handlungsfeldern und Akteuren der medienpädagogischen Praxis zu. Wir umreißen dann Medienpädagogik als ein Berufsfeld und skizzieren abschließend noch beispielhaft, wie es international um die Medienpädagogik steht.

3.1 Methoden, Handlungsfelder, Akteure medienpädagogischer Praxis

Wie lässt sich die Medienkompetenz junger Menschen fördern? Was sind die Handlungsfelder der medienpädagogischen Praxis? Und was für Menschen agieren in der Praxis eigentlich als MedienpädagogInnen? Bei der Beantwortung dieser Fragen werden wir nachfolgend nicht eine Geschichte der medienpädagogischen Praxis nachzeichnen. Wir richten den Blick vielmehr auf die Methoden, Handlungsfelder und Akteure, die in der heutigen praktischen, auf den Medienumgang der Menschen bezogenen pädagogischen Arbeit eine besondere Bedeutung haben. Ein wesentlicher Hintergrund ist der Perspektivwechsel, der sich nicht nur – wie von uns im zweiten Teil des Buches gezeigt – in der Theorie und Forschung der Medienpädagogik vollzogen hat, sondern auch in ihrer Praxis.

Genau genommen war es sogar die medienpädagogische Praxis, die zumindest punktuell schon sehr früh einen offenen pädagogischen Zugang zu jungen Menschen gesucht und gefunden hat, in dem zunächst vor allem Jugendliche als aktiv handelnde Subjekte und Experten ihres Medienhandelns ernst genommen wurden – später dann auch Kinder. Dabei hat sich auch der Schwerpunkt von der Wissensvermittlung und Unterrichtung durch ‚Lehrende' hin zu einer Unterstützung ‚Lernender' beim weitgehend selbsttätigen Erwerb von Medienkompetenz verlagert (vgl. Hajok & Lauber 2013b). Und dies wird nirgendwo so deutlich wie bei den mittlerweile unzähligen Projekten, die seit den 1990er Jahren der Methode *Aktive Medienarbeit* verpflichtet sind. Aus unserer Sicht lässt sie sich gewissermaßen als der ‚Königsweg' medienpädagogischer Praxis bezeichnen – sie ist aber dennoch nur einer der Wege zum Ziel.

3.1.1 Handlungskonzepte und Methoden der Medienarbeit

Schauen wir uns zunächst einmal an, welche grundlegenden pädagogischen Handlungskonzepte die medienpädagogische Praxis hierzulande in den letzten Jahren geprägt haben. Wir werden hier auch einige Aspekte und Zielvorstellungen wiederfinden, die uns zumindest punktuell auch an die Perspektiven der normativen und bildungstechnologischen Medienpädagogik erinnern. Die Perspektive der handlungsorientierten Medienpädagogik, auf die wir auch mit unserem Buch den Schwerpunkt legen, wird dann in besonderem Maße von den zwei Methoden repräsentiert, die wir nachfolgend skizzieren. Hier geht es dann um die Förderung von Medienkompetenz aus einem pädagogischen Anspruch heraus, in dem das Selbstlernen im praktischen Umgang mit Medien zentral ist.

a) Grundlegende pädagogische Handlungskonzepte

Für die pädagogische Praxis, die auf den Medienumgang junger Medien bezogenen ist, stehen uns ganz unterschiedliche Handlungskonzepte zur Verfügung. Fokussiert auf die Konzepte des Bewahrens und Befähigens haben wir in Kap. 1.4 bereits zwei zentrale Zugänge skizziert. Sie spiegelten idealtypisch auch die grundverschiedenen Vorstellungen von der Zielgruppe (Kinder und Jugendliche als beeinflussbare Mediennutzer vs. autonom mit Medien Handelnde) und vom Gegenstand (Risiken vs. Chancen des Medienumgangs) wider. Wir erweitern die Perspektive jetzt und gehen auf die fünf medienpädagogischen Ansätze ein, die von Süss et al. (2013) hervorgehoben und näher beschrieben worden sind. Mit ihnen lässt sich –

über den Zugang der handlungsorientierten Medienpädagogik hinausgehend – nicht nur das Spektrum an Möglichkeiten sehr gut abbilden. Ihr besonderer Wert liegt unseres Erachtens darin, dass sie sich auch auf die verschiedenen Dimensionen bzw. Phasen von Medienaneignung beziehen. Neben der eigentlichen Nutzung und Wahrnehmung von Medienangeboten durch Kinder und Jugendliche rücken also auch die vorgelagerten Auswahlprozesse und die nachgelagerten Bewertungs- und Verarbeitungsprozesse in den pädagogischen Fokus. Wir haben dies in Tab. 10 zusammengefasst.

Tab. 10: (medien-)pädagogische Handlungskonzepte (eigene Darstellung nach Süss et al. 2013)

MEDIENANEIGNUNGSPROZESS	HANDLUNGSKONZEPTE UND PÄDAGOGISCHE ZUGÄNGE
Auswahl von Medienangeboten	**Bewahren:** Kinder und Jugendliche vor beeinträchtigenden und gefährdenden Inhalten und Umgangsweisen fernhalten **Aufklären:** Wissen vermitteln, auf dessen Basis Kinder, Jugendliche und Erziehende die Medien ‚besser' durchschaut werden können
Nutzung/Wahrnehmung von Medienangeboten	**Reflektieren:** Kinder, Jugendliche und Erziehende anregen, den Medienalltag auf Basis bisheriger Erfahrungen bewusst zu gestalten **Handeln:** Kinder und Jugendliche befähigen, sich als aktiv Handelnde selbst in den Medien auszudrücken
Bewertung/Verarbeitung von Medienangeboten	**Reparieren:** Kinder, Jugendliche und Erziehende bei der Verarbeitung von negativen Erfahrungen unterstützen

Schauen wir uns die Konzepte nun noch etwas genauer an und benennen bereits hier zentrale Handlungsfelder und Akteure, auf die wir in den weiteren Kapiteln dann noch näher eingehen. Das Konzept Bewahren ist an den Prozessen orientiert, die der Nutzung bestimmter Medienangebote durch junge Menschen vorgelagert sind. Es zielt auf die Minimierung der in Kap. 1.4.4 skizzierten Kontakt- und Verhaltensrisiken des Medienumgangs junger Menschen ab. Es geht um die intendierte Restriktion, um eine (sinnvolle) Beschränkung der Medienwelten von Kindern und Jugendlichen – allen voran entlang grundsätzlicher Vorstellungen der Erwachsenenwelt, wie sie auch ein Kernanspruch der normativen Medienpädagogik sind (siehe Kap. 2.1.2). Akteure sind zum einen der gesetzliche Kinder- und Jugendmedienschutz mit seinen Instrumenten, allen voran den Altersfreigaben, zum anderen Eltern und andere Erziehende mit ihren generellen

Verboten und den konkreten zeitlichen und inhaltlichen Beschränken des Medienumgangs ihrer Schützlinge.

Auch das Konzept *Aufklären* ist auf die Prozesse vor der eigentlichen Nutzung der Medien durch junge Menschen bezogen. Es entfaltet sein Unterstützungspotenzial dennoch im gesamten Medienaneignungsprozess. Mit der klassischen Vermittlung von Wissen, aber auch im gemeinsamen Lernen und in der Unterstützung der selbständigen Aneignung von Wissen sollen Kinder und Jugendliche möglichst frühzeitig dazu fähig sein, die Medien und ihre Inhalte, ihre Funktionen und dahinter stehenden Interessen besser zu ‚durchschauen' (Stichwort: Strukturwissen). Auch das Wissen um aktuelle Chancen und Risiken des Medienumgangs und von gesetzlichen Regelungen (z. B. Persönlichkeits- und Urheberrechte) ist hier relevant. Hauptakteure sind die schulische und außerschulische Medienbildung, in der die Medien zum Thema gemacht werden und sich bereits Kinder in Grundlagenkursen (z. B. Computerführerschein, Internet-ABC, Recherchieren im Netz) Struktur- und Handlungswissen aneignen können. Mit an Eltern adressierten Medieninformationsveranstaltungen (z. B. an Schulen) ist auch diese wichtige Zielgruppe zu erreichen.

Das Konzept *Reflektieren* setzt am konkreten Medienumgang und den persönlichen Medienerfahrungen der Menschen an und zielt darauf ab, Kinder und Jugendliche sowie die Eltern, die mit ihrer eigenen Mediennutzung eine wichtige Vorbildfunktion haben, zu einem kritisch-reflexiven Medienumgang und einer bewussten Ausgestaltung des eigenen Medienalltags anzuregen. Hauptakteure sind also die Familienmitglieder in ihrem ‚System', die in gemeinsamen Medienaktivitäten und der Aufarbeitung, Bewertung und Diskussion des eigenen Medienumgangs ihr Medienhandeln nicht nur reflektieren, sondern auch modifizieren und abändern. Eine besondere Herausforderung ist hier, Kinder, Jugendliche und Eltern für die Wichtigkeit solcher Prozesse zu sensibilisieren und ihnen Räume für Diskussionen und Austausch in der Gruppe zu schaffen. Hervorzuheben sind hier nicht nur die pädagogisch funktionalisierten Zugänge der rezeptiven Medienarbeit, auf die wir später noch kurz eingehen, sondern auch die vielfältigen kommunikativen Aushandlungsprozesse zu Medien und ihren Inhalten in den Peer-groups, bei denen immer auch Selbstlernprozesse initiiert werden.

Auch das Konzept *Handeln* ist direkt auf die (aktuelle) Mediennutzung von Kindern und Jugendlichen bezogen und zielt auf die Befähigung zu einer selbstbestimmten und aktiven Aneignung der Medien ab. Orientiert ist es weniger an den Risiken des Medienumgangs, sondern an den Chancen eines partizipativen Medienhandelns (siehe Kap. 1.4.3), insbesondere was die Möglichkeiten von Selbstausdruck, Kooperation und Kollaboration anbetrifft. Das Konzept des Handelns ist nicht nur begrifflich fest in der Perspektive einer handlungsorientierten Medienpädagogik verankert. Es setzt konzeptionell an der besonderen Bedeutung von Selbstlernprozessen beim Medienumgang der Menschen an und präferiert als pädagogischen Zugang die im ‚offenen' außerschulischen Bereich angesiedelten Projekte der aktiven Medienarbeit sowie diverser bundesweiter und regionaler Initiativen zur Medienkompetenzförderung.

Das Konzept *Reparieren* ist der Nutzung bestimmter Medienangebote nachgelagert und zielt auf die Unterstützung bei der Verarbeitung der Medienerfahrungen von Kindern und Jugendlichen ab. Im Kern geht es hier um die kommunikative Aufarbeitung negativer Erfahrungen. Handlungsfelder sind faktisch alle Kontexte von Erziehung und Bildung, in denen Erziehende und PädagogInnen – möglichst vorurteilsfrei – die Medienerfahrungen ihrer Schützlinge in Gesprächen aufarbeiten. Gelingt es den Akteuren, den Medienumgang von Kindern und Jugendlichen von Beginn an diskursiv zu begleiten, dann kann so auch eine gemeinsame Gesprächskultur etabliert werden, bei der eine kommunikative Aufarbeitung selbstverständlich ist und die Schützlinge sich später bei Problemen selbst an die Erziehenden und PädagogInnen wenden.

b) Rezeptive Medienarbeit (oder auch Reflexive Medienarbeit)

Verlassen wir nun die Ebene der grundsätzlichen Handlungskonzepte und wenden uns den konkreten Methoden der medienpädagogischen Praxis zu. Eine erste, auf die wir genauer eingehen, ist die *Rezeptive Medienarbeit*, die wir beim Konzept des Reflektierens soeben beispielhaft benannt haben. Auch bei der rezeptiven Medienarbeit geht es um die Förderung von Medienkompetenz als eine wichtige Unterdimension von kommunikativer Kompetenz, wie wir sie in Kap. 2.3 theoretisch entfaltet haben. Gefördert werden sollen Mündigkeit und Emanzipation. Beide Aspekte sind in der rezeptiven Medienarbeit zentral und verweisen auf zwei unterschiedliche Perspektiven (vgl. Schell 2003, 2008):

- *Mündigkeit* bezieht sich auf die individuelle Perspektive. Gesellschaftlich existierende Bedingungen, Normen und Werte sollen vom Menschen erkannt und bewertet werden. Im angestrebten Ideal ist das Individuum urteilsfähig und entscheidungsfähig, denn nur wer beurteilen und entscheiden kann, ist handlungsfähig.

- *Emanzipation* bezieht sich auf die kollektive Perspektive. Im hier angestrebten Ideal ist das Individuum in der Lage, sich aus den herrschaftsbedingten Abhängigkeiten zu befreien. Auf diese Weise können Ungleichheiten in der Gesellschaft aufgehoben werden.

Um Mündigkeit und Emanzipation in diesem Sinne zu erreichen, setzt die Methode der rezeptiven Medienarbeit an der Reflexion der Menschen an, ist daran orientiert und wird deshalb zuweilen auch begrifflich mit einer *Reflexiven Medienarbeit* gefasst. Spannen wir den Bogen kurz etwas weiter: Reflexiv meint den Rückbezug auf sich selbst und bedeutet, dass sich der Mensch persönlich zu Sachverhalten in Beziehung setzt und dabei die eigenen Bewertungen und Orientierungen ‚durchdenkt' und auch ‚überdenkt'. Wichtig für die pädagogische Praxis ist: Wenn es um die Reflexion des Individuums geht, dann muss das Individuum im Mittelpunkt des pädagogischen Handelns stehen. Die Methode setzt deshalb direkt an den Nutzungserfahrungen der Menschen an und zielt darauf ab, die Zielgruppe ihres Handelns erstens zu einer bewussten Aneignung, also Auswahl, Wahrnehmung, Bewertung und Verarbeitung von Medien und ihren Inhalten anzuregen, sie zweitens dazu zu bringen, sich inhaltliche und ästhetische Kriterien bewusst zu machen, und drittens dazu anzuregen, die eigene Medienerfahrungen zu erinnern und in einer aktiven Auseinandersetzung aufzuarbeiten.

Um dies zu realisieren, werden im Rahmen rezeptiver Medienarbeit verschiedene Medienangebote gemeinsam angeeignet und analysiert. Klassisch ist das gemeinsame Anschauen eines Films mit einem anschließenden Filmgespräch. Das Äußern der eigenen Empfindungen während und nach der Rezeption, das Aussprechen von Fragen zum Film sowie die gemeinsame Analyse von Machart und Dramaturgie können so durchaus auch neue Einsichten fördern und neue Erfahrungen ermöglichen. Wichtig ist das gemeinsame Rezipieren und Diskutieren des Films, oder eben anderer Medienangebote. So haben sich neben dem ‚Klassiker' Filmgespräch auch neue Formen der rezeptiven Medienarbeit etabliert.

Eine aktuelle, sehr spannende ‚Spielart' der rezeptiven Medienarbeit ist zum Beispiel, jungen Menschen Gelegenheit zu geben, die Rolle von ExpertInnen zu übernehmen. Um die Inhalte von Internetseiten mit Kindern reflexiv zu durchdringen hat sich bspw. bewährt, sie Jury spielen zu lassen. Der Rahmen des Spieles „Jury" macht den Kindern begreiflich, dass sie als ExpertInnen fungieren, ihre Meinung also gefragt ist. Die Methode der „Kinderjury", wie sie von Fuhs & Eichler (2005) konzipiert ist, setzt an den Nutzungspräferenzen der Zielgruppe an und erarbeitet von dort aus die

Bewertungskriterien der Kinder in inhaltlicher und ästhetischer Hinsicht sowie mit Blick auf ihre Anforderungen bei der Usability. Bedeutsam ist, dass die Zielgruppe im Projekt gleichberechtigt sowohl innerhalb der Teilnehmendengruppe wie auch in Bezug zu den ProjektleiterInnen ist. Denn wenn Mündigkeit und Emanzipation gefördert werden sollen, müssen Gleichberechtigung und Mitbestimmung grundlegende Prinzipien eines jeden Projektes sein.

Fassen wir die soeben skizzierte Methode der Rezeptiven Medienarbeit zusammen, dann erscheinen uns folgende Aspekte als besonders wichtig:

- Ausgangspunkt der rezeptiven Medienarbeit sind die Aneignungserfahrungen und Medienvorlieben der Zielgruppe, wobei der pädagogische Zugang zu Menschen jeden Alters erfolgen kann.
- Bei Kindern und Jugendlichen ist der Rollentausch zentral, da hier die gewohnte Lehrende-Lernende-Hierarchie aufgehoben wird und bestehende Positionen im Klassenverbund außer Kraft gesetzt werden: Jeder ist gleichberechtigt, alle Meinungen sind richtig und wichtig.
- Grundsätzlich ist die pädagogische Bearbeitung aller Medienthemen, aller medialen Kommunikationsinhalte und aller medialen Vorlieben der Menschen möglich!

Es können noch weitere positive Aspekte benannt werden, die gerade für die Initiierung und Durchführung von Projekten, die der rezeptiven Medienarbeit verpflichtet sind, bedeutsam sind: So zeigt sich, dass die Projekte unterm Strich weniger zeitaufwändig und weniger kostenintensiv sind als Medienprojekte, in denen die Zielgruppen selbst Medien erstellen. Tatsächlich werden Projekte der rezeptiven Medienarbeit von Schulen stark nachgefragt, denn sie lassen sich einfach im Schultag (Schulstundenstruktur) einordnen. Auch arbeiten LehrerInnen im Unterricht ähnlich, zum Beispiel im Deutschunterricht, und haben so eventuell auch eine konkretere Vorstellung von erreichbaren Lernzielen.

In die Projekte der rezeptiven Medienarbeit werden zumeist kreative Aufgaben eingeflochten wie Malaufgaben oder Collagen basteln. Auch das Führen von Medientagebüchern hat sich als geeignetes Instrument erwiesen. Die betreuenden MedienpädagogInnen leiten in der Funktion des Tutors durch das Projekt. Dennoch fristet die rezeptive Medienarbeit in der handlungsorientierten Medienpädagogik bislang noch immer eher ein Schattendasein, gilt die Aktive Medienarbeit, auf die wir nun eingehen, als die ‚Königsdisziplin' eines am Medienhandeln junger Menschen orientierten und darauf bezogenen pädagogischen Handelns.

c) Aktive Medienarbeit

Die Methode der *Aktiven Medienarbeit* – begrifflich in ihren spezifischen ‚Spielarten' zuweilen auch als „reflexiv-praktische", „praktische" und „kreative" Medienarbeit gefasst – geht auf die Arbeiten des Medienpädagogen Fred Schell zurück. Wir kennen kein zweites Fachbuch zur medienpädagogischen Praxis, das in der Vergangenheit eine so große Verbreitung und Akzeptanz gefunden hat, wie das mit „Aktive Medienarbeit mit Jugendlichen" betitelte, das 2003 in der mittlerweile vierten Auflage erschienen ist (vgl. Schell 2003). Hier werden nicht nur die Prinzipien einer handlungsorientierten Medienpädagogik entwickelt, es wird auch eine Methode detailliert beschrieben, mit der das ‚pädagogische Programm' in die medienpädagogische Praxis überführt wird. Dabei werden die Medien in der Arbeit mit jungen Menschen multifunktional genutzt – was auch in der aktuellen Perspektive der aktiven Medienarbeit eine Nutzung der Medien zur Reflexion, Exploration und Partizipation, zum Erfahrungsaustausch und zur Organisation gemeinsamer Aktivitäten, zur Analyse und Kritik der Medien sowie zur Förderung kreativer Potentiale beinhaltet (vgl. Schell & Demmler 2013).

Die Aktive Medienarbeit ist heute die favorisierte Methode der pädagogischen Praxis zur Förderung von Medienkompetenz bei jungen Menschen, wobei in den letzten Jahren neben Jugendlichen als Kernzielgruppe zunehmend auch die medienpädagogische Arbeit mit (älteren) Kindern entsprechend konzipiert wurde. Aktive Medienarbeit spricht die reflexive und praktische Dimension zugleich an und kann so in besonderem Maße zu „Reflexion und Veränderung gesellschaftlicher Zustände" (Schell 2005, S. 11) beitragen. Ihre zentralen Charakteristiken sind: Handelndes Lernen als Lernform, Kooperation und Exemplarizität. Schauen wir uns die Sache etwas genauer an.

Die Methode der aktiven Medienarbeit basiert auf dem Konzept des handlungsorientierten Unterrichts sowie der Lernform des Handelndes Lernens. Handelndes Lernen meint vereinfacht gesagt die aktive Auseinandersetzung mit der Wirklichkeit durch selbsttätiges Handeln und soll so zu Erfahrung und Einsicht führen. Es wird die Notwendigkeit der Einheit von Handeln und Denken betont. Sie kennen sicher das Konzept des *Learning by Doing*. Es wird oft mit dem amerikanischen Pädagogen John Dewey in Verbindung gebracht. Dass die praktische Tätigkeit für die Denkentwicklung – genauer gesagt für die Verinnerlichung von Erfahrung – bedeutsam ist, finden wir als eine grundlegende Überzeugung aber in zahlreichen pädagogischen und auch didaktischen Konzepten, bspw. bei Maria Montessori. Diesen konkreten Konzepten können unterschiedliche theoretische Bezüge zugrunde liegen, häufig ist dies die *Kognitive Handlungstheorie* von Hans Aebli und auch die kulturhistorische Schule der sowjetischen Entwicklungspsychologie von Lew Wygostki mit dem darauf aufbauenden Konzept der Aneignung von Alexei Leontjew, auf das wir in Kap. 2.3.4 schon hingewiesen haben. Auch der von uns bereits vertiefte Symbolische Interaktionismus wird als theoretischer Bezugsrahmen genutzt.

Zu beachten ist, dass die genannten Theorien ihre jeweils eigene Systematik und Begrifflichkeiten und auch Funktionen haben. Die Begriffe „Handeln" und „Handlung" aus der kognitiven Handlungstheorie oder auch aus dem Symbolischen Interaktionismus sind nicht Eins-zu-Eins mit den Begriffen „Tätigkeit" und „Handlung" bzw. „Handeln" aus der kulturhistorischen Schule gleichzusetzen. Trotzdem sind die Theorien nicht ‚unvereinbar', zeigen ihre Aussagen über die Entwicklung des Menschen als kulturschaffendes Wesen und zu Lernprozessen deutliche Parallelen (vgl. Giest 2004).

Ziel von Projekten der Aktiven Medienarbeit ist die Förderung von *Kommunikativer Kompetenz*. Aus pädagogischer Sicht geht es um die Herstellung von Mündigkeit und Emanzipation, wie wir sie als zwei grundsätzliche Perspektiven pädagogischen Handelns bei der rezeptiven Medienarbeit bereits skizziert haben. Schell benennt Mündigkeit und Emanzipation als Leitziele aktiver Medienarbeit und bringt diese hier mit authentischer Erfahrung zusammen – bestimmt als „autonome Aneignung von Realität und die selbstbestimmte aktive Einwirkung auf diese" (Schell 2003, S. 59). Authentische Erfahrung ist nach Schell nur möglich, wenn das Individuum mündig und emanzipiert ist. Was das für uns als Individuen im Kern beinhaltet, lässt sich im Rückgriff auf Baacke (1980) so zusammenfassen:

- die äußeren Rahmenbedingungen erkennen,
- sich den eigenen Bedürfnissen bewusst sein,
- Handlungsmöglichkeiten wahrnehmen und tatsächlich ergreifen.

Diese drei Punkte sind die Eckpunkte des Medienkompetenzbegriffs von Dieter Baacke. Wichtig erscheint uns dabei noch einmal zu betonen, dass das mündige und emanzipierte Individuum sozial fähig ist und auch nicht gegen seine eigenen Bedürfnisse handelt. Die Aktive Medienarbeit vereint die reflexive Dimension und praktische Dimension (Produktion). Fast zu einer Art Slogan hat sich die Forderung entwickelt, den Mediennutzer aus seinem ‚Konsumdasein' zu befreien und zum Produzenten zu machen (vom Konsumenten zum Produzenten). Im Kern wurde das schon in den 1930er Jahren von Berthold Brecht in seiner *Radiotheorie* gefordert und in der medienpädagogischen Diskussion aufgegriffen:

> „Die Subjekte sollen die Medien ‚in Dienst nehmen', d. h. sie als Mittel zur Auseinandersetzung mit ihrer Lebenswelt gebrauchen, sei es als Mittel zur Erforschung der Lebenswelt, sei es als Mittel zur Artikulation und Durchsetzung eigener Interessen etc. Die Rezipienten sollen also zu Produzenten werden." (Schorb 1995, S. 31)

Uns mutet der Slogan *vom Rezipienten zum Produzenten* schon etwas antiquiert an, wenn wir allein nur daran denken, wie viele Nachrichten, Bilder oder Filme die Menschen heute selbst erstellen, quasi selbstverständlich weiter verbreiten und im Netz dauerhaft konserviert hinterlassen. Vergegenwärtigen wir uns dennoch die Ziele der Aktiven Medienarbeit als eine Methode der medienpädagogischen Praxis. Durch das Planen und tatsächliche Produzieren von eigenen, medialen Botschaften sollen Heranwachsende pädagogisch begleitet Einsicht erhalten in:

- das Wesen der Gemachtheit von Medien,
- dahinter liegende Strukturen und Absichten,
- Möglichkeiten der Manipulation von medialen Inhalten,
- Möglichkeiten der Beeinflussung und Machtausübung,
- Öffentlichkeit als medial hergestellte Öffentlichkeit,
- Möglichkeiten zur eigenen Artikulation von Interessen und deren Durchsetzung sowie
- Teilhabe insbesondere an öffentlicher Kommunikation.

Es wird deutlich, dass zu diesen Einsichten eine genauere Reflexion des eigenen Tuns gehört und das bestimmte Informationen (z. B. Wissen über Strukturen) benötigt und angeeignet werden müssen. Die Erfahrungen und der Ausbau der Kompetenzen sollen nun in der Aktiven Medienarbeit von Heranwachsenden dadurch ermöglicht werden, dass die Teilnehmenden abhängig von ihren Fähigkeiten, Fertigkeiten und Erfahrungen sowie in Kooperation mit anderen und in Selbstlernsettings:

- selbsttätig und eigenständig arbeiten,
- in Kooperation mit anderen gleichberechtigt arbeiten,
- die Lernziele selbst definieren,
- den Projektablauf selbst bestimmen,

- sich die notwendigen Materialien in ihren Funktionen möglichst selbst erschließen (auch durch experimentieren),
- in authentischen Settings arbeiten,
- sich selbst kontrollieren und
- sich selbst in ihren Leistungen bewerten.

Durch das eigene, selbstverantwortliche Tun und die weitgehende Selbstständigkeit der TeilnehmerInnen wird den Projekten der Aktiven Medienarbeit nach Schell (2003) das Potential zugesprochen, Teamfähigkeit sowie Selbstwertgefühl und Selbstvertrauen zu stärken. Denn im Team muss solidarisch gehandelt werden und müssen auch Konflikte ausgehalten und gelöst werden. Im Rahmen Aktiver Medienarbeit wird daher immer auch die Kommunikation in der Gruppe während des Erarbeitungsprozesses reflektiert und nicht ‚nur' die mediale Kommunikation an sich. Es geht um Sozialkompetenz im weitesten Sinne.

Ein relativ neuer Ansatz hinsichtlich der Teilnehmenden ist die intergenerative aktive Medienarbeit, die Teilnehmende unterschiedlichen Alters zusammen bringt. Der Grundsatz der Gleichberechtigung und des solidarischen Handelns im Projekt bilden den Rahmen, in dem bspw. Senioren und Heranwachsende zusammen arbeiten. Die soziale Kompetenz wird hier bereits dadurch gestärkt, dass verschiedene Lebenserfahrungen und Kommunikationskulturen aufeinander treffen (vgl. Krügler 2010, Kuttner 2013). Dies kann alle Teilnehmenden zu neuen Perspektiven auf das eigene Handeln mit und ohne Medien anregen. Projekten der intergenerativen Medienarbeit wird ein großes Potential zur Nachhaltigkeit der pädagogisch gerahmten Aneignungsprozesse zugesprochen.

Die im konkreten Projekt gemachten Erfahrungen sind exemplarisch und zugleich genereller Natur, das heißt sie können später auf andere Problemstellungen und Situationen übertragen werden. Das meint auch der Begriff „Transfer". Insbesondere ist dies mit der kommunikativen Kompetenz verbunden, die in unterschiedlichen Situationen mit unterschiedlichen Kommunikationspartnern Handlungsfähigkeit und Verhaltenssicherheit beschreibt (vgl. Schorb 1995). Die betreuenden MedienpädagogInnen stellen Zeit, Raum und Ressourcen zur Verfügung und stehen beratend als Coach und wenn nötig anleitend als Tutor bereit. Sie agieren letztlich vor allem unterstützend, weniger leitend und vorgebend. Insbesondere stellen sie den organisatorischen Rahmen her und begleiten die Teilnehmenden darin, ein realisierbares Projekt zu skizzieren. Zu merken ist:

- Ausgangspunkt des Medienprodukts sollen die Themen der Zielgruppe sein: Es geht darum, diese zu äußern und anderen mitzuteilen – Artikulation!
- Zielgruppen können alle Menschen jeden Alters sein. Bei Kindern und Jugendlichen ist besonders der Rollentausch zentral, mit der die gewohnte Lehrende-Lernende-Hierarchie aufgelöst und Positionen im Klassenverbund außer Kraft gesetzt werden: Jeder ist grundsätzlich gleichberechtigt, darf alle Arbeiten machen und im Team alle Funktionen einnehmen.
- Grundsätzlich ist die aktive Bearbeitung aller Medienthemen, aller medialen Kommunikationsinhalte und aller medialen Vorlieben der Menschen möglich!

In der Praxis stellen sich einige Herausforderungen hinsichtlich der Finanzierung, Zeit, geeigneten Räumlichkeiten und Technik. Die Projekte dauern in aller Regel mehrere Tage, erfordern ein länger anhaltendes Engagement aller Beteiligten und offenere Erziehungs- und Bildungskontexte. Projekte der Aktiven Medienarbeit werden daher zumeist von professionellen Teams in Einrichtungen der außerschulischen Arbeit mit Kindern und Jugendlichen realisiert, in Schülerclubs, Freizeiteinrichtungen und (anderen) Orten offener Jugendarbeit. Insbesondere haben sich die Landesmedienanstalten, Landesarbeitsgemeinschaften der Jugendsozialarbeit und diverse Vereine und Projekte wie Landesfilmdienste und Offene Kanäle auf Aktive Medienarbeit spezialisiert und können diese durch ihre Infrastruktur und Fachkompetenz verlässlich und qualitativ leisten.

Häufig veröffentlichen die Anbieter ihre Konzepte und Projektleitfäden online, auf CD-ROM und/oder in Buchform, so zum Beispiel die Thüringer Landesmedienanstalt (vgl. TLM 2011). Diese sollen als Anreiz dienen, eigene Projekte zu realisieren, sind jedoch nicht als unfehlbare Rezepte zu verstehen. Grundsatz des pädagogischen Denkens ist, dass es keine Rezepte gibt, die verlässlich zu dem einen anvisierten Resultat führen. Denn letztlich ist hier auch der Weg das Ziel, wird Medienkompetenz im eigentlichen Umgang mit Medien gefördert, auch wenn noch kein fertiges ‚vorzeigbares' Produkt entstanden ist.

Der Methode der aktiven Medienarbeit grundsätzlich verbunden, versteht sich auch die Methode der „Themenzentrierten Medienarbeit". Sie wurde von Bernd Schorb konzipiert und bereits in einigen Projekten erprobt (vgl. Keilhauer 2013). Jedoch werden hier von außen Themen gesetzt, mit denen sich die Heranwachsenden dann diskursiv und produktiv auseinander setzen. Ausgangspunkt sind hier gesellschaftliche Themen mit komplexen Ursachegefügen, die für die Lebenswelt und die Zukunft

Heranwachsender bedeutsam sind, denen sie sich selbst von allein jedoch zumeist nicht zuwenden. Ein Beispiel ist das Thema „Gentechnologie".

Egal welche der skizzierten Methoden man in der praktischen medienpädagogischen Arbeit folgt – in aller Regel ist kein Projekt wie das andere. Je nach Zielgruppe und situativen Gegebenheiten wird man unterschiedliche Erfahrungen sammeln und unterschiedliche Ergebnisse erzielen. Gleich ob der Weg an sich oder ein fertiges, von Kindern und Jugendlichen selbst erstelltes Produkt anvisiert werden, die Praxis der Medienarbeit ist häufig eine überaus spannende und abwechslungsreiche Angelegenheit. Sie regt die MedienpädagogInnen an, mit der Zielgruppe Schritt zu halten und sich im Projekt auch immer selbst mit als Lernende begreifen zu dürfen. Auch die Projekte der Aktiven Medienarbeit sind aber keine ‚Selbstläufer'. Nicht alle Teilnehmenden profitieren gleich viel von den angebotenen Projekten, es kann lediglich ein großes Potential argumentiert werden.

Fragen/Hinweise zum Weiterarbeiten

Adieu Königsdisziplin? Durchdenken Sie für sich selbst oder diskutieren Sie in der Gruppe folgende These: Wir leben im digitalen Zeitalter. Ältere Kinder und Jugendliche sind heute längst alle Medienproduzenten, Aktive Medienarbeit ist also obsolet. Zum Weiterlesen empfehlen wir die Grundlegung von Schell (2003).

3.1.2 Handlungsfelder medienpädagogischer Praxis

Wenn wir uns nun den Handlungsfeldern medienpädagogischer Praxis zuwenden, dann müssen wir letztlich all diejenigen Handlungsräume der Menschen in den Blick nehmen, in denen gezielt Erziehungs- und Bildungsprozesse initiiert und Selbstlernprozesse angeregt werden. Bei Kindern stehen zunächst die Familie und Kindertagesstätten im Fokus. Bei Jugendlichen werden dann neben der Familie vor allem die Schule und die außerschulische Jugendarbeit relevant. Und bei Erwachsenen sind es in erster Linie spezifische Angebote der Aus- und Fortbildung.

Bei den nun skizzierten Handlungsfeldern orientieren wir uns an einer noch recht aktuellen, vom Bundesministerium für Familie, Senioren, Frauen und Jugend (BMFSFJ) herausgegebenen Bestandsaufnahme, die als Teil der Öffentlichkeitsarbeit der Bundesregierung kostenlos abgegeben wird und auch online verfügbar ist. Anerkannte MedienpädagogInnen und ExpertInnen skizzieren hier die elterliche Medienerziehung, frühkindliche Medienkompetenzförderung in Kitas, die Medienbildung in Schule und im außerschulischen Bereich sowie die Aus- und Fortbildung pädagogischer Fachkräfte als zentrale Handlungsfelder medienpädagogischer Praxis (vgl. BMFSFJ 2013). Wir halten darüber hinaus noch zwei weitere Praxisfelder für relevant, die unseres Erachtens zukünftig noch weiter an Bedeutung gewinnen werden. Das ist zum einen die – über die offene Jugendarbeit hinausgehend – breit aufgestellte Soziale Arbeit mit Kindern, Jugendlichen und Familien. Zum anderen ist es die Medienkompetenzförderung im und zum Internet, die schon heute mit einer Vielzahl von Angeboten diverser Projekte und Initiativen direkt an ganz unterschiedliche Zielgruppen adressiert ist.

a) Frühkindliche Medienkompetenzförderung

Nachdem die medienpädagogische Praxis die bislang meiste Zeit an Jugendliche als Kernzielgruppe adressiert war und der Medienkompetenzförderung – mit unterschiedlicher Zielsetzung – in den Feldern schulischer Bildung und außerschulischer Jugendbildung eine besondere Relevanz zugeschrieben wurde, hat man sich in den letzten Jahren vermehrt den Jüngeren zugewandt. Heute sind bereits Kinder im Vorschulalter eine wichtige Zielgruppe der medienpädagogischen Praxis und werden im Fachdiskurs die verschiedenen Möglichkeiten für eine angemessene Medienerziehung und praktische Medienarbeit mit ihnen vorgestellt und diskutiert (siehe aktuell z. B. Anfang et al. 2015). Ein wesentlicher Hintergrund dafür sind die in Kap. 1.4 nachgezeichneten Veränderungen beim Medienumgang junger Menschen, mit denen Heranwachsende in den letzten Jahren die neuen Möglichkeiten immer früher für sich entdeckt und sich mit der Nutzung digitaler Medien auch immer früher einer Kontrolle durch Erziehenden entzogen haben. Diese ‚Verfrühungstendenzen' sind weder eine individuelle, noch eine geschlechts- oder milieuspezifische Erscheinung. Sie sind auch nicht alleinig Resultat teilweise aggressiver Marktstrategien. Sie sind vielmehr dem generell gewachsenen Stellenwert der Medien in unserem Leben geschuldet (vgl. Theunert 2015).

In der medienpädagogischen Praxis haben diese Entwicklungen insofern zu einer ‚Verjüngung' der Zielgruppe geführt, dass in den letzten Jahren mit speziellen Programmen und Initiativen vermehrt eine frühkindliche Medienkompetenzförderung anvisiert wurde, wobei folgende zwei Handlungsfelder eine besondere Bedeutung haben:

- *Medienerziehung in der Familie*: Eltern fördern grundlegende Kompetenzen und Vermitteln ihren Kindern Werte und Normen, die eine wichtige Basis für die Ausbildung von Medienkom-

petenz sind. In gemeinsamen Medienbeschäftigungen geben sie Unterstützung bei der Verarbeitung und Einordnung medialer Inhalte. Mit ihrem eigenen Medienhandeln sind sie ein wichtiges Vorbild, führen Kinder an die Medien im Haushalt heran und begründen ihre Restriktionen mit möglichen Risiken.
- *Medienkompetenzförderung in Kitas*: Medienkompetenzförderung hält Einzug in die Bildungs- und Erziehungspläne der Länder und wird dadurch verpflichtend für das pädagogische Handeln in Kindertagesstätten. In den institutionalisierten Kontexten von Erziehung lassen sich ausgehend von ganzheitlichen Erziehungs- und Bildungskonzepten Benachteiligungen abbauen, medienbezogene Fähigkeiten von Kindern strukturiert fördern und früh präventive Angebote lancieren.

Schauen wir uns diese beiden Handlungsfelder noch etwas genauer an: Die *Medienerziehung in der Familie* ist kein klassisches Feld medienpädagogischer Praxis mit klar festgelegten Ansprüchen und Zielen, sondern ein pädagogisch begleiteter Lern- und Erfahrungsraum junger Menschen, der entscheidend vom individuellen Handeln der Eltern geprägt ist. Im Rahmen ihres Erziehungsauftrages agieren sie gewissermaßen nebenbei auch als MedienpädagogInnen: Sie bewahren ihre Kinder vor problematischen Medieninhalten oder prekären Medienumgangsweisen, klären auf, regen zur Reflexion oder zum Medienhandeln an oder bieten Unterstützung bei der Verarbeitung unliebsamer Medienerfahrungen. Medienkompetenz ist dabei nicht unbedingt eine allgemeingültige und explizierbare Zielkategorie, ebenso wenig steht beim Elternhandeln die Aktive Medienarbeit im Mittelpunkt. Vielmehr legen Eltern den Rahmen fest, innerhalb dem sich ihre Schützlinge bewegen und medienbezogene Fähigkeiten und Vorlieben entwickeln können.

Aktuellere Studien zum medienerzieherischen Handeln von Eltern zeigen, dass viele gar nicht genau wissen, welche Medienangebote ihre Kinder nutzen und welche Gefahren hier lauern. Oft sind sich Eltern auch unsicher, was denn eigentlich der ‚richtige' Umgang mit der Mediennutzung ihrer Kinder ist, und wenden medienerzieherische Maßnahmen inkonsistent an (vgl. Junge 2013). Dass Eltern für eine angemessene Medienerziehung vielerorts noch beratende, kommunikative und informierende Unterstützung von außen benötigen, ist seit langem bekannt und wird in der medienpädagogischen Fachliteratur immer wieder betont (vgl. z. B. Hoffmann 2013). Doch welche Formen medienerzieherischen Handelns prägen den Alltag der Familien hierzulande überhaupt?

Einen guten Orientierungsrahmen zur Beantwortung dieser Frage bietet eine qualitative Studie zur elterlichen Medienerziehung, in der sechs, idealtypisch voneinander abgrenzbare Muster des Elternhandelns extrahiert wurden, die uns neben sinnvollen Handlungsoptionen auch einige Defizite vor Augen führen (vgl. Eggert et al. 2013):

- die Heranwachsenden orientiert an ihren Bedürfnissen, Alter und Entwicklungsstand individuell unterstützen,
- ihrer Mediennutzung mit einer klaren inhaltlichen und zeitlichen Regulierung einen Rahmen setzen,
- sie im intuitiven Handeln beobachten und situativ eingreifen,
- im zielgerichteten Handeln entlang strikter Orientierungslinien normgeleitet reglementieren,
- die Mediennutzung mit nur vereinzelten Regelungen und fehlenden Begleitung laufen lassen oder
- mit Regeln und Verboten funktionalistisch kontrollieren, um den Familienalltag nicht zu stören.

Das medienerzieherische Handeln in Familien bietet vor allem dann Potenziale zur frühkindlichen Medienkompetenzförderung, wenn Eltern zunächst einmal einen klaren und für ihre Kinder auch nachvollziehbaren Handlungsrahmen setzen und individuell unterstützen. Das erfordert zum einen eine starke Orientierung am Medienumgang des eigenen Kindes – eine Offenheit gegenüber medialen Vorgaben, ein grundlegendes Verständnis, wie die Sprösslinge Medien wahrnehmen, was ihnen Spaß macht, was sie überfordert oder ängstigt. Zum anderen erfordert es ein recht hohes Maß an Aktivität – eine Vielfältigkeit in den Interaktionen, Durchsetzung von Regeln, Sanktionen und Zugangsbeschränkungen, eine gemeinsame Mediennutzung und Gespräche über die Inhalte und Umgangsweisen, eine Auseinandersetzung mit Fragen der Medienerziehung auch außerhalb der Interaktionen mit den eigenen Kindern (vgl. Eggert et al. 2013).

Damit keine Missverständnisse aufkommen: Die Medienzugänge junger Menschen müssen keineswegs nur auf ‚pädagogisch sinnvolle' Medienangebote beschränkt sein. Vielmehr gilt es, solche Angebote aus der Lebenswelt junger Menschen zu verbannen, die im Hinblick auf Entwicklungsstand und individuelle Dispositionen überfordern, nachhaltig verängstigen, die Entwicklung anderweitig beeinträchtigen oder gefährden können. Ein daran orientierter Handlungsrahmen ist eine gute Basis für die wichtigen Selbstlernprozesse und Entwicklung von Medienkompetenz in der selbständigen Auseinandersetzung mit einer bereits sehr vielfältigen medialen

Umwelt. Einen aktiven Einfluss auf die Entwicklung von Medienkompetenz leisten Eltern im Weiteren vor allem dann, wenn sie ihre Kinder beim Medienumgang diskursiv begleiten, also wenn sie offen sind für Fragen, über Chancen und Risiken aufklären und im Ideal von Beginn an eine Gesprächskultur etablieren, in der der Medienumgang ein selbstverständliches Thema ist.

Kommen wir nun zur *Medienkompetenzförderung in Kitas*: Dieses Handlungsfeld medienpädagogischer Arbeit unterscheidet sich in einigen Punkten von dem sehr heterogenen Feld der familiären Medienerziehung. Auch wenn es ganz unterschiedliche Formen von Kindertagesstätten gibt, haben wir es hier mit einem institutionalisierten Kontext von Erziehung zu tun, in dem nicht nur die mit Abstand meisten Kinder unserer Gesellschaft wichtige Lebenszeit verbringen, sondern professionell Erziehende nach mehr oder minder klar definierten Vorgaben agieren. Hervorzuheben sind hier die Bildungs- bzw. Erziehungspläne der Länder, in denen die Prozesse und Ziele von Bildung und Erziehung im Bereich der Kindertagesstätten festgeschrieben sind, auch wenn Medienerziehung, Medienbildung oder Medienkompetenzförderung noch immer nicht in allen Bundesländern eigenständige Erziehungs- und Bildungsbereiche sind. Nicht zu vergessen auch die diversen Konzepte der vielen Einrichtungen, in denen die Aufgaben und Erziehungsziele im Hinblick auf die praktische Umsetzung konkretisiert werden. Unterm Strich ist die Forderung nach einer (möglichst flächendeckenden) frühkindlichen Medienkompetenzförderung in Kitas mit den ‚Verfrühungstendenzen' beim Medienumgang junger Menschen in den letzten Jahren völlig zu Recht aber lauter geworden. Denn so wie sich heute bereits Kinder ein breites Medienensemble erschließen, muss auch die medienpädagogische Praxis möglichst frühzeitig ansetzen und mit speziellen Angeboten bereits Kinder bei der Entwicklung von Medienkompetenz unterstützen.

Neben der soeben angesprochenen Relevanz der Medien in der Lebenswelt von Kindern hat Norbert Neuss in seinem Beitrag der vom BMFSFJ herausgegebenen Bestandsaufnahme zur Medienkompetenzförderung sechs weitere, empirisch fundierte Argumente herausgestellt, mit denen Kitas als ein wichtiges Handlungsfeld medienpädagogischer Praxis verortet werden können (vgl. Neuss 2013). Wir haben uns nach der Auseinandersetzung mit dem Text folgende vier Aspekte notiert, die in besonderem Maße die Potenziale einer frühkindlichen Medienkompetenzförderung in Kitas repräsentieren:

- *Möglichkeit einer frühen Förderung:* Mit dem gezielten Einbezug von Medien können grundlegende Kompetenzen wie Zuhören, sich Dinge merken, Bedeutungen und Symbole erkennen, Nacherzählen und das Gehörte verstehen und spielerisch umsetzen gefördert und Teilleistungsschwächen minimiert werden.
- *Möglichkeit der Frühprävention:* Mit den erweiterten Medienzugängen, mit denen sich Kinder auch immer früher einer elterlichen Kontrolle entziehen (Fernsehen im Kinderzimmer, Tablets und Smartphones im Haushalt), werden Kitas zu einem wichtigen Feld der präventiven Arbeit zu den Risiken des Medienumgangs.
- *Abbau von Benachteiligungen:* In Kitas können allen Kindern, also unabhängig vom Bildungshintergrund und ökonomischen Verhältnissen der Eltern, verschiedene Medien zur Verfügung gestellt und diese von allen Kindern im selbsttätigen Umgang erprobt und zum kreativen Selbstausdruck genutzt werden.
- *Ganzheitliches Konzept:* Mit dem ‚heißen Draht' zu Eltern und einem pädagogischem Gesamtkonzept lassen sich Fragen der Medienerziehung in die Arbeit mit Kindern integrieren und kann Medienkompetenzförderung sinnvoll mit Gesundheitsförderung, Konsumerziehung, Förderung von Spiel und Bewegung verbunden werden.

Letztlich zeigt sich, dass im Handlungsfeld der frühkindlichen Medienkompetenzförderung nicht nur Kinder wichtige Adressaten medienpädagogischer Praxis sind, sondern im besonderen Maße auch die Eltern auf der einen Seite und Kita-Erzieherinnen auf der anderen. In den letzten Jahren wurden dementsprechend auch einige Anstrengungen unternommen, um mit speziellen medienpädagogischen Aus- und Fortbildungsangeboten die Erziehenden für eine angemessene Medienerziehung und Medienkompetenzförderung von Kindern ‚fit zu machen'. Wir heben jetzt nur zwei Beispiele hervor.

Die zertifizierte Qualifikation zum Eltern-Medien-Trainer hat sich in einigen Bundesländern als sinnvolles Mittel etabliert, um pädagogische Fachkräfte bei der medienpädagogischen Elternarbeit zu unterstützen. In Niedersachsen wird die Qualifikation bereits seit 2006 angeboten. Gefördert wird sie vom Sozialministerium, inhaltlich und methodisch begleitet von der Landesstelle Jugendschutz Niedersachsen (LJS). Die Fachkräfte sollen nach Abschluss der Fortbildung in der Lage sein, in Kooperation mit anderen Institutionen Eltern attraktive Angebote zu Fragen der Medienerziehung zu unterbreiten (siehe http://www.jugendschutz-niedersachsen.de/elmet/).

Im Rahmen der Initiative „Schulen ans Netz e.V." wurden bundesweit Fortbildungen zur Medienqualifizierung für Erzieherinnen und Erzieher realisiert. Ziel war eine Stärkung der frühkindlichen Medienbildung in Kindertagesstätten. In den Bundesländern Berlin, Brandenburg, Mecklenburg-Vorpommern, Sachsen, Sachsen-Anhalt und Thüringen wurden die Fortbildungen durch den Fortbildungsverbund „Bildung und Medien [BuM]" realisiert und im Zeitraum Dezember 2008 bis März 2012 insgesamt über 7.400 Fachkräfte der frühkindlichen Bildung qualifiziert (http://www.bits21.de/33_Medienqualifizierung.htm).

Solche Angebote zur Sensibilisierung und Befähigung von Erziehenden sind sehr wichtig, um eine angemessene Medienerziehung und Medienkompetenzförderung bereits in den verschiedenen Kontexten frühkindlicher Erziehung und Bildung zu etablieren. Eine besondere Herausforderung im Feld familiärer Medienkompetenzförderung ist, dass es nicht wenige Eltern gibt, die – zum Teil vor dem Hintergrund niedriger Bildung und einer belasteter Lebenssituationen – überhaupt erst einmal für ein angemessenes, auf den Medienumgang ihrer Schützlinge bezogenes Handeln sensibilisiert werden müssen und deren Erreichbarkeit noch eine große Herausforderung darstellt (vgl. Hoffmann 2013). Im Feld frühkindlicher Medienkompetenzförderung in Kitas stellt sich demgegenüber noch immer die Herausforderung, dass die professionell Erziehende oft noch bewahrpädagogische Ansätze verfolgen oder sich mit der Umsetzung medienpädagogischer Arbeit überfordert fühlen (vgl. Neuss 2013). Gerade in den Kitas stellt sich aber die Frage, wie Kindern weiterhin geeignete Erfahrungsräume eröffnet werden können, in denen sie autonom agieren und (noch) ohne definierte Lernziele experimentieren können:

> „Dies kann in der Natur stattfinden, kann aber auch in der Beschäftigung mit Medien geschehen. Wir Erziehende müssen endlich aufhören, zwischen virtuellen und realen Erfahrungswelten zu unterscheiden. Kinder tun dies längst nicht mehr. Mädienpädagoginnen und -pädagogen kommt hier die Aufgabe zu, Kindern im Umgang mit Medien Möglichkeiten zu eröffnen, sich neue Erfahrungsräume zu erschließen." (Lutz 2015, S. 32)

b) Vom Lernen mit Medien zur Medienbildung in der Schule

Nirgendwo in der Lebenswelt junger Menschen lassen sich Bildungsprozesse so strukturiert konzipieren und Bildungsziele so zielgerichtet verfolgen wie in der Schule. Dieser besondere ‚Lernort' junger Menschen wurde in der Perspektive der bildungstechnologischen Medienpädagogik daher auch von Beginn an als ein besonders wichtiger Ort für ein Lehren und

Lernen mit Medien hervorgehoben. Wie wir in Kap. 2.1 bereits nachgezeichnet haben, fokussierte man die Bemühungen zunächst auf den Einsatz von Medien als didaktische Mittel. Als wissenschaftliche Disziplin formierte sich die *Mediendidaktik*, mit besonderem Interesse daran, wie vor allem Wissen, aber auch Fertigkeiten des Medienumgangs durch den Einsatz von Medien durch die Lehrenden (besser) vermittelt und von den Lehrenden (besser) angeeignet werden können.

Um es gleich vorweg zu nehmen: Ob man nun klassisch ein Lehrbuch zur Hand nimmt oder auf die vielfältigen Möglichkeiten digitaler Medien vertraut – der Einsatz von Medien führt nicht per se zu besseren Lehr- und Lernerfolgen. Entscheidend sind vielmehr die didaktischen Konzepte, die dahinter stehen. Die ‚moderne' Mediendidaktik geht daher der wichtigen Frage nach, inwieweit mit dem Medieneinsatz alternative Formen des Lehrens und Lernen unterstützt werden können und sich hierbei auch neue Qualitäten des Lernens einlösen lassen. Das besondere Potenzial digitaler Medien liegt demnach vor allem in den neuen Möglichkeiten der Zielgruppenansprache, der Öffnung von Lernorten und Lernsituationen, der Ermöglichung eines breiten Zugangs zu Wissen und zur Teilhabe an gesellschaftlicher Kommunikation und nicht zuletzt zur Unterstützung alternativer Lehr-/Lernmethoden (vgl. Kerres & Preußler 2015).

Gerade der letzte Punkt, mit dem vor allem neuere Methoden angesprochen sind, die auf selbstgesteuertes, kooperatives, fall- oder projektorientiertes Lernen setzen, zeigt schon sehr deutlich, dass der Mehrwert von Medien für die Vermittlung und Aneignung von Wissen im klassischen Schulunterricht eher begrenzt ist, sofern nicht auch neue Formen des Lernens etabliert werden. Dass die Bereitschaft der Lehrkräfte, elektronische Medien im Unterricht einzusetzen, in den letzten Jahren gestiegen ist und die Schulen mittlerweile über eine ganz ordentliche (medien-)technische Ausstattung verfügen (vgl. BITKOM 2015), ist also nur die eine Seite der Medaille. Die andere ist, wie das Lernen mit digitalen Medien konkret konzeptioniert ist. Welche Potenziale sich dabei eröffnen können, veranschaulichen wir nachfolgend kurz am Beispiel des intrinsisch motivierten und nachhaltigen Lernens, bevor wir uns dann von der Didaktik des Lernens mit Medien abwenden und die Schule als einen Ort des Lernens über Medien skizzieren.

Abb. 16: Faktoren des intrinsisch motivierten und nachhaltigen Lernens (Knaus 2015, S. 23)

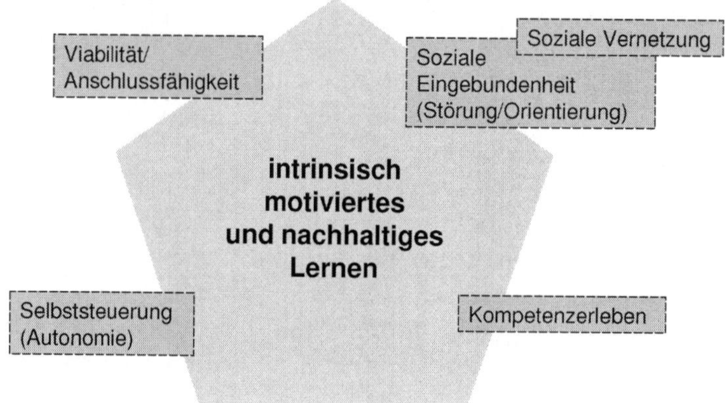

Die in Abb. 16 zusammengefassten Faktoren zeigen, dass eine angestrebte hohe Motivation und Nachhaltigkeit des Lernens letztlich in der spezifischen Beziehung der Lernenden zum Lernstoff begründet liegt. Für den ‚Lernerfolg' sehr wichtig ist, inwieweit es in den Lernprozessen gelingt, einen Rahmen zu schaffen, innerhalb dem die Lernenden grundsätzlich zum Lernen bereit sind, den jeweiligen Lerngegenstand als relevant und situativ hilfreich empfinden, das angebotene Wissen anschlussfähig ist, die Lernenden sozial vernetzt sind und Lehrende als Orientierungshilfe und soziale Kontrolle fungieren sowie – der Wissensaneignung als subjektiven Prozess Rechnung tragend – den Lernenden Freiheitsgrade und Autonomie einzuräumen. Nach einer kurzen Betrachtung dieser wichtigen Aspekte begründet der Erziehungswissenschaftler Thomas Knaus (2015) das besondere Potenzial digitaler Medien mit der:

- Multimedialität als Voraussetzung für lernkonzeptionelle Wahlfreiheit ist,
- Formung neuer Sozialformen und Interaktionsstrukturen durch mobile Medien,
- Interaktion als Voraussetzung für koevolutives Kompetenzerleben (z. B. gemeinsame Begeisterung) sowie
- Adaptivität und konzeptionelle Offenheit als Voraussetzung für Autonomieerleben.

In diesem Sinne kann mit einem Einbezug von digitalen Medien in schulischen Bildungsprozessen einiges mehr erreicht werden als mit der klassischen Verwendung von Büchern, Lehrfilmen etc. als didaktische Mittel.

Dabei geht es weniger um eine – zu einfach gedachte – direkte Lernmotivation und Nachhaltigkeit durch den Einsatz digitaler Medien im Unterricht für sich, sondern vielmehr um den Aspekt der Vernetzung von Lernenden und Lehrenden miteinander, denn: „Smarte und mobile Technik motiviert nicht unmittelbar, sondern vernetzt uns mit anderen, die uns motivieren" (Knaus 2015, S. 36).

Auch solche neuen Ansätze zum Lernen mit digitalen Medien zeigen uns sehr deutlich, wie stark ein pädagogischer Umgang mit Medien in der Schule noch immer mit didaktische Überlegungen zur Unterstützung von Lernprozessen und Verbesserung von Lernerfolgen verflochten ist. Die neuen Ansätze zeigen aber auch, dass digitale Medien als innovative Werkzeuge neue Möglichkeiten mit sich bringen, die Lernenden mit zukunftsfähigen Lern-, Arbeits-, Kommunikations- und Kooperationsformen vertraut zu machen. Für die Lehrenden heißt dass, sich von den klassischen Vermittlungsformen des Frontalunterrichts abzuwenden und neue Formen der Wissensaneignung und der Moderation von Lernprozessen zu etablieren (vgl. Meister 2013). Im Zusammenspiel mit den anderen gestiegenen Anforderungen an Bildung allgemein und Medienbildung speziell erhöht dies den Druck, der ohnehin schon auf der Institution Schule lastet, noch weiter.

> „Es besteht ein hoher Druck auf Schulen: Sie sollen auf die Entwicklungen am Arbeitsmarkt, auf (technische) Innovationen und neue Erkenntnisse in der Wissenschaft, auf geänderte Freizeitgewohnheiten sowie auf soziale Verschiebungen in der globalisierten, mediatisierten Netzwerkgesellschaft reagieren. Das bedeutet nicht zuletzt, dass Schülerinnen und Schüler lernen müssen, mit Risiken und Unsicherheiten umzugehen und die Chancen digitaler Medien für eine umfassende Bildung zu nutzen. Aufgrund der dynamischen gesellschaftlichen Veränderungen sind deshalb an Schulen, neben Fachwissen, zunehmend überfachliche Kompetenzen gefragt." (Meister 2013, S. 48)

Eine dieser überfachlichen Kompetenzen ist Medienkompetenz. Sie auch in den institutionalisierten Bildungsprozessen der Schule zu fördern ist nicht nur naheliegend, sondern bereits frühzeitig von der Medienpädagogik eingefordert worden. In Abgrenzung zur Mediendidaktik ging es hier eben nicht mehr (nur) darum, Medien sinnvoll als didaktische Mittel einzusetzen, sondern Medien, ihre Inhalte und dahinter liegenden Strukturen, ihre Potenziale und Risiken zum Thema zu machen.

Wir erinnern uns noch sehr gut an die Vorlesungen und Seminare zur Medienpädagogik, die wir Mitte der 1990er Jahre an der Universität Leipzig besucht haben. Hier wurde oft auf die zwei differierenden Perspektiven hinsichtlich der Frage hingewiesen, was denn nun der beste Weg sei, die Schule zu einem Ort einer Förderung von Medienkompetenz zu machen: In der einen Perspektive wurde hierfür vehement ein eigenständiges Schulfach (z. B. „Medienkunde" oder „Medienerziehung") gefordert, in der anderen ein fächerübergreifendes Konzept, mit dem die Medien integral in ganz unterschiedlichen Unterrichtskontexten (z. B. im Informatik-, Deutsch-, Geschichts- und Gemeinschaftskundeunterricht) behandelt werden sollten.

Weder die eine noch die andere Forderung ist allerdings bis heute eingelöst. Das hat zum einen damit zu tun, dass Medienkompetenz immer weniger als eine Befähigung angesehen wird, die sich mit klassischen Unterrichtskonzepten vermitteln lasse. Auch wir sehen Medienkompetenz längst als eine Kompetenz, die jungen Menschen nicht Eins-zu-Eins durch Unterrichtung vermittelt werden kann, sondern als eine Befähigung, die Kinder und Jugendliche im handelnden Lernen ausbilden und ganz überwiegend im selbstständigen Erkunden der Medienwelt entwickeln. Zum anderen ist Medienkompetenz als Ziel schulischer Bildung noch immer nicht angemessen in den Lehr- und Bildungsplänen der Länder umgesetzt. Zwar ist das Lernen mit und über Medien mittlerweile in den Lehr- und Bildungsplänen der 16 Bundesländer verankert – teilweise sogar als eigenständiger Bereich „Medienbildung". Es fehlt aber noch an verbindlichen Standards zur Verankerung in den Curricula der Fächer, weshalb die systematische Umsetzung nach wie vor eher Stückwerk ist und die Ausgestaltung bzw. Akzentuierung von Medienbildung von Bundesland zu Bundesland höchst unterschiedlich erfolgt (vgl. Meister 2013).

Wie solche verbindlichen Standards konkret ausformuliert sein können, hat der mittlerweile emeritierte Professor für Allgemeine Didaktik und Medienpädagogik Gerhard Tulodziecki in der Vergangenheit mehrfach in den Fachdiskurs eingebracht. Bereits Mitte der 1980er Jahre legte er Unterrichtskonzepte für eine Medienerziehung an der Schule vor (vgl. Tulodziecki 1985) und arbeitete in der Folgezeit ein grundlegendes Medienkompetenzmodell und Standards für eine schulische Medienbildung heraus (vgl. Tulodziecki 2007). Das von ihm mit Bardo Herzig und Silke Graf abgefasste Grundlagenwerk zur Medienbildung in Schule und Unterricht (vgl. Tulodziecki 2010) ist noch immer eine sehr empfehlenswerte Lektüre, die mit ihrer inhaltlichen Systematik und dem konkreten Bezug zum Schulunterricht besticht. Mit dem entwickelten *Kompetenz-Standard-Modell* können zudem Medienbildungsprozesse im schulischen Alltag ‚durchstrukturiert' werden, wobei die Orientierung an wesentlichen Bereichen und Aspekten von Medienkompetenz auch verschiedene Vorgehensweisen mit je spezifischen Vor- und Nachteilen ermöglicht.

In einem aktuellen Überblick zur Medienpädagogik zeigt uns Tulodziecki (2015) noch einmal sehr prägnant, welche Strukturierungsmöglichkeiten sich den Lehrenden hier im Einzelnen bieten:

- *Strukturierung nach Handlungsfeldern* wie Produktion, Auswahl und Rezeption von Medienangeboten, Gestaltung und Verbreitung eigener Medieninhalte sowie Kommunikation und Kooperation mittels Medien.
- *Strukturierung nach Inhaltsbereichen* wie die ‚Sprache' der Medien, mögliche ‚Einflüsse' der Medien auf Individuum und soziale/gesellschaftliche Zusammenhänge oder technische, ökonomische, politische etc. Bedingungen für die Produktion und Gestaltung von Medien.
- *Strukturierung nach Dimensionen* wie die kognitive, ethisch-moralische, emotionale bzw. affektiv-motivationale, soziale, ästhetische und handlungsbezogene Dimension von Medienaneignung.
- *Strukturierung nach Funktionen* wie Unterhaltung und Orientierung, Information und Lernen, Spiel und Simulation, Kooperation, Austausch und soziale Präsenz mittels Medien und medialen Kommunikationsstrukturen.
- *Strukturierung nach Teilfähigkeiten und Schlüsselkompetenzen* wie Fähigkeiten zur technischen Handhabung oder zum Verstehen, Analysieren, Bewerten und Gestalten von Medien sowie Sach-, Methoden-, Lern- und Sozialkompetenz.
- *Strukturierung nach Medienarten* wie Zeitung, Zeitschrift und Buch, Foto, Film, Video und Fernsehen, Radio und andere Hörmedien, Computer, digitale Spiele und Onlinemedien.

Der Blick auf die Schule als ein Handlungsfeld medienpädagogischer Praxis hat gezeigt: An Konzepten zur Medienkompetenzförderung bzw. Medienbildung in der Schule fehlt es nicht. Hier wurde längst das Lernen mit den Medien um den Aspekt des Lernens über Medien erweitert. Was weiterhin fehlt ist die eine fächendeckende Implementierung der Konzepte in die institutionalisierten Bildungsprozesse der Schule. Hieran hat bislang auch das viel beachtete *Medienpädagogische Manifest „Keine Bildung ohne Medien!"* nicht allzu viel geändert, das 2009 von zentralen medienpädagogischen Einrichtungen in Deutschland veröffentlicht und von über 1.300 Personen und Organisationen unterzeichnet wurde – mittlerweile ist daraus sogar eine bundesweite Initiative entstanden (siehe http://www.keine-bildung-ohne-medien.de). Immerhin ist das Thema auf diese Weise verstärkt in den Fokus der Politik geraten. So hat die Kultusministerkonferenz einen Beschluss gefasst, in dem Medienbildung in der Schule als eine gesamtgesellschaftliche Aufgabe verstanden wird, die neben dem Zusammenwirken von Schule und Elternhaus auch Aktivitäten der Verantwortlichen in Politik, Wirtschaft und Kultur erfordert (vgl. KMK 2012).

Die „Fachgruppe Schule" der GMK hat im Nachgang zum Medienpädagogischen Manifest konkrete Forderungen zu einer nachhaltigen Medienbildung an Schulen aufgestellt (vgl. GMK 2011). Deren Umsetzung in den nächsten Jahren wird mittlerweile als gar nicht mehr so unrealistisch angesehen, sofern sie denn politisch und gesellschaftlich gewollt wird (vgl. Meister 2013). Die hier aufgestellten Forderungen geben uns abschließend einen guten Einblick, dass eine flächendeckende Implementierung von Medienkompetenzförderung bzw. Medienbildung in den institutionalisierten Kontexten schulischer Bildung eine sehr komplexe Herausforderung mit einem spezifischen Handlungsbedarf in ganz unterschiedlichen Feldern ist:

- *Entwicklung übergreifender Bildungsstandards:* Länderübergreifende Verankerung einer integrativen schulischen Medienbildung in den Kerncurricula der Fächer durch Fortschreibung der Bildungspläne der Länder und Aufnahme von Medienbildung in allen Schulprogrammen.
- *Konzepte und Materialien nutzbar machen und evaluieren:* Die eingesetzten Konzepte müssen an den Bedürfnissen und Lebenswelten von Kindern und Jugendlichen ansetzen, für eine reibungslose Integration in den Unterricht auf die Lehrpläne verweisen, evaluiert und kontinuierlich fortgeschrieben werden.
- *Kontinuierliche Aus- und Fortbildung von Lehrkräften:* Medienbildung muss während des Studiums und Vorbereitungsdienstes obligatorisch zur Ausbildung gehören. In vor allem schulinternen Fortbildungen müssen alle Lehrkräfte mit den Möglichkeiten des Einsatzes und der Thematisierung von Medien sowie Konzepten zur Medienbildung vertraut gemacht werden.
- *Am medienpädagogischen Konzept orientierte technische Ausstattung:* Schulen müssen mit den technischen Entwicklungen in der Welt der Medien Schritt halten. In Abhängigkeit von den jeweiligen pädagogischen Konzepten sind insbesondere Breitbandzugang, Schulnetzwerk, Lernplattformen und spezielle Datenschutzkonzepte relevant.

- *Anpassung der Rahmenbedingungen:* Schulträger, Ministerium und weitere politische Entscheidungsträger müssen mit ihrem Handeln sicherstellen, dass der Einsatz und die Thematisierung von Medien an Schulen nicht von einzelnen engagierten Lehrenden abhängt.
- *Weiterentwicklung der Medienzentren mit länderübergreifenden Konzepten:* Neben den Möglichkeiten, physische Medien vor Ort auszuleihen, ist eine gemeinsame Online-Plattform für Unterrichtsmaterialien erforderlich und müssen Standards zur Erschließung von Materialien festgelegt werden.
- *Flächendeckendes und ortsnahes Unterstützungssystem:* Über die Bereitstellung von Medien hinaus müssen Eltern und außerschulische Einrichtungen als feste Bestandteile des Schulprogramms verankert und vernetzt werden.
- *Qualitätssicherung und Evaluation von Medienbildung an Schulen:* In das Gesamtsystem der Beurteilung von Schule und Unterricht müssen neben den praktizierten Formen von Medienbildung auch die Medienentwicklungsplanung sowie die Qualifizierung und Unterstützung der Lehrkräfte einbezogen werden.

Es bleibt zu hoffen, dass diese Forderungen in der Praxis umgesetzt werden und sich die Schule endlich der strukturellen, vor allem aber inhaltlichen Ausgestaltung von Medienbildung im Curriculum widmen kann. Dabei geht es längst nicht mehr nur darum, Medien als wichtige Einflüsse auf das Denken, Fühlen und Handeln der Menschen zum Thema zu machen, sondern sich auch hier auf die Perspektive einer handlungsorientierten Medienpädagogik einzulassen und die SchülerInnen als aktiv handelnde Subjekte und Experten ihres eigenen Medienhandelns ernst zu nehmen. Es geht also letztlich darum, das Aufwachsen junger Menschen in der medialen Partizipationskultur zu einem bedeutenden Gegenstand institutionalisierter Bildungsprozesse zu machen (vgl. Wagner 2011).

c) Außerschulische Jugendarbeit als ‚Spezialfeld'

In Kap. 3.1.1 haben wir die aktive Medienarbeit als den ‚Königsweg' der Methoden medienpädagogischer Praxis beschrieben. Wie gezeigt, soll Medienkompetenz hier in pädagogisch gerahmten, authentischen *Learning-by-Doing*-Prozessen entwickelt werden, in denen die Heranwachsenden selbsttätig und eigenständig arbeiten, ihre Lernziele selbst definieren, den Projektablauf selbst bestimmen, sich selbst kontrollieren und sich selbst in ihren Leistungen bewerten. Den ‚richtigen' Handlungsraum hierfür haben in der Vergangenheit nicht die Schulen mit ihren strukturierten Bildungsprozessen geboten, sondern die ‚offenen' Angebote der außerschulischen Jugendarbeit, die als ein klassisches Handlungsfeld der Sozialen Arbeit hierzulande auf eine lange Geschichte zurück blicken können.

‚Offen' meint, dass mit einer Vielzahl an Einrichtungen öffentlicher und freier Träger im Spektrum von Jugendhäusern, Jugendtreffs, Jugendclubs, Jugend- und Freizeitzentren den Heranwachsenden Angebote offeriert werden, die auf Freiwilligkeit basieren, an ihrer Lebenswelt und ihren Alltag orientiert sind und in besonderem Maße an ihren persönlichen Interessen und Bedürfnissen anknüpfen – sei es mit den Angeboten an sich oder mit den gewählten Methoden und Formen der praktischen Arbeit, den hier bearbeiteten Themen und Inhalten, der eingeräumten Möglichkeit zur aktiven Mitbestimmung und Mitgestaltung. Das heißt nicht, dass in der Jugendarbeit keine pädagogischen Ziele verfolgt werden. Im Gegensatz zu Schule geht es hier aber nicht um die Unterrichtung, um die Vermittlung von Wissen, sondern um die Förderung von Selbständigkeit, Selbstbewusstseins und Selbstwertgefühl, von Eigenverantwortlichkeit und Verantwortungsbewusstsein, von Kommunikations-, Kooperations- und Kritikfähigkeit, von sozialem Engagement und gesellschaftlicher Mitverantwortung. Kurzum: Es geht um Unterstützung junger Menschen bei ihrer Entwicklung zu einer eigenverantwortlichen und gesellschaftsfähigen Persönlichkeit.

Mit diesem Anspruch ist die außerschulische Jugendarbeit schon eine Spielwiese für die aktive, pädagogisch gerahmte Auseinandersetzung junger Menschen mit Medien gewesen, bevor die Methode der Aktiven Medienarbeit dann hierfür einen fruchtbaren konzeptionellen Rahmen gegeben hat. Denn die Angebote an der Lebenswelt und dem Alltag von Jugendlichen, an ihren Interessen und Bedürfnissen auszurichten, hieß schnell auch Medien zum Gegenstand der pädagogischen Arbeit zu machen – die Jugendfilmarbeit in den 1950er Jahren ist ein solch frühes Beispiel. Dass die außerschulische Jugendarbeit noch immer als ein ‚Königsweg' der handlungsorientierten Medienpädagogik bzw. Medienbildungsarbeit angesehen werden kann, macht Angela Tillmann (2013) vor allem an drei Punkten fest:

- *Ansiedelung im Freizeitbereich:* Als außerschulisches Freizeitangebot wird die Jugendarbeit nicht durch einen vorliegenden Lehrplan strukturiert, sondern ist offen für neue Ansätze und Projekte, die sich nach den Interessen der Jugendlichen richten.
- *Freiwillige Mitarbeit:* Abseits von schulischen Leistungsdruck entscheiden sich die Jugendlichen selbst für die Teilnahme an Pro-

jekten und den hier gewählten Themen, Ausdrucksformen und Arbeitsweisen, die sie auch mitgestalten können.
- *Projektorientierung:* Bei der produktiven Arbeit im Projektkontext werden die Jugendlichen zu ProduzentInnen von Medien, gewinnen Einblick in Produktionsweisen und Gestaltungsmöglichkeiten und erlangen bei der Arbeit in (kleinen) Teams auch Sozialkompetenz.

So unterschiedlich wie die pädagogischen Ansätze der außerschulischen Jugendarbeit im Detail sind, so unterschiedlich sind auch die Ansätze zum Einbezug der Medien in der praktischen Arbeit. Je nach Schwerpunkt der Einrichtung und pädagogischem Zugang der engagierten JugendarbeiterInnen bewegen sich die konkreten Projekte in einem Kontinuum von Ansprüchen und Zielvorstellungen, die in der Sozialpädagogik ebenso ihre Wurzeln haben können wie in der Kulturpädagogik, in der Spielpädagogik ebenso wie in der Erlebnispädagogik, in der ästhetischen Bildung wie in der politischen Bildung. Nicht selten geht es gar nicht vordergründig um die Förderung von Medienkompetenz oder Medienbildung, sondern werden die Medien in der Praxis konzeptionell entlang der jeweiligen pädagogischen Zielvorstellung zum geeigneten Mittel und die aktive Arbeit mit ihnen zum geeigneten Handlungsraum, in dem Jugendliche ihre Lebenswelt erkunden, sich als einzigartig selbst präsentieren, ihre Gedanken und Gefühle kreativ zum Ausdruck bringen, politischen Vorstellungen artikulieren, gesellschaftliche Entwicklungen kritisieren und anderes mehr:

> „Wenn Sozialpädagoginnen und Sozialpädagogen lebensweltorientiert arbeiten, nutzen sie Medien z. B. als Werkzeug zur Sozialraumerkundung; liegt der Schwerpunkt im ästhetischen-kulturellen Bereich, entsteht ggf. ein künstlerisches Produkt wie ein Tanzfilm. Ist der Fokus auf den Bereich der politischen Bildung gerichtet, wird die journalistische Eigenproduktion gefördert und Öffentlichkeit für eigene Belange hergestellt. Spiel- und erlebnispädagogische Angebote stellen das spielerische Lernen mit Medien in den Vordergrund und setzen z. B. Computerrollenspiele als Live-Rollenspiele um." (Tillmann 2013, S. 56)

Im Ergebnis gibt es heute eine schillernde Vielfalt an Projekten der außerschulischen Jugendarbeit mit und über die Medien. Diese sind keineswegs nur in großen Städten ansässig, sondern über die ganze Bundesrepublik verteilt und richten sich an die Jugendliche vor Ort aus ganz unterschiedlichen sozialen Zusammenhängen. Ein sehr bekanntes Projekt, was uns von Beginn an bei unserer Arbeit in den Feldern der medienpädagogischen

Praxis und des präventiven Jugendmedienschutzes begleitet hat, ist das *Medienprojekt Wuppertal.* Wer wissen will, was Jugendliche und junge Erwachsene alles umtreibt, welche Perspektive sie auf ihre Lebenswelt und die Gesellschaft, die sie umgibt, haben, welche Probleme und Konflikte sie aktuell belasten, der kommt an den Filmen, die im Rahmen dieses Projekts entstanden sind, kaum vorbei.

Das Medienprojekt Wuppertal realisiert seit 1992 überaus erfolgreich Projekte aktiver Jugendvideoarbeit, in dem es Jugendliche und junge Erwachsene bei ihren eigenen Videoproduktionen zur aktiven Arbeit mit Medien und zum kreativen Selbstausdruck unterstützt. Im Rahmen Projekts werden jedes Jahr ca. 100 Videos (v.a. Reportagen, Spielfilme, Trickfilme, Computeranimationen, Experimentalfilme und Musikclips) von etwa 1.000 aktiven TeilnehmerInnen produziert. Sie haben allein Wuppertal jeweils 5.000 bis 8.000 jugendliche ZuschauerInnen. Unter dem Motto „Jugendliche klären Jugendliche am besten auf" wird die Hälfte der Videos bundesweit über eine eigene Edition und über diverse Verlage als Bildungs- und Aufklärungsmedien vertrieben. Darüber hinaus ist das Projekt auch mit dem regelmäßig erscheinenden Jugendvideomagazin *borderline*, thematischen Videoworkshops und internationale Videoprojekten aktiv. (siehe http://www.medienprojekt-wuppertal.de)

Ob die außerschulische Jugendarbeit wie kein anderes Feld medienpädagogischer Praxis weiterhin in so schillernder Vielfalt das Handlungsfeld der aktiven Medienarbeit wird repräsentieren, bleibt angesichts der aktuellen Entwicklung abzuwarten. Wenn Kommunen, Verbände und Kirchen über immer weniger Geld verfügen, Stiftungen ihre Fördermittel reduzieren, privates Sponsoring zurückhaltend ist, bringt das die Träger außerschulischer Jugendarbeit in finanzielle Nöte und erhöht die Forderung an Bund, Länder und Kommunen, Infrastrukturen sowie personelle und finanzielle Ressourcen bereit zu stellen, ohne dass die Gestaltungspotenziale dieser außerschulischen Lern- und Bildungsorte dann nicht neuen Bündnissen und Allianzen zum Opfer fallen – etwa wenn die Jugendarbeit stärker am Ausbau der Ganztagsschulen beteiligt und so das Grundprinzip der freiwilligen Mitarbeit und die Offenheit bei Themenwahl, Ausdrucks- und Arbeitsformen verwässert wird (vgl. Tillmann 2013).

d) Soziale Arbeit mit Kindern, Jugendlichen, Familien

Die zunehmende Durchdringung des Alltags junger Menschen mit Medien und medialen Kommunikationsstrukturen prägt auch das soziale Zusammenleben in den Familien. Auf der einen Seite – darauf haben wir bereits mehrfach hingewiesen – agieren junge Menschen immer autonomer in der

Welt der Medien und entziehen sich dabei auch immer mehr einer Kontrolle von außen. Auf der anderen Seite fällt es Eltern wie professionell Erziehenden zunehmend schwerer, die richtigen Antworten auf die neuen Herausforderungen des Medienumgangs von Heranwachsenden zu finden. Das sind nur zwei Gründe dafür, weshalb Unterstützungsangebote von außen immer wichtiger werden und – auch abseits der bereits thematisierten offenen Jugendarbeit – die verschiedenen Bereiche der Sozialen Arbeit immer mehr zu Handlungsfeldern einer an den Chancen und Risiken des Medienumgangs junger Menschen orientierten Arbeit mit Kindern, Jugendlichen und Familien werden.

Wir sehen hier sehr deutlich, dass eine gezielte Medienkompetenzförderung wie auch eine angemessene Medienerziehung mittlerweile eine Aufgabe aller Einrichtungen der Bildung, Förderung und Erziehung junger Menschen sind – gleich ob in öffentlicher oder freier Trägerschaft realisiert. Neben Kindergarten und Schule sind also auch die ‚offeneren' Kontexte der Sozialen Arbeit wichtige Orte medienpädagogischer Praxis. Damit sind keineswegs nur die Projekte und Initiativen der Aktiven Medienarbeit mit jungen Menschen gemeint, sondern auch die Felder Sozialer Arbeit im Spannungsfeld von Freizeit- und Familieneinrichtungen, Beratungsstellen für Eltern und Familien oder für Kinder und Jugendliche in Krisensituationen, von Einrichtungen der stationären Kinder-, Jugend- und Familienhilfe u.a.m. Medienkompetenzförderung bzw. Medienbildung lassen sich in diesen pädagogischen Handlungskontexten als ein Anspruch der Menschen auffassen, der gesetzlich im Achten Buch Sozialgesetzbuch zur Kinder- und Jugendhilfe (SGB VIII) verankert ist (vgl. Schäfer 2014). So gesehen ist es auch ein fixiertes Ziel Sozialer Arbeit, außerhalb der institutionalisierten Kontexte von Erziehung und Bildung Medienkompetenz zu fördern. Der Fokus liegt hier auf ganz unterschiedlichen Zielgruppen und Handlungsfeldern, von denen wir hier nur vier als zentral herausstellen:

- *Hilfen und Beratungsangebote für Kinder und Jugendliche* zur Bewältigung persönlicher Medienerfahrungen, insbes. was die Nutzung problemtaischer Medieninhalte und prekäre Medienumgangsweisen anbetrifft.
- *Unterstützung von Eltern und anderen Erziehenden* bei ihren Erziehungsaufgaben, insbes. was die Möglichkeiten einer angemessenen Begleitung und eines am eigenen Kind orientierten medienerzieherischen Handelns anbetrifft.
- *Aktive Begleitung und Unterstützung von Familien* als Gesamtsysteme, insbes. was familiäre Konflikte anbetrifft, die Ursache für

oder Folge von prekären Medienumgangsweisen wie eine exzessive Mediennutzung sind.

- *Angemessener Umgang mit Medien in Einrichtungen der stationären Hilfe* für Kinder, Jugendliche und Familien, insbes. was die Reglementierung und Reflexion des Medienumgangs sowie die Aufarbeitung gemachter Erfahrungen anbetrifft.

Die soeben herausgestellten Zielgruppen und Handlungsräume lassen schon erahnen, dass Medienkompetenzförderung in der Sozialen Arbeit mit Kindern, Jugendlichen und Familien ein weites Feld ist – mit je spezifischen Herausforderungen in den einzelnen Handlungsbereichen. Wir gehen nachfolgend nur etwas näher auf die grundsätzlichen Herausforderungen ein, die sich mit unterschiedlicher Schwerpunktsetzung in verschiedenen Bereichen der Sozialen Arbeit stellen. Einen sinnvollen konzeptionellen Hintergrund nicht nur der Arbeit mit Kindern und Jugendlichen, sondern eben auch mit deren Erziehenden bieten dabei die medienpädagogischen Handlungskonzepte, auf die wir zu Beginn des Kap. 3.1.1 eingegangen sind. Wir skizzieren deren Relevanz in der Sozialen Arbeit auf der Grundlage einer ausführlicheren Darstellung (vgl. Hajok 2015a) jetzt nur exemplarisch für die Bedeutung der Konzepte „Bewahren“ und „Reparieren“.

Kommen wir zuerst zum *Bewahren*: Auch wenn Kinder und Jugendliche in erster Linie mit den restriktiven Maßnahmen des gesetzlichen Kinder- und Jugendmedienschutz sowie den zeitlichen und inhaltlichen Beschränkungen von den Erziehenden von den problematischen Medieninhalten und prekären Medienumgangsweisen ferngehalten werden sollen, leistet gerade hier auch die Soziale Arbeit eine zunehmend wichtige Aufgabe – insbesondere was die Unterstützung von Eltern bei der Wahrnehmung ihrer Erziehungsaufgaben anbetrifft. Hinter vorgehaltener Hand ist oft von Defiziten bei der elterlichen Erziehung die Rede. Wir wollen empirisch gestützt nur kurz darauf verweisen, dass die meisten Kinder hierzulande bei ihrer Internet- und Computerspielnutzung zwar (noch) zeitlichen Beschränkungen unterworfen sind (vgl. BITKOM 2014), inhaltliche Vorgaben demgegenüber aber unterrepräsentiert sind. Zudem ist gerade die Handy- und Smartphonenutzung, mit der bereits Kinder sich die Welt der Medien in der Breite erschließen können, vergleichsweise selten elterlichen Regeln unterworfen (vgl. MPFS 2015a).

Herausforderung für die Soziale Arbeit ist es nun, Kinder und Jugendliche für die gesetzlichen Regelungen zu sensibilisieren und Erziehende mit konkreten Möglichkeiten der Reglementierung des Medienumgangs in der Familie vertraut zu machen. Die Orientierung an Altersfreigaben von Kinofilmen und Computerspielen sowie an den Sendezeitschienen im Fernsehen ist hier nur die eine Seite. Die andere ist, dass Eltern auf Angebote aufmerksam gemacht werden, wie der Medienumgang in der Familie konkret geregelt werden kann (siehe z. B. schau-hin.info). Wichtig sind nicht zuletzt praktische Hinweise zum Einsatz technischer Schutzmechanismen (vgl. Hajok & Schwarz 2014), die im Alltag der Familien ein Mindestmaß an Schutz realisieren können, ohne dass sie 100-prozentige Sicherheit bieten und Erziehende von ihren Aufgaben entbinden.

Kommen wir zum *Reparieren:* Wenn es um die Unterstützung junger Menschen bei der Verarbeitung ihrer persönlichen Medienerfahrungen geht, sind Eltern zwar die Hauptakteure, doch die kommunikative Aufarbeitung negativer Erfahrungen in den Familien ist einfacher gesagt als getan. Nicht selten stellt sich in der Erziehungspraxis bereits das Problem, dass Eltern überhaupt nicht von den unangenehmen Dingen erfahren, die ihren Schützlingen vor allem im Internet widerfahren oder begegnet sind. So zeigen aktuellere Zahlen, dass bei aufgetretenen Problemen im Netz sich nur etwa die Hälfte der 10- bis 18-Jähren ihren Eltern anvertraut (vgl. BITKOM 2014). Im Rahmen von Familienberatung und den speziellen Unterstützungsangeboten für Eltern, in denen immer häufiger auch der Medienumgang der Kinder ein Thema ist, können die Erziehenden nicht nur gut erreicht werden. Sie können auch zu einer angemessen Medienerziehung angeregt werden, wie wir sie eingangs des Kapitels als ein Handlungsfeld frühkindlicher Medienkompetenzförderung skizziert haben.

Eine Aufarbeitung negativer Medienerfahrungen kann und sollte zudem auch verstärkt im Rahmen der bereits existenten professionellen Beratungs- und Unterstützungsangebote für Kinder und Jugendliche erfolgen. Herausforderung der Sozialen Arbeit allgemein und der Kinder- und Jugendhilfe speziell ist hier, den ‚direkt Betroffenen' aktiv zur Seite zu stehen. Ein besonderes Handlungsfeld mit spezifischen Herausforderungen sind die Einrichtungen der stationären Kinder- und Jugendhilfe, in denen Heranwachsende mit besonderen Problemlagen auch bezüglich ihres Medienumgangs betreut werden (vgl. Hajok 2015d). Hier wie in den offenen Kontexten Sozialer Arbeit sind die pädagogischen Fachkräfte ‚fit' zu machen für einen angemessenen Umgang zumindest mit den aktuell wichtigsten Kontakt- und Verhaltensrisiken des Medienumgangs junger Menschen und den daraus resultierenden neuen Konflikten und Problemlagen bei der Erziehung, ohne dass die Chancen eines partizipativen Medienumgangs gänzlich aus den Blick geraten. In diesem Feld medienpädagogischer Fortbildungsangebote gibt es bislang nur in einigen Bundesländern vereinzelte Angebote. Das Fachprofil Jugendmedienarbeit ist eines davon und soll abschließend als ein positives Beispiel die Forderung unterstreichen, solche berufsbegleitenden Qualifizierungen zukünftig noch besser in der Breite zu initiieren.

Im Fachprofil Jugendmedienarbeit erweitern pädagogische Fachkräfte berufsbegleitend ihre Kompetenzen, um die Mediennutzung innerhalb ihrer Einrichtung adäquat begleiten, auf die Medienaffinität der Heranwachsenden und die Anforderungen des gesetzlichen Jugendmedienschutzes optimal reagieren zu können. Sie setzen sich mit aktuellen Erkenntnissen aus Wissenschaft und Forschung zum Medienumgang Heranwachsende auseinander und entwickeln medienpädagogische Angebote und Projekte für den Alltag in der außerschulischen Jugendmedienarbeit. Das Fachprofil hat einen Gesamtumfang von 250 Stunden und setzt sich zusammen aus neun Präsenzveranstaltungen à zwei bzw. drei Tagen, zwei Selbststudieneinheiten und einem medienpädagogischen Praxisprojekt. Nach einem abschließenden Kolloquium erhalten die AbsolventInnen ein aussagekräftiges Zertifikat. Mit der Förderung durch den Europäischen Sozialfonds (ESF) und der Unterstützung von der Senatsverwaltung für Bildung, Jugend und Wissenschaft des Landes Berlin ist die Teilnahme an der Qualifizierung kostenfrei. (siehe http://bits21.de/14_Jugendmedienarbeit.htm)

e) Medienkompetenzförderung im Internet

Kommen wir nun zum letzten Handlungsfeld, auf das wir in diesem Buch etwas näher eingehen. Denn mit den Entwicklungen in der Welt der Medien hat sich auch die medienpädagogische Praxis der neuen Möglichkeiten angenommen, Kinder und Jugendliche, aber auch andere Zielgruppen wie PädagogInnen, Eltern und andere Erziehende mit speziellen Angeboten im Internet zu erreichen. Die verschiedenen Initiativen sind eng an die Diskurse in den 2000er Jahren gebunden, bei denen die rasanten Entwicklungen bei den digitalen Medien und deren Aneignung durch die Menschen im Mittelpunkt standen. Neben den Entwicklungen an sich, die ein Tempo vorgelegt haben, mit dem zu Beginn weder die Medienpolitik noch die Medienpädagogik Schritt halten konnte, haben auch die verschiedenen Schwerpunkte der gesellschaftlichen Diskurse und ihre Widersprüche die neuere medienpädagogische Praxis entscheidend geprägt und eine Umbruchphase eingeleitet. Doch richten wir zunächst einmal den Blick zurück auf die Diskurse, die unterm Strich die Forderung nach einer breit aufgestellten Medienkompetenzförderung haben lauter werden lassen (vgl. Hajok & Lauber 2013b):

- *Aufleben einer an Risiken orientierten bewahrpädagogischen Haltung:* Eine öffentliche Thematisierung der digitalen Medien machte sich zunächst an ‚Köpfen' fest. Besonders hervorgetan haben sich der Psychiater Spitzer, der Kriminologe Pfeiffer, die Ministerin von der Leyen und die Politikerehefrau Guttenberg. Fokussiert auf Risiken digitaler Medien setzten sie die Schlagworte einer medialen Debatte, bei der die Forderung nach einer strengeren erzieherischen Kontrolle und Einschränkung des Medienumgangs Heranwachsender durch einen effektiven Jugendmedienschutz im Mittelpunkt stand.

- *Erkennen der Potenziale neuer Kommunikationskanäle in der Politik:* Mit dem Wandel von Informations- und Kommunikationshoheiten im Netz begannen sich die traditionellen Machtverhältnisse zwischen offizieller Politik, Journalismus und Zivilgesellschaft zu verschieben. Parteien und andere Institutionen meldeten sich bei *Facebook* an, die Bundeskanzlerin produzierte ihren ersten Video-Blog und rasch wurde auch in der Kommunalpolitik getwittert. Nicht im Mittelpunkt stehen demgegenüber Programme, mit der die offizielle Politik der Informations- und Partizipationskluft in der Bevölkerung entgegen tritt und die netzbasierte Teilhabe und Teilnahme fördert.
- *Vermeidung von Einflussnahmen, die Wachstum hemmen:* Die frühe Thematisierung von Problemen hinsichtlich des Datenschutzes, der Persönlichkeits- und Urheberrechte, der neuen Werbeformen, eines unzureichenden Schutzes von Kindern und Jugendlichen sowie einer fehlenden Transparenz neuer Kommunikationsstrukturen stellte die Onlinebranche vor die Herausforderung, solche ‚Hindernisse' möglichst schnell aus dem Weg zu räumen, um im internationalen Konkurrenzkampf bestehen zu können. Man setzte in der Branche auf eigene Angebote des technischen und präventiven Schutzes, um eine (vermeintlich restriktivere) Einflussnahme von außen zu vermeiden.
- *Ambivalenz im medienpädagogischen Diskurs zu digitalen Medien:* In der Medienpädagogik formierten sich zwei Lager, die ihre differenten Perspektiven in den Diskurs einbrachten. Eher kulturkritisch Eingestellte bezweifelten angesichts der kommerzialisierten und intransparenten Kommunikationsstrukturen des Social Web, dass diese Angebote in Bildungskontexten beherrschbar wären. Ihnen traten die ‚jungen Wilden' mit der Forderung gegenüber, dass medienpädagogische Praxis ihre Zielgruppen in ihren neuen medialen Handlungsräumen erreichen und die neue

Kommunikationskultur dort pädagogisch begleitet werden muss, wo sie verankert ist.

Wie die ersten medienpädagogischen Materialien waren auch die verschiedenen Angebote zur Medienkompetenzförderung im Internet gewissermaßen eine Reaktion auf die gesellschaftlichen Diskurse zu den neuen Entwicklungen in der Welt der Medien. In den 2000er Jahren starteten so bekannte Initiativen wie das *Internet-ABC, klicksafe.de* oder *SCHAU HIN!*, *Internauten* oder *MediaSmart*, die mit neuen didaktischen Konzepten innerhalb der anvisierten Zielgruppen möglichst viele Menschen erreichen wollen (siehe Tab. 11). Das Mittel zur Förderung von Medienkompetenz sind Flyer, Broschüren, Werbespots, quizartige Multiple Choice-Tests und Elterninformationen sowie Unterrichtsmaterialien für Lehrerinnen und Lehrer. Es geht um Aufklären, Sensibilisieren und Anregung zur Reflexion.

Tab. 11: Ausgewählte Initiativen und Projekte zur Medienkompetenzförderung im Internet

NAME/ TRÄGER	KURZBESCHREIBUNG	LINK
Dialog Internet BMFSFJ	Themenschwerpunkt: Aufwachsen mit dem Netz, Ergebniszusammenstellung von insgesamt neun Initiativen a) für einen sicheren Surfraum (z. B. manuell einstellbarer ‚Surf-Modus' für Kinder), b) für Medienkompetenz (z. B. Onlinedatenbank zu Projekten der Medienkompetenzförderung) und c) für ePartizipation und Eigenverantwortung (Projekt zur Sensibilisierung von Jugendlichen zum Thema Gaming wie zum Beispiel ‚Dein Spiel. Dein Leben – Find your Level'). Darüber hinaus: Publikationen, Informationsmaterial, Vernetzung und weiterführende Informationen.	http://www.bmfsfj.de/BMFSFJ/kinder-und-jugend,did=203898.html
Klicksafe Europäische Union	Förderung eines kritischen und kompetenten Umgangs mit Internet und neuen Medien und präventiver Jugendmedienschutz. Materialien für unterschiedliche Zielgruppen: Lehrerhandbuch, Handreichungen für Referenten, Broschüren, Flyer, Leitfäden. Schulungsmodule und Konzepte zur Fortbildung und Information. Organisator des ‚Safer Internet Days', Servicehotline, Lernvideos, Spiele, Quiz.	http://www.klicksafe.de

NAME/ TRÄGER	KURZBESCHREIBUNG	LINK
Mediasmart SUPER RTL	Angebot für Kinder zur Förderung von Medien- und Werbekompetenz. Information, Wissen, Tipps, Aufklärung und Beratung. Materialpakete: Hörgeschichten, Arbeitsblätter, Begleithefte	https://www.mediasmart.de
Internet-ABC Landesanstalt für Medien NRW	Informations- und Wissenangebot für Kinder rund ums Internet, Informationen zu Chancen und Risiken, Tipps, Aufklärung und Beratung. Internet- bzw. Surfführerschein, Unterrichtsmaterialien, Lernspiele, Newsletter.	http://www.internet-abc.de/kinder/
SchauHin! BMFSFJ, Vodafone, ARD, ZDF, TV Spielfilm	Medienratgeber für Eltern und Erziehende. Information, Tipps, Experteninterviews, Aufklärung und Beratung. Downloadmaterial, Broschüren, Flyer, interaktive Hilfsmittel (App, 30-Tage-Programm, Medienpass)	http://www.schau-hin.info

Neben den in der Tabelle beispielhaft genannten Projekten und Initiativen gibt es noch viele weitere – das Feld der Medienkompetenzförderung im Internet ist unübersichtlich geworden. Von Beginn an ging es auch nicht nur um Aufklären, Sensibilisieren und Anregung zur Reflexion, sondern zum Beispiel auch um die Förderung von qualitativ hochwertigen Angeboten für die jungen Nutzer. Ein wichtiger Vertreter ist hier das Förderprogramm *Ein Netz für Kinder* von BKM und BMFSFJ, das seit 2008 schon 80 Projekte gefördert hat, um den Onlinehandlungsraum junger Menschen unter pädagogischen Gesichtspunkten sinnvoll zu erweitern.

Mittlerweile gibt es in der Medienpädagogik einen breiten Konsens darüber, dass das Internet in der heutigen Zeit ein überaus wichtiges Handlungsfeld ist, in dem man durchaus dem ganzheitlichen Anspruch medienpädagogischer Praxis gerecht werden kann. War die Medienkompetenzförderung im Internet zunächst vor allem an Zielen eines präventiven Jugendmedienschutzes orientiert (mit Fokus auf den Risiken des Medienumgangs junger Menschen), werden seit einigen Jahren verstärkt auch Konzepte verfolgt, die den theoretischen Positionen zum Menschenbild des gesellschaftlich handlungsfähigen Subjekts, zur Identitätsarbeit, Vergemeinschaftung und Partizipation in mediatisierten Räumen verpflichtet sind (vgl. Hajok & Lauber 2013b). Der in der Tab. 11 beispielhaft genannte *Dialog Internet* ist ein Beispiel dafür. Hier wurden neben Initiativen zu einem sicheren Surfraum und zur Medienkompetenzförderung auch solche zur ePartizipation und Eigenverantwortung junger Menschen gefördert.

f) Der gemeinsame Anspruch unterschiedlicher Handlungsfelder

Ob in den Bereichen der frühkindlichen Erziehung oder Bildung angesiedelt, in der Institution Schule, der außerschulischen Jugendarbeit, in den anderen Felder Sozialer Arbeit oder im Internet – medienpädagogische Praxis ist im Ideal an den aktuellen Veränderungen in der Welt der Medien orientiert. Der gemeinsame Anspruch lautet hier wie dort, Kinder und Jugendliche als Kernzielgruppen des pädagogischen Handelns bei der Ausbildung von Medienkompetenz und der Entwicklung zu einem gesellschaftlich handlungsfähigen Subjekt zu unterstützen. Da sich junge Menschen als aktive handelnde Subjekte und Experten ihres Handelns immer mehr in den mediatisierten Interaktions- und Kommunikationsstrukturen mit der Gesellschaft auseinandersetzen (vgl. Wagner & Würfel 2013), sollte nicht nur die Medienkompetenzförderung im Internet die vielfältigen Interaktions- und Kommunikationsmöglichkeiten, die das digitale Netz Kindern und Jugendlichen heute bietet, ins Zentrum ihrer Bemühungen rücken. Dabei gilt es nicht zuletzt die Chancen zu fördern, die sich Kindern und Jugendlichen im Netz für eine gesellschaftliche, kulturelle und auch politische Teilhabe bieten.

Gemeinsamer Anspruch der verschiedenen Handlungsfelder sollte es sein, sich in den spezifischen Kontexten formaler, non-formaler und informeller Bildung an den Veränderungen in der Welt der Medien und den aktuellen Medienaneignungsweisen von Kindern und Jugendlichen zu orientieren. Das heißt, dass in der medienpädagogischen Praxis immer auch ‚neue' Kompetenzen zu fördern sind, die im je spezifischen Zusammenspiel Medienkompetenz ausmachen, also Kinder und Jugendliche zu gesellschaftlich handlungsfähigen Subjekten machen – im Hier und Jetzt, und als Vorbereitung für das zukünftige Medienhandeln. Welche Kompetenzen in der vernetzten digitalen Welt eine besondere Bedeutung haben, hat der Leiter des Lehrstuhls für „Communication, Journalism, Cinematic Arts and Education" an der University of Southern California Henry Jenkins vor fast zehn Jahren schon einmal systematisiert (vgl. Jenkins 2006). Sie wurden auch hierzulande in den Diskurs eingebracht und lassen sich so zusammenfassen (vgl. Wagner 2011):

- spielerisch mit Problemlösestrategien experimentieren können,
- alternative Identitäten annehmen und erforschen können,

- dynamische Modelle realer Prozesse konstruieren, anwenden und analysieren können,
- Medieninhalte auf kreative Weise wiederverwenden können,
- die (mediale) Umgebung global erfassen und bei Bedarf (multitask) auf Details fokussieren können,
- kreativ mit Systemen interagieren können, die kognitive Kompetenzen erweitern,
- kollektiv Wissen zur Verfolgung eines gemeinsamen Zieles produzieren können,
- Glaubwürdigkeit und ethische Vertretbarkeit von Medieninhalten einschätzen können,
- Erzählwelten über mediale Systemgrenzen hinweg multimedial verfolgen können,
- über Netzwerke Informationen und Wissen suchen, analysieren und publizieren können und
- unterschiedliche Wertesysteme verstehen und sich alternativen Normen anpassen können.

Mit jeder neuen qualitativen Veränderung, die sich bei der Aneignung der Medien durch Kinder und Jugendliche beobachten lassen, modifizieren sich solche zu fördernde Kompetenzen dann weiter aus. Prägnant war hier zuletzt die gestiegene Bedeutung mobiler internetfähiger Endgeräte, die zur einer weiteren zeitlichen, räumlichen und sozialen Entgrenzung der Kommunikation geführt haben, wie sie von Krotz (2001) beschrieben und von uns in Kap. 1.2.1 als eine prägnante gesellschaftliche Entwicklung hervor gehoben worden ist. Da davon aktuell in besonderem Maße die Lebenswelten junger Menschen gekennzeichnet ist, ergeben sich auch hieraus neue Herausforderungen für die Medienpädagogik, modifizieren sich die Kompetenzen, die es in der Praxis in den unterschiedlichen Handlungsfeldern zu fördern gilt. So wird es im Ergebnis einer aktuellen Studie zur mobilen Internetnutzung Acht- bis 14-Jähriger (vgl. Knop et al. 2015) als ein übergeordnetes Ziel medienpädagogischer Anstrengungen gesehen, dass Heranwachsende sich zu selbstbewussten und unabhängigen Persönlichkeiten entwickeln, die ihr Handy oder Smartphone kompetent, individuell und sozial zuträglich nutzen. Dafür sollte den Heranwachsenden zum einen der Einfluss von Gruppennormen und -druck bewusst gemacht werden, ihnen zum anderen auch Hilfestellungen zu einer verstärkten Selbstregulation gegeben werden (ebd.).

Mit solchen, an den erforschten veränderten Medienwelten von Kindern und Jugendlichen festgemachten ‚neuen' Ansprüchen sehen wir auch sehr gut, wie wichtig die Forschung für die Praxis ist, wie sehr medienpädagogische Forschung und Praxis miteinander verschränkt sind. Dabei muss eine theoretisch fundierte, empirisch gestützte und auf Medienkompetenz junger Menschen abzielende Medienpädagogik die Gesellschaft als Ganzes im Auge behalten und Schritt halten mit den veränderten Anforderungen der rasanteren Medienentwicklungen.

> „Nur eine Medienpädagogik, die sich kritisch reflexiv mit den Medien ebenso wie der Medienaneignung auseinandergesetzt hat, wird den Subjekten die Hilfestellungen anbieten können, die sie zur sozial ausgerichteten und zugleich autonomen Bewältigung des Medienwandels befähigt." (Schorb, 2011, S. 92)

Fragen/Hinweise zum Weiterarbeiten

Machen sie sich exemplarisch mit verschiedenen Projekten und Initiativen der Medienkompetenzförderung im Internet vertraut! Welche medienpädagogische Konzepte können Sie identifizieren? Worin liegt der gemeinsame Anspruch, wie er sich auch in anderen Handlungsfeldern medienpädagogischer Praxis widerspiegelt?

3.1.3 Das ‚Universum' medienpädagogischer Praxis

Die Handlungsfelder medienpädagogischer Praxis ‚leben' in besonderem Maße von den Akteuren, die in ihnen pädagogisch tätig sind. Ihr Handeln umfasst ein breites Spektrum an konkreten Tätigkeiten, die auf bestimmte Zielgruppen bezogen sind und mit denen Handlungsräume als Lern-, Bildungs- und Erprobungsorte pädagogisch augestaltet werden. Wir haben dies bei der Darstellung der zentralen medienpädagogischen Handlungsfelder bereits beschrieben und werden dies nun – über alle Handlungsfelder hinweg blickend – in einen Gesamtzusammenhang bringen, in dem wir das ‚Universum' medienpädagogischer Praxis noch einmal aus Akteurssicht betrachten und hier den Schwerpunkt auf folgende drei Dimensionen legen:

- Die Dimension *Art der Tätigkeit* umreißt das Spektrum des zielgerichteten pädagogischen Handelns der Akteure.
- Die Dimension *Zielgruppe* beschreibt die Adressaten der Erziehungs- und Bildungsprozesse hinsichtlich ihres Lebensalters und ihrer Erfahrungswelten.
- Die Dimension *Raum* beschreibt sowohl geografische Räume bzw. Orte als auch durch Handlungen definierte Lebensbereiche, in den Menschen in bestimmten Rollen agieren, sowie durch kommunikative Handlungen geschaffene Räume.

Zur Veranschaulichung des Gesamtzusammenhangs haben wir diese drei Dimensionen in Abb. 17 visualisiert und jeweils das Kontinuum von Tätigkeiten, Zielgruppe und Raum aufgespannt. Nachfolgend beschreiben wir die Dimensionen nicht in ihrer Komplexität und Differenziertheit, sondern nur entlang einiger markanter Punkte, mit denen wir bereits auf Anforderungen, Kompetenzen und Tätigkeitsschwerpunkte hervorheben, die wir im nachfolgenden Kapitel zur Medienpädagogik als Berufsfeld dann vertiefen.

Abb. 17: Das medienpädagogische ‚Universum' in seinen zentralen Dimensionen

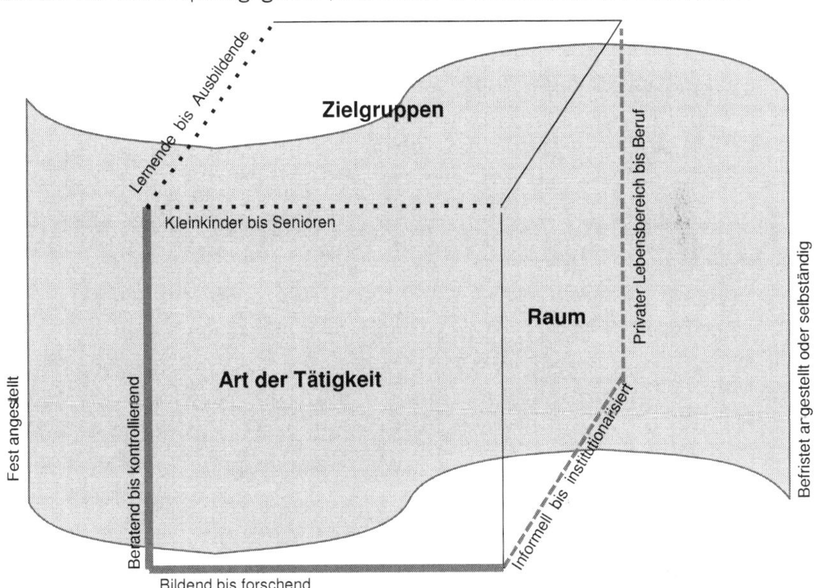

Nicht in der Abbildung visualisiert, sind die Förderer der verschiedenen Initiativen, Programme und Projekt medienpädagogischer Praxis. Mit ihren bereit gestellten Ressourcen, allen voran finanziellen Mitteln, sind sie eine wichtige Rahmung, die das ‚Universum' medienpädagogischer zumindest indirekt inhaltlich mit ausgestalten. Wir gehen hierauf im letzten Abschnitt zu den Förderern etwas näher ein.

a) Die Akteure und ihre Tätigkeiten

Akteure arbeiten auf Basis unterschiedlicher Bedingungen. Der Schleier auf der Grafik soll das verdeutlichen. Medienpädagogisch Tätige sind im Angestelltenverhältnis befristet bis fest angestellt (z. T. auch verbeamtet), häufig auch selbständig tätig. Sehen wir uns die x-Achse der Tätigkeiten an: Die

Tätigkeiten umfassen die Konzeption und Durchführung von Bildungsprozessen sowie deren Analyse und Evaluation. Damit ist bereits angerissen, dass Forschung ein wichtiger Teil des möglichen Tätigkeitsspektrums ist. Die Bedeutung von Medien für die Zielgruppen wird ebenso erforscht wie deren medienbezogenen Fähigkeiten und Vorlieben. Wir haben die Ergebnisse solcher Forschung im ersten Teil des Buches vertieft. Darüber hinaus ist die Erforschung von Bildungsbedingungen und Bildungsprozessen in unterschiedlichsten Settings (Zielgruppe, Raum, Medium, Bildungsziele) essentiell.

Die angedeutete y-Achse zeigt an, dass medienpädagogisch Tätige in aller Regel beratend und begleitend ‚nah an der Zielgruppe dran' und ‚vor Ort' arbeiten. Sie sind ein aktiv (mit-)gestaltender Part in Bildungs- und Forschungsprozessen. Zum medienpädagogischen Aufgabenbereich zählen für uns aber auch kontrollierende Tätigkeiten wie die ‚Überwachung' der Einhaltung von pädagogischen Kriterien, etwa bei Medienangeboten für Kinder, oder das Kennzeichnen von Medienangeboten gemäß den Vorgaben des Jugendschutzgesetzes und des Jugendmedienschutzstaatsvertrags. Auch das eher am Bewahren orientierte kontrollierende Handeln von PrüferInnen der Freiwilligen Selbstkontrollen (FSK, FSF, FSM und USK), der MitarbeiterInnen in Aufsichtsbehörden (KJM) und von anderen Akteuren des Kinder- und Jugendmedienschutzes wird von uns als Teil des Universums medienpädagogischer Praxis verstanden, weil sie mit ihrem Handeln der einer Hauptströmung der Medienpädagogik verhaftet sind, wie wir sie in Kap. 2.1.2 als normative Medienpädagogik skizziert haben.

b) Die wichtigsten Zielgruppen

Sehen wir uns nun die x-Achse an, die auf das Lebensalter der Zielgruppen fokussiert. Dies soll nur noch einmal verdeutlichen, dass *alle* Menschen Medienkompetenz als Teil von kommunikativer Kompetenz benötigen und dass auch Kleinkinder bereits als an Medien interessierte und auch schon bewusst mit Medien Handelnde verstanden werden und als eine zentrale Zielgruppe für Medienerziehung und Medienaneignungsforschung wahrgenommen werden. In der Vergangenheit war die medienpädagogische Praxis vor allem auf Jugendliche bezogen. Seit einigen Jahren erfolgte der Zugang vermehrt auch zu Kindern im Vorschul- und Grundschulalter.

In den letzten Jahren wurde mit speziellen Konzepten und Angeboten medienpädagogischer Praxis auch auf ältere Zielgruppen zugegangen, da mit den markanten Veränderungen in der Welt der Medien nicht zuletzt ältere Menschen – oft mit dem unscharfen Schlagwort ‚Senioren' betitelt – eigene Ansprüche an Medienkompetenzförderung haben und gleichzeitig als Träger ihrer individuellen Biografie, ihren Lebenserfahrungen und Perspektiven gestaltender Teil von Projekten mit Kindern und Jugendlichen sein können. Die in Kap. 3.1.1 als neuer Ansatz Aktiver Medienarbeit genannte intergenerative Medienarbeit ist hier das Paradebeispiel.

Die y-Achse verdeutlicht noch einmal, dass die Zielgruppen den Akteuren in unterschiedlichen Rollen und mit verschiedenen Erfahrungswelten begegnen. Neben Kindern und Jugendlichen als zu Erziehende und zu Bildende in ihren Rollen als SchülerInnen, Azubis und Studierende gehören auch Eltern und andere Erziehende sowie Lehrende und die MultiplikatorInnen selbst zu den Zielgruppen, die mit speziellen Informations- und Beratungsangeboten bzw. meist berufsbegleitenden Fort- und Weiterbildungen inhaltlich und konzeptionell ‚fit' gemacht werden müssen, für das auf den Medienumgang junger Menschen bezogene erzieherische und pädagogische Handeln.

Nicht zu übersehen ist letztlich, dass sich die medienpädagogische Praxis in der Vergangenheit auch speziellen Zielgruppen Heranwachsender angenommen und so einen Zugang zu Menschen erhalten hat, die mit ‚klassischen' pädagogischen Angeboten nur schwer zu erreichen sind. Hervorzuheben ist hier die Arbeit mit bildungsbenachteiligten Jugendlichen, auch die relativ neuen Projekte einer inklusiven Medienarbeit. Darüber hinaus gibt es auch spezifische Zugäng für Mädchen und Jungen bzw. Praxiskonzepte für eine geschlechtersensible Medienkompetenzförderung (vgl. z. B. Döring 2015).

c) Zentrale Räume

Grundsätzlich sind viele Lebensbereiche und Orte sind als Räume medienpädagogischen Handelns denkbar. Sie können wie die x-Achse zeigt eher informell charakterisiert sein wie Zuhause in den Familien und im Freizeitbereich. Bildung und Beratung findet dann eher beiläufig, zum Teil auch ungeplant, den Gegebenheiten und Situationen entsprechend statt. Das aufgemachte Kontinuum zu „Bis institutionalisiert" zeigt an, dass medienpädagogisches Handeln häufig geplant, genau konzipiert und mit festgesetzten Zielstellungen erfolgt, bspw. festgelegt in Bildungs- und Lehrplänen und eingebunden in die formellen Erziehungs- und Bildungskontexte von Kita und Schule oder in anderen Ausbildungsbetrieben und Hochschulen.

Die y-Achse ergibt sich aus den übrigen Achsenbeschreibungen, verdeutlicht jedoch noch einmal, dass der private Bereich von Menschen mit ihren konkreten Fragestellungen und Problemen ebenso zu einem Tätigkeitsfeld (angehender) MedienpädagogInnen gehören kann wie der berufliche Lebensbereich. Nicht zu übersehen ist dabei, dass im beruflichen Bereich die Menschen als Träger bestimmter Erwartungen, Funktionen und Leistungen den MedienpädagogInnen in anderen Rollen gegenüber stehen als im privaten Bereich. Im privaten Bereich sind Männer und Frauen häufig in ihrer Rolle als Eltern engagiert, im beruflichen Bereich sind die gleichen Menschen aber bspw. Mitarbeiter im Jugendamt oder Direktorin einer Grundschule.

d) Förderer

Die skizzierten Tätigkeitsschwerpunkte, anvisierten Zielgruppen und Räume, in denen die medienpädagogische Praxis erfolgt, sind in besonderem Maße vom Willen und Handeln verschiedener gesellschaftlicher Kräfte beeinflusst. Gemeint sind hier vor allem die Kräfte, die – aus ganz unterschiedlichen Gründen – medienpädagogische Praxis mit der Schaffung infrastruktureller Voraussetzungen und finanziellen Mitteln unterstützen. Die Förderung von Initiativen, Programmen und konkreten Projekten erfolgt dabei nicht allein aus pädagogischen Interesse heraus, sondern ist heute eine gesellschaftliche Aufgabe, hinter der verschiedene Akteure mit je spezifischen Interessen stehen. Neben dem pädagogischen Anspruch hat medienpädagogische Praxis so zuweilen auch einen verbraucherschützerischen, juristischen, kultur-, wirtschafts- und staatspolitischen oder einen wirtschaftlichen Impetus (vgl. Hajok & Lauber 2013b). Welche Zielgruppen hinsichtlich welcher Kompetenzen in welchen Räumen mit was für einem Handeln der medienpädagogisch Tätigen gefördert werden, hängt letztlich immer auch von den Zielen und dem gesellschaftlichen Standort der Förderer ab.

Auf der einen Seite haben wir es mit öffentlichen Geldern von der EU, dem Bund, den Ländern und Kommunen zu tun. Auf europäischer Ebene ist das Programm *Safer Internet* und die darin eingebettete Initiative *Klicksafe* herauszustellen. Auf der Ebene des Bundes sind die Förderungen des BMFSFJ hervorzuheben, zum Beispiel unter dem Dach des *Dialog Internet*, mit denen neben dem Schutzgedanken auch Konzepte zur Partizipation Jugendlicher und zur Entwicklung von Peer-to-Peer-Modellen entwickelt wurden. Auf der Ebene der Bundesländer spielen die Landesmedienanstalten eine wichtige Rolle, die eine ganze Reihe von Projekten medienpädagogischer Praxis (mit-)finanzieren, ohne dass hier eine klare ‚Stoßrichtung' der Medienkompetenzförderung deutlich wird. Dasselbe gilt auch für die Strategien der Stiftungen, Kirchen und weiteren öffentlichen und privaten Träger, die in der Medienkompetenzförderung engagiert sind.

Auf der anderen Seite haben wir es privaten Geldern aus der (Medien-) Wirtschaft zu tun. Sie beteiligt sich aus eigenem Antrieb, als Reaktion auf wirtschaftskritische Diskurse oder auf ‚Einladung' der Medienpolitik finanziell an der Medienkompetenzförderung allen voran im Internet, was größtmögliche Aufmerksamkeit und Breitenwirkung verspricht. Der Fokus liegt dabei auf dem eigenen Tätigkeitsfeld und den eigenen Angeboten, etwa wenn bei *Mediasmart* das Thema „Werbung" in den Mittelpunkt gerückt wird und es bei *fragFINN* zwar nicht um einen werbefreien, aber sonst weitestgehend geschützten Surfraum für Kinder geht. Konzeptionell wird kein Empowerment, keine Selbstbestimmung gegenüber den Medien, erst recht keine Abkehr vom (Medien-)Konsum angestrebt, sondern ein kompetenter Umgang junger Menschen mit Angeboten in der kommerzialisierten Medienwelt. Die dahinter stehenden Interessen sind sehr unterschiedlich: Es geht zum Beispiel darum, potentiellen Nutzern die eigene Angebote und Angebotsstrukturen nahe zu bringen, prekäre Umgangsweisen damit zu verhindern, Gestaltungsmöglichkeiten medienpolitischer Entscheidungen wahrzunehmen, das Engagement als Marketinginstrument zu nutzen oder Kindern und Jugendlichen beim Erwerb von Kompetenzen zu unterstützen, auf deren Grundlage sie sich versiert in den vorgegebenen Strukturen und zur Verfügung gestellten Räumen bewegen können (ebd.).

Fragen/Hinweise zum Weiterarbeiten

Wo Sehen Sie sich zukünftig im ‚Universum' medienpädagogischer Praxis? In welchen Kontexten wollen Sie mit welchen Zielgruppen arbeiten? Machen Sie sich damit vertraut, welche Möglichkeiten Ihnen Studium oder aktuelle Berufspraxis zur Vorbereitung eines beruflichen Einstiegs im Wunschbereich medienpädagogischer Praxis bieten.

3.2 Medienpädagogik als Berufsfeld

Nachdem wir die medienpädagogische Praxis in ihren zentralen Handlungsfeldern beschrieben haben und das ‚Universum' der Praxis im Gesamtzusammenhang veranschaulicht haben, beschreiben wir nun die beruflichen Perspektiven, die sich (angehenden) MedienpädagogInnen in Forschung und Praxis bieten. Ausgangspunkt sind hier zunächst die ‚erwünschten' Qualifikationen, die eine wichtige Basis für die nachfolgend skizzierten Tätigkeiten in ganz unterschiedlichen Arbeitsfeldern medienpädagogischer Praxis und Forschung sind. Ein besonderes Anliegen ist uns dabei, die Bandbreite und Vielfalt beruflicher Tätigkeiten zu skizzieren, die sich AbsolventInnen eines Studiums der Medienpädagogik oder von medienpädagogischen Fort- und Weiterbildungen bieten. Bei entsprechender

Spezialisierung im Studium eröffnen diese Arbeitsfelder nicht zuletzt auch (angehenden) Kommunikations- und MedienwissenschaftlerInnen (z. B. mit Schwerpunkt Kinder- und Jugendmedien), Studierenden der Sozialen Arbeit (z. B. mit Schwerpunkt Jugendsozialarbeit) oder der Sozialwissenschaften (z. B. mit Schwerpunkt empirische Forschung) interessante berufliche Perspektiven.

3.2.1 Qualifikationen als Basis

„Und was bist du danach?" Diese Frage haben Sie eventuell schon einmal von Ihren Eltern gehört. Ob Sie nun ein Studium der Pädagogik, der Erziehungswissenschaft, der Medienpädagogik speziell, der Kommunikations- oder Medienwissenschaft, der Sozialen Arbeit, des Designs, der Medieninformatik wählen, Ihre Qualifikation erfolgt im Bachelor recht breit und ermöglicht Ihnen nach dem Abschluss bereits eine Vielzahl an beruflichen Tätigkeiten, in denen Sie praktische Erfahrungen sammeln und vertiefen können. Im Masterstudium erfolgt dann zumeist eine Spezialisierung und wissenschaftliche Vertiefung. Der Master befähigt Sie dann auch zur Promotion. Auch hier gilt es, sich dann daran zu orientieren bzw. sich darauf zu spezialisieren, was man später beruflich im Feld der Medienpädgogik machen möchte.

a) Orientierung an späteren Tätigkeiten

Unabhängig davon, ob man sich nun im Bachelor oder im Master mit der Disziplin Medienpädagogik und dem Themenbereich Kinder und Jugendmedien beschäftigt: Das berufliche Tätigkeitsfeld ist mit den hier erworbenen Qualifikation schon sehr weit. Konkretisierbar wird es, wenn man schon eine Vorstellung hat, ob man sich später im Bereich der medienpädagogischen Forschung oder Praxis engagieren will. Bleiben wir bei Letzterem und engen das Feld der Praxis auf die (direkte) medienpädagogische Arbeit mit Kindern und Jugendlichen ein, dann bedeutet die Orientierung an späteren Tätigkeiten, sich die verschiedenen Kontexte von Bildung und Erziehung mitsamt ihren spezifischen Herausforderungen zu vergegenwärtigen. Wir zeichnen dies beispielhaft und stark reduziert so nach (vgl. Hugger 2013b):

- Medienkompetenzförderung *an formalen Bildungsorten*: Die Tätigkeiten fokussieren hier auf die Planung und Gestaltung von institutionalisierten Lern- und Bildungssettings zum Medienkompetenzerwerb (z. B. in Schule und Ausbildung)

- Medienkompetenzförderung *an non-formalen Bildungsorten*: Die Tätigkeiten fokussieren hier auf die Planung und Gestaltung von organisierten medienpädagogischen Bildungsangeboten und -aktivitäten, die auf Freiwilligkeit der Teilnahme basieren (z. B. in der Jugendarbeit und Medienwerkstätten).
- Medienkompetenzförderung *an informellen Bildungsorten*: Die Tätigkeiten fokussieren hier auf die Begleitung von Selbstbildungs- und Selbstlernprozessen mit Medien jenseits formaler Bildungsinstitutionen (z. B. in Familie und Peer-Kontexten).

Wir zeigen später noch, dass die konkreten Arbeitsfelder (angehender) MedienpädagogInnen keineswegs nur in der Medienkompetenzförderung liegen. Es lässt sich aber bereits in diesem abgesteckten Arbeitsfeld sehr gut sehen, dass eine Orientierung an den späteren Tätigkeiten bereits ein Sammelsurium vielfältiger Teilkompetenzen offenbart. Wir verdeutlichen dies jetzt einmal mit möglicher Adverbien zum Verb „arbeiten“:

- praktisch …
- pädagogisch …
- erziehend …
- forschend …
- lehrend …
- weiterbildend …
- kontrollierend …
- konzipierend …
- produzierend …
- beratend …

Die Liste ließe sich noch erweitern, aber schauen wir uns nun mal an, welche Kompetenzen Sie im Studium mit medienpädagogischer Ausrichtung idealtypisch erworben haben und welche Ihnen im beruflichen Alltag dann abverlangt werden bzw. welche es hier zu vertiefen und in der Praxis zu konkretisieren und anzuwenden gilt.

b) Breites Spektrum erworbener Kompetenzen

Im Studium eignen wir uns nicht nur eine Menge Wissen an, wir erwerben auch eine Reihe von Kompetenzen, die für die weitere berufliche Laufbahn eine besondere Bedeutung haben. Dabei geht es gar nicht mal um vordergründig praxisrelevante Fähigkeiten bzw. praktische Fertigkeiten, wie sie in Projektseminaren der Hochschulen oder den in einigen Studiengängen erforderlichen Praxissemestern erworben werden, sondern um grundlegende Kompetenzen, die wir uns angeeignet haben, in dem wir uns theoretisch, forschend und zum Teil auch praktisch mit sozialer Realität auseinander gesetzt haben. So können AbsolventInnen von Universitäten und Hochschulen in aller Regel:

- recherchieren,
- analysieren,
- evaluieren,
- prognostizieren,
- Diskussionen leiten,
- mündlich vortragen,
- gemeinsam mit anderen ein Thema bearbeiten,
- Fachbeiträge schreiben,
- sich schnell einen Überblick verschaffen und
- sich schnell in ein neues Stoff- oder Aufgabengebiet einarbeiten.

Ihre Bildung im Bereich Medienpädagogik befähigt insbesondere zur konzeptionellen und praktischen, auf den Medienumgang junger Menschen bezogenen, pädagogischen Arbeit im Rahmen von formalen, non-formalen und informellen Bildungsprozessen (s. o.), also in Kindertagesstätten, in Schulen und in außerschulischen Kontexten, in Vereinen, Freizeiteinrichtungen, Schülerclubs, Einrichtungen der Jugendarbeit oder der Kinder- und Jugendhilfe. Wenn Sie Lehramt studieren oder einen Abschluss als ErzieherIn machen, dann kann Medienpädagogik eine sinnvolle Spezialisierung von Ihnen sein. Diese Spezialisierung bieten viele pädagogisch-orientierte Studiengänge in Form von „Handlungsfeldern" im BA und MA an oder auch direkt als Vertiefungsschwerpunkt. Eine solche spezialisierende Qualifikation befähigt Sie, Konzepte zur Medienkompetenzförderung für Ihre Bildungseinrichtung zu schreiben und auch dazu, dafür Gelder zu beantragen. Die oben genannten allgemeinen, im Studium erworbenen Kompetenzen ermöglichen Ihnen demgegenüber, einen systematischen Zugang zum Tätigkeitsfeld zu finden, sich die Inhalte, Ansprüche, Ziele, Konzepte, Aufgaben etc. zu erschließen, um sie dann im Lernen aus Erfahrung in die Praxis umzusetzen. Hier wird dann gewissermaßen Wissen in Können umgesetzt und auf diese Weise einem besonderen Anspruch späterer Arbeitsfelder entsprochen.

c) Erwartete Kompetenzen

In der bereits zitierten, vom BMFSFJ herausgegebenen Bestandsaufnahme zur „Medienkompetenzförderung für Kinder und Jugendliche" widmet sich Kai-Uwe Hugger möglichen Berufsfeldern und hebt folgende Kompetenzen für (angehende) MedienpädagogInnen hervor: erstens ein spezifisches medienpädagogisches Wissen und zweitens ein besonderes medienpädagogisches Können (vgl. Hugger 2013b). Während medienpädagogisches Wissen im Studium und in der Auseinandersetzung mit Fachliteratur angeeignet werden können, ist medienpädagogisches Können eine Sache praktischer Erfahrungen. Hier müssen sich angehende MedienpädagogInnen selbst in den *Learning-by-Doing*-Prozess begeben, wie er mit der Initiierung von Selbstlernprozessen in der medienpädagogischen Praxis auch bei Kindern und Jugendlichen als Zielgruppe des Handelns angeregt wird. Hier werden sie in aller Regel schnell mit der Notwendigkeit einer dritten Kompetenz konfrontiert, die sich ihnen auf je spezifische Weise in der tagtäglichen Praxis stellt:

> „Darüber hinaus ist von ihnen die Fähigkeit zu erwarten, paradoxe Handlungsanforderungen bzw. unaufhebbare und unumgehbare Widersprüche bei der Medienkompetenzförderung zu erkennen, auszubalancieren und konstruktiv zu bewältigen." (Hugger 2013b, S. 97)

Das soll nicht abschrecken, vielmehr neugierig machen auf ein abwechslungsreiches Arbeitsfeld, dass nicht nur von einer besonderen Nähe zu Kindern und Jugendlichen gekennzeichnet ist, sondern mit der Fokussierung auf den Medienumgang junger Menschen auch eine besondere Nähe zur mediatisierten Lebenswelt junger Menschen hat, wie sie in den institutionalisierten Kontexten von Erziehung und Bildung keineswegs selbstverständlich ist. Insofern sind die beschriebenen paradoxen Handlungsanforderungen sicher auch eine spannende Herausforderung, bei der man sich zwischen folgenden gegensätzlichen Polen bewegt (ebd.):

- Medienkompetenz vermitteln und strukturierend eingreifen vs. autonome Aneignungsprozesse zulassen und abwarten,
- Medienhandeln von Kindern und Jugendlichen streng kontrollieren vs. Ungewissheit über das Resultat medienpädagogischen Handelns zulassen sowie
- digitale Entscheidungsfreiheit der AdressatInnen eingrenzen vs. für innovative und kreative virtuelle Interaktionsformen offen sein.

Verlassen wir nun wieder dieses eng abgesteckte Feld der Medienkompetenzförderung, dann sehen wir schnell, dass (angehenden) MedienpädagogInnen in anderen Arbeitsfeldern ganz andere Kompetenzen abverlangt werden: In der medienpädagogischen Forschung, geht es mehr um die Fähigkeit, wissenschaftlich zu Arbeiten. Das beinhaltet zum Beispiel die systematische theoretische Auseinandersetzung mit einem Gegenstand sozialer Realität, das Entwickeln von Forschungsmethoden, die Kenntnis von ihren je spezifischen Vor- und Nachteilen, die Konzeption und Durchführung von Forschungsvorhaben, die Analyse und Publikation der Ergebnisse, die im Ideal dann auch noch für die medienpädagogische Praxis anschlussfähig gemacht werden müssen. Im Bereich der Produktion und Vermarktung von Kinder- und Jugendmedien geht es demgegenüber vor allem darum, Medienangebote an den spezifischen Interessen und Bedürfnissen junger Menschen auszurichten. Das erfordert fundierte Kenntnisse von der Zielgruppe, von Kindern und Jugendlichen als Mediennutzer, von Strukturen und neuen Entwicklungen in der Welt der Medien, von Produktionstechniken oder Marketingstrategien. Und im Bereich des Kinder- und Jugendmedienschutzes, den wir bereits mehrfach als Perspektive normativer Medienpädagogik mit nach wie vor großer praktischer Relevanz in unserer Gesellschaft skizziert haben, geht es primär darum, aktuelle Risiken des Medienumgangs junger Menschen zu erkennen und mit geeigneten Instrumenten schnell gegenzusteuern. Auch das erfordert fundierte Kenntnisse von der Zielgruppe, vom Medienumgang junger Menschen und von den Strukturen und Entwicklungen in der Welt der Medien. Darüber hinaus muss man mit dem System des Kinder- und Jugendmedienschutzes vertraut sein, die gesetzlichen Bestimmungen kennen und sich mit den verschiedenen Schutzinstrumenten auseinandersetzen.

3.2.2 Arbeitsfelder

Wir haben die zentralen Arbeitsfelder von (angehenden) MedienpädagogInnen soeben bereits mit den spezifischen Kompetenzen, die hier erwartet werden, benannt. Wir vertiefen sie nun noch kurz als eigenständige Tätigkeitsbereiche mit spezifischen beruflichen Perspektiven, wenngleich sie in der Praxis oft nicht scharf voneinander zu trennen sind. In der Praxis der Medienkompetenzförderung ist es zum Beispiel eher die Regel als die Ausnahme, dass die MedienpädagogInnen auch an der Produktion und Vermarktung von Kinder- und Jugendmedien beteiligt sind und in den Handlungsräumen der Arbeit mit den Medien auch als Kinder- und Jugendschützer fungieren, die darauf aus sind, ihre Zielgruppen vor beeinträchtigenden oder gar gefährdenden Medieninhalten zu bewahren. In der Praxis des Kinder- und Jugendmedienschutzes ist es wiederum keine große Ausnahme, dass die MedienpädagogInnen hier nicht nur auf eine akribische Einhaltung der gesetzlichen Bestimmungen zum Schutz von Kindern und Jugendlichen achten, sondern auch präventive Angebote konzipieren, mit denen junge Menschen zu einem kompetenten Medienumgang befähigt werden sollen, bei dem sie im Ideal den Risiken selbst aus dem Weg gehen.

a) Praxis der Medienkompetenzförderung

Die Arbeit von MedienpädagogInnen in der Praxis der Medienkompetenzförderung erfolgt häufig in Vereinen und Einrichtungen in öffentlicher oder privater Trägerschaft. Der Berufsalltag ist vielfältig, bereichernd und anspruchsvoll, aber auch von einigen Unsicherheiten gekennzeichnet. Dies hängt mit der Finanzierung zusammen. Da Vereine ihre Arbeit meistens projektbezogen aus öffentlichen Mitteln bezahlen, werden die MitarbeiterInnen meistens auch nur für das konkrete Projekt angestellt. Arbeitsverträge von sechs Monaten bis zwei Jahre sind zu Beginn nicht selten. Häufig sind es auch nur halbe Stellen, die Berufseinsteigern angeboten werden können und gerade ihnen mehr abverlangen, als für sie in der (eigentlich) vereinbarten Arbeitszeit zu schaffen ist.

Ihr Wissen und Ihre Fähigkeiten können Sie in der Praxis der Medienkompetenzförderung auch auf die Arbeit mit Erwachsenen transferieren. Wer mit Kindern arbeiten kann, kann auch mit Erwachsenen arbeiten, gerade dann, wenn man im *Learning-by-Doing*-Prinzip gemeinsam an einer spannenden Sache dran ist. Nachteilig in den meist offenen Bildungskontexten praktischer Medienarbeit ist es, das veraltete Bild des Pädagogen als ‚allwissenden Wahrheitenausteilers' neu auszugestalten. Die einzelnen Bundesländer haben ihre medienpädagogischen Bemühungen meistens in Netzwerken gebündelt, in denen Aufsichtsorgane, Vereine, Bildungseinrichtungen und Erziehungseinrichtungen miteinander im Austausch und in Kooperation stehen (z. B. Medienkompetenznetzwerk Thüringen). Häufig haben sie auch Online-Datenbanken, sogenannte medienpädagogische Atlanten bereitgestellt (z. B. medienpädagogischer Atlas NRW). Für Sie ist das ein exzellenter Anlaufpunkt zur Information und Orientierung.

Auf der Grundlage Ihrer Ausbildung und der in der Praxis gesammelten Erfahrungen können Sie sich bald noch ganz anderweitig im Feld der Medienkompetenzförderung engagieren. Der Bedarf an ExpertInnen aus der Praxis ist an Hochschulen, Weiterbildungseinrichtungen und Einrichtungen zur Qualifizierung von MedienpädagogInnen hoch. Darüber hinaus gibt es Jahr für Jahr unzählige Fachtagungen, komprimierte Fortbildungen für LehrerInnen und ErzieherInnen, Informationsveranstaltungen für Eltern, in denen Ihr praktischer Bezug zur medienpädagogischen Arbeit gefragt ist. Manchmal werden Sie auch von Ihrer Einrichtung als ExpertIn der Praxis für die Lehre ‚abgeordnet'. Nicht selten ist dies der Ausgangspunkt dafür, sich als DozentIn an Hochschulen oder Weiterbildungseinrichtungen ein zweites Standbein aufzubauen.

b) Medienpädagogische Forschung

Wir haben in Kap. 2.4 die Perspektiven und Methoden medienpädagogischer Forschung beschrieben und Ihnen hier vielleicht Lust auf die Arbeit als ForscherIn gemacht. Das besonders Spannende ist – das wissen wir aus eigener Erfahrung – die direkte Praxisrelevanz der Forschung, die die erzielten Ergebnisse so wertvoll für die medienpädagogische Arbeit macht. Eine wichtige Plattform bietet hier die Universität, in der Sie als wissenschaftliche MitarbeiterInnen mit forschen und sich weiter qualifizieren können. Neben der fächerspezifischen Grundlagenforschung sind an den Universitäten gar nicht so wenige Drittmittelprojekte angebunden, in denen es um die Erforschung der Medienaneignung junger Menschen und die Identifizierung aktueller Chancen und Risiken geht.

Arbeitsmöglichkeiten bieten sich auch außerhalb der Universitäten und Hochschulen im forschenden Bereich, wenn Sie sich als MitarbeiterInnen in medienpädagogisch orientierten Forschungsprojekten bei Instituten wie dem JFF Medienpädagogik in Forschung und Praxis (München), Hans-Bredow-Institut (HBI) in Hamburg oder European Institute for Children, Adolescents and the Media (EURICAM) in Leipzig einbringen. Mit Ihrer Qualifikation ist es auch möglich in Forschergruppen an einem der Frauenhofer Institute, aber auch der Max Planck Institute eine Anstellung zu finden, zum Beispiel auf Ebene der ForschungsassistentInnen oder als PromovendInnen. Die Anstellung erfolgt auch an den Forschungsinstituten zunächst meistens befristet, häufig auch als halbe Stelle (50%). Auch Forschungsinstitute im Ausland können Ihnen ausgezeichnete Arbeitsmöglichkeiten bieten, zum Beispiel das von Patti Valkenburg und Jochen Peter geleitete Center for Research on Children, Adolescents and the Media an der Universität von Amsterdam.

c) Produktion und Vermarktung von Kinder- und Jugendmedien

Eine mögliche berufliche Perspektive ist mit einer fundierten Ausbildung in der Medienpädagogik oder den Kinder- und Jugendmedien auch der Bereich der Produktion und Vermarktung von Kinder- und Jugendmedien. Der Einstieg erfolgt häufig mit befristeten Verträgen oder als (feste) Freie MitarbeiterInnen. Neben den Fernsehanstalten und Radiosendern, sind es die Medienagenturen, die bspw. Apps, Webseiten, aber auch andere, an Kinder und Jugendliche adressierte Medienangebote realisieren. In kleineren Medienagenturen können Sie oftmals gerade deshalb überzeugen, weil sie nicht nur zur Beratung und Konzeptentwicklung, sondern auch dazu fähig sind, eine empirische Evaluationsforschung und Usability-Tests mit Einbezug der Zielgruppe zu realisieren bzw. eine genaue Vorstellung haben, wie dies anzugehen ist.

Sie können nach einem Studium oder der Vertiefung der Medienpädagogik unter Umständen auch im Bereich Öffentlichkeitsarbeit eine Anstellung finden, in PR-Agenturen oder direkt in Agenturen, die Medienangebote für verschiedene Zielgruppen vermarkten und auf das Image der Produkte ein besonderes Augenmerk haben. PR- und Marketingagenturen haben aufgrund ihres wirtschaftlichen Hintergrunds meistens langfristigere und besser bezahlte Stellen anzubieten als der chronisch unterfinanzierte pädagogische Bereich. Auch dort wird Ihnen aber viel Engagement abgefordert. Zudem ist die dort eingenommene Perspektive auf Kinder und Jugendliche (flexibler Mensch) nicht immer leicht zu händeln bzw. mit dem pädagogischen Konzept (handelndes Subjekt) in Einklang zu bringen.

d) Kinder- und Jugendmedienschutz

Ihre Bildung ermöglicht Ihnen auch eine kontrollierende und präventive Tätigkeit im Rahmen der gesetzlichen Bestimmungen zum Kinder- und Jugendmedienschutz. Ein wichtiges Arbeitsfeld sind hier die Landesmedienanstalten. Sie vergeben Sendelizenzen, kontrollieren den privaten Rundfunk, beraten die jeweilige Landespolitik in Medienfragen und unterstützen auch medienpädagogische Forschung und Praxis, insbesondere dann, wenn sie an einer Minimierung der von uns skizzierten Inhalts- und Verhaltensrisiken beim Medienumgang junger Menschen orientiert sind. Über die Arbeit der Landesmedienanstalten können Sie sich jeweils einzeln oder auch zusammengefasst unter http://www.die-medienanstalten.de sehr gut informieren.

Auch die Einrichtungen der Freiwilligen Selbstkontrollen, der FSK mit Sitz in Wiesbaden, der USK, FSF und FSM mit Sitz in Berlin, sind mögliche Arbeitsfelder für (angehende) Medienpädagoginnen. Ebenso die Aufsichtsbehörde KJM oder jugendschutz.net mit Sitz in Mainz. In den Selbstkontrolleinrichtungen wie FSK, FSF, FSM und USK gibt es jedoch nur wenige volle und unbefristete Stellen. Die zahlreichen PrüferInnen und Engagierten arbeiten meist auf Honorarbasis oder im Rahmen ehrenamtlicher Tätigkeiten mit (geringen) Aufwandsentschädigungen. Ähnlich beratend und bildend agiert im Kinder- und Jugendmedienbereich der Verbraucherschutz. Auch hier kann es Einstiegsmöglichkeiten für Sie geben.

Ihre Kompetenzen werden auch in den zuständigen Landesjugendämtern, Landesministerien und Bundesministerien benötigt, die alle die Felder des Jugendmedienschutzes in ihren Strukturen haben, zum Beispiel angesiedelt in den Bereichen „Kultus“ oder „Kinder- und Jugendhilfe“. Wenn Sie in diesem Bereich arbeiten möchten, kann Medienpädagogik eine sinnvolle Extraqualifikation sein. Behörden wie die Bundesprüfstelle für jugendgefährdende Medien (BPjM) verlangen oft nicht nur medienpädagogisches Wissen, sondern auch eine juristische Vertiefung, da hier in der täglichen Arbeit den gesetzlichen Grundlagen eine besonders wichtige Rolle zugesprochen wird.

In jedem der genannten Bereiche können Sie mit Ihrem Engagement und Wissen durchaus überzeugen. Die Arbeitsfelder und Tätigkeiten haben sich in den letzten Jahrzehnten beständig ausdifferenziert und das wird sich vor dem Hintergrund weiterer technischer Entwicklungen und zunehmender Mediatisierung fortsetzen. Eine Qualifikation durch ein BA- oder MA-Studium im Bereich Medienpädagogik oder der Kinder- und Jugendmedien bzw. eine Vertiefung in Form eines Schwerpunktes oder eines optionalen Handlungsfeldes ist sinnvoll, es ermöglicht Ihnen auch Quereinstiege oder spätere Schwerpunktsetzungen. Bedenken Sie, dass Medien jeden unserer Lebensbereiche begleiten und überlegen Sie sich noch einmal die Verbindungen auch zur Kunst und zum Theater. Sie arbeiten in einem lebendigen, sich stets veränderndem Bereich und können diesen mitgestalten. Festzuhalten bleibt:

> „Medienpädagogik stellt ein vielfältiges und offenes Berufsfeld dar, das sowohl auf wissenschaftlicher als auch auf praktischer Ebene nach verschiedenen Seiten hin ausgebaut werden kann. Durch die Medienentwicklungen ergeben sich für die Medienpädagogik immer wieder neue Herausforderungen und medienpädagogische Fragen bleiben, wenn auch in unterschiedlicher Ausdifferenzierung, stets aktuell. Um sich als Medienpädagoge zu qualifizieren und auch entsprechende Chancen am Arbeitsmarkt zu haben, bedarf es allerdings eines großen persönlichen Engagements und einer bewussten bzw. strategischen Spezialisierung für jenen Bereich, in dem man pädagogisch tätig werden möchte.“ (Süss et al. 2013, S. 237)

Fragen/Hinweise zum Weiterarbeiten

Wo sehen Sie Ihre Stärken? Welcher Bereich interessiert Sie am meisten für eine berufliche Perspektive? Setzen Sie sich vertiefend mit den dort zu erwartenden Anforderungen, erwünschten Tätigkeits- und Erfahrungsprofilen auseinander.

3.3 Medienpädagogik international

Die Diskussionen um die Folgen der Mediatisierung für die Gesellschaft und damit zusammenhängend mit den Aufgaben und Zielen von Bildung und Erziehung sowie notwendigen Regelungen auf politischer Ebene in Deutschland sind so lebendig, die Ansichten durchaus kontrovers, die Schlussfolgerungen des Einzelnen für sein Leben und seine Familie so individuell, dass in der Praxis und Wissenschaft zuweilen übersehen wird, dass der Diskurs um die Anforderungen einer mediatisierten Gesellschaft auch in zahlreichen anderen Ländern geführt wird. Auf der Ebene von politischen Vereinigungen wird längst länderübergreifend zusammen gedacht, werden Begriffe diskutiert, wird geforscht und werden bspw. in der Europäischen Union gemeinsam politische Ziele formuliert und Entscheidungen gefällt.

Wertvoll für die eigene Auseinandersetzung mit medienpädagogischen Fragestellungen ist es, diese Diskussion wahrzunehmen, nachzuvollziehen und sich kritisch mit den Erkenntnissen und Schlussfolgerungen zu beschäftigen. Zum ersten bringt es uns Menschen vorwärts, wenn wir an den Erfahrungen anderer ansetzen können, auch wenn sie sich in anderen Kontexten bewegen. Zum zweiten unterstützt es die um Medienkompetenz und Jugendmedienschutz engagierten AkteurInnen – nicht zuletzt, weil sie sich in mit ihrem Anliegen und in ihrem Handeln anderen inhaltlich verbunden sehen. Zum dritten entspannt der Blick auf die Diskussion in anderen Ländern und in internationalen Gremien die vor Ort oftmals hoch emotional geführte Debatte um unsere Werte und Normen, um Anliegen und Ziele in unserer Gesellschaft.

Wichtig ist auch zu verstehen, dass Medienpädagogik als wissenschaftliche Querschnittsdisziplin interdisziplinär ist und nur mit einer interdisziplinären und internationalen Perspektive weiter fundiert und weiterentwickelt werden kann. Ziel dieses letzten Kapitels ist es, über den Tellerrand der deutschsprachigen Medienpädagogik als forschende Disziplin und Praxisfeld hinaus zu sehen. Über die Auseinandersetzung mit Medienpädagogik in anderen Ländern wurde bisher relativ wenig im deutschsprachigen, pädagogischen und medienpädagogischen Fachbereich veröffentlicht. Auch in der Hochschullehre ist das Thema noch selten gesetzt. Dem gegenüber stehen zahlreiche Veröffentlichungen und insbesondere Projektberichte in englischer Sprache. Verdeutlicht werden anhand nur weniger Beispiele soll in diesem Kapitel, welche Begriffe sich international durchgesetzt haben, welche Strukturen und Programme aktuell sind und wo es Materialien, Rechercheansatzpunkte und mögliche Tätigkeitsfelder gibt.

3.3.1 Internationale Bezüge und Fachzeitschriften

Zunächst ist noch einmal zu vergegenwärtigen, dass Medienpädagogik stets einen lokalen, regionalen, nationalen und internationalen Bezug hat und dass Medienpädagogik zugleich der Begriff für eine wissenschaftliche (Querschnitts-)Disziplin ist, aber ebenso die Umsetzung in der Praxis beschreibt, welches das erzieherische Handeln in Familien und die Bildung in der Schule sowie die Bildungsarbeit im außerschulischen Kontext meint. Wir haben einerseits also unterschiedliche Bezugssysteme und Akteursebenen, was gerade für gemeinschaftliche länderübergreifende, europäische oder sogar weltumspannende Zielsetzungen und Initiativen eine besondere Herausforderung ist. Wir haben andererseits aber auch Ansätze, mit internationalen Fachpublikationen diese unterschiedlichen Bezugssysteme und Akteursebenen sichtbar zu machen, (vergleichend) gegenüber zu stellen und ihnen eine (gemeinsame) Plattform zu bieten.

a) Bezugssysteme und Akteursebenen

Zu den jeweiligen lokalen, regionalen und nationalen Bezügen der Medienpädagogik gehören auch der historische Kontext, der immer mitgedacht wird und der Einfluss hat auf Entscheidungen, formulierte Zielsetzungen und auch Gesetze. Dadurch unterscheiden sich letztlich auch die medienpädagogischen Diskurse, die in verschiedenen kulturellen Räumen und Ländern geführt werden. Um das zu verdeutlichen, betrachten wir noch einmal Deutschland: Für die Entwicklung des Jugendmedienschutzsystems sowie der Formulierung von medienpädagogischen Zielsetzungen sind in Deutschland die Erfahrungen aus der NS-Zeit von großer Bedeutung gewesen. Auch der Einfluss der Besatzungsmächte in der Nachkriegszeit. Das ist ein spezifischer historischer Kontext. Ein aktueller Diskurs ist die Diskussion der Begriffe und dahinter stehenden Konzepte von Medienkompetenz und Medienbildung. Auch dahinter stehen spezifische Entwicklungen hierzulande, die es anderswo in dieser Form nicht gab.

Wenn wir den Blick über den Tellerrand wagen und schauen, was und wie es die Anderen machen, dann geht es uns darum, taugliche Konzepte und Forschungsergebnisse zu teilen. Vom deutschen Begriff „Medienpädagogik" werden wir uns gleich entfernen, weil dieser sich nicht im internationalen Diskurs durchgesetzt hat. Auch eine *media paedagogy* oder *media paedagogics* hat keinen Konsens gefunden. Zunächst soll noch einmal verdeutlicht werden, weshalb das Erschließen des Denkens und Arbeitens außerhalb unseres Kulturraums bedeutsam ist.

- *Verortung als WissenschaftlerIn:* Hierzu gehört, andere KollegInnen wahrzunehmen, Forschung in thematischen Schnittfeldern zu erkennen und zu unterstützen, Ergebnisse und Konzepte zu teilen und Forschung gemeinsam anzugehen sowie internationale Tagungen zu besuchen, um die Diskurse wahrzunehmen und auch um gemeinsam an Begriffen und Konzepten zu arbeiten.
- *Verortung als praktische MedienpädagogIn:* Hierzu gehört, die Infrastrukturen anderer Länder wahrzunehmen, die der medienpädagogischen Praxis spezifische Möglichkeiten bieten und mit denen sich auch spezifische Formen der Förderung etablieren, etwa, dass es neben der Schule und dem außerschulischen Bereich auch private Initiativen gibt, die Medienpädagogik realisieren.

Der oben genannte lokale, regionale und nationale (und damit auch immer historische) Bezug mündet in eine je spezifische gesellschaftliche Rahmung der Medienpädagogik, die nicht dem deutschen ‚System' entsprechen muss, faktisch anderswo auch nicht entspricht. Dieses ‚Fremde' gilt es zu akzeptieren und wertzuschätzen. Wir können hier eventuell praktikable Anregungen für das ‚Eigene' finden.

b) Internationale Fachpublikationen

Der ‚Erfolg' einer wissenschaftlichen Disziplin und ihrer VertreterInnen wird in der scientific community stark an den Veröffentlichungen in Fachzeitschriften fest gemacht. Neben den länderspezifischen Fachzeitschriften (für Deutschland siehe die Auflistung in Kap. 2.2) werden in der wissenschaftlichen Community Veröffentlichungen in internationalen Fachzeitschriften hoch geschätzt. Im Bereich Medienpädagogik gibt es bislang nur wenige, die medienpädagogischen Fragestellungen vorbehalten sind. International entstehen insbesondere Handbücher, die wertvolle, aktuelle Aufsätze und Projektberichte unterschiedlichster Art zusammen bringen und diese der Allgemeinheit zur Verfügung stellen, das heißt

Erfahrungen anderer zugänglich machen. Ein gutes Beispiel hierfür ist das MILID Yearbook (siehe Kasten).

Im MILID Yearbook 2013 werden die Begriffsverständnisse von Media Literacy durch verschiedene Nationen präsentiert, werden Forschungsergebnisse präsentiert und Best Practice Projekte vorgestellt. Hier eine Auswahl der Beiträge: Paulette Stewart & Olivia: Bravo Media and Information Literacy and Intercultural Dialogue at the University of the West Indies; K.V. Nagaraj & Vedabhyas Kundu: The Role of Media and Information Literacy in Promoting Mutual Respect and Sustainable Development in Culturally Diverse India; Minou Fuglesang & Karen Marie Thulstrup: Femina. Empowering Tanzanian Youth through Voice and Dialogue; Gerrit Beger, Priscillia Kounkou Hoveyda & Akshay Sinha: From 'What's Your ASLR' to 'Do You Wanna Go Private?' A Study on Digital Behaviour among South African Youth and the Social Network 'Mxit'; Thomas Röhlinger: Giving Children a Voice. Worldwide Radijojo World. Evelyn Seubert & Miomir Rajčević: The International Youth Media Summit. Endless Youth Media Creativity. Die verschiedenen Ausgaben des MILID Yearbook sind online verfügbar (siehe http://centermil.org/2013/11/25/milid-yearbook-published/).

Klassische internationale medienpädaogische Fachzeitschriften mit einem Reviewsystem sind demgegenüber rar, aber es gibt sie. Hervorzuheben sind das *Journal of Children and Media* und das *MILID Journal*. Beide Fachzeitschriften bearbeiten regelmäßig ein breites Spektrum an medienpädagogischen Themen und sind vielleicht auch für Ihre Forschungsarbeiten zugänglich sind. Die Fachzeitschrift Journal of Children and Media präsentiert Studienergebnisse aus Richtung Medienwirkungsforschung, Medienaneignungsforschung, Medienerziehung, aber auch zum Bereich Lernen mit Medien. Beispielhaft hier zwei Artikel aus 2014: Kimberly R. Walsh, Laras Sekarasih & Erica Scharrer: Mean Girls and Tough Boys: Children's Meaning Making and Media Literacy Lessons on Gender and Bullying in the United States sowie Tiffany A. Pempek, Heather L. Kirkorian & Daniel R. Anderson: The Effects of Background Television on the Quantity and Quality of Child-Directed Speech by Parents. Das Journal erscheint vier Mal im Jahr und ist im Abo erhältlich. Freie Artikel (full paper) stehen online zum Abruf bereit.

3.3.2 Begriffe zur weltweiten Verständigung

Um uns zu verständigen und gemeinsam zu handeln, benötigen wir Begriffe, auf die wir uns geeinigt haben und in denen wir denken können. Umgangssprachlich nennen wir das häufig ‚eine gemeinsame Sprache finden‘. Hier liegt eine große Herausforderung für WissenschaftlerInnen ebenso wie für PolitikerInnen. Der Blick auf den deutschen Sprachraum zeigt es bereits, wir haben noch keine einheitliche Begriffsverwendung erreicht. Gearbeitet wird an den Hochschulen, in Bildungsplänen oder anderen Programmen unter anderem mit folgenden Begriffen: Medienpädagogik, Medienbildung, Medienkompetenz, Digitale Kompetenz, Computerkompetenz und Media Literacy. Wir haben weder einheitliche Begriffe noch ein einheitliches theoretisches Fundament.

Englisch ist die aktuell wichtigste Sprache in Politik und Wissenschaft auf internationaler Ebene und es ermöglicht uns Kooperation. Dennoch können in der Übersetzung feine Unterschiede der Bedeutung verloren gehen. An dieser Stelle greifen wir zur Veranschaulichung noch einmal auf den Begriff „Bildung“ (nach Humboldt) zurück. Dieser Begriff von Bildung lässt sich nicht ins Englische übersetzen. Die Worte education und learning treffen es nicht.

a) Media Literacy

Auch im Englischen finden sich verschiedene Begriffe um den Bereich und die Disziplin Medienpädagogik sowie Ziele und konkrete Handlungen zur Medienkompetenzförderung zu beschreiben. Hervorzuheben sind hier: Media Literacy, Media and Information Literacy, Media Competence, Digital Literacy, IT Skills, Digital Competence, Media Pedagogy, Media Studies (auch als Schulfach und als Fachbereich in Hochschule), Media Education. Der „Media Literacy“ scheint sich als Begriff jedoch zunehmend durchzusetzen. Wenn Sie nach media literacy recherchieren, werden Sie häufig auch auf die Abkürzung *MIL* für „Media Information Literacy“ treffen. Media Literacy finden wir als Titel von Initiativen wie der *European Charter for Media Literacy* als Beispiel für eine europäische Initiative oder der *Media and Information Literacy and Intercultural Dialogue (MILID)* als Beispiel für eine weltweite Initiative. Auf der Webseite der Europäischen Kommission zum Thema ist er folgendermaßen grob umrissen:

> „Just as literacy was at the beginning of the twentieth century, media literacy is a key pre-requisite of the twenty-first century. It is also fundamental for European cinema: media-literate people can make more informed choices about the audiovisual content market. Media literacy is thus the ability to:
> - Access the media
> - Understand the media and have a critical approach towards media content
> - Create communication in a variety of contexts.“
> (http://ec.europa.eu/culture/media/media-literacy/ Zugriff 8.3.2014)

In der EU sowie im weiteren internationalen Bereich wird dieser Begriff verwendet und kann somit Ansatzpunkt für Ihre Recherche sein. Ähnlich wie beim deutschen Begriff „Medienkompetenz“ stellt sich auch hier die Herausforderung der Weite des Begriffes, wie es auch das nachfolgende Zitat verdeutlicht.

> „Media literacy, it seems, is a skill or a form of competency; but it is also about critical thinking, and about cultural dispositions or tastes. It is about old media and new media, about books and mobile phones. It is for young and old, for teachers and parents, for people who work in the media industries and for NGOs. It happens in schools and in homes, and indeed in the media themselves. It is an initiative coming from the top down, but also from the bottom up. In these kinds of texts, media literacy is also often aligned with other contemporary "buzzwords" in educational and social policy. It is about creativity, citizenship, empowerment, inclusion, personalization, innovation, critical thinking... and the list goes on.“ (Buckingham 2009, S. 15).

b) Children, Adolescents and the media (CAM)

Äufig ist im internationalen medienpädagogischen Fachdiskurs auch von „Children and the Media“ oder „Children, Adolescents and the Media“ zu lesen. Zuweilen wird es als CAM abgekürzt und beschreibt sowohl ein praktisch pädagogisches Arbeitsfeld wie auch ein Forschungsfeld. VertreterInnen dieser Richtung bezeichnen auch ihre Arbeitsgruppen oder Initiativen mit dieser Abkürzung. Im Deutschen entspricht CAM am ehesten unserem Begriff der Kinder- und Jugendmedienforschung.

2008 gründete die größte Vereinigung von Kommunikations- und MedienwissenschaftlerInnen die ICA-International Communication Association die Arbeitsgruppe Children, Adolescents and the Media. Die wissenschaftliche Fachzeitschrift mit internationaler Perspektive *Journal of Children and the Media* haben wir beispielhaft bereits genannt. In den Niederlanden gibt es ein Forschungszentrum mit entsprechendem Titel Center of Research for Children, Adolescents and the Media (geleitet von Patti Valkenburg und Jochen Peter). In diesen Arbeitsgruppen und in den einzelnen praktischen Arbeitsfeldern sowie Forschungsprojekten werden Fragestellungen bearbeitet, die aus medienpädagogischer Perspektive relevant sind.

Im internationalen Bereich verstehen sich die KollegInnen allerdings nicht als „Medienpädagogen“ – eben weil sie auch diesen Begriff nicht haben, der pädagogische Praxis und wissenschaftliche Forschung in der deutschen Sprache ja verbindet. Die Forschenden verorten sich eher in der medienpsychologischen Forschung, kommen häufig auch aus der Psychologie. In diesen Arbeitsgruppen finden Fragen zur Nutzung, Wahrnehmung, Bewertung und Verarbeitung ihren Platz genauso wie solche zu den (neuen) Möglichkeiten der Mediendidaktik. So tauschten sich auf der ICA 2013 in London die KollegInnen zu Lehrkonzepten hinsichtlich CAM an Hochschulen aus.

Die ICA International Communication Association hat 3.500 Mitglieder aus 65 Ländern. Sie ist für etablierte WissenschaftlerInnen ebenso Plattform wie für Studierende. Sie können hier nach den Themen der Konferenzen recherchieren, auf diverse Fachzeitschriften zugreifen und nicht wenige Beiträge im Volltext abrufen, aber auch bspw. ihre eigene Abschlussarbeit präsentieren. http://www.icahdq.org/

3.3.3 Internationale Initiativen und Programme

Richten wir abschließend nun den Blick auf einige internationale Initiativen, die es in Fachkreisen auch hierzulande zu einer größeren Bekanntheit gebracht haben. Sie repräsentieren in besonderem Maße eine internationale Perspektive medienpädagogischer Praxis und Forschung und haben auch uns in den letzten Jahren über den Tellerrand blicken und feststellen lassen, dass medienpädagogische Bemühungen vielerorts zu beobachten sind und sich auf Medienumgangsweisen junger Menschen beziehen, die in vielen Punkten ganz ähnlich mit dem sind, was wir hierzulande ausfmerksam beobachten.

a) UNESCO-Initiativen

Die UNESCO – United Nations Educational, Scientific and Cultural Organization – engagiert sich bereits seit den 1980er Jahren für eine Medienkompetenzförderung. Sie versucht Politiker zu aktivieren und auch Begriffe zu klären (vgl. Varis 2000). Die UNESCO rahmt die Vereinigung Global Alliance for Partnerships on Media and Information Literacy (GAPMIL), an der bisher über 80 Staaten teilnehmen. Ebenso ist mit der UNESCO und der United Nations Alliance for Civilizations (UNAOC) die Initiative MILID – Media Information Literacy and Intercultural Dialogue verbunden, die Informationen bereit stellt, an Begriffen arbeitet und den Aufbau von Netzwerken unterstützt (http://milunesco.unaoc.org/unitwin/). In der Europäischen Union ist Medienkompetenzförderung und damit verbunden auch Grundlagenforschung und Evaluationsforschung zum Thema seit circa zehn Jahren ein wichtiger Schwerpunkt. Ausdruck dessen ist unter

Anderem die Brussels Declaration on Lifelong Media Education (EU 2011). Auch außerhalb von konkreten finanzierten EU-Projekten engagieren sich PraktikerInnen und WissenschaftlerInnen gemeinsam in Netzwerken und in gemeinsamen Erklärungen so bspw. im Netzwerk European Charter for Media Literacy (http://www.euromedialiteracy.eu/charter.php) und im Netzwerk „Keine Bildung ohne Medien!“ (http://www.keine-bildung-ohne-medien.de/) mit der Erklärung des Medienpädagogischen Manifests.

b) Safer Internet

Für unseren Kulturraum waren in den letzten fast zehn Jahren insbesondere die Programme Safer Internet Programme, Safer Internet Plus Programme sowie Insafe (Netzwerk von Initiativen) der EU bedeutsam. Ein solches Programm ist ein riesiges, langfristig angelegtes und weitreichendes Projekt, das pädagogische Praxis, wissenschaftliche Forschung und den Aufbau von Netzwerken unterstützt. In den einzelnen Ländern werden diese Programme jeweils individuell umgesetzt, d. h. den vorhandenen Infrastrukturen entsprechend. In Deutschland wurde durch das Safer Internet Programm die Initiative *Klicksafe* ins Leben gerufen (http://www.klicksafe.de/). Hierbei handelt es sich um ein reichhaltiges, vielfältiges Informations- und Aktionsprogramm, auf das wir in Kap. 3.1.2 schon etwas näher eingegangen sind.

c) EU KIDS Online

Auch Forschung wurde langfristig realisiert. Safer Internet Programm und Safer Internet Plus Programm ermöglichten in den letzten Jahren eine europaweite Forschung http://www.eukidsonline.de/, die von der Londoner School of Economics (LSE) durch Sonia Livingstone koordiniert wird. In den einzelnen Ländern gibt es Koordinationspartner. In Deutschland ist es das Hans-Bredow-Institut. Im Mittelpunkt der EU KIDS Online Studie steht die Nutzung des Internets durch Kinder und Jugendliche sowie den Chancen und Risiken, die das Handeln im Internet mit sich bringen kann.

Bemerkenswert sind die Ergebnisse der Vergleiche zwischen den Ländern. Alle Materialien (Untersuchungsmethoden, Ergebnisse, Berichte) stehen online und kostenlos zur Verfügung. Darüber hinaus wurde eine Datenbank zur Recherche nach Studien von allen teilnehmenden Ländern aufgebaut. Neben gemeinsamen Erklärungen und den soeben angesprochenen Forschungsbemühungen gibt es noch ein anderes sinnvolles Mittel, um medienpädagogische Ziele zu unterstützen: Lob. Auch über Auszeichnungen versuchen Organisationen ihre Zielstellungen der Öffentlichkeit zu vermitteln so bspw. mit dem Preis für die beste Internetseite für Kinder in Europa http://www.bestcontentaward.eu.

Wir sind abschließend nur kursorisch auf die internationalen Perspektiven der Medienpädagogik eingegangen und haben auf eine detaillierte Beschreibung der länderspezifischen ‚Sonderwege' verzichtet. Schaut man sich dennoch die verschiedenen Wege an, die anderswo eingeschlagen werden, erkennt man sehr schnell, dass Deutschland hinsichtlich einer flächendeckenden medienpädagogischen Praxis, die gerade jungen Menschen pädagogisch begleitet Angebote zur Medienkompetenzförderung unterbreitet nicht unbedingt eine Vorreiterrolle inne hat. Im Bereich der außerschulischen Medienarbeit, auch der medienpädagogischen Forschung stehen wir im Ländervergleich noch recht gut da. Auch was den gesetzlich verankerten und praktizierten Kinder- und Jugendmedienschutz anbetrifft, wenngleich er in den digitalen Medienwelten allerdings zunehmend an seine Grenzen stößt. In der schulischen Medienbildung gibt es demgegenüber einige Länder, in denen dies als gesellschaftliche Aufgabe nicht nur anerkannt, sondern als alltägliches Bildungsangebot von Schule auch etabliert ist.

Wertvolle Einblick in die verschiedenen Wege, die zur Implementierung von Medienbildung an Schulen beschritten werden (können), geben zum Beispiel die Beiträge und Interviews im dritten Teil eines noch recht aktuellen Sammelbandes zur media education in ausgewählten Ländern Europas (vgl. Aßmann et al. 2014). Ein allgemeinerer Überblick zur Medienpädagogik in und außerhalb Europas findet sich in dem von uns an mehreren Stellen bereits zitierten Studienbuch zur Einführung in die Medienpädagogik (vgl. Süss et al. 2013). Und ein aktueller Überblick über die länderspezifischen Vorgehensweisen im Bereich des Kinder- und Jugendmedienschutzes ist erst letztes Jahr veröffentlicht (vgl. Schulz et al. 2015). Auch hier sehen wir sehr deutlich, dass wir hierzulande nicht die einzigen möglichen Wege beschreiten, um Kinder und Jugendliche bei ihrem Medienumgang zu schützen und mit geeigneten pädagogischen Handelns zu unterstützen.

Fragen/Hinweise zum Weiterarbeiten

Zur Bestimmung des Begriffes und zur Bewertung der Erreichung der Ziele von Media Literacy in der EU wurden umfangreiche Studien von der EAVI durchgeführt (siehe http://www.eavi.eu). Zur weiteren Recherche eignet sich die Webseite der Europäischen Kommission: http://ec.europa.eu/culture/media/media-literacy/index_en.htm.

Schlusswort

Wir hoffen, mit unserer Einführung ein für Sie anregendes thematisches Feld eröffnet zu haben. Das Fragen danach, was Menschen warum mit Medien tun, wird stets relevant sein. Vielleicht verschwindet der Begriff „Medienpädagogik", vielleicht sind viele Menschen des Begriffs „Medienkompetenz" auch müde – obwohl das hiermit Angesprochene endlich in der gesellschaftlichen Breite als wichtige Bedingung für individuelle Entfaltung, gesellschaftliche Teilhabe und kulturelles Schaffen anerkannt scheint. Dennoch helfen uns Begriffe beim Denken und Kommunizieren und damit auch beim Bewältigen der Herausforderungen unserer ambivalenten Moderne. So könnte Digital Literacy zukünftig ein noch sehr viel wichtigerer Begriff werden. Jedoch abseits dessen, was begrifflich ‚en vogue' ist und was es für Programme und Finanzierungen gibt, kann Leben, kann Gesellschaft, können Bildung und Erziehung schon lange nicht mehr ohne Medien gedacht und umgesetzt werden. Mindestens genau so wichtig wie die Medienpädagogik in Forschung und Praxis sind Medienerziehung, Medienbildung und nicht zuletzt der Erwerb von Medienkompetenz im selbständigen Umgang junger Menschen mit den Medien. Wir müssen müssen uns nur umsehen und erkennen: Es findet ständig statt, eben auch ohne allzu viel pädagogische Unterstützung und Begleitung.

Auch deshalb wird sich das Feld der Tätigkeiten und Berufsfelder weiter ausdifferenzieren. Ein Medienpädagoge von heute hat zuweilen damit zu kämpfen, als ‚eierlegende Wollmilchsau' angesehen zu werden: Er soll sowohl Erziehungskonflikte in Familien lösen können, wie auch die Idee zur Reformierung des Jugendmedienschutzsystems Deutschlands parat haben und selbstverständlich sollte er wissen, wie der Google-Algorithmus aufgebaut ist und wie nun Datenschutz im WWW geleistet werden kann. Auch im Bereich Medienpädagogik kann es keine Universalgelehrten geben. Medienbildung – so unsere Überzeugung – ist ein wichtiger Bildungsbereich für Kinder und Jugendliche, auch für Erwachsene. Letztlich haben alle einen Anspruch darauf. Auf alle Fälle wird es Zeit, dass Medienbildung endlich in jeder Schule auf Augenhöhe mit sprachlicher, gesundheitlicher, künstlerischer, naturwissenschaftlicher etc. Bildung etabliert und gelebt wird.

Literatur

Anfang, Günther/Demmler, Kathrin/Lutz, Klaus/Struckmeyer, Kati (Hrsg.) (2015): wischen klicken knipsen. Medienarbeit mit Kindern. München: kopaed.

Ariés, Philippe (2007): Geschichte der Kindheit. 16. Auflage. (erste Auflage 1978). München: dtv.

Aßmann, Sandra/Meister, Dorothee M./Pielsticker, Anja (Hrsg.) (2014): School's out? Informelle und formelle Medienbildung. München: kopaed.

Baacke, Dieter (1995): Theorie der Medienpädagogik. In: Burkart, Roland/Hömberg, Walter (Hrsg.): Kommunikationstheorien. Ein Textbuch zur Einführung. 2., aktualisierte Auflage, Wien: new academic press, S. 171–190.

Baacke, Dieter (1980): Kommunikation und Kompetenz. Grundlegung einer Didaktik der Kommunikation und ihrer Medien. 3. Auflage. München: Juventa.

Baacke, Dieter (1973): Kommunikation und Kompetenz. Grundlegung einer Didaktik der Kommunikation und ihrer Medien. München: Juventa.

Baacke, Dieter/Frank, Günter/Radde, Michael (1998): Medienwelten – Medienorte. In: Dichanz, Horst (Hrsg.): Handbuch Medien: Medienforschung. Konzepte, Themen, Ergebnisse. Bonn: Bundeszentrale für politische Bildung, S. 50–53.

Baacke, Dieter/Frank, Günter/Radde, Martin (1991): Medienwelten – Medienorte. Jugend und Medien in Nordrhein-Westfalen. Opladen: Westdeutscher Verlag.

Barth, Susanne (2002): Mädchenlektüren. Lesediskurse im 18. und 19. Jahrhundert. Frankfurt am Main, New York: Campus-Verlag.

Baur, Nina & Blasius, Jörg (Hrsg.) (2014): Handbuch Methoden der empirischen Sozialforschung. Wiesbaden: Springer VS.

Beck, Klaus (2010): Kommunikationswissenschaft. 2., überarbeitete Auflage. Konstanz: UVK.

Beck, Ulrich (1986): Risikogesellschaft. Auf dem Weg in eine andere Moderne. Frankfurt a. M.: Edition Suhrkamp.

Beck, Ulrich (1983): Jenseits von Stand und Klasse? Soziale Ungleichheit, gesellschaftliche Individualisierungsprozesse und die Entstehung neuer sozialer Formationen und Identitäten. In: Reinhard Kreckel (Hrsg.): Soziale Ungleichheiten. Soziale Welt – Sonderband 2. Göttingen, S. 35–74.

Bellingroth, Friedhelm (1958): Triebwirkung des Films auf Jugendliche. Einführung in die analytische Filmpsychologie auf Grund experimenteller Analysen kollektiver Triebprozesse im Filmerleben. Bern, Stuttgart: Hans Huber.

Berger, Peter L. & Luckmann, Thomas (1980): Die gesellschaftliche Konstruktion der Wirklichkeit. Eine Theorie der Wissenssoziologie. Frankfurt: Fischer.

Bilandzic, Helena & Trapp, Bettina (2000): Die Methode des lauten Denkens: Grundlagen des Verfahrens und die Anwendung bei der Untersuchung selektiver Fernsehnutzung bei Jugendlichen. In: Paus-Haase, Ingrid/Schorb, Bernd (Hrsg.): Qualitative Kinder- und Jugendmedienforschung. Theorie und Methoden. Ein Arbeitsbuch. München: KoPäd, S. 183–209.

Bischof-Köhler, Doris (2000): Kinder auf Zeitreise. Theory of Mind, Zeitverständnis und Handlungsorganisation. Bern, Göttingen, Toronto, Seattle: Huber.

BITKOM (2015): Digitale Schule – vernetztes Lernen. Ergebnisse repräsentativer Schüler- und Lehrerbefragungen zum Einsatz digitaler Medien im Schulunterricht. Berlin: BITKOM.

Blumer, Herbert (1973, 1969): Der methodologische Standpunkt des symbolischen Interaktionismus. In: Arbeitsgruppe Bielefelder Soziologen (Hrsg.): Alltagswissen, Interaktion und gesellschaftliche Wirklichkeit. Band 1. Reinbeck bei Hamburg: Rowohlt, S. 80–146.

BMFSFJ (Bundesministerium für Familie, Senioren, Frauen und Jugend) (Hrsg.) (2013): Medienkompetenzförderung für Kinder und Jugendliche. Eine Bestandsaufnahme. Berlin: BMFSFJ.

Böhnisch, Lothar (2009): Jugend heute – Ein Essay. In: Theunert, Helena (Hrsg.): Jugend. Identität. Medien. Identitätsarbeit Jugendlicher mit und in Medien. München: kopaed, S. 27–34.

Böhnisch, Lothar/Lenz, Karl/Schröer, Wolfgang (2009): Sozialisation und Bewältigung. Eine Einführung in die Sozialisationstheorie der zweiten Moderne. Weinheim, München: Juventa.

du Bois-Reymond, Manuela (1994): Die moderne Familie als Verhandlungshaushalt. Eltern-Kind-Beziehungen in West- und Ostdeutschland und in den Niederlanden. In: du Bois-Reymond, Manuela/Büchner, Peter/Krüger, Heinz-Hermann/Ecarius, Jutta/Fuhs, Burkhart (Hrsg.): Kinderleben. Modernisierung von Kindheit im interkulturellen Vergleich. Opladen: Leske + Budrich, S. 137–220.

Bonfadelli, Heinz (1981): Die Sozialisationsperspektive in der Massenkommunikationsforschung. Neue Ansätze, Methoden und Resultate zur Stellung der Massenmedien im Leben der Kinder und Jugendlichen. Beiträge zur Medientheorie und Kommunikationsforschung, Band 20. Berlin: Spieß.

Bonitz, Melanie (2013): Förderung von Medienkompetenz in Gemeinschaftsschulen in Finnland. Unveröffentlichte Masterarbeit. Universität Erfurt.

Bonitz, Melanie (2012): Selbststudieneinheit. Medienpädagogik über Grenzen. Im Rahmen Masterstudium Kinder- und Jugendmedien, Universität Erfurt. Unveröffentlicht.

Büchner, Peter/Fuhs, Burkhard/Krüger, Heinz-Hermann (1997): Transformation der Eltern-Kind-Beziehungen? Facetten der Kindbezogenheit des elterlichen Erziehungsverhaltens in Ost- und Westdeutschland. In: Zeitschrift für Pädagogik, 37. Beiheft, S. 35–52.

Buckingham, David (2009): The future of media literacy in the digital age: some challenges for policy and practice. In: Vernier, Patrick (Hrsg.): EuroMeduc. Media Literacy in Europe. Controversies, Challenges and Perspectives. Brüssel: EuroMeduc, S. 13–24.

Carlsson, Ulla & Culver, Sherri Hope (2013): MILID Yearbook 2013: Media and Information Literacy and Intercultural Dialogue http://milunesco.unaoc.org/wp-content/uploads/2013/04/Media_and_Information_Literacy_and_Intercultural_Dialogue.pdf

Charlton, M. (2007): Das Kind und sein Startkapital. Medienhandeln aus der Perspektive der Entwicklungspsychologie. In: Theunert, Helga (Hrsg.): Medienkinder von Geburt an. Medienaneignung in den ersten sechs Lebensjahren. München: kopaed, S. 25–40.

Charlton, Michael (1993): Methoden der Erforschung von Medienaneignungsprozessen. In: Holly, Werner/Püschel, Ulrich (Hrsg.): Medienrezeption als Aneignung. Methoden und Perspektiven Qualitativer Medienforschung. Opladen: Westdeutscher Verlag, S. 11–26.

Charlton, Michael & Neumann-Braun, Klaus (1992): Medienkindheit – Medienjugend. Eine Einführung in die kommunikationswissenschaftliche Forschung. München: Quintessenz.

Damm, Steffen/Jendis, Sirkka/Müller-Wirth, Moritz/Siebenhaar, Klaus (2012): Das kuratierte Ich. Jugendkulturen als Medienkulturen. Berlin: Siebhaar Verlag.

Deinet, Ulrich (1992): Das Konzept „Aneignung" im Jugendhaus. Opladen: Leske & Budrich.

Deutsche Shell (Hrsg.) (2000): Jugend 2000. Band 1 und 2. Opladen: Leske + Budrich.

Döring, Nicola (2015): Gendersensible Förderung von Medienkompetenz: was ist zu tun? In: proJugend 3/2015, S. 4–9.

Dreyer, Stephan/Lampert, Claudia/Schulze, Anne (2014): Kinder und Onlinewerbung. Erscheinungsformen von Werbung im Internet, ihre Wahrnehmung durch Kinder und ihr regulatorischer Kontext. LfM-Schriftenreihe Medienforschung, Band 75. Leipzig: Vistas.

Dreyer, Stephan/Hasebrink, Uwe/Lampert, Claudia/Schröder, Hermann-Dieter (2013): Herausforderungen für den Jugendmedienschutz durch digitale Medienumgebungen. In: Soziale Sicherheit (CHSS), Heft 4/2013, S. 195–199.

Dröge, Franz/Göbbel, Narciss/Loviscach, Lisa (1979): Medien als lebenspraktische Vermittlung zwischen Individuum und Gesellschaft. In: Franz Dröge/Narciss Göbbel/Lisa Loviscach u. a. (Hrsg.): Der alltägliche Medienkonsum. Grundlagen einer erfahrungsbezogenen Medienerziehung. Frankfurt am Main: Campus-Verlag.

Dueräger, A. & Livingstone, S. (2012): How can parents support children's internet safety? EU Kids Online. http://www2.lse.ac.uk/media@lse/research/EUKidsOnline/EU%20Kids%20III/Reports/ParentalMediation.pdf

Eisermann, T./Potz, A. (2013): Bist du das? – Ja, aber nur teilweise! Rollenbilder Jugendlicher im Internet. medien + erziehung, Jg. 57, Heft 1, 44–50.

Erlinger, Hans Dieter/Eßer, Kerstin/Hollstein, Birgit/Klein, Bettina/Mattusch, Uwe (Hrsg.) (1998): Handbuch des Kinderfernsehens. 2. überarbeitete und erweiterte Auflage. Konstanz: UVK.

Erlinger, Hans Dieter & Stötzel, Dirk Ulf (Hrsg.) (1991): Geschichte des Kinderfernsehens in der Bundesrepublik Deutschland: Entwicklungsprozesse und Trends. Berlin: Spiess.

EU (2011): High Council for Media Education, Brussels Declaration on Lifelong Media Education, http://www.brusselsdeclaration.be/declaration/brusselsdeclaration.pdf, visit 16.12.2013

Fahr, Andreas (Hrsg.) (2011): Zählen oder Verstehen: Zur aktuellen Diskussion um die Verwendung quantitativer und qualitativer Methoden in der empirischen Kommunikationswissenschaft. Reihe Methoden und Forschungslogik der Kommunikationswissenschaft, Band 4. Köln: Herbert von Halem.

Feierabend, Sabine & Mohr, Inge (2004): Mediennutzung von Klein- und Vorschulkindern. Ergebnisse der ARD/ZDF-Studie „Kinder und Medien 2003". In: media perspektiven 9/2004, S. 453–461.

Fischer, Arndt/Grünau, Herbert/Warkus, Hartmut (1994): Medienpädagogische Bemühungen in der DDR. Ansprüche und Widersprüche – Aufbrüche und Abbrüche. In: GMK – Rundbrief Nr. 36, März 1994.

Flavell, John/Flavell, Eleonor/Green, Frances/Korfmacher, Jon (1990): Do young children think of television images as pictures or real objects? In: Journal of Broadcasting & Electronic Media, 34(4). S. 399–419.

Fleischer, Sandra (2010): Schorr, Angela (2009): Jugendmedienforschung. In: Journal of Children and Media, 4(2). S. 223–229. (Rezension)

Fleischer, Sandra (2007): Mediale Beratungsangebote als Orientierungsquellen für Kinder. Ein Beitrag zur Theorie der Orientierungsfunktion des Fernsehens. Dissertation. Universität Leipzig. Deutsche Nationalbibliothek.

Fleischer, Sandra (2006): Kinderfernsehen. In: Lexikon Deutschdidaktik. Baltmannsweiler: Schneider Hohengehren, S. 147–149.

Fleischer, Sandra (2005): Zeichentrick. In: Schorb, Bernd/Hüther, Jürgen (Hrsg.): Grundbegriffe Medienpädagogik. München: kopaed, S. 428–432.

Fleischer, Sandra & Fuhs, Burkhard (2013): Medien und Kindheit. Kinder als die Expert/innen ihrer Lebenswelt. In: Hartung, Anja/Lauber, Achim/Reißmann, Wolfgang (Hrsg.): Das handelnde Subjekt und die Medienpädagogik. München: kopaed, S. 169–176.

Fleischer, Sandra & Hajok, Daniel (2015): Medienbildung. In: Thüringer Ministerium für Bildung, Wissenschaft und Kultur (Hrsg.), Thüringer Bildungsplan bis 18 Jahre. Bildungsansprüche von Kindern und Jugendlichen. Erfurt: tmbjs, S. 299–323.

Fleischer, Sandra & Jöckel, Sven (2010): Die wachsende Bedeutung der Kinder- und Jugendmedienforschung. In: merz, Jg. 54, Heft 5, S. 55–62.

Fleischer, Sandra & Schneider, Susanne (2012): Einer der Orte fürs Sein – Aneignung von Internetangeboten durch Kinder. Medienerziehung in Kindergarten und Schule. DJI online Magazin. Onlineveröffentlichung. http://www.dji.de/cgi-bin/projekte/output.php?projekt=1160&Jump1=RECHTS&Jump2=5

Fleischer, Sandra (2014): Medien in der Frühen Kindheit. In: Tillmann, Angela/Fleischer, Sandra/Hugger, Kai-Uwe (Hrsg.): Handbuch: Kinder und Medien. Wiesbaden: Springer VS, S. 303–311.

Flick, Uwe (2011): Triangulation. Eine Einführung. 3. aktualisierte Auflage. Wiesbaden: Springer VS.

Flick, Uwe (2009): Sozialforschung. Methoden und Anwendungen. Ein Überblick für die BA-Studiengänge. Reinbek: Rowohlt.

Flick, Uwe (2007): Qualitative Sozialforschung. Eine Einführung. 6. Auflage. Reinbek: Rowohlt.

Flick, Uwe (1995): Qualitative Forschung. Theorien, Methoden, Anwendung in Psychologie und Sozialwissenschaften. 1. Auflage. Reinbek: Rowohlt.

Flick, Uwe/von Kardorf, Ernst/Steinke, Ines (Hrsg.) (2009): Qualitative Forschung. Reinbeck: Rowohlt.

Freie Lehrervereinigung für Kunstpflege in Berlin (1910): Vortrag über die Bekämpfung der Schundliteratur. Den Freuden der Bunten Jugendbücher und Bunten Bücher zur unentgeltlichen Benutzung zur Verfügung gestellt. Als Manuskript gedruckt.

Freud, Sigmund (1999): Das Unbehagen in der Kultur, in: ders. Gesammelte Werke. Bd. XIV, Frankfurt am Main: Fischer, S. 419–506.

Friedemann, Sebastian & Hoffmann, Dagmar (2013): Musik im Kontext der Bearbeitung von Entwicklungsaufgaben des Jugendalters. In: Robert Heyer/Sebastian Weber/ Christian Palentien (Hrsg.), Handbuch Jugend-Musik-Sozialisation. Wiesbaden: Springer.

Friedrich, Katja/Siller, Friederike/Treber, Albert (Hrsg.) (2015): smart und mobil. Digitale Kommunikation als Herausforderung für Bildung, Pädagogik und Politik. Schriften zur Medienpädagogik, Band 49. München: kopaed.

Fromme, Johannes/Biermann, Ralf/Kiefer, Florian (2014): Medienkompetenz und Medienbildung: Medienpädagogische Perspektiven auf Kinder und Kindheit. In: Tillmann, Angela/Fleischer, Sandra/Hugger, Kai-Uwe (Hrsg.): Handbuch Kinder und Medien. Wiesbaden: Springer VS, S. 59–71.

Fuhs, Burkhard (2007a): Qualitative Methoden in der Erziehungswissenschaft. Darmstadt: WBG.

Fuhs, Burkhard (2014): Medien in der mittleren Kindheit. In: Tillmann, Angela/Fleischer, Sandra/Hugger, Kai-Uwe (Hrsg.), Handbuch Kinder und Medien. Wiesbaden: Springer VS, S. 313–322.

Fuhs, Burkhard/Eichler, Thomas (2005): Internetseiten für Kinder im Urteil von Kindern. In: Die Grundschule, 07/2005, S. 7–8.

Geulen, Dieter & Hurrelmann, Klaus (1980): Zur Programmatik einer umfassenden Sozialisationstheorie. In: Klaus Hurrelmann & Dieter Ulich (Hrsg.), Handbuch der Sozialisationsforschung. Weinheim, Basel: Beltz, S. 51–68.

Giest, Hartmut (2004): Handlungsorientiertes lernen (tätigkeitstheoretische Perspektive). In: Kaiser, Astrid/Pech, Detlef (Hrsg.): Basiswissen Sachunterricht. Neuere Konzeptionen und Zielsetzungen im Sachunterricht. Baltmannsweiler: Schneider Verlag, S. 90–98.

GMK (2011): Medienbildung nachhaltig in Schule verankern! Positionspapier der GMK-Fachgruppe Schule. Bielefeld. http://www.gmk-net.de/fileadmin/pdf/positionspapier_gmk_fachgruppe_schule.pdf [Abfrage: 11.04.2013]

Grimm, Petra/Rhein, Stefanie/Müller, Michael (2010): Porno im Web 2.0. Die Bedeutung sexualisierter Web-Inhalte in der Lebenswelt von Jugendlichen. Berlin: Vistas.

Hackenberg, Achim/Hajok, Daniel/Richter, Antje (2012): Die fragFINN-Whitelist für Kinder. Eine Untersuchung zur Zusammensetzung der Whitelist und Wahrnehmung ausgewählter Webseiten durch Kinder. Berlin: AKJM. http://www.akjm.de/akjm/wp-content/uploads/2012/fragFINN.pdf [Abfrage: 06.10.2015]

Hajok, Daniel (2011): Kindheit, Jugend und neue Medien: Sozial- und medienwissenschaftliche Grundlagen zur Sozialisation, Mediensozialisation und Mediennutzung von Heranwachsenden. In: Freiwillige Selbstkontrolle Multimedia-Diensteanbieter e.V. (FSM) (Hrsg.): Prüfgrundsätze der FSM. 2. Auflage. Mönchengladbach: Forum Verlag Godesberg, S. 21–42.

Hajok, Daniel (2013): Der veränderte Medienumgang Jugendlicher. Tendenzen aus 15 Jahre JIM-Studie. In: JMS-Report, Jg. 36, Heft 6, S. 11–12.

Hajok, Daniel (2014a): Veränderte Medienwelten von Kindern und Jugendlichen. Neue Herausforderungen für den Kinder- und Jugendmedienschutz. In: BPJM-Aktuell, Jg. 22, Heft 3, S. 3–17.

Hajok, Daniel (2014b): Grenzgänge im Netz? Wie sich mit dem Medienumgang Jugendlicher die Ansprüche an Jugendschutz und pädagogische Praxis verändert haben. In: Die Kinderschutz-Zentren (Hrsg.), Nur schwierig oder schon gefährdet? Jugendliche in problematischen Lebenssituationen. Köln: KIZ, S. 87–113.

Hajok, Daniel (2015a): Veränderte Medienwelten – veränderte Ansprüche an die Soziale Arbeit mit Kindern, Jugendlichen und Familien. In: Jugendhilfe, Jg. 53, Heft 3, S. 208–220.

Hajok, Daniel (2015b): Medienbezogene Fähigkeiten und Vorlieben. Ein Überblick zum altersspezifischen Schutzbedarf von Kindern und Jugendlichen. In: JMS-Report, Jg. 38, Heft 1, S. 2–8.

Hajok, Daniel (2015c): Der veränderte Medienumgang von Kindern. Tendenzen aus 15 Jahren KIM-Studie. In: JMS-Report, Jg. 38, Heft 2, S. 5–7.

Hajok, Daniel (2015d): Zum Umgang mit digitalen Medien in der stationären Kinder- und Jugendhilfe. In: KJug – Kinder- und Jugendschutz in Wissenschaft und Praxis, Jg. 60, Heft 3, S. 85–90.

Hajok, Daniel & Lauber, Achim (2013a): Jugendmedienschutz im Spannungsfeld unterschiedlicher Akteure und Interessen. In: JMS-Report, Jg. 36 Heft 2, S. 2–6.

Hajok, Daniel & Lauber, Achim (2013b): Kompetent durchs Internet!? Anlässe und Perspektiven internetbezogener Medienkompetenzförderung. In: Felsmann, Klaus-Dieter (Hrsg.): Die vernetzte Welt: Eine Herausforderung an tradierte gesellschaftliche Normen und Werte. München: kopaed, S. 99–110.

Hajok, Daniel & Rommeley, Julia (2014): Exzessive Mediennutzung: Außen- und Innenansichten der digitalen Lebenswelt Jugendlicher. In: tv diskurs – Verantwortung in audiovisuellen Medien, Jg. 18, Heft 3, S. 76–79.

Hajok, Daniel & Zerbin, Franziska (2015): Identitätsbildung 2.0 – Foto- und Videoplattformen im Leben weiblicher Heranwachsender. In: Jugendhilfe, Jg. 53, Heft 5, S. 64–67.

Hartung, Anja/Lauber, Achim/Reißmann, Wolfgang (2013): Zur Einführung. Das handelnde Subjekt und die Medienpädagogik. In: Hartung, Anja/Lauber, Achim/Reißmann, Wolfgang (Hrsg.): Das handelnde Subjekt und die Medienpädagogik. Festschrift für Bernd Schorb. München: kopaed, S. 9–22.

Hartung, Anja/Reißmann, Wolfgang/Schorb, Bernd (2009): Musik und Gefühl. Eine Untersuchung zur gefühlsbezogenen Aneignung von Musik im Kindes- und Jugendalter unter besonderer Berücksichtigung des Hörfunks. Schriftenreihe der SLM, Band 17. Berlin: Vistas.

Hartung, Anja & Schorb, Bernd (2014): Methodologie und Methoden medienpädagogischer Forschung. In: Hartung, Anja/Schorb, Bernd/Niesyto, Horst/Moser, Heinz/Grell, Petra (Hrsg.): Jahrbuch Medienpädagogik 10. Methodologie und Methoden medienpädagogischer Forschung. Wiesbaden: Springer VS, S. 7–24.

Hasebrink, Uwe (2004): Konvergenz aus Nutzerperspektive: Das Konzept der Kommunikationsmodi. In: Hasebrink, Uwe/Mikos, Lothar/Prommer, Elisabeth (Hrsg.): Mediennutzung in konvergierenden Medienumgebungen. München: Fischer, S. 67–85.

Hasebrink, Uwe (2003): Konvergenz aus Nutzerperspektive. Zur Integration neuer Medien in die Nutzungsmuster von Jugendlichen. In: Bug, Judith/Karmasin, Matthias (Hrsg.): Telekommunikation und Jugendkultur. Eine Einführung. Wiesbaden: Westdeutscher Verlag, S. 29–46.

Hasebrink, Uwe & Domeyer, Hanna (2010): Zum Wandel von Informationsrepertoires in kovergierenden Medienumgebungen. In: Hartmann, Maren/Hepp, Andreas (Hrsg.), Die Mediatisierung der Alltagswelt. Wiesbaden: VS Verlag für Sozialwissenschaften, S. 49–64.

Hepp, Andreas (1998): Fernsehaneignung und Alltagsgespräche. Fernsehnutzung aus der Perspektive der Cultural Studies. Opladen: Westdeutscher Verlag.

Hepp, Andreas (2005): Kommunikative Aneignung. In: Mikos, Lothar/Wegener, Claudia (Hrsg.): Qualitative Medienforschung. Konstanz: UVK, S. 67–89.
Hepp, Andreas (2011): Medienkultur. Die Kultur mediatisierter Welten. Wiesbaden: VS Verlag für Sozialwissenschaften.
Hepp, Andreas/Berg, Matthias/Roitsch, Cindy (2014): Mediatisierte Welten der Vergemeinschaftung. Kommunikative Vernetzung und das Gemeinschaftsleben junger Menschen. Wiesbaden: Springer VS.
Herde, Klaus (1995): Was wollte und was sollte Kinderfernsehen in der DDR? Anliegen und Aufgaben. In: Erlinger, Hans Dieter/Eßer, Kerstin/Hollstein, Birgit/Klein, Bettina/Mattusch, Uwe (Hrsg.): Handbuch des Kinderfernsehens. Konstanz: UVK, S. 87–102.
Hickethier, Knut (1995): Die Anfänge des deutschen Kinderfernsehens und Ilse Obrigs Kinderstunde. In: Erlinger, Hans Dieter/Eßer, Kerstin/Hollstein, Birgit/Klein, Bettina/Mattusch, Uwe (Hrsg.): Handbuch des Kinderfernsehens. Konstanz: UVK, S. 129–141.
Hickethier, Knut (1991a): Phasenbildung in der Fernsehgeschichte. Ein Diskussionsvorschlag. In: Erlinger, Hans Dieter/Stötzel, Dirk Ulf (Hrsg.): Geschichte des Kinderfernsehens in der Bundesrepublik Deutschland. Entwicklungsprozesse und Trends. Berlin: Spiess, S. 11–33.
Hickethier, Knut (1991b): Ilse Obrig und das Klingende Haus der Sonntagskinder. Die Anfänge des deutschen Kinderfernsehens. In: Erlinger, Hans Dieter/Stötzel, Dirk Ulf (Hrsg.): Geschichte des Kinderfernsehens in der Bundesrepublik Deutschland. Entwicklungsprozesse und Trends. Berlin: Spiess, S. 93–142.
Hitzler, Ronald & Niederbacher, Arne (2010): Leben in Szenen: Formen Juveniler Vergemeinschaftung heute. 3. vollständig überarbeitete Auflage. Wiesbaden: Springer VS.
Hoffmann, Bernward (2013): Medienkompetenz von Eltern im System Familie. In: BMFSFJ (Bundesministerium für Familie, Senioren, Frauen und Jugend) (Hrsg.) (2013): Medienkompetenzförderung für Kinder und Jugendliche. Eine Bestandsaufnahme. Berlin: BMFSFJ, S. 71–83.
Hüther, Jürgen & Podehl, Bernd (2005): Geschichte der Medienpädagogik. In: Hüther, Jürgen/Schorb, Bernd (Hrsg.) (2005): Grundbegriffe der Medienpädagogik. München: kopaed, S. 116–127.
Hugger, Kai-Uwe (2013a): Digitale Jugendkulturen. Von der Homogenisierungsperspektive zur Anerkennung des Partikularen. In: Kai-Uwe Hugger (Hrsg.): Digitale Jugendkulturen. 2. Auflage. Wiesbaden: Springer VS, S. 11–29.
Hugger, Kai-Uwe (2013b): Berufsfeld Medienkompetenzförderung. In: BMFSFJ (Bundesministerium für Familie, Senioren, Frauen und Jugend) (Hrsg.) (2013): Medienkompetenzförderung für Kinder und Jugendliche. Eine Bestandsaufnahme. Berlin: BMFSFJ, S. 95–100.
Hurrelmann, Klaus (1993): Einführung in die Sozialisationstheorie. Über den Zusammenhang von Sozialstruktur und Persönlichkeit. 4., überarbeitete Auflage. Weinheim: Beltz.
Hurrelmann, Klaus (2002): Einführung in die Sozialisationstheorie. 8. Auflage. Weinheim, Basel: Beltz.
Hurrelmann, Klaus (2003): Lebensphase Jugend. 7. Auflage. Weinheim, München: Juventa.

Hurrelmann, Klaus & Quenzel, Gudrun (2012): Lebensphase Jugend. Eine Einführung in die sozialwissenschaftliche Jugendforschung. 11., vollständig überarbeitete Auflage. Weinheim und München: Beltz Juventa.

Jaglom, Leona & Gardner, Howard (1981): The preschool television viewer as anthropologist. In: Kelly, Hope/Gardner, Howard (Hrsg.): New directions in child development. Viewing children through television. San Francisco: Jossey-Bass, S. 9–30.

Jenkins, Henry (2006): Confronting the Challenges of Participatory Culture: Media Education for the 21st Century. An occasional paper on digital media and learning. Chicago: The MacArthur Foundation. https://www.macfound.org/media/article_pdfs/JENKINS_WHITE_PAPER.PDF

JFF (Hrsg.): merz. Medienpädagogik international. 5/2009.

Jöckel, Sven & Fleischer, Sandra (2012): Elterliche Mediation beim Umgang mit Werbung und Sozialen Netzwerken. In: merzWissenschaft. Sonderheft 2012, S. 25–36.

Jöckel, Sven & Fleischer, Sandra (2013): Digitales Heldentum – Medienhelden im Fernsehen und in Computerspielen. In: medienconcret. Magazin für die pädagogische Praxis, Heft 1/13, S. 42–45.

Junge, Thorsten (2013): Jugendmedienschutz und Medienerziehung im digitalen Zeitalter. Eine explorative Studie zur Rolle der Eltern. Wiesbaden: Springer VS.

Keilhauer, Jan (2013): Themenzentrierte Medienarbeit. In: Anja Hartung/Achim Lauber/Wolfgang Reißmann (Hrsg.): Das handelnde Subjekt und die Medienpädagogik. München: kopaed, S. 251–258.

Kerres, Michael & Preußler, Annabell (2015): Mediendidaktik. In: von Gross, Friederike/Meister, Dorothee M./Sander, Uwe (Hrsg.): Medienpädagogik – ein Überblick. Weinheim, Basel: Beltz Juventa, S. 32–48.

Keupp, Heiner (2009): Identitätskonstruktionen in der spätmodernen Gesellschaft. Riskante Chancen bei prekären Ressourcen. In: Theunert, Helga (Hrsg.): Jugend – Medien – Identität. Identitätsarbeit Jugendlicher mit und in Medien. München: kopaed, S. 53–77.

Klemm, Michael (2001): Zuschauerkommunikation. Formen und Funktionen der alltäglichen kommunikativen Fernsehaneignung. Frankfurt a. M.: Peter Lang.

KMK (Kultusministerkonferenz) (2012): Medienbildung in der Schule. Beschluss der Kulturministerkonferenz vom 8. März 2012. http://www.kmk.org/fileadmin/veroeffentlichungen_beschluesse/2012/2012_03_08_Medienbildung.pdf

Klingberg, Lothar (1974): Einführung in die Allgemeine Didaktik. Vorlesungen. Berlin: Volk und Wissen.

Knaus, Thomas (2015): Me, my Tablet – and Us. Vom Mythos eines Mootivationsgenerators zum vernetzten Lernwerkzeug für autonomopoietisches Lernen. In: Katja Friedrich/Friederike Siller/Albert Treber (Hrsg.), smart und mobil. Digitale Kommunikation als Herausforderung für Bildung, Pädagogik und Politik, München: kopaed, S. 17–42.

Knop, Karin/Hefner, Dorothée/Schmitt, Stefanie/Vorderer, Peter (2015): Mediatisierung mobil. Handy- und Internetnutzung von Kindern und Jugendlichen. Schriftenreihe Medienforschung der Landesanstalt für Medien Nordrhein-Westfalen (LfM), Band 77. Leipzig: Vistas.

Krappmann, Lothar (2003): Kompetenzförderung im Kindesalter. In: Aus Politik und Zeitgeschichte, Heft B 9/2003, S. 14–18.

Krappmann, Lothar (1974): Interaktion und Lernen (Vorwort). In: McCall, George/Simmons, J. L.: Identität und Interaktion. Düsseldorf: Schwann, S. 7–29.

Krotz, Friedrich (2013): Rekonstruktion der Kommunikationswissenschaft. Vom passiven Publikum zur Partizipation der User. In: Anja Hartung/Achim Lauber/Wolfgang Reißmann (Hrsg.), Das handelnde Subjekt und die Medienpädagogik. München: kopaed, S. 57–72.

Krotz, Friedrich (2012): Von der Entdeckung der Zentralperspektive zur Augmented Reality: Wie Mediatisierung funktioniert. In: Krotz, Friedrich/Hepp, Andreas (Hrsg.): Mediatisierte Welten. Forschungsfelder und Beschreibungsansätze. Wiesbaden: Springer VS, S. 27–55.

Krotz, Friedrich (2001): Die Mediatisierung des kommunikativen Handelns. Der Wandel von Alltag und sozialen Beziehungen, Kultur und Gesellschaft durch die Medien. Wiesbaden: Westdeutscher Verlag.

Krüger, Heinz-Hermann & Grunert, Cathleen (2002): Geschichte und Perspektiven der Kindheits- und Jugendforschung. In: Krüger, Heinz-Hermann/Grunert, Cathleen (Hrsg.): Handbuch der Kindheits- und Jugendforschung. Opladen: Leske + Budrich, S. 11–40.

Krügler, Karsten (2010): Intergenerative Medienarbeit. http://www.muk-hessen.de/downloads/Vortraege/Intergenerative%20Medienarbeit.pdf (Zugriff: 10.5.2015)

Kübler, Hans-Dieter (2014): Ansätze und Methoden medienpädagogischer Forschung. Erträge und Desiderate. Versuch einer Zwischenbilanz. In: Methodologie und Methoden medienpädagogischer Forschung. In: Hartung, Anja/Schorb, Bernd/Niesyto, Horst/Moser, Heinz/Grell, Petra (Hrsg.): Jahrbuch Medienpädagogik 10. Methodologie und Methoden medienpädagogischer Forschung. Wiesbaden: Springer VS, S. 27–53.

Kübler, Hans-Dieter (2013): Das Subjekt in der handlungsorientierten Medienpädagogik. Sondierungen zwischen Konstrukt, Empirie und Individuum. In: Hartung, Anja/Lauber, Achim/Reißmann, Wolfgang (Hrsg.): Das handelnde Subjekt und die Medienpädagogik. Festschrift für Bernd Schorb. München: kopaed, S. 227–243.

Kümmel, Albert (2004): Innere Stimmen – Die deutsche Radiodebatte. In: Kümmel, Albert/Scholz, Leander/Schumacher, Eckhard (Hrsg.): Einführung in die Geschichte der Medien. Paderborn: TUB, S. 175–197.

Kuttner, Claudia (2013): Intergenerative Medienarbeit. In: Hartung, Anja/Lauber, Achim/Reißmann, Wolfgang (Hrsg.): Das handelnde Subjekt und die Medienpädagogik. München: kopaed, S. 259–266.

Lamnek, Siegfried (2010): Qualitative Sozialforschung. Lehrbuch. 5. überarbeitete Auflage. Weinheim, Basel: Beltz.

Lauber, Achim (2003): Die Rezeptionsanalyse. Erhebung und Auswertung. In: Schorb, Bernd/Echtermeyer, Katrin/Lauber, Achim/Eggert, Susanne (2003): Was guckst du, was denkst du? Der Einfluß des Fernsehens auf das Ausländerbild von Kindern und Jugendlichen. Kiel: ULR, S. 34–42.

Lauber, Achim & Hajok, Daniel (2013): Zur Bedeutung des Jugendmedienschutzes in der Medienaneignung von Kindern und Jugendlichen. In: Hartung, Anja/Lauber, Achim/Reißmann, Wolfgang (Hrsg.): Das handelnde Subjekt und die Medienpädagogik. Festschrift für Bernd Schorb. München: kopaed, S. 277–286.

Leontjew, Alexej, N. (1964): Probleme der Entwicklung des Psychischen. Berlin: Volk und Wissen.

Löffler, Petra (2004): Bilderindustrie: Die Fotografie als Massenmedium. In: Kümmel, Albert/Scholz, Leander/Schumacher, Eckhard (Hrsg.): Einführung in die Geschichte der Medien. Paderborn: UTB, S. 95–123.

Löhr, Paul (1991): Geschichte des ARD- und ZDF-Kinderfernsehens von seinen Anfängen bis zum Ende der 80er Jahre. In: Erlinger, Hans Dieter/Stötzel, Dirk Ulf (Hrsg.): Geschichte des Kinderfernsehens in der Bundesrepublik Deutschland. Entwicklungsprozesse und Trends. Berlin: Spiess, S. 47–63.

LSE (o. J.): EU Kids Online, http://www2.lse.ac.uk/media@lse/research/EUKidsOnline/Home.aspx (Zugriff 16.12.2013)

Luhmann, Niklas (1996): Die Realität der Massenmedien. 2. erweiterte Auflage. Opladen: Westdeutscher Verlag.

Lutz, Klaus (2015): Sehnsuchtsort Natur oder das Verschwinden der sinnlichen Wahrnehmung. In: merz, Jg. 59, Heft 2, S. 26–32.

Maase, Kaspar (2002): ‚Schundliteratur' und Jugendschutz im Ersten Weltkrieg – Eine Fallstudie zur Kommunikationskontrolle in Deutschland. In: kommunikation@gesellschaft, Jg. 3, 2002, Beitrag 3 http://www.uni-frankfurt.de/fb03/K.G/B3_2002_Maase.pdf

Maletzke, Gerhard (1963): Psychologie der Massenkommunikation: Theorie und Systematik. Hamburg: Hans-Bredow-Institut.

Mead, George, Herbert (1970, 1934): The Self. In: Worsley, Peter (Hrsg.): Modern sociology. Introductory readings. Harmondsworth: Penguin, S. 43–49.

Meyn, Herrmann (1999): Massenmedien in Deutschland. Konstanz: UVK.

Mietzel, Gerd (2002): Wege in die Entwicklungspsychologie. Kindheit und Jugend. 4. Auflage. Psychologie Verlags Union: Weinheim.

Mijnals, Patrick(2009): Trends und Visionen der virtuellen Spielewelten aus Sicht der Zukunftsforschung. In: Europäisches Informations-Zentrum (Hrsg.), Europäisches Symposium „Spielewelten in der Zukunft". Interaktionen von klassischen und virtuellen Spielen. Erfurt: Europe Direct, S. 31–34.

Mikos, Lothar (2006): Mediensozialisation und Identitätsmarkt Fernsehen. In: Rehberg, Karl-Siegbert (Hrsg.): Soziale Ungleichheit, kulturelle Unterschiede: Verhandlungen des 32. Kongresses der Deutschen Gesellschaft für Soziologie in München 2004. 2 Bände. Frankfurt am Main: Campus Verlag, S. 3356–3369.

Mikos, Lothar (2001): Rezeption und Aneignung – eine handlungstheoretische Perspektive. In: Rössler, Patrick/Hasebrink, Uwe/Jäckel, Michael (Hrsg.): Theoretische Perspektiven der Rezeptionsforschung. München. S. 59–71.

Mikos, Lothar (1998): Die Text-Zuschauer-Interaktion im Kontext. Prolegomena zu einer Rezeptionsästhetik des Fernsehens. Habilitationsschrift. Universität Leipzig.

Moser, Heinz/Grell, Petra/Niesyto, Horst (Hrsg.) (2011): Medienbildung und Medienkompetenz. Beiträge zu Schlüsselbegriffen der Medienpädagogik. München: kopaed.

MPFS (Medienpädagogischer Forschungsverbund Südwest) (Hrsg.) (2015): KIM-Studie 2014. Kinder + Medien, Computer + Internet. Basisuntersuchung zum Medienumgang 6- bis 13-Jähriger in Deutschland. Stuttgart: MPFS.

MPFS (Medienpädagogischer Forschungsverbund Südwest) (2013): 15 Jahre JIM-Studie. Jugend, Information, (Multi-)Media. Studienreihe zum Medienumgangs 12- bis 19-Jähriger. 1998–2013. Stuttgart: MPFS.

MPFS (Medienpädagogischer Forschungsverbund Südwest) (2014): JIM-Studie 2014. Jugend, Information, (Multi-)Media. Basisuntersuchung zum Medienumgang 12- bis 19-Jähriger. Stuttgart: MPFS.

Neuß, Norbert (2013): Medienkompetenz in der frühen Kindheit. In: BMFSFJ (Bundesministerium für Familie, Senioren, Frauen und Jugend) (Hrsg.) (2013): Medienkompetenzförderung für Kinder und Jugendliche. Eine Bestandsaufnahme. Berlin: BMFSFJ, S. 34–45.

Neuß, Norbert (2000): Medienbezogene Kinderzeichnungen als Instrument der qualitativen Rezeptionsforschung. In: Paus-Haase, Ingrid/Schorb, Bernd (Hrsg.): Qualitative Kinder- und Jugendmedienforschung. Theorie und Methoden. Ein Arbeitsbuch. München: KoPäd, S. 131–154.

Neverla, Irene (2010): Medien als soziale Zeitgeber im Alltag. In: Hartmann, Maren/Hepp, Andreas (Hrsg.), Die Mediatisierung der Alltagswelt. Wiesbaden: VS Verlag für Sozialwissenschaften, S. 183–194.

Niesyto, Horst (2013): Bildung – Beschleunigung – Medien. In: Hartung, Anja/Lauber, Achim/Reissmann, Wolfgang (Hrsg.), Das handelnde Subjekt und die Medienpädagogik. München: kopaed, S. 285–294.

Niesyto, Horst (2012): Bildungsprozesse unter den Bedingungen medialer Beschleunigung. In: Bukow, Gerhard/Jörissen, Benjamin/Fromme, Johannes (Hrsg.): Raum, Zeit, Medienbildung. Untersuchungen zu medialen Veränderungen unseres Verhältnisses zu Raum und Zeit. Reihe Medienbildung und Gesellschaft, Band 23, Wiesbaden: Springer VS, S. 47–66.

Noelle-Neumann, Elisabeth u. a. (1993): Fischers Lexikon: Publizistik Massenkommunikation. Frankfurt am Main.

Oerter, Rolf & Dreher, Eva (1995): Jugendalter. In: Oerter, Rolf/Montana, Leo (Hrsg.): Entwicklungspsychologie. 3. Auflage. Weinheim: Beltz, S. 310–395.

Ossowski, Ekkehard & Ossowski, Herbert (2012): Sachbücher für Kinder und Jugendliche. In: Lange, Günter (Hrsg.): Kinder- und Jugendliteratur der Gegenwart. Baltmannsweiler: Schneider Verlag, S. 364–388.

Paus-Haase, Ingrid (1998): Heldenbilder im Fernsehen. Untersuchung zur Symbolik von Serienfavoriten. Wiesbaden: Westdeutscher Verlag.

Paus-Hasebrink & Sascha Trültzsch (2013): Heranwachsen in den Zeiten des Social Web. In: Ullrich Dittler/Michael Hoyer (Hrsg.): Aufwachsen in sozialen Netzwerken. Chancen und Gefahren von Netzgemeinschaften aus medienpsychologischer und medienpädagogischer Perspektive. München: Kopaed, S. 29–46.

Pempek, Tiffany A./Kirkorian, Heather L./Anderson, Daniel R. (2014): The Effects of Background Television on the Quantity and Quality of Child-Directed Speech by Parents, Journal of Children and Media, 8:3, 211–222, DOI: 10.1080/17482798.2014.920715

Pfemfert, Franz (1911): Kino als Erzieher. In: Die Aktion, Jg. 1, Nr. 18, Sp. 560–563.

Postman, Neil (1983): Das Verschwinden der Kindheit. Frankfurt am Main: Fischer.

Postman, Neil (1999): Das Verschwinden der Kindheit. 12. Auflage. Frankfurt am Main: Fischer.

Rauh, Hellgard (1998): Frühe Kindheit. In: Oerter, Rolf/Montada, Leo (Hrsg.): Entwicklungspsychologie. Ein Lehrbuch. 4. korr. Auflage. Weinheim: Beltz, S. 167–248.

Reding, Viviane (Hrsg.) (2009a): Empfehlung der Kommission. Zur Medienkompetenz in der digitalen Welt als Voraussetzung für eine wettbewerbsfähigere audiovisuelle und Inhalte-Industrie und für eine integrative Wissensgesellschaft. Europäische Kommission (Amtsblatt der EU). http://eur-lex.europa.eu/LexUriServ/LexUriServ.do?uri=OJ:L:2009:227:0009:0012:DE:PDF

Reding, Viviane (2009b): Media literacy is a paramount goal oft he EU's public policy. In: Vernier, Patrick (Hrsg.): EuroMeduc. Media Literacy in Europe. Controversies, Challenges and Perspectives. S. 7–8. www.euromeduc.eu.)

Rogge, Jan-Uwe (2001): Kinder können fernsehen. Vom Umgang mit der Flimmerkiste. 2. Auflage. Reinbek bei Hamburg: Rowohlt.

Rogge, Jan-Uwe (1995): „Werther-Effekt": Suizid und Mediengebrauch. In: Televizion, 8/1995/2, S. 30–35.

Rosa, Hartmut (2005): Beschleunigung. Die Veränderung der Zeitstrukturen in der Moderne. Frankfurt a. M.: Suhrkamp.

Rose, Arnold, M. (1971): A Systematic Summary of Symbolic Interaction Theory. In: Rose, Arnold, M. (Hrsg.): Human Behavior and Social Processes. An Interactionist Approach. London: Routledge S. 1–19.

Ruchartz, Jens (2004): Das Telefon – Ein sprechender Telegraf. In: Kümmel, Albert/Scholz, Leander/Schumacher, Eckhard (Hrsg.): Einführung in die Geschichte der Medien. Paderborn: Fink, S. 125–149.

Schäfer, Klaus (2014): Aufgaben der Kinder- und Jugendhilfe in der Medienerziehung junger Menschen. In: Jugendhilfe, Jg. 52, Heft 1, S. 5–15.

Schell, Fred (2005): Aktive Medienarbeit. In: Hüther, Jürgen/Schorb, Bernd (Hrsg.) (2005): Grundbegriffe der Medienpädagogik. München: KoPäd, S. 9–17.

Schell, Fred (2003): Aktive Medienarbeit mit Jugendlichen. Theorie und Praxis. München: KoPäd.

Schell, Fred (1993): Aktive Medienarbeit mit Jugendlichen. Theorie und Praxis. 2. Auflage. München: KoPäd.

Schell, Fred & Demmler, Kathrin (2013): Aktive Medienarbeit. Theoretische Einordnung, Ziele, Lernprinzipien und Lernbereiche. In: Hartung, Anja/Lauber, Achim/Reißmann, Wolfgang (Hrsg.): Das handelnde Subjekt und die Medienpädagogik. München: kopaed., S. 245–252.

Scholz, Leander (2004): Die Industria des Buchdrucks. In: Kümmel, Albert/Scholz, Leander/Schumacher, Eckhard (Hrsg.) (2004): Einführung in die Geschichte der Medien. Paderborn: Fink, S. 11–33.

Schorb, Bernd (2014): Medienkompetenz. Grundlage der Bewältigung der Gegenwart. In: Thema Jugend, Heft 2/2014, 14–17.

Schorb, Bernd (2011): Zur Theorie der Medienpädagogik. In: Moser, Heinz/Grell, Petra/Niesyto, Horst (Hrsg.): Medienbildung und Medienkompetenz. Beiträge zu den Schlüsselbegriffen der Medienpädagogik. München: kopaed, S. 81–94.

Schorb, Bernd (2009): Mediale Identitätsarbeit – zwischen Realität, Experiment und Provokation. In: Theunert, Helga (Hrsg.): jugend. medien. identität. Identitätsarbeit Jugendlicher mit und in Medien. München: Kopaed, S. 81–93.

Schorb, Bernd (2005): Sozialisation. In: Hüther, Jürgen & Schorb. Bernd (Hrsg.): Grundbegriffe Medienpädagogik. München: kopaed, S. 381–389.

Schorb, Bernd (1995): Medienalltag und Handeln. Medienpädagogik in Geschichte, Forschung und Praxis. Opladen: Leske + Budrich.

Schorb, Bernd/Mohn, Erich/Theunert, Helga (1991): Sozialisation durch (Massen-)Medien. In: Klaus Hurrelmann, Klaus/Ulich, Dieter (Hrsg.): Neues Handbuch der Sozialisationsforschung. 4. Auflage. Weinheim: Beltz, S. 493–508.

Schorb, Bernd & Theunert, Helga (2001): Jugendmedienschutz – Praxis und Akzeptanz. Eine Untersuchung von Bevölkerung und Abonnenten des digitalen Fernsehens zum Jugendmedienschutz, zur Fernseherziehung und zum Jugendschutzinstrument Vorsperre. Berlin: Vistas.

Schorb, Bernd/Theunert, Helga (2000): Kontextuelles Verstehen der Medienaneignung. In: Paus-Haase, Ingrid/Schorb, Bernd (Hrsg.): Qualitative Kinder- und Jugendmedienforschung. Theorie und Methoden: ein Arbeitsbuch. München. S. 33–57.

Schulz, Wolfgang/Dreyer, Stephan/Dankert, Kevin/Puppis, Manuel/Künzler, Matthias/ Wassmer, Christian (2015): Identifikation von Good Practice im Jugendmedienschutz im internationalen Vergleich. Bericht im Rahmen des nationalen Programms Jugend und Medien, Berichtnummer 12/15. Bern.

Sellmann, Adolf (1914): Kino und Schule. Mönchengladbach: Volksvereins-Verlag.

Sennett, Richard (1998): Der flexible Mensch. Die Kultur des neuen Kapitalismus. Berlin: Berlin Verlag.

Spanhel, Dieter (2011): Medienbildung als Grundbegriff der Medienpädagogik. Begriffliche Grundlagen für eine Theorie der Medienpädagogik. In: Moser, Heinz/Grell, Petra/Niesyto, Horst (Hrsg.) (2011): Medienbildung und Medienkompetenz. Beiträge zu Schlüsselbegriffen der Medienpädagogik. München: kopaed, S. 95–135.

Statistisches Bundesamt (2014): Pressemitteilung vom 18. Dezember 2014 – 463/14. Wiesbaden: Destatis. https://www.destatis.de/DE/PresseService/Presse/Pressemitteilungen/2014/12/PD14_463_225pdf.pdf?__blob=publicationFile (Abruf: 20.09.2015)

Süss, Daniel (2004): Mediensozialisation von Heranwachsenden. Dimensionen – Konstanten – Wandel. Wiesbaden: VS Verlag.

Süss, Daniel (2003): Theoretische Grundlagen. In: Süss, Daniel/Schlienger, Armin/Kunz Helm; Doris/Basler, Markus/Böhi, Stefan/Frischknecht, Daniel (Hrsg.): Jugendliche und Medien. Merkmale des Medienalltags unter besonderer Berücksichtigung der Mobilkommunikation. Forschungsbericht. Zürich, Aarau: HAP/FHA, S. 7–76.

Süss, Daniel/Lampert, Claudia/Wijnen, Christine W. (2013): Medienpädagogik. Ein Studienbuch zur Einführung. 2. Auflage. Wiesbaden: Springer VS.

Theunert, Helga (2007): Vorwort. In: Helga Theunert (Hrsg.), Medienkinder von Geburt an. Medienaneignung in den ersten sechs Lebensjahren. München: Kopaed. S. 7–9.

Theunert, Helga (2008): Qualitative Medienforschung. In: Sander, Uwe/von Gross, Friedericke/Hugger, Kai-Uwe (Hrsg.): Handbuch Medienpädagogik. Wiesbaden: Springer VS, S. 301–306.

Theunert, Helga (2013): Zugänge zum Subjekt. Sinnverstehen durch Kontextualisierung. In: Hartung, Anja/Lauber, Achim/Reißmann, Wolfgang (Hrsg.): Das handelnde Subjekt und die Medienpädagogik. München: kopaed, S. 129–148.

Theunert, Helga (2014): Das Kind als Forschungssubjekt: Herausforderung für sinnverstehendes Forschen. In: Tillmann, Angela/Fleischer, Sandra/Hugger, Kai-Uwe (Hrsg.): Handbuch Kinder und Medien. Wiesbaden: Springer VS, S. 211–223.

Theunert, Helga (2015): Medienaneignung und Medienkompetenz in der Kindheit. In: von Gross, Friedericke/Meister, Dorothee/Sander, Uwe (Hrsg.): Medienpädagogik – ein Überblick. Weinheim: Beltz Juventa, S. 136–163.

Theunert, Helga & Demmler, Kathrin (2007): (Interaktive) Medien im Leben Null- bis Sechsjähriger – Realitäten und Handlungsnotwendigkeiten. Aus: Herzig, Bardo/ Grafe, Silke: Digitale Medien in der Schule. Standortbestimmung und Handlungsempfehlungen für die Zukunft. Studie zur Nutzung digitaler Medien in allgemein bildendenden Schulen in Deutschland. S. 4, http://www.jff.de/?RUB_ID=5&NAV_ID=33&SUBNAV_ID=42 (Abfrage: 25.09.2015)

Theunert, Helga/Demmler, Kathrin (2007): Medien entdecken und erproben. Null- bis Sechsjährige in der Medienpädagogik. In: Theunert, Helga (Hrsg.): Medienkinder von Geburt an. Medienaneignung in den ersten sechs Lebensjahren. München: kopaed. S. 91–118

Theunert, Helga/Gebel, Christa (2000): Lehrstücke fürs Leben in Fortsetzung. Serienrezeption zwischen Kindheit und Jugend. München: Bayrische Landeszentrale für Neue Medien.

Theunert, Helga & Schorb, Bernd (1996): Begleiter der Kindheit. Zeichentrick und die Rezeption durch Kinder. München: Bayrische Landeszentrale für Neue Medien.

Theunert, Helga/Lenssen, Margrit/Schorb, Bernd (1995): „Wir gucken besser fern als ihr!“ Fernsehen für Kinder. München: KoPäd.

Theunert, Helga & Schorb, Bernd (2010): Sozialisation, Medienaneignung und Medienkompetenz in der mediatisierten Gesellschaft. In: Hartmann, Maren/Hepp, Andreas (Hrsg.): Die Mediatisierung der Alltagswelt. Wiesbaden: VS, S. 243–254.

Theunert, Helga & Schorb, Bernd (2004): Sozialisation mit Medien: Interaktion von Gesellschaft – Medien – Subjekt. In: Hoffmann, Dagmar/Merkens, Hans (Hrsg.): Jugendsoziologische Sozialisationstheorie. Impulse für die Jugendforschung. Weinheim, München: Juventa, S. 203–219.

Theunert, Helga & Schorb, Bernd (1995): Mordsbilder. Kinder und Fernsehinformation. Berlin: Vistas.

Tillmann, Angela (2013): Vermittlung von Medienkompetenz in der Praxis für Kinder und Jugendliche: Außerschulische Jugendarbeit. In: BMFSFJ (Bundesministerium für Familie, Senioren, Frauen und Jugend) (Hrsg.) (2013): Medienkompetenzförderung für Kinder und Jugendliche. Eine Bestandsaufnahme. Berlin: BMFSFJ, S. 53–64.

Tillmann, Klaus-Jürgen (2010): Sozialisationstheorien. Eine Einführung in den Zusammenhang von Gesellschaft, Institution und Subjektwerdung. 10. Auflage. Reinbek bei Hamburg: Rowohlt.

TLM (Thüringer Landesmedienanstalt) (2011): Praktisch mit Medien in Kindergarten und Schule. Methodenbausteine und Unterrichtskonzepte aus 10 Jahren TLM-Medienwerkstatt zum Anregen, Nachmachen und Weiterentwickeln. Erfurt: TLM.

Tomasello, Michael (2003): The Key Is Social Cognition. In: Gentner, Dedre/Kuczaj, Stan (Eds.): Language in mind. Cambridge: University Press, S. 47–57.

Tomasello, Michael (2002): Die kulturelle Entwicklung des menschlichen Denkens. Frankfurt a. M.: Suhrkamp.

Tomasello, Michael/Cale Kruger, Ann/Horn Ratner, Hilary (1993): Cultural learning. In: Behavioral and Brain Sciences, 1993, 16, S. 495–552.

Tomasello, Michael & Haberl, Katharina (2003): Understanding Attention: 12- and 18-Month-Olds Know What Is New for Other Persons. In: Developmental Psychology, Vol. 39, No.5. S. 906–912.

Tulodziecki, Gerhard (1985): Unterrichtskonzepte für die Medienerziehung. Köln: Verlagsgesellschaft Schulfernsehen.

Tulodziecki, Gerhard (2007): Was Schülerinnen und Schüler im Medienbereich wissen und können sollen – Kompetenzmodell und Bildungsstandards für die Medienbildung. In: Medienimpulse. Beiträge zur Medienpädagogik. Jg. 15, Heft 59, S. 24–35.

Tulodziecki, Gerhard (2015): Medienkompetenz. In: von Gross, Friederike/Meister, Dorothee M./Sander, Uwe (Hrsg.): Medienpädagogik – ein Überblick. Weinheim, Basel: Beltz Juventa, S. 194–228.

Tulodziecki, Gerhard/Herzig, Bardo/Grafe, Silke (2010): Medienbildung in Schule und Unterricht. Bad Heilbrunn: Klinkhardt.

Varis, Tapio (2010): International Approaches to Media Education. In: Bauer, Petra/Mayrberger, Hannah/Hoffmann, Kerstin (Hrsg.): Fokus Medienpädagogik – aktuelle Forschungs- und Handlungsfelder. Stefan Aufenanger zum 60. Geburtstag gewidmet. München: kopaed, S. 83–95.

Wagner, Michael (2011): Aufwachsen in einer medialen Partizipationskultur. Vier Leitsätze für die Schule des 21. Jahrhunderts. In: Hoffmann, Dagmar/Neuß, Norbert/Thiele, Günter (Hrsg.): stream your life!? Kommunikation und Medienbildung im Web 2.0. München: kopaed, S. 93–101.

Virilio, Paul (1992): Rasender Stillstand. München/Wien: Carl Hanser.

Wagner, Ulrike (2013): Das Medienhandeln von Jugendlichen in Sozialen Netzwerkdiensten. In: Ulrike Wagner & Niels Brüggen (Hrsg.): Teilen, vernetzen, liken. Jugend zwischen Eigensinn und Anpassung im Social Web. BLM-Schriftenreihe, Band 101. Baden-Baden: Nomos, S. 13–31.

Wagner, Ulrike (2010): Das Medienhandeln der Jugendgeneration – Potentiale zur Verstärkung oder zum Aufbrechen von Benachteiligung. In: Theunert, Helga (Hrsg.): Medien. Bildung. Soziale Ungleichheit. Differenzen und Ressourcen im Mediengebrauch Jugendlicher. München: kopaed, S. 81–96

Wagner, Ulrike & Gebel, Christa (2014): Jugendliche und die Aneignung politischer Information in Online-Medien. Wiesbaden: Springer VS.

Wagner, Ulrike & Würfel, Maren (2013): Gesellschaftliche Handlungsfähigkeit in mediatisierten Räumen. In: Hartung, Anja/Lauber, Achim/Reißmann, Wolfgang (Hrsg.): Das handelnde Subjekt und die Medienpädagogik. München: kopaed, S. 159–167.

Walsh, Kimberly R./Sekarasih, Laras/Scharrer, Erica (2014): Mean Girls and Tough Boys: Children's Meaning Making and Media Literacy Lessons on Gender and Bullying in the United States, Journal of Children and Media, 8:3, 223–239, DOI: 10.1080/17482798.2013.851094

Wasem, Erich (1957): Jugend und Filmerleben. Beiträge zur Psychologie und Pädagogik der Wirkung des Films auf Kinder und Jugendliche. Beiheft der Zeitschrift „Schule und Psychologie" Nr. 6, München, Basel: Ernst Reinhardt.

Wijnen, Christine (2008): Medien und Pädagogik international. Positionen, Ansätze und Zukunftsperspektiven in Europa und den USA. München: kopaed. http://www.unesco.org/new/en/communication-and-information/media-development/media-literacy/global-alliance-for-partnerships-on-media-and-information-literacy/ (Abfrage: 25.09.2015)

Winter, Rainer (1993): Die Produktivität der Aneignung – Zur Soziologie medialer Fankulturen. In: Holly, Werner/Püschel, Ulrich (Hrsg.): Medienrezeption als Aneignung. Methoden und Perspektiven qualitativer Medienforschung. Opladen: VS Verlag, S. 67–79.

Wygotski, Lev S. (1972): Sprache und Denken. In: Holzer, Horst/Steinbacher, Karl (Hrsg.): Sprache und Gesellschaft. Hamburg: Hoffmann und Campe, S. 105–116.

Zimmermann, Peter (2000): Grundwissen Sozialisation. Einführung zur Sozialisation im Kindes- und Jugendalter. Opladen: Leske & Budrich.
Zinnecker, Jürgen (2002): Null zoff und voll busy: die erste Jugendgeneration des neuen Jahrhunderts. Ein Selbstbild. Opladen: Leske & Budrich.
Zinnecker, Jürgen (1999): Forschung für Kinder – Forschen mit Kindern – Kinderforschung. Über die Verbindung von Kindheits- und Methodendiskurs in der neuen Kindheitsforschung zu Beginn und am Ende des 20. Jahrhunderts. In: Honig, Sebastian-Michael/Lange, Andreas/Leu Hans-Rudolf (Hrsg.): Aus der Perspektive von Kindern? Zur Methodologie der Kindheitsforschung. Weinheim, München: Juventa, S. 69–80.